本书为国家社科基金后期资助项目"清代长城沿线蒙汉杂居地区村庄管理制度研究"（20FZSB037）阶段性成果

《清实录》中的热河地区
史料辑录

王晓辉　黄廷富 ◎ 编著

辽海出版社

图书在版编目（CIP）数据

《清实录》中的热河地区史料辑录 / 王晓辉，黄廷
富编著 . — 沈阳：辽海出版社，2023.12
ISBN 978-7-5451-6943-0

Ⅰ. ①清… Ⅱ. ①王… ②黄… Ⅲ. ①热河—地方史
—史料—清代 Ⅳ. ① K292.3

中国国家版本馆 CIP 数据核字（2024）第 029506 号

出 版 者：辽海出版社
　　　　　（地址：沈阳市和平区十一纬路 25 号　邮编：110003）
印 刷 者：辽宁鼎籍数码科技有限公司
发 行 者：辽海出版社
成品尺寸：170mm×240mm
印 　 张：23.5
字 　 数：389 千字
出版时间：2024 年 6 月第 1 版
印刷时间：2024 年 6 月第 1 次印刷
责任编辑：柳海松　何　静
装帧设计：隋　治
责任校对：张　越

书 　 号：ISBN 978-7-5451-6943-0
定 　 价：98.00 元

前　　言

　　本书将热河地区作为一个整体区域，其范围主要指清代热河都统统辖之区域，包括承德府及其下辖的平泉州、围场厅、滦平县、隆化县、丰宁县，朝阳府及其下辖的建昌县、阜新县、建平县、绥东县，赤峰直隶州及其下辖的开鲁县、林西县等民政机构所辖区域，还包括卓索图盟、昭乌达盟蒙古部旗所辖区域，相当今天辽宁朝阳、阜新，内蒙古赤峰，河北承德等地及其所辖市县。

　　清代热河地区邻近内地，连通西北、北部与东北边疆，战略位置十分重要。清代热河地区农牧交错，民族杂居。从人口构成来看，热河地区汉、蒙古、满、回等各民族杂处，又有八旗驻防兵、绿营兵、内务府所属汉军旗人及其他屯种的旗人，人口构成十分复杂，是清朝极为重视的地方，也是史学研究者极为关注的地方具有重要的学术价值。笔者长期从事热河地区史的研究，博士学位论文便是以热河地区为研究区域。在阅读《清实录》时，举凡涉及热河地区的内容，均辑录在案。在 2020 年获批的国家社科基金后期资助项目"清代长城沿线蒙汉杂居地区行政管理制度研究"中，热河地区行政管理制度是该课题的重要内容，《清实录》中的热河地区史料的搜集将有助于该课题的研究。笔者在长期的热河地区史料的收集与整理过程中，发现时间跨度大、内容丰富、史料系统完整的《清实录》，是最为全面、系统记载热河地区政治、经济、军事、民族关系、文化教育等内容的重要文献。特别值得关注的是，《清实录》的编年体例，使得热河地区各方面内容的记载，从清初延至清末，既有翔实的细节，又有演变的全貌，对热河地区历史研究来说，甚为珍贵与难得。因《清实录》卷帙浩繁，实难通览，将《清实录》中有关热河地区的内容专门辑录出来，十分重要且必要。相信会对从事相关研究的学人提供便利，对推进清代热河地区区域史研究、民族关系史研究、边疆治理研究、各民族交往交流交融史研究以及中华民族共同体研究都有一定的价值与意义。这正是本书出版的初衷。

本书以中华书局影印本《清实录》为底本，对清代热河地区相关内容进行辑录。因内容繁多，轻重不一，本书选取其中较为重要的、与热河地区直接相关的史料进行文献标点、校勘；尽量保持每条史料的完整性，对篇幅过长而又不重要的部分内容，适当做了省略；按朝代编年顺序，每条史料之前均标明该事件的朝代年号、干支，末尾则标注卷数和影印版的页码，以便学人引用、查核；除错讹之处予以勘正外，基本上忠实于原文照录，改繁体字为简体字，如"摺"改为"折"，"徵"改为"征"，异体字根据句意、字意情况，有些保持原字，有些做了改动。另外，卷数、页数一律用阿拉伯数字标出。

目　　录

顺治朝

【崇德八年八月乙酉】科尔沁国和硕福妃、和硕贤妃、冰图王妃，和硕土谢图亲王巴达礼，和硕卓礼克图亲王吴克善，多罗巴图鲁郡王满朱习礼，多罗扎萨克图郡王布塔齐，国舅桑噶尔寨，固伦额驸巴雅思护朗、祁他特、弼尔塔噶尔，和硕额驸多尔济、穆章，多罗额驸绰尔济，土默特部落查萨衮达尔汉，归化城土默特部落章京诺尔布，敖汉部落固伦额驸多罗郡王班第，喀喇沁部落查萨衮杜棱，扎鲁特部落喇巴泰，吴喇忒部落小桑噶尔寨，鄂尔多斯部落沙克察，巴林部落塞布腾，多罗额驸色冷，四子部落查萨衮达尔汉卓礼克图，郭尔罗斯部落布木巴，翁牛特部落博拖戈、查萨衮达尔汉戴青塞桑吴巴什察哈尔国固伦公主，奈曼部落多罗达尔汉郡王衮出斯巴图鲁，和硕额驸巴达理，杜尔伯特部落色冷、额林臣，伊苏特部落噶尔马宜尔登，扎赖特部落山查，克西克腾部落色冷达尔汉巴图鲁等，及大小头目喇嘛，各上大行皇帝香。献驼、马、金、银、缎匹、貂皮、鞍辔、甲胄、衣帽等物。酌纳之。(《清世祖实录》卷1，第31—32页)

【崇德八年九月庚寅】喀喇沁部落额驸弼喇席下阿布图等进香。献蟒衣、缎、马等物。酌纳之。(《清世祖实录》卷2，第38—39页)

【顺治二年八月己丑】靖远大将军和硕英亲王阿济格率出征诸王、贝勒、贝子大臣等及投诚故明宁南侯左梦庚等陛见行礼毕，赐宴于午门内。仍赐智顺王尚可喜、平西王吴三桂绣朝衣各一袭、马各二匹。赐科尔沁国及阿霸垓、扎鲁特、鄂尔多斯、郭尔罗斯、土默特、巴林、四子、扎赖特、乌朱穆秦、苏尼特、翁牛忒、喀喇沁、吴喇忒、敖汉、奈曼等部落王、台吉、固山额真、

梅勒章京等金、银、朝衣、绸、缎、弓、马等物有差。(《清世祖实录》卷20，第 176 页)

【顺治四年正月壬子】科尔沁国、喀喇沁、乌朱穆秦、敖汉、翁牛特、苏尼特、扎鲁特、郭尔罗斯、蒿齐忒、阿霸垓等部落、厄斯黑尔等来朝贡，俱宴赉如例。(《清世祖实录》卷30，第 246 页)

【顺治四年九月壬申】喀喇沁部落贝子卓尔弼同其叔戴达尔汉率所部二百余人来归，授为三等甲喇章京。(《清世祖实录》卷34，第 279 页)

【顺治四年九月庚辰】赐听事科尔沁国土谢图亲王下虎巴，卓礼克图亲王下白尔格，乌朱穆秦部落车臣亲王下祁塔特、耨讷赫，敖汉部落墨尔根巴图鲁郡王下杜理琥，奈曼部落达尔汉郡王下孟克，阿霸垓部落卓礼克图郡王下布伦代、噶尔玛色冷，翁牛特部落杜棱郡王下博济纳木色冷，苏尼特部落杜棱郡王下车格，四子部落扎萨衮达尔汉，卓礼克图下阿木达尔，扎鲁特部落尚加布下巴颜代、布尔思海，蒿齐忒部落博罗特额尔得尼下拖贝，喀喇沁部落扎萨衮杜棱下阿哈土阿济极尔，土默特部落扎萨衮达尔汉下巴雅思虎寨桑，吴喇忒部落楚成格下巴拜，巴林部落塞卜腾下代通桑噶尔载等币布有差。(《清世祖实录》卷34，第 280—281 页)

【顺治五年八月己酉】封喀喇沁部落色冷塔布囊、科尔沁国郭尔罗斯奔霸为镇国公，以其率所部所降复于锦州等处，屡立战功故也。(《清世祖实录》卷40，第 324 页)

【顺治六年二月辛亥】以毕里克图囊素于喀喇沁、土默特部落未归之先，投诚有功，授为一等阿达哈哈番。(《清世祖实录》卷42，第 341 页)

【顺治六年二月乙卯】宴出征回京外藩蒙古土默特公顾穆、喀喇沁公色冷等于礼部。(《清世祖实录》卷42，第 342 页)

【顺治六年三月乙丑】喀喇沁部落苏伯杜棱所部兵，有擅掠已降民间子女牲

畜者，居民控诉摄政王，令重治喀喇沁部兵罪，悉还其人畜。(《清世祖实录》卷43，第343页)

【顺治七年八月己丑】晋封巴林部落辅国公、额驸塞卜腾为多罗郡王，蒿齐忒部落多罗额尔德尼贝勒亭罗特为多罗额尔德尼郡王，科尔沁国辅国公顾穆为多罗贝勒，喀喇沁部落固山贝子古鲁思喜布为多罗都冷贝勒，以其前有举国来降功也。(《清世祖实录》卷50，第397页)

【顺治七年八月己丑】喀喇沁部落布野习礼卫寨桑，因劝其主举国来降，以其子塞穆特尔为三等精奇尼哈番。(《清世祖实录》卷50，第397页)

【顺治八年五月丁丑】上驻跸谟护里伊扎里河。苏尼特部落、蒿齐忒部落、喀喇沁部落王、贝勒等进驼马，赐银、茶、筒、鞍辔等物。(《清世祖实录》卷57，第449页)

【顺治十年二月癸丑】以故喀喇沁部落都棱贝勒下拖沙喇哈番博敌、子布颜达礼阵亡，扎鲁特部落尚嘉布贝勒下拖沙喇哈番阿遇锡、子土璋各袭职。(《清世祖实录》卷72，第572页)

【顺治十年二月壬戌】以故科尔沁国拜他喇布勒哈番杜尔栋子巴扎尔、阿布代子塞穆、拖沙喇哈番拜赛子塞棱、布尔噶图子僧格、诺木齐子班第，喀喇沁部落拖沙喇哈番耨德子扎麻，土默特部落拖沙喇哈番布达礼伯之子鄂齐尔，扎赖特部落拜他喇布勒哈番达穆子绰世喜各袭职。(《清世祖实录》卷72，第573—574页)

【顺治十一年九月乙未】赏从征喀喇沁、土默特部落将士银两有差。(《清世祖实录》卷86，第678页)

【顺治十二年正月庚子】赐庆贺元旦科尔沁国扎萨克图郡王、鄂尔多斯部落额林臣贝子、喀喇沁部落塞冷公、土默特部落古穆公等宴于礼部。(《清世祖实录》卷88，第692页)

【顺治十三年八月丙子】遣官赍敕慰谕科尔沁国和硕土谢图亲王巴达礼，和硕卓礼克图亲王吴克善，乌朱穆秦部落和硕车臣亲王察汉巴拜，喀尔喀部落和硕达尔汉亲王奔塔尔，察哈尔国固伦额驸和硕亲王阿布鼐，喀尔喀部落多罗卓礼克图郡王衮布，鄂尔多斯部落多罗郡王巴图，科尔沁国扎萨克图郡王拜撒哈尔多罗、达尔汉巴图鲁郡王满朱习礼、多罗郡王张继伦、多罗冰图郡王额参、多罗郡王额尔德尼，蒿齐忒部落多罗郡王噶尔玛塞望、阿赖充额尔德尼，敖汉部落多罗郡王墨尔根、巴图鲁马济克，苏尼特部落多罗郡王腾机特、多罗杜棱郡王楮鲁睦，奈曼部落多罗达尔汉郡王阿汗，阿霸垓部落多罗卓礼克图郡王色尔哲尔、多罗郡王沙克厦僧格，翁牛特部落多罗杜棱郡王博它和，巴林部落固伦额驸多罗郡王塞布腾，阿禄科尔沁国多罗郡王朱尔扎哈，四子部落多罗达尔汉卓礼克图郡王巴拜，喀喇沁部落杜棱多罗贝勒古鲁什希卜、苏尼特部落多罗贝勒噶尔玛、多罗贝勒额驸萨麻扎，扎鲁特部落多罗贝勒扎穆布、桑哈尔，阿禄科尔沁国多罗贝勒顾穆，鄂尔多斯部落多罗贝勒单达，乌朱穆秦部落多罗贝勒色冷额尔德尼，鄂尔多斯部落固山贝子额林臣沙克察色冷，喀尔喀部落固山贝子奔巴世希，扎赖特部落固山贝子达尔汉和硕齐色冷，阿坝垓部落固山贝子绰博会达尔汉，翁牛特部落固山贝子叟色，巴林部落固山贝子满朱习礼、温冲，杜尔伯特部落固山贝子色冷，喀喇沁部落镇国公色冷，科尔沁国镇国公阿济格色冷、额驸绰尔济，吴喇忒部落辅国公楮冲赫、镇国公峨奔、杜巴之子海塞，扎鲁特部落镇国公毛奇塔特，喀喇车里克部落镇国公察哈代，土默特部落镇国公顾穆、单巴达尔汉，郭尔罗斯部落辅国公昂阿、镇国公扎尔布，喀尔喀部落镇国公扎穆苏，鄂尔多斯部落镇国公扎木苏等各赐缎匹有差。敕谕曰：尔等秉资忠直，当太祖太宗开创之时，即诚心效顺，结为姻娅，请为屏藩。太祖、太宗嘉尔等勋劳，崇以爵号，赏赉有加，恩至渥焉。朝觐往来，时令陛见。教诲饮食，异数有加。凡有怀欲吐，俱得奏陈，情意和谐，如同父子。朕荷祖宗鸿庥，统一寰宇。恐于祖宗德意有违，成宪未合，恒用忧惕。但初年，朕在幼冲，睿王摄政，任意变更，不遵太祖、太宗旧制，所行悖逆。以致众怒群怨，使尔等夙夜望朕亲政，常保恩惠，如得复见太祖、太宗。乃朕自亲政以来，六年于兹矣，未得一见。岂朕忘尔等哉？盖因地广事烦，万几少暇，且痘症流行。尔等远来之日，朕复出巡幸，是以相见甚疏。然相见之疏，固自有由。而怀尔之诚，时切朕念。每思尔等效力年久，战伐多功，虽在寤寐未之有致。兹念尔等久不来见，恐有诚意不得上通。故特遣官赍敕，赐尔等缎匹，以谕朕意。嗣后有欲奏闻之事，即行奏请，朕无不体恤而行。朕方欲致天下于太平，尔等心怀忠直，毋忘太祖、太宗历年恩宠。我国家世世为天子，尔等亦世世为王，享富贵于无穷，垂芳名于不朽。岂不休乎？（《清世祖实录》卷103，第797—798页）

【顺治十五年十一月庚子】遣官致祭喀喇沁部落塔布囊阿民达拉，扎鲁特部落台吉多尔济、推木素。（《清世祖实录》卷121，第940页）

康熙朝

【康熙二十二年三月戊午】谕派出行猎诸王大臣等曰：围猎之制，贵乎整严，不可出入参差。令左翼官在左，右翼官在右，统辖而行。宗室公等，毋得越围场班次在后逗留。如或逗留，则众人停待，围场必致错杂。尔等须严加管辖。（《清圣祖实录》卷108，第99页）

【康熙二十二年六月丙寅】上御黄幄，设仪仗，赐进贡科尔沁、敖汉、奈曼、阿霸垓、喀尔喀、土默特、喀喇沁、翁牛特、克西克腾王、贝勒、贝子、公、额驸、台吉等及蒙古众官兵宴，并赐蒙古亲王、郡王、公等，及管领围场各郡王、公等袍帽靴带等物有差。（《清圣祖实录》卷110，第126页）

【康熙三十二年三月癸酉】理藩院题：喀喇沁多罗杜楞郡王札什子、一品塔布囊垂札木素故，请照例致祭，得旨：垂札木素在围场行间效力，人材甚优，闻其身故，朕甚悯之。著照公例优恤，并赐银一百两。（《清圣祖实录》卷159，第744页）

【康熙四十五年十月己亥】谕兵部：杭州、江宁、西安三处驻防满洲，闲居日久，恐出门不耐烦劳。嗣后每年于此三省内，不拘章京、骁骑校、兵丁，选年少善骑射者，每旗三人，共二十四人，俱令于四月到京，随至热河行围。俟回銮时，遣回本处。如此既可娴习规矩骑射，而伊等之贤否亦见矣。（《清圣祖实录》卷227，第273—274页）

【康熙四十六年十月己亥】又谕曰：边外地广人稀，自古以来从未开垦。朕数年避暑塞外，令开垦种植。见禾苗有高七尺，穗长一尺五寸者。今年南巡，曾以此语张鹏翮，伊未敢深信。近值边外收获之时，命特刈数本，驿送总漕桑额转示张鹏翮矣。且内地之田，虽在丰年，每亩所收止一二石，若边外之田所获更倍之。可见地方不同，然人力亦不可不尽也。(《清圣祖实录》卷231，第310页)

【康熙四十八年十二月甲寅】先是，工部左侍郎兼管光禄寺卿事莫音代参劾署丞杭务礼等侵盗光禄寺库银一案。刑部尚书巢可托不行详察，令承审郎中瓦尔达，将杭务礼夹讯逼供，以致杭务礼子素纳海情急，赴热河叩阍。(《请圣祖实录》卷240，第395页)

【康熙五十一年九月己卯】谕大学士等曰：刑部事件，人命攸关。故凡刑部所奏之事，朕尤细心详阅，一字不肯轻忽讹舛者，必改定发出。朕在热河驻跸，命内阁于本章到时将刑部本章次日送进，以便详阅。盖慎之又慎也。(《清圣祖实录》卷251，第492页)

【康熙五十二年八月庚辰】谕大学士等：御史周祚显条奏百姓保留地方官员、督抚代为题请，应行禁止，其言甚是。顷口外青城地方，有二百余人叩阍，保留莱州知府，朕未准行。后又至热河叩阍，止五六十人。朕疑之，因令挐审，果系现居口外之山东民，为知府家人，雇觅指使而来耳。(《清圣祖实录》卷256，第535页)

【康熙五十四年十一月庚申】兵科给事中杨存理疏请嗣后武弁投文十日之内，即考验弓马，奏请引见。如驾幸热河，即按月带赴热河引见，速催赴任。(《清圣祖实录》卷266，第614—615页)

【康熙五十五年四月乙巳】谕领侍卫内大臣等：闻热河米价甚贵，每石至一两七钱，扈从人等复行齐集采买，则米价益加腾贵。官兵每月既得钱粮，若复给口粮，未免重复。但以所给钱粮买米，又恐不敷。著将热河之仓及唐三营仓所贮之米发出，设立一厂，每石定价银一两，卖与随驾官兵。令各该管之人查视，不许多买，自无转卖之弊。而于官兵，亦大有裨益矣。(《清圣祖实

录》卷 268，第 631 页）

【康熙五十七年四月丁未】谕大学士等：近见八旗补授佐领及袭职官员，俱有迟至数年未曾启奏者，此等事甚不宜迟。今迟延至此，显有情弊，交与都察院查明题参。其应补应袭之人，著各旗大人带往热河引见。(《清实录》卷278，第731页）

【康熙五十八年五月戊寅】谕户部：朕幸热河，见一路麦苗盈野，收获必丰。但麦熟之岁，往往雨水过多，朕留心稼穑历年最久，深悉其故。尔部即传谕直隶、河南、山东、山西，并口外地方，速将已收之麦晾干，入屯收贮，不致潮湿霉烂，则今岁所收足用二年矣。(《清实录》卷284，第773页）

雍正朝

【雍正元年六月辛酉】谕内阁：边外地方辽阔，开垦田亩甚多。将京城无产业兵丁，移驻于彼，殊为有益。著直隶古北口提督董象纬定议，再著总理事务王大臣等会同兵部详议具奏。寻议于热河、喀喇和屯、桦榆沟三处驻兵，请派京城兵八百名，于热河驻四百名，喀喇和屯、桦榆沟二处各驻二百名。以五十名为一佐领，每佐领设佐领一员，骁骑校一员。于派出兵丁内设领催四名，再设总管一员、翼长二员，令其统理管辖。其总管驻劄热河翼长二员，分驻喀喇和屯、桦榆沟二处。此移驻兵丁，令满洲、蒙古都统等于马甲内，择其无产业、情愿前去，并席北、乌拉齐、新满洲内熟谙农务者派往。其总管、翼长著兵部引见补授，佐领、骁骑校著各旗引见补授。其官员缺出，照依各省驻防官员例。其兵丁缺出，即于彼处余丁内挑补。如无余丁，仍于京城原佐领内挑取。派往顶补俸饷、米石，俱照京城例支给。所住房屋，派部院堂官一员，查明彼处官房拨给。如其不敷，买房添补。其总管关防，著礼部铸给。随关防之笔帖式令吏部题补。从之。（《清世宗实录》卷8，第156—157页）

【雍正元年九月丁亥】理藩院奏：扎鲁特贝勒阿谛沙、毕鲁瓦、额尔德卜鄂齐尔等三旗乏食，请加赈恤。得旨：著再给银二万两，交与本锡、阿林保赍往。此项因从前发去银五万两，或有不敷，添解备用。并非分别，此一旗，给与若干。彼一旗，给与若干也。可将两次银两合数旗之人，通同散给。如有不敷，再行请旨。（《清世宗实录》卷11，第204页）

【雍正元年十月乙卯】添设热河满洲理事同知一员，从刑部尚书励廷仪请也。

（《清世宗实录》卷 12，第 220 页）

【雍正三年正月癸亥】理藩院议覆：阿霸垓贝子德木楚克呈称，热河之喀拉和屯、锡喇他拉、哈祁尔伊嘛图、多伦脑儿等处之人民数千，俱在达尔脑儿地方捕鱼。此脑儿周围二百余里，其外柳林丛密，人不可行。脑儿内陆地长三十里，宽二十余里。有人偷盗蒙古马匹、牲畜、筏载、藏匿生事，应将捕鱼人等一并驱逐。得旨：达尔脑儿处打鱼人等，聚集至二三千人。若将伊等即行逐去，俱系无藉穷民。虽回原处，亦未必安分为生。此皆扎萨克等希图微利，纵容积渐所致。著马尔萨带银三千两前去，其有本商人，著即发回。其无力回籍者，酌给盘费，俾此穷民安居原处。著晓谕扎萨克等知之。（《清世宗实录》卷 28，第 425—426 页）

【雍正七年正月己未】以上元节，赐外藩科尔沁、翁牛特、四子部落、鄂尔多斯、扎鲁特、喀尔喀、阿霸垓、阿霸哈纳、敖汉、毛明安、克西克腾、蒿齐忒、吴喇忒、阿禄科尔沁、喀喇沁、土默特、厄鲁特、巴林、图尔古特（土尔扈特）、青海厄鲁特、苏尼特、辉特、乌朱穆秦（沁）、杜尔伯特、哈密王、贝勒、贝子、公、额驸、台吉、塔布囊等，及内大臣、大学士、侍卫等宴。（《清世宗实录》卷 77，第 5 页）

【雍正七年十月戊午】添设热河迤东八沟地方通判一员、巡检一员，从署直隶古北口提督魏经国请也。（《清世宗实录》卷 87，第 166 页）

【雍正八年三月乙未】谕内阁：昔年圣祖仁皇帝驻跸热河时，凡商民货物往来，俱不输税。嗣后，著严行稽查。无论满洲绿旗兵弁，倘有需索商民者，即指名题参治罪。（《清世宗实录》卷 92，第 238 页）

【雍正八年十月辛酉】添设热河巡检一员，从署直隶总督唐执玉请也。（《清世宗实录》卷 99，第 324 页）

【雍正九年正月辛未】又谕：喀喇沁三旗、土默特二旗著派兵一千名，于二月间起程，至张家口外形胜地方居住。令贝子僧滚扎卜、塔布囊罗布臧策布登统领前往，预备军营调遣。归化城兵丁，著派一千名，令都统艮敦统领，于二月间前赴凉州，听大将军调遣。其恩赏银两粮饷等项，俱照例给发。（《清世宗实录》卷102，第349—350页）

【雍正十年四月庚寅】大学士等遵旨议覆：据内务府总管鄂善奏称，臣遵旨于喜峰口、冷口、古北口沿边内外，所有打牲壮丁并村庄园圃等额丁内，拣选情愿充兵、汉仗壮健者，共得一千名。伊等俱系热河附近之人，请于热河地方操演鸟枪、弓箭，拣选弁员教习。至所选丁壮，于五十名内委充领催一名。十名内补放队长一名，督率操演。再于内务府废员内，拣选引见委充首领二名，副首领四名，令其约束，给与拜唐阿粮饷。所需火药、弓箭、旗帜等项，于该部支取。再查此项丁壮，俱无地土。应于丈出羡余地亩内，每名拨给九十亩，养赡家口。并将热河现有空房，每三名共拨房一间居住。每月给饷银二两、米一斛等语。臣等查，兵丁一千名，不可无专管大臣。请派汉军副都统一员，令其管理、训练。参领二员，令其协同管理。至所选丁壮，三名共给空房一间，甚属窄狭。查伊等有携带妻、子者，给与两间，如未曾携带者，给与一间。其京城派往副都统、参领各给官房一所。首领、教习等每人各给官房三间。每月行粮，副都统十两，参领八两，首领、副首领各五两，教习等各四两，余俱应如鄂善所请。得旨：此项兵丁，著内务府郎中佛标加副都统职衔，在热河地方管理、训练。余依议。（《清世宗实录》卷117，第552页）

【雍正十二年正月辛丑】升热河副都统佛标为正白旗满洲都统。（《清世宗实录》卷139，第766页）

【雍正十二年十月丁未】吏部议覆直隶总督李卫条奏热河及八沟地方各该管官事宜：一、热河地方，既设承德州知州一员，应令原设同知、通判专管旗人之事，该知州专管民人之事。一、口外幅员甚广，凡遇盗案，请令该汛武职，会同文员协力缉捕。一、热河监狱，请专归承德州管理，并添设吏目一员，以资督捕。一、八沟同知，原为专管三处喀喇沁民人事务而设。若仍令承德州兼理，恐有彼此推诿情弊。应将该地方民人命盗案件，令该同知自行验审。如有关涉蒙古之事，令会同值年章京验审。一、八沟既驻有专官，应将热河东河通判所管之八沟东街等处，归于该同知、章京管辖。一、八沟同知所司会审案件，应与章京并列官衔，用同知关防，径行详解达部，无庸向喀喇沁各王子处用印。一、命盗等案、民人事件，关涉蒙古者，该章京行令扎萨克等，交与所辖地方，查缉解送。一、八沟东街，向有与热河通判协办之守备、千总各一员，应拨与八沟同知，就近协办巡查。并请照通判衙门之例，添设巡检一员。一、八沟同知、承德州知州，请仍隶霸昌道兼辖，并照边缺之例，三年无过，即行升用。一、热河理事同知通判等所管巨细案件，向例俱应先报内部定拟，人犯由古北口提督转解，与内地州县不同。今既设立知州同知等官，请嗣后，除在外法司难以定案者，仍会审径行解部外，一切旗民命盗，照例申解该上司，审拟具题。一、八沟地方辽阔，该同知驻劄之处，请酌量添设递马五匹、捕役八名，以供差遣。均应如所请。从之。(《清世宗实录》卷 148，第 835 页）

【雍正十三年四月甲申】谕内阁：从前赏给各省驻防兵丁生息银两，因兵丁数少之处，无大员管领，难于经理，是以未曾议及。今查保定、太原、德州三处，各驻防兵五百四名，热河驻防兵八百名，为数虽少，亦应一体加恩，以资吉凶之用。保定、太原、德州三处，各赏银二千两，热河赏银三千两。保定、热河二处银两，交与总督李卫派员管理。太原银两，交与巡抚石麟。德州银两，交与巡抚岳浚。务令办理妥协，俾兵丁等得沾实惠。(《清世宗实录》卷 155，第 895 页）

【雍正十三年八月丙子】户部议覆：仓场总督宗室塞尔赫查丈热河以东八旗地亩事宜：一、宽城驿等处驿站弁兵三项地亩，共丈出三百九十八顷有奇，请照数按则输粮，归于热河兵粮内交纳。一、义院口、桃林口等处地亩，共丈出一百六十顷有奇，归于承德、抚宁等州县，按数升科。一、南至长城，北至喀喇沁，东至科尔沁，西至热河地亩，向照热河庄头，以六亩为一晌，今共丈出十万六千晌有奇，请照上中下三则之例，按晌纳粮。俱应如所请。从之。(《清世宗实录》卷 159，第 950 页）

乾隆朝

【乾隆元年三月癸亥】兵部议覆：直隶总督李卫疏请，分八沟所辖地方事件，归喀尔沁同知、承德州分管，移八沟通判及东河司巡检驻四旗适中之土城子。通判管旗民命盗等事，巡检专司监狱。添设黄姑屯、郭家屯、大阁儿巡检各一员，土城子千总一员，白虎沟外委把总一员，郭家屯、大阁儿、上黄旗把总各一员，均听土城子通判差遣。移十八里台之外委千总，巡防西卯正。添设喀尔沁千总一员，听八沟同知辖。移西河司巡检，驻承德州之鞍匠屯。添设下板城中关把总一员，设承德州州同一员。改滦阳驿丞为巡检，带管驿站。新设员缺，在外调补。应如所请。从之。（《清高宗实录》卷15，第420页）

【乾隆元年四月甲戌】总理事务王大臣议稽察归化城军需工科掌印给事中永泰条奏：……一、归化城一带地亩，不便改为民种升科。得旨：筑城开垦事件，交通智总管办理。俟城工告竣之时，先派家选兵二千名、热河兵一千名，前往驻防，其家选兵照八旗另记档案人例。……（《清高宗实录》卷16，第435页）

【乾隆元年十二月甲戌】户部议覆：仓场侍郎宗室塞尔赫等疏言，口外东西两河旗地，旧照现定科则征粮。旗人未免不敷养赡，又居住远近不一。每届完粮之期，驮载维艰。此项旗人地亩，原以口内熟地退换开荒，应请分别等次，酌减粮则，并照察哈尔西四旗之例，改征银两。上则每亩纳银一分四厘，中则以二亩折上地一亩，下则以二亩折中地一亩。庶旗人于输纳之外，养赡宽裕。并即归该同知、通判，按地编征，解交藩库，无庸热河总管经理。应如所请。（《清高宗实录》卷32，第642页）

【乾隆二年三月庚戌】总理事务王大臣议奏：归化城盖造新城，去右卫仅二百里，无庸添设将军，请将右卫将军移驻新城，止添副都统二员。其右卫之副都统二员，仍留原处，亦归并将军管辖。所有家选兵二千名、热河兵一千名，著该处照原议办理。俟房屋工竣日，先往驻劄。其管兵官员，应令将军王常等会同八旗大臣，拣选京城应升官员，请旨补放。至京城应派官员三千名，遵旨暂停，俟归化城附近地亩开垦足数，呈报到日再议之。(《清高宗实录》卷39，第699页)

【乾隆二年六月丁卯】总理事务王大臣等奏：热河地方甚为紧要，所居满洲兵现有八百名。其从前一千操演兵已遣往归化城驻劄，热河所余满洲兵较少，理应添设。查京城闲散人丁一万三千八百余名，请将一千二百名拨往热河。热河兵丁八百名，俱分拨官房，在桦榆沟、喀拉河屯等处驻劄。今遣往一千二百名，即将拨往热河之一千兵，房屋给与居住。又查得热河八百名驻劄兵，每月领催等食饷四两，兵丁等食饷三两，领催兵丁等每季应领米四石四斗，共马二百匹，拴马者每匹应得干银二两。今新添驻劄兵一千二百名，应得粮饷亦照此例。从之。(《清高宗实录》卷44，第778—779页)

【乾隆二年七月丁酉】户部议覆署镶红旗蒙古都统布兰泰奏：直隶、山西边外地亩，向皆折征银两……又热河地方，亦添驻满兵一千二百名，本地谷不敷。若将该处地亩，亦折本色粮石，均于兵食有益。应如所请。从之。(《清高宗实录》卷46，第800页)

【乾隆二年九月戊申】户部议覆直隶总督李卫奏筹办买补仓粮、赈济民食……至宣化府属州县，应需米石，则于古北口外之热河及张家、独石二口外地方采买拨用。均应如所奏。得旨：依议速行。(《清高宗实录》卷51，第866—867页)

【乾隆二年九月戊申】镶红旗蒙古都统申慕德奏请，热河训练兵丁，赏借三个月钱粮，俾得即备皮衣，分起前进。得旨：如所请行。(《清高宗实录》卷51，第867页)

【乾隆二年十一月辛未】兵部等部会议热河添设兵丁二千名，应设大员统辖。请将总管一缺，改为满洲副都统，满洲蒙古各旗共设协领六员，佐领、防御骁骑校各二十员，笔帖式三员。从之。(《清高宗实录》卷57，第928页)

【乾隆二年十一月癸未】兵部等部议覆直隶提督赡岱疏称：热河幅员辽阔，一应捕盗缉匪等事均属绿旗官兵专司，应改设大员，增兵授制。请改设副将一员、都司二员，添设守备一员、千总二员、把总四员、马兵一百四十名、步兵二百三十名。应如所请。从之。(《清高宗实录》卷57，第935页)

【乾隆二年十二月壬寅】以换回驻藏大臣那素泰为热河副都统。(《清高宗实录》卷59，第955页)

【乾隆三年三月癸丑】兵部议准热河驻防副都统那素泰奏请：热河地方紧要，新旧驻防兵二千名，仅有鸟枪兵二百名，应再添三百名，并挑选前锋一百名，分派操演。从之。(《清高宗实录》卷64，第38页)

【乾隆三年三月丁巳】兵部议覆热河副都统那素泰疏请：喀喇河屯驻劄满洲协领一员，管辖四个满洲佐领。化育沟驻劄蒙古协领一员，管辖两个蒙古佐领。热河驻劄满洲协领三员，管辖十二个满洲佐领，蒙古协领一员，管辖两个蒙古佐领。应如所请。从之。(《清高宗实录》卷64，第43页)

【乾隆三年四月甲午】户部议覆直隶总督李卫疏称：张家口及热河等处地粮，驮载艰难，请仍征折色，以从民便。至关外积贮，亦可照内地买购。应如所请。从之。(《清高宗实录》卷66，第72页)

【乾隆三年六月丙申】又议准热河副都统那苏泰疏言：驻防衙门办理粮饷刑名事件，向有设立左右二司。今新设热河副都统衙门，亦请照外省之例设立，于经制官内拣选，令掌关防。又外省驻防满洲大臣官员，俱有自立马匹。今热河地方系通三面蒙古，要口小谷甚多，亦请自立马匹，由官拴养。从之。(《清高宗实录》卷71，第134页)

【乾隆三年七月丙寅】又谕：八旗每佐领，原额设马甲二十六名。后因驻防右卫及热河兵丁名缺，未经选补，是以每佐领下各少一二缺不等。今旗人生齿日繁，且驻防外省兵丁名缺，俱已选补。著交八旗将所少名缺俱行补足，以裨旗人生计。（《清高宗实录》卷73，第161页）

【乾隆三年九月乙丑】礼部议准直隶总督李卫奏：承德州自设义学，居民奋志读书。应照奉天新设州县之例，岁科试额进文童六名，岁试额进武童四名，设学正一员，铸给钤记，并将就近之八沟四旗丞倅所辖童生，准其一体考录。从之。（《清高宗实录》卷77，第211页）

【乾隆三年九月辛未】户部遵旨议奏出口买米一事。商人范毓馥请自行采买，回京领价，较官买更为便易。其派往张家口外之官员，应令携带库银六万两，前往古北口、喜峰口、热河一带地方分头采买。不拘何项米谷，按照市价购买，陆续运京，分给八旗米局平粜。至一切挽运之处，即令派往之员，酌量情形，会同地方官办理。将来运送至京，再请派员接办，以免交收迟滞。得旨：依议速行。（《清高宗实录》卷77，第214页）

【乾隆三年十月乙酉】户部议覆直隶总督李卫条奏：热河八沟通判，前经移驻土城子地方，所有一切改隶事宜，应请酌核遵行。一、土城子关帝庙，请照天津理事同知例，添设祭祀银四十两。一、承德州新设州同一员，应给俸银并门役工食银一百十四两。一、土城子巡检额俸并门役工食，仍照东河任内额设。其弓兵新经移驻，差遣较繁，应增设六名，并马夫一名。郭家屯、黄姑屯、大阁儿等处巡检，官俸役食俱照土城子巡检一例请设。一、四旗地方辽阔，命案视东河较多，应增设作作一名。土城子现设监狱，应照直属例，每年额设囚粮米四十石、灯油等项制钱二十千文。一、四旗驻劄官兵差使络绎，应添递马三匹。土城子驻劄首铺，应添铺司二名。西河巡检移驻鞍匠屯，应照土城子一例添设弓兵六名、马夫一名。迁安县滦阳驿，改为巡检带管驿务，应添设弓兵十二名。一、古北口外四旗理事通判、承德州州同、镶白旗土城子巡检、正蓝旗黄姑屯巡检、镶黄旗大阁儿巡检、承德州鞍匠屯巡检、八沟巡检、三屯营巡检带管滦阳驿务，俱请按照地方职守字样，一例铸给关防印信。均应如所请。从之。（《清高宗实录》卷78，第231—232页）

【乾隆四年三月丁卯】军机大臣议覆直隶总督孙嘉淦奏言：八沟向有理事同知、通判分管，嗣于乾隆元年前督臣李卫奏准，将通判移驻四旗土城子，而同知专管八沟、龙须门、丫头沟三汛，并喀喇沁王子、贝勒、扎萨克三旗。幅员既广，事务甚繁。请仍于八沟添设理事通判一员，将喀喇沁贝勒、扎萨两旗蒙古民人事件归新设通判管理。其八沟、龙须门、丫头沟三汛，喀喇沁王子一旗，仍归同知管理。至通判有审理刑名稽查逃匪之责，请添设巡检一员，管理监狱；千总一员，防守汛地。再，承德州、八沟、喀喇沁三旗，地方绵亘数千里，同知、知州、通判，向隶霸昌道统辖，势难遥制。且热河武职，皆系大员，而文职仅有同知以下，地位相悬，多为牵制。遇有协缉事件，呼应不灵。并请于古北口外添设兵备道一员，驻劄承德州，将热河、八沟等处同知以下官，俱归统辖。其都司守备等官，兼使稽察。事均可行，应令该督妥议具题。从之。（《清高宗实录》卷89，第376—377页）

【乾隆四年四月丙申】工部议准直隶总督孙嘉淦疏称：修茸墩台营房，除永清等二十三州县，地非冲要，向未设立。并霸州等十一州县，土墩、土草营房，均完固外，至东西南北四大路，并陵寝大道五十州县，共土墩台四百七十一座，土草营房五千三百六十八间，俱应勘估，改建砖瓦。再，新设承德州于热河地方，进口程途二百余里，应请设汛十九处，墩台十九座，营房一百九十间。从之。（《清高宗实录》卷91，第399页）

【乾隆四年五月癸酉】兵部等部议覆直隶总督孙嘉淦疏称：热河驻防满兵，原额八百名。向有滋生银三千两，营运生息，以为赏给红白之用。今添设防兵一千二百名，人数众多。请量增滋息银四千两，其收放赏犒报销等务，令热河副都统管理。从之。（《清高宗实录》卷93，第429页）

【乾隆四年十一月辛酉】又议理藩院员外郎福基、镶白旗蒙古副参领傅弥汉、直隶承德州知州刘君成等呈称：查勘得围场四旗总管、通判互揭一案，并请分晰专司前来。内称镶黄旗蒙古都统原奏，凡涉旗人斗殴、争地、命、盗等事，令围场章京会同地方官审结等语。惟是围场总管，因看守围场而设。向因未设通判，场外一切命盗案，不得不令就近办理。今设有八沟通判，移驻四旗适中之镶白旗土城子地方。其旗人命盗案，未便令彼此会审，致意见不符。至四旗等处居住旗民，因本处佐领远在京师，若就近无专管之员，必致滋弊。请照原议，令总管就近约束稽查。其旗下人丁及挑选壮丁、拣放旗下屯庄拨什库等事，听总管自办，通判不得干与。户婚田土命盗案、编查保甲、设放地方领催、屯目等事，归通判查办，毋庸围场章京会审。其围场内盗案，仍令总管章京报理藩院、刑部归结外，命案令章京移通判验报。人犯交总管章京协挚，通判审理。议具妥协，应如所请。至总管通判互揭之案，虽查无偏私，究属不合，照律各罚俸六月。从之。(《清高宗实录》卷 105，第 573—574 页)

【乾隆五年三月己酉】吏部议准直隶总督孙嘉淦覆奏：承德州等处地方，绵亘数千里。所设同知等官，隶霸昌道统辖。道员驻劄口内，势难遥制。且同知等官不能兼辖武弁，遇有巡缉事件，呼应不灵。请于古北口外添设兵备道一员，驻劄承德州。文武各官，均归统辖。并请于塔子沟添设通判一员、巡检一员、千总一员，将三汛界外地方，改归新设之塔子沟通判管理。三汛界内地方，仍归原设之八沟同知管理。设立界牌，以专责成。其各汛弁兵，均听文员节制差遣。又承德州添设州判一员，以资佐理，并令带管道库等项事务。从之。(《清高宗实录》卷 112，第 651 页)

【乾隆五年八月己未】军机大臣等议覆副都统旺扎勒奏：杀虎口等处台站，原为喀尔喀众蒙古接递事件而设，若无大员兼管，必致马匹疲瘦缺少，请以杀虎口边路台站，令绥远城将军管辖。古北口、独石口两边路台站，令提督管辖。喜峰口边路台站，令热河副都统管辖。应如所请。从之。(《清高宗实录》卷 125，第 831 页)

【乾隆五年十月庚戌】以镶黄旗蒙古副都统达勒党阿为热河副都统。(《清高宗实录》卷 128，第 877 页)

【乾隆五年十一月甲午】兵部议覆直隶总督孙嘉淦疏称：热河河屯营改设营制官兵案内，八沟营、波罗树地方，新添千总、外委把总、兵丁等。应需衙署、营房、马棚，请于司库地粮银内估拨建造。其外委把总一员，即在波罗树汛马兵内拨补等语，均应如所请。又称：从前八沟等汛，勘定地基，拨用旗地六十五亩零。现查无入官地土,可以拨还等语。应行令热河总管,将此项地亩,照数开除差粮。从之。(《清高宗实录》卷131,第915页)

【乾隆六年正月己卯】谕:驻防官兵操演行围之事甚善。朕前已降旨,令照旧轮班前来。今年朕进木兰行围,著该部照例行文各处,令其办理遣赴京城。其如何轮班及遣回之处,该部议奏。嗣后遇朕行围,应否令其前来,该部豫行请旨。寻议奏:驻防官兵来京随围学习,除杭州、江宁等省定有额数,无庸再议外,其福州、广州、庄浪、凉州、宁夏、成都,均系边远地方。太原、沧州、德州、郑家庄,各驻防官兵无多。绥远城驻防官兵,系边外要地,均毋庸拣选来京。惟天津、青州、右卫,离京甚近,应令每处各选十六人,河南八人,来京随围学习。热河二十四人,即在本地豫备随行。再杭州等十处,学习随围官兵共一百四十四人,应定以班次。杭州、京口、西安三处,为第一班。江宁、天津、右卫三处,为第二班。荆州、青州、乍浦、河南四处,为第三班。遇行围之年,令该将军副都统,照例选送来京。到京时,照例归于上三旗护军统领管辖。未出围以前,照行营钱粮,给与盘费。出围时,照护军校护军例,给与官马盘费。回时,视省分道里远近,酌给盘费。从之。(《清高宗实录》卷135,第944页)

【乾隆六年二月丁酉】户部议覆热河副都统达勒党阿疏称:热河满洲兵丁,每年应支米石,半系折银放给,石作银一两。查每年秋收米价贱时,石值银八九钱或一两上下。春夏价昂,石值银一两三四钱或一两五六钱不等。请将从前赏给滋生银内,抽出一千两,设米厂一座。于价昂时,较民间稍减平粜,秋收价贱时买补。所余利息,归入兵丁红白赏赐。应如所请。从之。(《清高宗实录》卷136,第958页)

【乾隆六年二月乙巳】兵部奏:今年巡幸木兰,所有随围之官员兵丁,应早定人数,以便办给驼马。请行文各该处,令将应派人数,定议具奏。得旨:久未出口行围,若令各该处定数,转不画一。著该部会同领侍卫内大臣等,查旧例定议具奏。寻奏:查从前圣祖仁皇帝时,扈从之侍卫官员护军拜唐阿等,约计四千余名或五千名随往热河。进哨时,酌留十之一二,余尽随进哨。其应骑马人等,自京各给马一匹。至博罗河屯,照例全数给发。此次皇上奉皇太后巡幸木兰，若照前派人数，一切差务必不敷用。请照皇上皇太后谒陵之例，共派六千余名。至应骑马人等初次出口，非从前练习可比，若仍给马一匹，自京起身，未免竭蹶。请例得五六匹者，给与三匹。例得三四匹者，给与两匹。例得一二匹者，给与一匹。至博罗河屯，再令更换疲瘦，照数全给。除各部院衙门随往之章京笔帖式等例不给马外，统计需马一万余匹、驼七八百只，应照数豫备。其余马匹，俱交马厂。俟定有起銮日期，令其赶赴所指之处，以备更换。至武备院、太仆寺及各处所需驼只，京师所有如不敷用，或就近调太仆寺驼只，或调商都达布逊诺尔驼只之处，再行具奏。其应随往各员，由各处办理。应具奏者，即行奏派。应拣派者，即行派出。咨总理行营事务王大臣处定数，另行奏请，分别赏赉。再从前进哨，特将汉军官兵等，每旗派章京一员、骁骑校二员、马甲二十名，令步行随往，学习行走。此项既无需用之处，此次应毋庸派往。又向用善猎之索伦、巴尔呼察哈尔人等及喀拉沁之哨鹿伙伴，由古北口至张三营沿途捕鹿人等，应令何项人前来及随往支给几日路费之处，另议具奏。得旨：知道了。(《清高宗实录》卷136，第964—965页)

【乾隆六年二月壬戌】兵部议覆管理热河副都统达勒党阿奏：铁沟距热河六百余里，定例春秋前往稽察匪类，往返二十余日，沿途既不得习围，且匪徒可计日逃避。铁沟居民不过十余家，而附近之塔子沟、波罗树地方既添兵弹压，请每年一次，不拘时日，派兵往缉。至学习围猎，应于耕种前、收获后，在热河附近操演。均应如所请。从之。(《清高宗实录》卷137，第976页)

【乾隆六年五月癸巳】热河副都统达勒当阿奏：本年进哨，准兵部咨行将热河官兵派出二十四名随围，其未经派拨官兵皆吁请自备资斧学习行围。请于额派二十四名外，再拨一百名随同前往。得旨：好，著照所请行。(《清高宗实录》卷143，第1064页)

【乾隆六年五月癸巳】又奏：热河兵丁每年春秋二季巡察铁沟回时，学演、行围、帐房等项必需制办，若由饷内坐扣，恐兵丁等养赡无资。请交部动帑办用，将银两数目分限三年入于兵饷，大档内由部坐扣归款。得旨：著照所请行，该部知道。(《清高宗实录》卷143，第1064页)

【乾隆六年六月癸卯】工部等部议覆直隶总督孙嘉淦奏称：承德州属之三道沟等处开采煤窑，向例需领部照。开采之人，皆观望不前。查产煤之所，如热河八沟四旗煤山，俱在围场之南，而土木槽碾等处，亦俱在大坝之内。现今坝内土田，皆已开垦。其出口贸易之人，系各地方官给与照票往来。采煤之人，事同一例，原可无庸部票。且开采煤窑，聚集人多，若令执有部票，恐不受地方官约束。请令地方官择本地殷实商民，报明开采，给与照票出口。窑成之日，报明藩司，给与牙帖，承充开采。应如所请。从之。（《清高宗实录》卷144，第1074—1075页）

【乾隆六年七月丁亥】兵部议准热河副都统达勒党阿奏称：热河八旗每旗只设佐领二员，蒙古八旗两旗合设佐领一员。应升缺出，只于本旗内拣选，恐难得人。翼内虽有效力之员，因非本旗缺，不获升转。请嗣后该处满洲蒙古官员缺出，先尽本旗人坐补。如本旗不得人，于本翼内拣选效力应升之人补放。倘翼内又不得人，再行文在京本旗拣补。从之。（《清高宗实录》卷147，第1120页）

【乾隆六年十月丙辰】赈恤热河四旗厅被水灾贫民。（《清高宗实录》卷153，第1187页）

【乾隆六年十一月丙寅】兵部议准调任直隶总督孙嘉淦疏请：热河驿站增复递马十匹、马夫五名。从之。（《清高宗实录》卷154，第1199页）

【乾隆六年十一月辛卯】大学士等议奏调任直隶总督孙嘉淦奏称：独石口外之红城子、开平城二处，张家口外之兴和城、北城子二处，地土宽衍，请于该处开垦驻兵。现已奉旨：派令尚书海望等查勘。俟查明到日再议外，再查古北口外热河等处，从前原无熟地。自康熙九年将八旗官员人等口内熟地，换给口外荒地开垦，其原数作为额地，余地给本人执业，按亩交粮。热河东西共旗地一万九千九百余顷。又古北口至围场一带，从前原无民地，因其处土脉肥腴，水泉疏衍，内地之民，愿往垦种，而科粮甚轻，故节年开垦升科者三千余顷。此等民人，如内地本有田亩者，轻去其乡，反致抛荒故业。如系无业之民，而听其出口，五方聚处，旗民交杂，易滋事端。且该处本非民地，与其听游民占业，何如分拨旗人耕种。再热河地方，原驻满兵二千名。如此项民地分拨旗人耕种，则兵粮充裕，尚可添拨，驻防更为周密。应令钦差大臣前往独石、张家二口勘地回转之便，再往古北口外热河等处，逐一履勘，将该处地势情形具奏定议。从之。（《清高宗实录》卷155，第1217页）

【乾隆六年十一月辛卯】热河总管郎中巴图奏：巴克什营至张三营十四处，看守行宫兵丁钱粮，向例分三季遣员赴京支领。恐拨解稽延，支放不便，请于每年十二月分，将明岁应支饷银，一并由户部支领，存贮热河库内，按月分放。得旨：照所请行。（《清高宗实录》卷155，第1217—1218页）

【乾隆七年正月庚午】大学士鄂尔泰等议覆将军补熙奏称：自杀虎口距额尔德尼昭，相隔三千余里。倘经调动，适值青草畅茂之时，沿途歇养马驼，必须二十余日始到。虽有备派兵丁，恐不能应期而至。恳赏价，先于额尔德尼昭沿途地方，置备马驼听用。查现在喀尔喀四部落所存余驼二万七千余只、马三万四千余匹。内地扎萨克哲里木等处，五盟长所存驼一千余只、马二万五千余匹，无须另行置买。而此项兵丁，与克期起行者不同。调聚日久，必致伤损；若届期备办，又恐赶送不及。应令额驸策凌等，由该处探贼消息，将喀尔喀等部落所存马驼就近豫备。俟补熙兵到时，酌量拨补更换。又奏称：绥远城右卫两处，所存子母炮四十八位，向无驮驼。遇有调遣，运炮维艰，请陆续买驼备用。查现在右卫兵三千五百余名、马三千五百余匹、驼一千七百余只，绥远城兵三千九百名、马三千九百匹、驼九百九十余只，合计两处，共马七千四百余匹、驼二千六百余只。所有此项备派兵二千名，如有调用，约计每人给马三匹，两人合给驼一只。惟需马六千匹、驼一千只，尚余马一千四百余匹、驼一千六百余只，炮位即拨余驼九十六只驮往。又奏称：蒙古地方用兵，棉甲最为有益。本处惟自热河拨来兵一千名携有棉甲，恳再赏给棉甲三千副，令绥远右卫兵丁备贮。查现在军营收存备用军器内，有棉甲二千副。补熙既称棉甲有益，兵行时请免其携带铁甲，即将备用棉甲一千副，令其携往。抵军营后，无甲兵丁，行令额驸策凌查明，于此项棉甲内拨给充用。从之。（《清高宗实录》卷158，第5页）

【乾隆七年二月癸巳】吏部议准直隶总督高斌奏称：热河一带，旗民杂处。设有理事同知，与承德州分管。地广事歧，瞻顾辗转，多至盗扬伤变。甚或厅袒旗人，州偏民户。请裁知州，改设满缺理事通判，移驻喀喇河屯地方，治西南。同知移驻州署，治东北。以滦河为界，均归热河道辖，并裁州同、州判、吏目，改为三巡检，分驻要隘。从之。（《清高宗实录》卷160，第18页）

【乾隆七年三月庚辰】谕曰：御史丛洞奏称，请停修理热河一带行宫，以节帑金而昭圣德等语。夫热河等处行宫，乃当年皇祖巡幸驻跸之所。雍正年间，皇考未经出口行围，是以各处行宫，皆置之闲旷。然亦未尝不略为缮补，以免倾圮。今朕仰承祖制，欲举临边讲武之礼。旧日所有行宫，酌加修葺。此亦事理之不得不然者。我朝土木之工甚少，偶有兴作，亦皆不烦编户之差徭，不动司农之经费，断不至于劳民伤财，为盛德之累。但念人主一心，于土木上多一分，即于政治上减一分，此理甚明，乃朕时时用以省察者。修葺不比营造，虽难尽废，其工作有可缓者，著该管官此时缓之。丛洞身为言官，有见即行陈奏，意亦可嘉。所奏知道了。（《清高宗实录》卷163，第49页）

【乾隆七年五月己未】谕：今年春夏以来，畿辅地方除宣化、大名二府及古北口外，热河一带，雨泽霑足，二麦可望丰收。至顺天、保定、永平、正定、河间、天津、顺德、广平等府暨易州、冀州、赵州、深州、定州等州属，雨水均未霑足普遍，麦收分数，势必减少。此时农事正忙，又值青黄不接之际。若仍照例催科，恐有妨于力作。著将各府州属新旧应完钱粮，一概暂停征比。俟秋成之后，再行征收。该部可即行文直隶总督，通行晓谕知之。（《清高宗实录》卷166，第95页）

【乾隆七年七月辛巳】兵部议准热河副都统达尔党阿奏称：宽城驿汉站设把总二员、外委二员。伏思内地驿站事繁，管站止驿丞一员。今宽城一驿，马仅六十匹，又无差务，应裁把总外委各一员。再汉站既设把总，若不给与升路，老于台站，不无生弊。请嗣后人材骑射可观、诚心办事者，咨送督提考验，补放千总，以示奖励。把总员缺，在台站外委壮丁内挑补。再宽城驿，原设牛三十头、车三十辆。查一年差使无多，且牛车迟缓，似属无益。请将车三十辆，抽拨十辆给喜峰口驿，留车十辆给宽城驿。其原设牛裁去，不必添马，即于各本站六十匹马内挑选十四应差。从之。（《清高宗实录》卷171，第173页）

【乾隆七年九月庚午】又谕：今年直隶古北口地方，收成甚属丰稔。朕已降旨，令将河南、山东所有供应陵寝官兵米石，运往江南接济。令古北口提督塞楞额、热河兵备道八十于本地购买，以补原额。此外再著广为收买，以备将来拨用。如无拨用之处，即令存贮常平仓，以备缓急之需。再黑豆一项，今年亦属丰收，亦著塞楞额等委员采买，以为明岁谒陵喂养马匹之用。此项黑豆，可存贮八沟适中之地。应运何处，临时再行酌议。其采买之道，视收成丰稔之处，照依时价，不可勒派，亦不可急于多籴，使民间反致价昂，此不过恐谷贱伤农之意耳。（《清高宗实录》卷174，第240页）

【乾隆七年十二月甲寅】谕：朕明岁前往盛京，所有喀喇沁等处之蒙古扎萨克等，因朕经过伊等地方，必豫备行围，随行效力。但喀喇沁地方，除数处围场外，沿途并无堪行大围之处。若经过之扎萨克等俱派人随行，人数众多，并无用处，且致属下穷苦蒙古多费盘缠，劳乏马匹。著现办此事之王大臣会同该部，计经过地方之远近，有无堪行大围，各应派几人随行，至伊等边界，即令回伊游牧之处，豫行妥议。再在朕前行走之喀喇沁哈玛尔三十名，著随朕前往盛京。如再有似此者，亦令随行之处，一并妥议。（《清高宗实录》卷181，第344页）

【乾隆八年正月癸酉】总理行营事务庄亲王允禄等议奏，本年自木兰由克尔素前往盛京，路由喀喇沁三旗、翁牛特二旗、敖汉、奈曼、阿禄科尔沁、扎鲁特等旗，从彼经过科尔沁王罗布藏衮布、齐默特多尔吉、伊什、班第等旗地方。今科尔沁王罗布藏衮布、敖汉贝子罗布藏及年班来京、科尔沁、喀喇沁、敖汉、奈曼、翁牛特王台吉等吁请准其接至木兰请安，扈从行围，前往盛京，并于伊一盟各旗内，共豫备捕户五六百名至各盟边界。除喀喇沁围场之外，其敖汉一旗于巴雅海地方豫备一围，将近克尔素口。科尔沁一旗于戳子村、和尔本淖尔地方豫备二围，需用捕户一千余名，即在围场豫备。众蒙古王台吉等，既各踊跃抒忱，应如所请行。惟各盟地方，出派捕户五六百名似觉过多。应酌减令每盟出派三百名，即于各盟边界，豫备围场地方伺候。至敖汉、科尔沁，既各备围场，其捕户不必前赴木兰。应令于喀喇沁、翁牛特旗内，公同豫备捕户一千名、喀喇沁哨鹿人枪手六名、扈从枪手十名、哈玛尔行走人三十名、打鹿鸟枪手四十名、索伦墨尔根三十名。喀喇沁、土默特、翁牛特旗内，派向导一百名、长枪手一百六十名、驮车二百余辆。其管辖围底，应派塔布囊敏珠尔拉布坦、管旗章京拉布坦、萨木坦。管辖左翼围肩，应派贝勒朋素克、塔布囊噶尔毕满都呼。其左翼围梢，应派塔布囊旺扎尔罗布藏管辖。右翼围肩，应派公丹津、塔布囊罗布藏、敦多布、阿齐图。其右翼围梢，应派塔布囊诺们桑根敦扎布。此次至木兰，行围四次，即往盛京，不必如前年巡幸木兰之例，多派行围墨尔根。应饬察哈尔总管等，只派墨尔根敦珠克满达、达都等数名前往木兰。再管辖索伦巴尔虎之墨尔根等，应即交内地墨尔根头目兼管。至喀喇沁翁牛特地方行围毕，其捕户即令彻回，只令哈玛尔行走人随往盛京。其索伦巴尔虎之墨尔根，暨御前乾清门行走王台吉等，亦令随至盛京。过翁牛特路皆平坦，其长枪、鸟枪手管辖围底、围梢、围肩之塔布囊等，即令彻回。再喀尔喀台吉等除军营该班外，应令额驸策凌选派十数人赴木兰随围，围毕各还本处。得旨依议。（《清高宗实录》卷183，第362—363页）

【乾隆八年五月庚戌】 吏部等部议准署直隶总督史贻直疏请：建承德州属理事通判暨巡检、衙署各一，计共七十四间。从之。（《清高宗实录》卷193，第481—482页）

【乾隆八年六月癸丑】 又谕：此次前往盛京，未到热河之前，俱在行宫驻跸。所有行营应用之蒙古包帐房、布城等项，及应豫备物件，俱著于七月初三四等日先行起程，于应行等候地方豫备等候。其侍卫章京护军内，酌量留用外，其余著分别次序，豫先起程，过青石梁等候。此数日内存留人等，虽日常该班，将来会齐时，仍可令伊等补还。其出行钱粮即于起程日支领销算。如此分别次序，令其起程，则住宿处俱有空闲，而在途亦不致损伤田苗矣。其何项人先令其起程，及如何分别次序，并量派大臣二三员，带领伊等起程之处，总理行营事务王大臣即定议具奏。寻议，查各处随往官员人等，其豫先遣往者，侍卫一百五十余名，亲军护军六百余名，并各项官兵拜唐阿等，共二千余名，车七百九十余辆，应分三拨，于七月初二至初四等日，派出大臣按拨带往，分驻博罗河屯、喀喇河屯、热河等处。并于侍卫章京护军内，酌留二百余名，于青石梁、黄土坎、苇子峪等狭隘之处，如遇行李壅滞难行者，协力护送。至扈从人等，除安设堆拨等项差使外，其无差之人，若俱在行宫周围住歇,恐人多地隘,踏坏田禾,应听随便借寓。再牧厂派出马六千余匹,护送先往之人。若俟驾到后更换,未免耽延,请先派出放马之章京,赴博罗河屯会同领拨大臣监视更换。其余马匹并已更换者,仍交与马厂副都统等牧放,以备御营官兵到时换用。得旨:所议甚妥。依议。(《清高宗实录》卷194,第487—488页)

【乾隆八年六月壬申】户部议准直隶总督高斌奏称:热河及一百家二处,看仓千总二员、兵六十名,所支俸饷,向系赴京关支。请改归直省司库豫行解交热河兵备道库。从之。(《清高宗实录》卷195,第504页)

【乾隆八年七月辛卯】户部议覆直隶总督高斌奏称:副都统达勒党阿原奏,请于古北等口外买米建仓运贮,遇青黄不接时,照本价粜卖一折。查古北等口,素称产米之区。近年屡经采买,运内地接济兵民。今年古北一带,既系秋成有望,而天津、河间等处,需米赈济,应如所请。即于九月底动支司库银,会同提督保祝,委员分买,并令热河道协查,浮冒题参。随买随运通仓,由水路转运天津,分发各州县赈济。所需车脚口袋等费,照例办理,事竣分晰题销。第口外收成,现在尚无确数。前项米石,可否买至二三十万之多,不致价昂妨民,令该督临时确访民情酌办。至达勒党阿原奏,请嗣后每年秋成,动帑采买,运贮遵、蓟二仓,供应陵寝之需,余俱运至通仓备用。原属酌盈济虚,第年岁丰歉,时价长落不齐,必须临时酌量民情,奏请办理,毋庸豫定。其豫、东二省应运陵糈,原系漕项。应运通仓,缘陵工俸饷之需,故每年截拨。若将陵糈议于口外买运,则此项应运之米,自应仍运通仓备用,不便截留天津。至奏称八沟、鞍匠屯,为各蒙古米粮总汇之区,官民于此二处收买,各宜添建仓廒存贮,以便转运。八沟仓廒,应交八沟同知监管。鞍匠屯仓廒,交承德通判监管。应如所请,酌量添建。得旨:依议速行。(《清高宗实录》卷196,第523页)

【乾隆八年七月辛卯】兵部议覆直隶总督高斌疏称:热河旧设满兵八百名,除分防外,兵数无多,设有小教场操演。迨乾隆三年,添设满兵一千二百名,共二千名。兵加数倍,遇操演时,地窄难容。若移热河大教场操演,施放枪炮,地势平坦,可以容纳。该处原系旗兵旧教场,并非另设。况今秋皇上驻跸热河，倘圣驾阅兵，尤须宽坦。请建演武厅三间、抱厦三间、月台一座。应如所请。得旨：依议速行。（《清高宗实录》卷196，第523—524页）

【乾隆八年十月乙丑】工部等部议准直隶总督高斌疏称：八沟、热河、承德三厅所属龙须门等汛，应建兵丁马棚四十间。从之。（《清高宗实录》卷203，第612页）

【乾隆八年十月戊辰】署热河副都统色尔登奏：据原任副都统达勒党阿呈称，伊母病故，无力营葬，恳恩照伊所袭一等子爵应得俸银，赏借八年，以为助丧之费。得旨：允行。（《清高宗实录》卷203，第613页）

【乾隆九年二月壬子】大学士等议覆直隶总督高斌奏称：古北口外零星余地，请仍听民耕种。臣等前议，该处本非民地，若听民人占种，则旗地转多侵碍。且有地民人，轻去其乡，反致抛荒故业；如无业之人，听其出口，则五方聚处，旗民交杂，易滋事端。再热河地方，原驻满兵二千名。若将此项民地分给旗人耕种，则兵粮充裕，尚可添拨驻防，于边防更为周密。是以令该督查明定议，请旨办理。今该督详查，喀喇河屯厅所辖之白马关、潮河川，热河厅所辖之张三营、白马川，四旗所辖之波罗河屯各汛内，凡有平坦可耕之区，悉系旗地。间有民人新垦者，俱系旗圈余地。自雍正十年奉旨听民认垦输粮。从此民人安立家室，悉成土著。如一旦拨给旗人，恐民糊口无资，难于别处安置。且系零星段落，计地二千九百余顷，而地段有十万四千余段，散布山巅溪曲。即分给旗人，亦不能自种。是旗人未受得地之益，而民人先有失业之累。应如所请，将喀喇河屯等处地亩，仍听民人照旧耕种。但古北口外，边防所系，尤宜慎重稽查。应令该督转饬该管各员，留心约束，实力严查。无许无籍游民，藉口垦地滋事。从之。（《清高宗实录》卷210，第698页）

【乾隆九年三月甲午】管理镶白旗蒙古都统事务诚亲王允祕奏：八旗另户人等在逃者，每于直隶远处州县，或八沟、热河、蒙古边界等处藏匿，恐日久聚众，未免滋事。请敕各该管官员，出派官弁访拏，解部审询。如非缘事出逃，实系因病失迷，或被人诱拐者，仍准挑差效力。若有缘事情节，即照逃人例，分别轻重治罪，交该旗严行管束。其有逾年自知改过者，由该旗呈送，令挑步军。倘能奋勉，三年后，由各该处移送各旗，令挑护军马甲。得旨：著照所请行。该部知道。（《清高宗实录》卷 213，第 731 页）

【乾隆九年四月癸亥】谕曰：三陵事件，最关紧要。五十四自补授总管内务府大臣以来，并未实心经理一事。前在张家口游牧总管及军台总管任内，藉称患病来京，亦毫无效力之处，为人亦不安分，著解任来京候旨。所遗员缺，著巴图补授，令其总理三陵事务。其热河总管员缺，著盛京包衣佐领七十补授。（《清高宗实录》卷 215，第 754 页）

【乾隆九年四月丙子】热河副都统达勒当阿奏：马圈节省银两。请将动用数目，每岁造册，咨送热河正蓝旗满蒙汉三旗查明，一并奏销。自乾隆六年九月起至本年四月，除雇用铡夫及采买薪炭草料，共节省银四千四十二两。此内酌给木兰随围兵丁及兵丁公事动用银两，共开除一千四百二十六两，尚实存银二千六百十六两。查热河八旗二十佐领下兵丁子弟，向于各兵住房内，拨取二三间为官学。但占兵房为学舍，恐日久有名无实。请将现存节省银内，以一千六百十六两，存为公事备用。其余一千两，即于驻防热河十四佐领、喀喇河屯四佐领、化育沟二佐领地方，就近设立官学。择兵丁内熟习清语清文者，分教各子弟。仍于每翼派干员一名稽察。教习三年，果有成效，以应升之缺保题。得旨：知道了。汝办理实属可嘉。（《清高宗实录》卷 215，第 764 页）

【乾隆九年五月庚子】谕军机大臣等：从前畿辅缺雨，内地贫民出口谋食者甚多。今直隶各处，已得透雨，秋田悉可布种。所有出口民人，不若归而谋食之为是。著高斌转饬热河等处官弁，通行晓谕。若有情愿回籍，而力量不能者，即行资送。其在外可以佣工度日、不愿回籍者，亦不必强。（《清高宗实录》卷 217，第 794 页）

【乾隆九年七月壬辰】奉天将军额尔图缘事解任，以热河副都统达勒当阿为奉天将军。以满洲正蓝旗副都统玛尔拜为热河副都统。（《清高宗实录》卷 221，第 840 页）

【乾隆十年七月乙亥】兵部尚书班第等奏：各处驻防官兵，原为防卫地方而设。至山海关、热河、古北口、张家口、天津、小八城等处，又因沿边关隘重地，是以添驻满兵。该管各员，自应加意整饬。今一年之内，各处报逃之案，竟有二百五十余起之多。查定例，旗兵潜逃，一年自首者免罪。各该驻防处，于该犯销逃之后，因披甲已经补人，又为咨报该旗，循例留京，以致不肖之徒，竟藉潜逃为留京之计。请饬各省驻防将军、都统、副都统及城守尉、防守尉、总管、副总管等严加约束。如有逃犯，虽准自首免罪，仍即发回原处当差，不准留京。再各处逃兵，该管官无失察处分，未足示儆。请嗣后失察逃兵之佐领、防御、骁骑校等，照绿旗营兵私逃、专管官失察之例，罚俸一年。其协领、参领、城守尉、防守尉、总管、副总管等，照兼辖官失察之例，罚俸六个月。得旨：所奏是。依议。(《清高宗实录》卷244，第151页）

【乾隆十年七月丙申】又议奏：自京至马兰峪经过地方，现奉谕旨，令臣等查明道旁地亩数目并业主姓名，分晰造报。遇有恩蠲钱粮，易于办理。臣等公同酌议，请将马兰峪经由道路，丈量修筑，为常年清跸之地。如有丈用民间地亩，照例给价，并将两旁种植柳株，以表观瞻。至热河一带御道，其两旁地亩，向因该处民人有垫道安营等事，屡蒙恩恤，亦应令督臣那苏图，约略将二三里内地亩，勘明造册，以便临时查办。得旨：依议。又批：此一路向有种柳，今存少半，应令那苏图酌办。(《清高宗实录》卷245，第167页）

【乾隆十年八月乙巳】总理事务王大臣等议奏：密云、古北一带，应行借粜赈恤事宜。前奉谕旨，令臣等咨商督臣那苏图公同酌议，复谕议定后，即交保祝就近办理。今那苏图与臣等会同定议：如果密云、古北二处秋收歉薄，自应筹办赈恤。现在旱象已成，请将该处运到漕粮一万五千余石，先行平粜，俾米价不至加增。其口外四旗通判所属及喀喇河屯等处常平仓贮，并内务府仓粮，共有一万二千余石，亦应酌拨平粜。如贫民无力粜买者，量行酌给。于明岁麦熟后，收补还仓。兵丁无力者，一体借支，于月饷内扣还。其应作何借粜之处，即交提臣保祝相度办理。至宣化府属各州县，现存仓粮二十万余石，亦令照例速办。又臣等会商，八沟等处秋成有望。若于收获后，前往该处采买，就近接济热河一带，实属有益，亦应令保祝委弁协办。至蓟、遵、丰等处陵糈，从前议令每年酌量口外情形，就近采买，原属相机办理。今口外既经缺雨，恐致歉收。应遵旨仍按旧例，将豫、东二省粮石，运往供应。得旨：依议。宣化一带，著开泰前往董率妥办。（《清高宗实录》卷246，第177—178页）

【乾隆十年八月己酉】谕军机大臣等：前曾降旨，将密云、古北、热河一带粮石，酌量情形，或赈或平粜，交与提督保祝，就近督率办理。今已连次得有透雨，未知该处情形如何，是否成灾？前次运往密云米一万五千石，果否足敷赈粜之用？抑或尚需八沟米石接济？再密云米石动用之后，今岁尚能买补还项与否？保祝现在如何办理，可寄信询问，令其详悉奏闻。寻奏：密云、古北运到通米一万五千石，现分三处平粜。兼以连日得雨，晚禾可望薄收，粮价有减无增。其热河一带及中关、波罗河屯平粜事宜，恒文业经办理，该处粮价亦稍减。现据四旗、热河两厅，请照市价平减即止之议停止。查中关、波罗河屯二处，登场不远，自可无烦再粜。惟热河及喀喇河屯等处，灾象已成，其平粜是否可停？现照会热河道查明酌办。再密云、古北平粜米约算可至西成，如有不敷，古北现有仓谷四千石，密云有仓谷八千余石，可备赈粜，无需八沟接济。若密云仓谷动用之后，仍应于邻近有收地方补买还仓。其通仓运到之米原系南漕，所有平粜价银，似应解归藩库，无庸采买。得旨：与督臣酌议行。（《清高宗实录》卷246，第180—181页）

【乾隆十年八月辛酉】谕：此次奏请随围之热河官员兵丁等，并未支给路费。著赏佐领福当阿大缎一匹，其余官员各赏官缎一匹，兵丁等各赏银三两。俟抵库尔奇呼地方，将热河随来之官员兵丁等，俱著副都统玛尔拜带回。（《清高宗实录》卷247，第185页）

【乾隆十年八月己巳】直隶提督保祝奏：密云、古北一带平粜事宜，命臣督率料理。臣于张三营叩送銮舆后，赶紧回署。沿途察看近日情形，自七月后两次得雨，晚禾秋成可望。兼之平粜，粮价渐减。得旨：看此情形，自热河至张三营，现有平粜，小民得以接济。而随行众人，亦可免昂价食米之患。且两次得雨，晚田可望薄收，是无可办之事矣。朕所虑者，两间房至要亭一带，经过时见晚田将萎，恐得雨亦无及，似应即为平粜，以安民心。汝应即回古

北口查办为妥。此处之事，交恒文可也。(《清高宗实录》卷247，第188—189页)

【乾隆十年八月己巳】又奏：臣前因热河停止平粜，随照会热河道富勒赫，确查是否可停。今据覆称：该处停粜后，米价未增，且秋成不远，无须再粜。至密云、古北一带，将来新谷登场，粮价日减，其平粜亦可停止。得旨：所奏俱悉。朕至宣化，将阅镇标武备，汝等其豫为料理。(《清高宗实录》卷247，第189页)

【乾隆十年九月戊戌】直隶总督那苏图奏：热河一带歉收，而八沟粮价平减，应遵旨动项采买，运送热河。查该处驻防兵米，岁需二万四千石。除庄头等额交米外，尚不敷米七千五百石，应赴八沟照数采办。此外又有豫备兵米二万四千石，亦请乘时酌买，交贮热河、喀喇河屯、化育沟三处官仓，以供来年借粜之需。奏入。报闻。(《清高宗实录》卷249，第214页)

【乾隆十年十月癸丑】兵部议覆青州将军伯钦拜奏称：山海关等处逃兵，该专管兼辖之员，部定罚俸例，应请酌量变通。查山海关、热河、古北口、张家口、天津小八城等处，俱系沿边关隘。上年以来，逃兵过多，是以议令嗣后逃兵自首者免罪，发回原处当差。失察之佐领、防御、骁骑校，照绿旗营兵私逃例，罚俸一年。兼辖之协领、参领、城守尉、防守尉、总管、副总管等罚俸六个月。本年七月内，奉旨允行。今该将军以满洲官员惟倚俸资生，与绿旗官员俸外尚有薪蔬等项者不同，请一年内兵丁逃至五名，将专管之佐领、防御、骁骑校罚俸六个月；至十名，兼辖之协领罚俸六个月；至二十名，将军、副都统罚俸三个月，未免过宽。请嗣后逃兵自首者，销逃免罪，仍发原处当差，该管各官，均免查议。逃至三名者，失察之佐领、防御、骁骑校罚俸一年。至五名，协领、参领罚俸六个月。至十名，将军、副都统罚俸三个月。城守尉、总管、防守尉等，照协领例处分，并令各省驻防兵丁，均如此例办理。从之。(《清高宗实录》卷250，第235页)

【乾隆十年十月丁巳】谕曰：殷扎纳著解护军统领之任，俟有蒙古副都统缺出，具奏补授。哈岱著以都统衔，办理正白旗护军统领事务。正红旗蒙古都统员缺，著提督保祝补授。古北口提督员缺，著热河副都统玛尔拜补授。玛尔拜员缺，著索拜调补。(《清高宗实录》卷251，第238页)

【乾隆十年十月丁卯】是月，热河总管七十奏：遵旨查看喀喇河屯西边挡水旧堤，水冲一段，应先修补，至堤旁添设堆拨。细询本处旧人，据称康熙四十八年、雍正十一年，水大，曾冲二次。水势稍长之年，未经冲动。应俟明夏，看水势大小，酌请添修。得旨：是。又批：如此，则可以不添此工矣。(《清高宗实录》卷251，第244页)

【乾隆十一年四月己卯】军机大臣等议覆直隶总督那苏图奏称：热河、喀喇河屯、化育沟等处，驻劄新旧满兵官房节年坍塌，共二千七百二十一间，亟需修理。应如所请，备办工料，于明春兴工。即令热河总管就近料理，悉心妥办。从之。(《清高宗实录》卷264，第426—427页)

【乾隆十一年七月壬戌】热河副都统索拜等奏：准直隶总督那苏图咨，喀喇河屯化育沟等处，修补兵房一案。臣等查狮子沟等处，现在拆毁官房，除可用之砖瓦择用，余碎破砖瓦，就近运往，不敷再行买补。兵房各处散置，俱应派员监修，臣等仍不时察验。一切纸笔及监修等饭银，照例于余平项下动用。得旨：若委之地方官，必致糜费。尔等如此办理，甚好。另有谕旨已交军机矣。谕曰：驻防官兵，俱于派往驻防之初，建立官房居住。如有敧烂朽坏之处，皆系伊等自行修补，各省皆然。此特因赏给伊等居住之房，即系伊等自有之产。若仍官为修理，伊等转恃有官修，反致任意毁坏。但热河兵丁居住房产，向有旧房未曾修理者。故此俯准所请修办矣，不可援以为例。著寄谕副都统索拜并那苏图等知之。(《清高宗实录》卷271，第541页)

【乾隆十二年六月壬申】调热河副都统那兰保为镶蓝旗蒙古副都统，以原任领侍卫内大臣马尔泰署理热河副都统。(《清高宗实录》卷292，第833页)

【乾隆十二年七月丙午】谕军机大臣等：朕车驾所经地方，有加恩蠲免钱粮者，地方官办理，皆照合邑均摊。是以附近御道地亩，得沾实惠转少。前经降旨那苏图，令查明附近御道田亩数目。已据那苏图将马兰峪、易州二处御道两旁田地造册送部。惟是热河一路，亦系朕常时来往之地，著那苏图查明酌定，具折奏闻。（《清高宗实录》卷295，第863页）

【乾隆十二年七月庚戌】谕军机大臣等：列树表道，实为善政，理应随时培植。自京师至热河，皆行旅辏集之所，尤当加意经理。今朕巡幸所过直隶地方，未种之处尚多。即有种植者，亦空缺不全，或多枯干，皆因初时不过循种树之名，原未实心经理。又听往来民人毁折及牲畜戕损，以致如此。即所种柳树，或与土性未宜，不免枯朽。即易以他种，自无不发生长养。可传谕那苏图，令其以明年为始，督率地方官留心办理。务须补种齐全，时加培养，毋致毁伤。俾民人共资茂荫。（《清高宗实录》卷295，第865页）

【乾隆十二年七月癸丑】直隶总督那苏图奏：今岁热河八沟一带，均属丰收，谷价平减。请于司库拨银二万五千两，委员陆续采买，运贮蓟州、遵化、丰润三州县仓内，以供陵糈。得旨：照所请行。（《清高宗实录》卷295，第867页）

【乾隆十二年七月甲寅】谕军机大臣等：据那苏图奏称，口外热河八沟一带，早禾茂盛，次第登场。请拨银两，委员采买，以供陵糈之用等语。从前陵糈米石，俱系漕米内运往。后因屡次条奏，于八沟采买。其意或因彼处拨运脚价较省，或因口外丰收，恐致谷贱伤农，是以如此办理，其意盖为节省。然漕米不运蓟而运通，不知其较采买运往者，所省几何。而买运则须现拨正项，亦未见其十分节省也。朕思与其由八沟运往蓟州，不如仍照旧制，以漕米运送。其八沟之米，即存贮本处，以为口外备荒之用。况今岁蒙古地方，闻有被旱之处，将来或须赈恤，以此接济，甚为有益。且向例本由漕运，今于八沟采买，即有所省，倘口外又复需用，如无项可拨，由通运往，所费不更多乎？那苏图所奏，朕已批示照所请行，但办理尚需时日。可传谕那苏图，令其将以上情形，再为筹画妥议具奏。并传谕大学士讷亲，令将从前因何改拨及屡次办理缘由，详悉查明奏闻。（《清高宗实录》卷295，第867—868页）

【乾隆十二年八月庚申】大学士、公讷亲覆奏：向来陵糈米石，系豫、东二省轮年供应。因乾隆八年将应运蓟粮拨往江南备赈，奉旨在古北口一带采买，分运蓟州、遵化、丰润三州县，以补原额。嗣原任热河副都统达勒当阿条奏：每年秋成，在口外动帑采买。经升任直隶总督高斌议，以年岁丰歉难齐，必须临时奏请，毋庸豫定每年采买。此后九年，系拨漕粮。十年，系口外采买。十一年，系拨漕粮并采买余剩米石。本年应用米石，部议于十年口外购买米石内拨充，此节年改拨之由也。今直隶总督那苏图奏请于八沟等处采买，盖豫为明岁陵糈之用。查此项米石，在口外采买，虽有节省，而豫、东二省供应之米，仍须运至通仓。每年采买，亦须现拨正项，诚未见大有裨益。报闻。（《清高宗实录》卷296，第875页）

【乾隆十二年八月辛未】军机大臣等议覆直隶总督那苏图奏称：前经奏请在热河八沟等处，买米拨运遵化、蓟州、丰润三州县，以供陵糈。节省运费，本属无多。况口外买运，仍须现拨正项。不如即将所买谷，留该处备用。且蒙古被旱，现在赈恤，遵旨以此接济，洵为有益。请将所拨司库银二万五千两，交热河道分发各厅采买收贮等语。应如所请。得旨：依议速行。（《清高宗实录》卷296，第881页）

【乾隆十二年八月辛未】又议覆直隶总督那苏图奏称：苏尼忒六旗蒙古被灾，奉旨命理藩院尚书纳延泰前往赈恤。行令于张家口、独石口等处，备茶四万斤、米二万石济用。现在张家口存谷无多，应乘秋收，采买新米。至独石口仓内，现存米九千余石，应于此内酌拨。一切运费，俟奏明后定议等语。查蒙古需赈甚亟，如此办理，未免稽迟。应令该督即行酌拨，应采买者即行采买。一俟尚书纳延泰查明应赈地方，即行起运。一切运费，亦应即为核定。至该督奏称张家口同知现存谷价银三万三千余两，买米价值，即可动支。今秋热河、八沟丰收，先经奏明买米。今赈恤蒙古，不敷米亦可就近拨运，所需茶叶，令多伦诺尔同知购买，均应如所奏办理。再口外地方，并无塘汛。运送茶米，必需委员防护，应如该督所请。派理藩院蒙古笔帖式二员，一往张家口，一往多伦诺尔，协同运送。得旨：依议速行。（《清高宗实录》卷296，第881页）

【乾隆十二年八月壬申】谕军机大臣等：朕前降旨，令那苏图将热河一路御道两旁地亩，查明酌定，具折奏闻。今据那苏图奏报，现委查勘，到日再加查核等语。热河与马兰峪、易州一例，久应查办。乃经朕饬查，而奏覆又复迟延，仍未详悉开报。可传谕那苏图，令其速行查明具奏，并将马兰峪、易州二处，自乾隆十年查办造册报部之后，曾否办理、有无另行降旨之处，一并详查，具折奏闻。寻奏：热河一路，请照马兰峪、易州之例。附近御道，平坦大路，两旁各以三里为界。山径地窄道路，两旁各以二里为界。遇有格外蠲免，均照此分别办理。再查马兰峪、易州，自上年造册报部之后，未经另奉谕旨。报闻。(《清高宗实录》卷296，第881—882页)

【乾隆十二年九月甲寅】谕军机大臣等：据直隶总督那苏图奏称，山东被灾，有携眷、单身贫民前往口外热河等处，投亲、种地、觅食。经由直隶地方，其中不无有衰老孱弱者。时届寒冬，请于通州总路，派员设厂，将东省衰老孱弱贫民，日给通仓色米留养等语。朕思东省与直属接壤，其出外觅食之人，经过地方，远近不同，亦不止通州一处。若于通州设厂，虽仓廒近便，而路远不及抵通之贫民，无由觅食。且贫黎闻有此信，势必奔赴来通。将来聚集多人，转恐派员料理，未能周到。不若于直属附近东省州县，遇有前来觅食贫民，随其所至地方，就近收养，酌给口粮，以度隆冬，俟春和资遣回籍。可传谕那苏图董率属员，妥协办理。(《清高宗实录》卷299，第914—915页)

【乾隆十二年十一月丁亥】户部议：口内外行宫二十八处，看守弁兵钱粮，未便互异。查例口内兵丁，月支饷银一两、地七十亩。惟汤山苑户，月支银五钱、米一斛。汤山现设苑户七十名，为数较多，请裁二十名，每月均支给银一两，与口内画一。至口外热河等处千总，岁支俸银六十两、地九十亩，与口内千总相同。惟委署千总，每名地九十亩，月支饷银五钱。兵，每名地六十亩，月支饷银或五钱，或二钱五分，亦有无钱粮者。今议除现食五钱之兵，毋庸议增外，其原食五钱之委署千总，请月支银一两。原食二钱五分，并无钱粮之兵，请月支银五钱。再各处行宫，均系各该总管管辖。惟巴克什营千总兵丁，向隶古北口提标，而钱粮又由内务府支领，自应交总管管辖。所有现设兵三十名，亦属过多，应裁十名。再该处千总兵丁，既归总管管辖，应与口外一体。千总，除仍支俸银六十两外，应给地九十亩，将俸米及随营应得马干银等项概停。兵，月给饷银五钱，再应给地六十亩。所有应拨地亩，于附近古北口、密云县等处拨给。其增给兵饷及巴克什营弁兵俸饷，均由该总管呈报内务府支给。得旨：汤山苑户，著裁去三十名。余依议。（《清高宗实录》卷 302，第 946—947 页）

【乾隆十三年二月戊午】以护军统领兼署右翼前锋统领满福为热河副都统。（《清高宗实录》卷 308，第 31 页）

【乾隆十三年四月庚申】谕曰：驻藏副都统傅清，已降旨令其来京。其员缺，著副都统拉布敦前往更换。拉布敦即起程赴藏，不必带领换班官兵。俟下次所派换班大臣，再遵例带往。其古北口提督事务，著热河副都统满福兼署。（《清高宗实录》卷 312，第 111—112 页）

【乾隆十三年七月甲子】又谕曰：盛安之子喀通阿，从前妄写假书请托一案，即应治罪。朕特念盛安加恩宽宥，未经治罪，交付盛安。今盛安身获重罪，现在交部。伊子喀通阿之罪岂可仍宽宥？喀通阿著发往热河披甲，即行起解。（《清高宗实录》卷 319，第 257 页）

【乾隆十四年四月壬寅】直隶总督那苏图疏报：霸昌、热河二道并天津、正定二府暨遵化州属，乾隆十三年劝垦水旱荒地二百二十八顷一十亩，应征额赋，照例升科。（《清高宗实录》卷 339，第 684 页）

【乾隆十四年四月癸卯】谕：此次随往木兰围场大臣、章京及兵丁等，均有帮贴银两，惟侍卫未经议给，著加恩每员赏给三十两。即于两淮盐政交内库银内支给一万两。其余九万两，著交上三旗，照侍卫滋生银两，一体滋息。嗣后凡遇行营，作为侍卫帮贴，其应如何酌量远近分给之处，著领侍卫内大臣等妥议具奏。（《清高宗实录》卷 339，第 685 页）

【乾隆十四年六月乙未】又谕：达尔汉亲王罗布藏衮布患病。公主理应往视，可随朕同赴热河，由八沟一路前往。著内大臣海望随行，沿途妥为照料，并派乾清门侍卫鄂实、那齐布帮同料理。应如何备办之处，著理藩院会同内务府大臣议奏。（《清高宗实录》卷 343，第 746 页）

【乾隆十四年九月丁未】谕：蒙古旧俗，择水草地游牧，以孳牲畜。非若内地民人，倚赖种地也。康熙年间，喀喇沁扎萨克等地方宽广，每招募民人，春令出口种地，冬则遣回。于是蒙古贪得租之利，容留外来民人，迄今多至数万，渐将地亩贱价出典。因而游牧地窄，至失本业。朕前特派大臣，将蒙古典与民人地亩查明，分别年限赎回，徐令民人归赴原处。盖怜恤蒙古，使复旧业。乃伊等意欲不还原价而得所典之地，殊不思民亦朕之赤子，岂有因蒙古致累民人之理。且恐所得之地，仍复贱价出典，则该蒙古等生计，永不能复矣。著晓谕该扎萨克等，严饬所属，嗣后将容留民人居住、增垦地亩者，严行禁止。至翁牛特、巴林、克什克腾、阿鲁科尔沁、敖汉等处，亦应严禁出典开垦，并晓示察哈尔八旗，一体遵照。自降旨后，如仍蹈前辙，其作何惩治，及应隔几年派员稽察之处，该部定议具奏。(《清高宗实录》卷348，第799页）

【乾隆十四年九月己酉】军机大臣等议覆署直隶总督陈大受奏：酌复八沟地方税额。得旨：依议。八沟东街斗秤之税，从前曾经地方官征收，后仍令蒙古自行料理，嗣将西街税务停止。其东街各税，亦经停止。今因牙侩扰累商民，该署督奏请复行抽收西街商税。其东街税务，军机大臣等议归地方官抽收。于试收二年之后，所有斗秤一项，给予蒙古。所议固属妥协，然于朕惠养蒙古之心，犹有未惬。著将东西街税，一例俱令地方官抽收，亦不必待二年以后。即将东街所收各项税银，无论斗秤，按其多寡，每岁全行赏给扎萨克等，以资伊等养赡所属。伊等既得余息，自必均沾惠泽，以副朕优赉外藩之意。(《清高宗实录》卷348，第800页）

【乾隆十四年九月壬子】谕：海望、三和奏派内务府员外郎戴文、笔帖式善宝，承办木兰木植。经朕巡幸经过，令侍卫及内府司员，详查其砍伐之数，与所报之数率多不符。又复越界探取大木，种种俱未妥协，一任包揽人等采办，并未亲身详查，全不留心。及传唤戴文讯问，又复延挨不至。戴文、善宝均系庸劣不堪之员，俱著革职，发交热河工程效力赎罪，令其自出资斧，不必给与工费。至从前行文内，有不拘奏定地方，别处山场，俱许砍取大木之处，办理错误，明系三和任意行文，甚属不合。三和著罚俸三年。海望虽与三和有间，但皆伊所经管，亦难辞咎。海望著罚俸一年。现在所有已经砍伐及伐倒未成木植，并侍卫等所查数目，及戴文等原领运价册籍，一应款项，俱著派副都统海常、总管实图、员外郎傅岩、热河道富勒赫，会同悉心严查，将有无弊窦据实查奏。其大小净木，并已经伐倒各木，已运未运之数，彻底清厘，不得稍有瞻徇朦混。所有已办木植，俱令照料运送至京。完竣之后，木兰山场，永行封禁，不许开采。再，富勒赫查出石片子商人私木，及无票私商等，由围场借路之处，一并交与海常等确查，有无隐匿各情弊，据实具奏。如稍有瞻徇，一同治罪，断不姑贷。（《清高宗实录》卷 348，第 802 页）

【乾隆十四年九月辛未】又谕曰：马兰泰向获重罪，朕特悯其旧人，复施恩由闲散用为副都统。乃并不感恩，一味怠惰，不改故习，殊负朕恩。此次扈从行围，昨日甫到。今日又系伊承值奏事日期，即指称足疾，并未进内，甚属无耻不堪。我满洲向有此恶习乎？马兰泰著革退副都统，发往热河披甲，效力赎罪，毋庸给与钱粮。（《清高宗实录》卷 349，第 813—814 页）

【乾隆十四年十二月甲午】谕：热河总管什图奏称，本月初十日夜间，贼入波罗河屯行宫，将陈设物件盗去数件，因将该管千总兵丁等送地方官严加审讯等语。什图系专管行宫之人，平素即应严饬该千总兵丁，令其妥为巡查。今波罗河屯行宫之物件被盗，什图视为于伊无干，并未认罪。仅参千总兵丁，甚属非是。什图著交内务府大臣议处具奏。其被盗物件，著交地方官严查务获。（《清高宗实录》卷 355，第 903 页）

【乾隆十五年四月辛巳】谕：从前汇奏围场盗牲伐木人犯，拏获治罪之案，多系民人，并无蒙古。是以朕降旨，将附近围场居住之扎萨克等奖励。今岁该部汇奏此案，折内所获四起八人，仍系民人，并无蒙古。由是观之，蒙古等咸知奉法，而民人反肆行犯禁，此皆该地方官不行约束所致。热河道富勒赫所司何事，著严行申饬。嗣后务须严加约束查拏，不得疏懈。（《清高宗实录》卷 362，第 985 页）

【乾隆十五年五月癸亥】改铸直隶塔子沟理事通判、通州理事通判、热河理事同知各关防，承德州鞍匠屯巡检司印，天津县僧会司条记，从总督方观承请也。（《清高宗实录》卷 365，第 1030 页）

【乾隆十五年十月戊子】 热河总管（什）图奏：上年庄头赵明远等呈报，开垦余地二百十一顷六十六亩。经内务府奏准，照例每晌（垧）征粮四斗，并令将报出地亩及未报之庄头地亩，逐一查丈。倘再有余地，照例纳粮。仍将隐匿不报之庄头，交内务府治罪等因。本年三月，续据赵明远等，又报出余地五百四十三顷五十亩。其未报余地之庄头于珠等，又报出四百十八顷六亩。现已会同钦差内务府员外郎四格，查丈得余地六百余顷，一时不能丈完。现值秋成，请将所报余地，于本年起，照例征粮，为本处添放兵米之用。俟丈完时再有余地，仍请照例添征。至隐匿不报之庄头于珠等五十四名，呈报不实之庄头赵明远等八十一名，请照例治罪。得旨：内务府大臣议奏。（《清高宗实录》卷375，第1138—1139页）

【乾隆十五年十一月乙巳】 谕军机大臣等：据方观承奏到波罗河屯行宫被窃案内，获贼王长贵一折。内称遴委督标千总邢永功，带兵躧访。又称热河道富勒赫、河屯协副将富海，同禀获解到案。其间实力踪迹，使正犯就获，不知出自何人。或系所委千总自行访出，或由该道及副将另行差缉，所奏俱未明晰。著传谕该督，令其查明具奏。若系所委千总，则宜稍示鼓励。寻奏：查此案系千总邢永功访得禀闻，及差往缉拏。而王长贵已被差弁把总王显、外委黄嗣彩拏获，应请将此三员酌量升赏。报闻。（《清高宗实录》卷376，第1156页）

【乾隆十六年三月乙丑】 兵部奏：前据调任户部尚书舒赫德奏请，酌定各省往来文移日行里数，编设排单，挨站填核，奉旨允行，并行令各省查报，经各督抚彼此咨商，分别险易，酌覆到部。江苏、安徽、山东、陕、甘均按事缓急，照旧例日行三百里、六百里；其余紧要公文，直隶宣化府属之长安、雕鹗、赤城、云州，并热河道属之喀喇河屯等处，浙江会江驿至福建小关，并江西常山各驿，均日行三百里；山西至豫省之盘陀等驿，江西之德化等驿，湖北自东湖县至成都，四川自成都至打箭炉，并至湖广、陕西、贵州各省会，均日行四百里；广西，日行二百里；自广西至广东水站，日行三百里；广东赴江入楚，并至广西省，均日行二百里；自省至福建，日行二百四十里；云、贵，日行四百八十里；福建日行二百四十里；湖南、河南，照旧例日行三百里、六百里。但湖南自祁阳至广西，路窄岭峻；河南黄河阻隔，请俱展限一时。均应如所议部颁排单式样遵办。惟内廷交发事件，仍按三百里、六百里旧例签送。至古北、张家、喜峰、杀虎、独石各口，界连外藩，文移络绎，其管站郎中、员外等，酌定日行里数，交理藩院核定，咨部存案。东三省幅员辽阔，将军、副都统等文移，亦应酌定日行里数，填单稽核。从之。(《清高宗实录》卷385，第63—64页)

【乾隆十六年五月乙丑】是月，直隶总督方观承等奏覆：前据马兰口总兵什格奏请，将黑峪关弁兵，向驻曹家路城，移归黑峪关，就近驻劄等语。查黑峪关口窄隘，不通行旅，外与河屯之下板城汛相连，北与热河官兵联络。是以设汛之初，止派额外外委一员，目兵五名防守。其把总一员、兵五十九名，驻劄曹家路城，与都司协办营伍，分路巡查。今该镇以该处既复增设千总，加添兵丁，请将黑峪关原设弁兵，仍归该关驻劄，似属慎重之意。但该弁所管不止一处，若欲移驻，则曹家路又须添兵，方无顾此失彼之虞。且迁建营署，在在需费，自以仍循旧制为便。报闻。(《清高宗实录》卷389，第113—114页)

【乾隆十六年闰五月甲午】谕曰：管理向导处大臣班第奏称，围场西南两边设立行围马甲之卡座，东北两边设立扎萨克蒙古之卡座，与伊等水草之地相近。倘于各处巡查，不无瞻徇掣肘。请将喀喇沁、翁牛特、克什克腾六哨，互相移易等语。朕思令蒙古等各离水草，另设卡座，则伊等不能照管牲畜，于生计无益。著加恩停其移易，仍令在原卡居住。并著围场总管喀喇沁、翁牛特、克什克腾之扎萨克，于住卡之蒙古等，将朕体恤之意，晓谕伊等。各将所住之卡，严行防守，察挐偷窃之人。如果奋勉，奏明鼓励。倘仍有瞻徇等弊，不惟将伊等从重治罪，必照班第所奏办理。(《清高宗实录》卷391，第142页)

【乾隆十六年六月戊申】工部议准直隶总督方观承疏称：喀喇河屯通判所属滦河渡口，设桥船十六只、渡船二只，已经十载，船只残坏，请照急工之例兴修。从之。(《清高宗实录》卷392，第155页)

【乾隆十六年七月乙酉】户部议覆直隶总督方观承疏称：昌平、顺义、怀柔、密云、宛平、大兴、通州、三河、蓟州、热河同知，四旗通判、喀喇河屯通判等十二州县厅，恭逢圣驾巡幸木兰。经由御道两旁界内，旗民地四百五十四顷二十亩有奇，奉旨蠲免钱粮十分之三。其热河同知所辖，应蠲钱粮，业据该户全完在前，奉蠲在后。请于十五年旧欠数内，扣除补蠲。应如所请。从之。（《清高宗实录》卷395，第189页）

【乾隆十六年八月丙午】命以热河裁汰州同署，赐诚亲王允祕。（《清高宗实录》卷396，第210页）

【乾隆十六年九月壬午】军机大臣等遵旨议覆：通融筹办喂养官马一事。查八旗官马二万七百七十三匹，每匹月给马干银三两。近因豆草价值日昂，不敷购买，现今京外各处草料，虽贵贱不一，较之京师，究属悬殊。请酌拨一万匹，派出喂养。在京师减马万匹，草料自可平减。而各处兵丁，所领马干银，亦属宽裕。热河分拨一千匹，近京各庄头分拨二千匹，此外七千匹，交总督方观承派督提二标及宣化等五镇各营喂养。其草料银两，热河及庄头，由户部给发；直隶各标营，就藩库动支。于本年十月派出，至明年三月下厂前赶回。如减克草料，以致马匹疲瘦，该管官议处，兵丁庄头治罪。从之。（《清高宗实录》卷399，第248页）

【乾隆十七年四月甲寅】吏部议准直隶总督方观承疏称：热河土城子等处巡检二十缺，应以要缺拣选调补。其礼贤司、磁家务、西沽、葛沽、郑家口、龙华镇、北魏村、吕家桥、旧县镇、羊二庄、尚碑村、洪子店、黄庄司、西黄村等巡检十四缺，改归部选。古北口、多伦诺尔二缺，以要缺注册。东明县杜胜集附近之朱纲寺等十四处，就近拨归杜胜集巡检管辖。从之。（《清高宗实录》卷413，第405页）

【乾隆十七年七月甲子】又谕：从前朕赴木兰围场时，应来之蒙古王、台吉等，皆迎至波罗河屯。今岁朕在避暑山庄过中秋节，于八月十六日起銮进哨。该衙门行文蒙古王、台吉等，令不必赴波罗河屯，于八月初旬，至避暑山庄领赏。其不应随围者，即由彼处各回游牧。并行令青海贝勒达什策凌等知之。（《清高宗实录》卷418，第477页）

【乾隆十八年正月戊辰】直隶总督方观承奏：热河地方辽阔，山沟险僻，远来垦荒就食之民，散处其中。复逾边境，与蒙古错处，向例设牌头、乡长、乡约约束。其蒙古地方敖汉、奈曼、翁牛特、土默特各处流寓民人，附近归八沟、塔子沟等所管辖，亦设乡牌互相稽查。但口外汛广兵单，该乡牌等均系流寓之民，且蒙古地界，非营汛所辖。请令热河道属十巡检，各于所辖地方，每季巡查一次。五厅员以公出之时，于所过村庄挨次巡查。至热河道，有分巡专责，应令一年两次巡查。其三十二汛之专防千、把、外委，梭织巡防。应于交界处，按半月会哨一次。四营都司、守备，每季各于所辖汛内，巡查一周。河屯协副将，每年两次查阅营伍，即令遍为巡哨。至土默特东南铁沟地方，每年系热河副都统巡查一次。铁沟西北，即系敖汉、奈曼、翁牛特、土默特等处边界。副都统巡查铁沟后，稍纡路即可查一周。又保甲之法，口外亦可仿行。应就各村烟户多寡，酌量编立。先令该管巡检挨户编查，给与门牌，仍以原设牌头领之。新来之人，实有归著者，准报厅给牌居住。形迹可疑者，不准容留。至蒙古界内种地民人，亦一体编次，给与门牌。按现在各户，务使岁有减汰，不许增新。其有不法事件，即禀各该厅查逐，仍令热河道出巡之次，逐村抽查。如查办不实及容留无籍之人，将该管厅官分别记过。其乡牌人等，责治金换。得旨：如所议行。（《清高宗实录》卷430，第624页）

【乾隆十九年正月庚午】又奏：本年驾诣盛京。自京至热河，沿途行宫俱有该处官兵，毋庸由京多派。请酌派侍卫二班、前锋护军三百名，沿途随扈。自热河启銮时，仍照八年例，另派侍卫三班、前锋护军一千名随往。其健锐营官员，照例派出。再自京至伊屯边，安立台站，照兵部、理藩院所奏办理。自伊屯边至吉林、英莪边、盛京、山海关安立台站，令该将军交盛京兵部办理。其随往热河人员，给两月路费。随往盛京人员，给四月路费。所有随往大臣侍卫章京等，本年秋俸及兵丁、拜唐阿等钱粮，如有应扣之项，请宽限一季，暂全支领。经过哲里木、卓索图、昭乌达等盟，其扈从之官员兵丁，应照八年所派之数减半。每盟一百五十名，同满洲兵丁，各于本境随扈。科尔沁察罕诺海巴彦和莫尔和地方，行围二次，请备兵一千名。喀喇沁之哈玛尔三十名随往盛京。围场行围兵，围毕即散。蒙古扎萨克等，俱在本盟境内迎送。御前乾清门行走蒙古王公台吉等，至盛京后，照例各回游牧。自盛京至山海关，随扈人员，请较八年裁一半，只用前锋护军五十名、兵二百名。再黑龙江无庸多调兵，请饬该将军选带汉仗好者五十名，伺候行围。至赏给蒙古东三省人等缎匹、鞍辔、腰刀、弓箭等项，交内务府、武备院分路豫备。沿途需用赏银，交户部具奏备用。得旨：依议。其随往盛京王公文武大臣官员，及王公等护卫官员，仍照八年之例，准其借俸。（《清高宗实录》卷455，第926—927页）

【乾隆十九年正月庚辰】又谕：今年朕诣盛京，所有随从之王大臣等，著分为二起。一起于五月初随朕启行，其随往盛京之一起，著于六月底起程，前赴热河。至筵宴新降之台吉车凌等，除留京总理事务王大臣外，其余王大臣等，俱著届期前往热河，一体入宴。俟朕由热河启銮之次日，伊等即可回京办事。（《清高宗实录》卷455，第931页）

【乾隆十九年二月癸未】谕：本年朕诣盛京，较前次路程稍远，日期亦多。且满洲近日习尚，颇不似从前淳朴。其随从行围各员，虽照例给予帮贴银两，仍属不敷，未免借贷补苴，愈形拮据。此次五月初随往热河各员，较七月初随往盛京之侍卫章京等，多有两月差使，著加恩赏给御前侍卫、乾清门侍卫等银一百五十两，侍卫、护军参领等一百两，牵驼章京上行走之闲散官员等六十两，护军校、骁骑校等五十两，前锋护军等四十两。该管王大臣点派时，务择素日勤勉、骑射精善者，不必拘泥资格。所有恩赏银，著交该管大臣等，督令亲身支领。制备衣装要件，不得浪费。至拜唐阿、马甲、工匠、各项人等，应如何赏给之处，著总理行营王大臣等详议请旨，并著将应往人员酌量指派，毋缺毋滥。（《清高宗实录》卷456，第936页）

【乾隆十九年二月乙酉】谕：朕今岁巡幸盛京，自京启銮至热河时，著庄亲王、恂郡王、大学士来保、史贻直、协办大学士阿克敦在京总理事务。其自热河启銮至盛京后，庄亲王、阿克敦已派随驾，著履亲王、裕亲王、大学士来保、史贻直、尚书刘统勋在京总理事务。其月选之文员内通判州县等官，武员内八旗护军校、骁骑校，及外省送到之补放水手官骁骑校，并年满千总等官弁，俱著王、大学士照从前之例验看。其应俟引见之文武官弁，统于驻跸热河未启銮以前，著在京吏、兵二部满侍郎各去一人，带至热河引见。至外省督抚提镇等奏折，著照例自京启銮之日为始，俱赍赴在京总理处，加封交内阁随本呈送行在，候朕批示。随本发回，仍于总理处，交付赍折人祗领。该部通行传谕知之。（《清高宗实录》卷456，第937页）

【乾隆十九年三月甲戌】谕：朕于五月初六日，启銮往热河。七月初五日，由彼启銮巡幸吉林。所有军营应奏事件，若照旧例，仍进张家口、出古北口，行走纡回，徒劳驿站马匹。著派富德、达松阿等，自张家口外第三四站起，察看情形，酌量定议，安设台站，直抵热河，以便驰送军营事务。（《清高宗实录》卷459，第964页）

【乾隆十九年三月丙子】谕：前经降旨，每届巡幸时，各督抚不得以寻常委用需员奏请拣选。盖以试用人员，应俟引见，候朕裁夺简发，本慎重地方之意。今年朕诣盛京，恭谒祖陵。巡阅东辅，计程稍远。适准噶尔之台吉车凌等，率所部万余人，款塞内属，瞻仰情殷。朕念其俱未出痘，不便来京，令俟驻跸热河时，就便召见。抚谕赏赍，颇需时日。是以于五月初，即启跸至热河，赐宴新归诚人。七月启銮，吏兵二部应行引见人员，前赴热河引见。各省所有应请简发人员，若俟回銮奏请，为日稍迟。恐地方需员，不能久待。此次不必拘例，可随时奏闻。或于热河引见，或令在京总理王大臣验看发往。至各督抚有应行具奏之事，俱令照常奏请，不必有意简省，致滋丛脞。该部可通行传谕知之。（《清高宗实录》卷459，第967页）

【乾隆十九年四月庚辰】谕军机大臣等：来降台吉车凌等一百六十余人，各求前赴热河，瞻仰朕躬。但此内有台吉色布腾，现在军营办理招服乌梁海事。台吉色布腾，人明白有材具，朕早知之。著于今年暂留军营办事，令在参赞上行走。俟明年朕巡幸木兰之时，令伊再来。至车凌、车凌乌巴什等，遵旨于所属人内选兵二百名，令宰桑和通玛什等率领，俱交与色布腾，带赴军营调遣。（《清高宗实录》卷460，第972页）

【乾隆十九年四月庚寅】军机大臣议覆据副都统富德等奏称：军营驰奏事件。取直路递送热河，张家口外自第四站分路，至独石口外张麻子井，计程四百余里。自扎噶苏台腰站至头站，此六站，每站有马三十五匹，请各撤二十五匹，安台驰递等语。应如所请。遣驿站员外郎傅霈，通融台马安设。自独石口至葛家屯，自葛家屯至热河，取直接设驿站之处。即令傅霈会同独石口、张家口台站官员，亦照此办理。所有接设驿站，即交富德、达松阿等管理。俟应撤时，一面报部，一面撤回各原站。从之。(《清高宗实录》卷460，第978页)

【乾隆十九年四月庚寅】 又议覆：副都统富德奏请，酌定附近台站蒙古供给乌拉口粮则例。查定例，奉差驰驿大臣官员，例应官给羊为口粮。骑乌拉者，理藩院给票。所需马羊，悉由蒙古供用。后因撤兵，每站马驼仍旧。现今每站备差马各二三十匹，寻常奉差人员，尚敷乘骑。若人数较多，台马不足，准令征调附近蒙古乌拉马乘用。但不明定规制。台站人等，或令蒙古加倍豫备，或竟不出台马，止用蒙古马，均未可定。应如所奏。嗣后寻常奉差人员，仍照旧例骑乌拉外，其应驰驿大臣官员，需马数目由兵部先期行文该总管，照数豫备。其驰递报匣事件，遇有二三十匹马数台站，准用一半，其一半准令驰驿人等骑用。所需若逾此数，再令扣数酌调乌拉马。再蒙古协济之乌拉马，乘骑过站，其马本人领回。口粮羊，亦不准向蒙古取用。所有应驰驿者，止令蒙古协济乌拉马。所需口粮羊，均照例官给。其例应骑乌拉者，马羊仍照例取给蒙古。从之。(《清高宗实录》卷460，第978—979页)

【乾隆十九年闰四月辛酉】 谕军机大臣等：寄信热河副都统李侍尧、道员富勒浑，准噶尔来降台吉车凌、车凌乌巴什及台吉宰桑随从人等，皆未出痘。前降旨著伊等至避暑山庄，瞻仰朕躬。第思避暑山庄，虽系口外，聚集人多，难免有出痘之人。蒙古等甚惧出痘，将来或有传染，朕心深为不忍。将此交与李侍尧、富勒浑，山庄左近，如有出痘之人，暂令移于广仁岭西边远处回避。俟车凌等回去后，再行移回。(《清高宗实录》卷462，第1001页)

【乾隆十九年闰四月甲子】 谕盛京户部银两，自足赏赐之用，不必随带于途。但今岁有新归附之人，著于部库内拨银十万两，先期送往热河，交贮兵备道库，以备赏赐之用。(《清高宗实录》卷462，第1002页)

【乾隆十九年闰四月辛未】 谕侍卫永柱：新降台吉色布腾，已令在参赞上行走，带兵前往军营办事。今年不得前赴热河，瞻仰朕躬，加以封爵。若令其来京陛见，伊未经出痘，不便前来。著永柱带领色布腾至张家口。至时，著大学士公傅恒往彼接见，转传谕旨。寻永柱遵旨带领前来，命大学士、公傅恒，至张家口传旨迎劳，并封色布腾为贝勒。（《清高宗实录》卷463，第1008页）

【**乾隆十九年五月甲辰**】谕军机大臣等：吏兵二部，凡应俟引见人员，著陆续送至热河行在，堂官带领引见，不必候至启銮以前，亦不必更令满侍郎前来带领。再各衙门笔帖式、各省送到历俸十年以上之府佐州县等官及俸满教职，俱令随到随送至热河引见，庶不至守候需时。将此传谕吏兵二部知之。（《清高宗实录》卷465，第1030页）

【**乾隆十九年五月戊申**】直隶总督方观承奏：直属公务繁多，岁有垫用。州县库内，必使有存贮可动之项。恳恩准各州县厅卫，量其道路之冲僻，差务之多寡，酌拨银分贮备用。除大、宛二县，久经定有章程外，其余一百四十二州县卫，并口北、热河二道所属八厅，应分别冲繁简僻，贮银自二三百两至四五百两不等。一切年例支应，数在二百两以下，即于该州县厅卫分贮项内动用。如遇仓猝急需，为数较多，不及赴司请领者，并应于道府库内拨项存贮，俾得就近详支。今酌量霸昌道贮银四千两，通永、清河、天津、热河四道各三千两，大名道二千两。口北道库，虽贮有军需银两，未便移为别项之用。应于道库另贮银四千两，其各府内除保定、天津、大名、宣化四府，与道员同城，毋庸再贮外，永平、河间、正定、顺德、广平等五府，应各贮银二千两。其分贮之项，如垫缺已多，不敷备用，准该道府核明申请，仍于司库原动款内，详明添拨。通计道府州县厅卫分贮之项，共需银八万两。查直省驿站项下，有留二银一款，系在夫役工食内，每十分扣留二分，以为添雇夫马应差之用。除节年余存报部入拨外，现在司库存银一万八千五百三十两。扣存各州县驿借垫，应归银四万二千二百七十两。又驿站余剩廪粮银一万六千五百八十两，小建银六千七百四十两，共银八万四千余两，应请于此内拨贮，并经饬司，嗣后留二一项，不必由州县驿扣解，即于给发驿站工料时，按数扣存司库报部。至各州县驿借垫留二之项，尚未准销归款。今议分贮之银，不敷动拨。应令该司另筹，详明报部，暂行借拨。一俟留二垫

款准销，即照数还项。得旨：如所议行。(《清高宗实录》卷465，第1035—1036页)

【乾隆十九年七月辛酉】谕：此次考试甘肃等省拔贡，若候至回銮后带领引见，未免守候需时。著交在京总理王大臣等验看拣选，其应行引见者，即送至热河行在，带领引见。(《清高宗实录》卷466，第1044页)

【乾隆十九年七月戊子】谕军机大臣等：永常奏，准噶尔贸易夷目阿济伯克等到卡，办理情形，甚属妥协。此时敦多克，已将回至安西。可即传谕敦多克，伊在热河时，大皇帝亲降谕旨，已甚明晰，并非不令伊等贸易。但此番贸易，出自达瓦齐，乃欲自比噶尔丹策零，是以大皇帝不允。须俟敦多克回巢传谕后，达瓦齐果能一一遵旨，恭顺恳恩，亦不妨仍准贸易。即敦多克在热河时，加恩赏赉，亦系念从前台吉噶尔丹策零，并不因达瓦齐遣来之故。今伊等贸易夷目，或即回巢，或在哈密候信，听其自便。若留此守候，所需米面口粮，准以羊马换易。此亦怜悯伊等众人，皆噶尔丹策零旧属，不忍令其饥饿，是以格外施恩。即令敦多克将热河所降谕旨，宣谕于阿济伯克等。若敦多克业已回巢，则但将此旨晓谕，著传谕总督永常、提督豆斌，其如何回奏情形，作速驰奏，并将该夷目等各自居住，不得与内地兵役稍有交涉。该督提等务期加意防维，妥协办理。(《清高宗实录》卷468，第1062—1063页)

【乾隆十九年七月丁酉】谕军机大臣等：据策楞等奏，辉特台吉阿睦尔撒纳等，移带眷属四千余户，前来投诚。阿睦尔撒纳系准噶尔大台吉，今与达瓦齐离异，输诚归顺，深可嘉悯。著贝子扎拉丰阿，带乾清门侍卫德善、集福等，赍赏赉之物，前往降旨。再令萨喇勒自军营前往，迎劳阿睦尔撒纳，颁以恩赏。将来冬令，朕自盛京回銮时，仍派玉保照管阿睦尔撒纳，带至热河，令彼瞻仰。乘此便道，将色布腾亦带至热河。并传谕玉保，前往军营迎劳阿睦尔撒纳时，暂在彼处照管游牧，办理事务。俟应来时，候谕旨遵行。阿睦尔撒纳系何等人，相见有何言辞，应诘问之处，俱著详细诘问具奏。(《清高宗实录》卷469，第1069页)

【乾隆十九年十二月癸丑】军机大臣等奏：查设窖藏冰，每年通州，应运京城冰二千块。道里较远，计块予值，不若即在京取用之便。现在龙王堂、莲花池等处得冰甚多，即以通州应运之数就近增取，其通州取冰之例应停。再热河等处，乃巡幸驻跸之地，用冰无多，请嗣后热河藏冰定为二千块，喀喇河屯三百块，巴克什营等七处各一百块。报闻。(《清高宗实录》卷478，第1176页）

【乾隆二十年正月己亥】又谕：据方观承所奏，正白旗围场兵丁开垦地亩，用过佣工口粮以及赁用牛具等项一折，已饬交该部矣。但围场兵丁给地耕种，原为伊等养赡之计。惟当指与地亩，令其自行耕种。何必又雇民人，代为垦治？即使雇人垦治，而山沟隙地，平衍饶沃，略加锄犁，即可树艺，似亦不必费至工本九百余两。若果如此，则出口种地贫民，岂能各费如许工本乎？事经官办，遂多糜费，即此可见。可传谕方观承，令其再行确查，据实覆奏。寻奏，赏给正白旗兵丁荒地三千六百亩，远雇民夫，克期垦治，亩实费银二钱六分七厘有奇。报闻。(《清高宗实录》卷481，第23页）

【乾隆二十年三月庚寅】定北将军班第密奏：昨岁阿睦尔撒纳在热河，奉旨令扎木参前往屯田，阿睦尔撒纳从未言及。近令齐木库尔更换，臣随行知，并令派定兵丁，往返再三，总未商定。近始据覆，派辉特和硕特兵百、杜尔伯特兵百、喀尔喀兵三百同往，仍俟伊到指示。再新降之得木齐锡喇哈什哈等，询系班禅之沙毕纳尔。阿睦尔撒纳奏，指为拉藏汗属人。班珠尔又向伊等言，我祖系青海汗，尔等或即系我和硕特部落之语。又阿睦尔撒纳等，过包沁游牧，将伊属带往，又多带十五口，并未报明。现在咨查，并密寄信色布腾巴勒珠尔详察。得旨：此尚系小事，如约束太过，或转阻伊等奋往之心。若遇重大事务，自不得令伊等专擅也。(《清高宗实录》卷485，第70页）

【乾隆二十年三月壬寅】又谕曰：噶勒藏多尔济，乃准噶尔大台吉，今率所属来降，平定准噶尔大功告成必速，此实上天眷佑。大兵所到，不烦一矢，皆已稽首归诚。著将萨喇勒原奏，钞寄班第、阿睦尔撒纳阅看。料沙克都尔曼济此时亦当由北路来降。果尔，阿睦尔撒纳可即宣谕汝系大台吉，大皇帝必封以王爵。且我等俱叨受天恩，汝复更何疑虑。仍将何时投诚之处，速即奏闻。至沙克都尔曼济等来降后，亦即应令伊等入觐。西路著派扎拉丰阿，北路著派阿兰泰，同车凌等带领伊等，由阿尔台前至热河，瞻仰朕躬。以地处口外，甚为凉爽，于蒙古人颇相宜也。再应入觐之人，倘为数无多，即俱令前来。如因人众，乘传稍难，即令大台吉数人先来，余人另为一班，俟明年入觐亦可。仍将现在前来人数及何日起程之处奏闻。其应封爵秩之人，亦应查办。且查封时，即可灼知其户口多寡之数。阿睦尔撒纳等，并应将从前先至热河，如何深受朕恩之处，详悉晓谕，俾伊等共知庆忭也。(《清高宗实录》卷 485，第 78 页)

【乾隆二十一年七月戊子】谕军机大臣等：前因土尔扈特遣人前往西藏，特派麒麟保带领同行。今据奏称，已于七月初旬起程赴藏。计其回时，朕已驻跸热河。著传谕麒麟保，即带领土尔扈特使臣，由张家口外前赴热河入觐。(《清高宗实录》卷 517，第 529—530 页)

【乾隆二十一年八月庚子】热河副都统富当阿奏：贫乏孀孤及单身闲散，请于滋生银两内，每人每月赏养育银一两五钱，俟伊等子嗣长成，挑补马甲差使时停给。得旨：好。(《清高宗实录》卷 518，第 538 页)

【乾隆二十一年八月戊午】谕：据多尔济奏称，喀尔喀车臣汗部落屡遭荒歉，扎萨克辅国公成衮等六旗查明实在穷苦无依之人，请赈给牲价银四千一百九十四两等语。蒙古屡遭荒歉，无以糊口。朕甚轸念，著加恩赏给。所需折给牲价银两，令直隶总督于热河道库动支，派委妥干地方官一员、旗员一员解往，交多尔济会同车臣汗嘛呢巴达喇公同散给。(《清高宗实录》卷 519，第 549 页)

【乾隆二十一年闰九月丁酉】谕：前交在京总理王大臣，拣发外省之同知、知州、通判、杂职各员，俱著送至热河引见。其吏兵二部月选各官，除王大臣照例验看、给凭赴任外，其应俟回銮后引见者，著一并送至热河引见。(《清高宗实录》卷 522，第 577 页)

【乾隆二十一年十月丁卯】吏部议准：直隶总督方观承奏热河道属官员汛兵各事宜。一、八沟同知所属乌兰哈达地方，相距四百余里，路通奉天多伦诺尔等处。蒙古民人，聚居流寓者甚多。向虽设有部员驻劄，只管旗务。应添设巡检一员，管理民人与蒙古交涉事件，仍由该同知复核完结。其员缺定为要缺，在内地拣调，三年俸满题升。一、乌兰哈达地方，野旷山深，最易匿匪。八沟所属，有波罗树汛，旗民稀少，且与龙须门汛相近。应将波罗树千总一员、马步兵五名，移驻巡查。一、口外各厅，命案繁多，均应同知、通判亲验。但地方辽远者，常在数百里或千里之外，应令巡检代行相验。倘有别情，报明该厅覆验。从之。（《清高宗实录》卷 524，第 600—601 页）

【乾隆二十一年十月乙亥】 命传谕噶勒藏多尔济、沙克都尔曼济、巴雅尔等曰：尔等自上年前赴热河行在入觐后，即回至各游牧地方，已逾一载，甚劳远念。尔等遵朕谕旨，约束所属，守分安居，深堪嘉予。今届岁终，特遣侍卫第玛、部员巴哈达等，前往存问，并赏所赐食物荷包，以示优眷，俱各祗受。现在阿逆尚在哈萨克苟延残喘，朕念官兵效力经年，时届寒冬，暂行撤回，俟明年领兵再往。第阿逆狡诈百出，倘遣人潜赴尔等游牧，诡计煽惑，尔等即行擒献，毋令脱逃。至沙克都尔曼济遣人奏称，请于巴里坤附近地方游牧，已谕知雅尔哈善等，酌给口粮，暂为安插，俟明春赏给籽种，赴廆集、额布齐布拉克等处耕种。秋收后，再行回至原游牧。尔等仍善自谋生，永享升平之福。朕有厚望焉。（《清高宗实录》卷 524，第 606 页）

【乾隆二十二年四月丁丑】 又谕：据车布登扎布奏，达什达瓦部落人众、生计稍艰等语。达什达瓦人众，现在加恩抚绥。其部落内所有喇嘛等，著迁至热河寺内居住。有愿将伊父母兄弟同来者，悉听其便。（《清高宗实录》卷 537，第 773 页）

【乾隆二十二年七月己未】 又谕曰：桑寨多尔济等报称，协理台吉占楚布等，擒获达玛琳，驰驿解京等语。桑寨多尔济从前不行严擎，以致达玛琳逃脱，毋庸议叙。其闻信擒拏奋勉效力人员，分别加赏。著将达玛琳解送热河行在。达玛琳之罪，与车登扎布相等。但多此一逃，应将伊妻子一并查拏，解京候旨。（《清高宗实录》卷 543，第 902 页）

【乾隆二十三年二月乙丑】 礼部尚书伍龄安奏：进班王大臣等，遇驾幸圆明园、南苑及驻跸热河、巡幸各省，日间多不进班，傍晚始进内宿。皇上驻跸圆明园，本处应奏事及御门等日，即五鼓出东华门，往园豫备。请嗣后驾幸各处，俱照在宫日夜值班。值班日，禁城有应奏事，奏闻。皇上驻跸圆明园，有应奏事及御门等日，先期换班，不准贪夜擅开禁门前往。又内外一二品文武大臣病故，或有遗疏上闻，或由该处奏闻，礼部俱遵旨查奏。惟无遗疏，并该处亦未奏闻者。满大臣，由该旗行文礼部。汉大臣，子弟赴部呈报。礼部向即行查该员履历，题请予祭，并以应否赏给葬银两请。以特沛殊恩，竟成臣下奉行定例。请嗣后照该处奏闻例，将病故缘由，缮牌进呈。奉旨著查予恤，礼部始查奏请旨。无特旨，即无庸奏请。得旨：如所请行。（《清高宗实录》卷556，第40—41页）

【乾隆二十三年四月乙丑】军机大臣等议奏：查巡幸索约勒济尖站围场，乾隆十二年，经达尔玛达都等，自京东直门出古北口，由热河木兰过索约勒济山至布林河，共二千九十五里，设大营四十三处。回围由布林河沿陶尔河，至海拉苏台归旧路。自锡尔哈河经喀喇沁地方，驻跸中关行宫，仍由热河回京，共二千二百二十二里，设大营四十八处。往返共四千三百十七里，设大营九十一处。哨内围场四处，索约勒济山围场十七处。谨缮清单呈览，俟命下日，咨行该将军严禁围场附近打牲人等，并令先期办理应用物件，以备明年巡幸。得旨：交向道处酌量归并。寻奏：据向导处称，尖站处所，从前相地而设。今欲归并，必须勘明附近有无水草，难以悬定等语。请于向导官员内派人往勘。得旨：著派阿岱前往查勘。（《清高宗实录》卷560，第100页）

【乾隆二十三年八月甲子】添建热河八沟同知所属乌兰哈达巡检、千总等衙署及兵丁营房，从直隶总督方观承请也。（《清高宗实录》卷568，第208页）

【乾隆二十四年四月戊辰】军机大臣等议奏：据绥远城将军保德疏称，热河派往该城入满洲旗分驻防兵丁，惟用至满洲骁骑校、防御等官。汉军佐领缺出，与汉军人员一体简选，经前任将军奏准。查绥远城自京派往驻防一千二百名，除承袭官爵、撤回本旗外，只存八百余名。热河派往一千二百名，现增至一千六百余名。若止以骁骑校、防御等官用，不惟不足以昭平允，满洲佐领缺出，转致补放乏人。请将热河派往驻防与满洲人员，一体简用佐领。应如

所请。从之。(《清高宗实录》卷 585，第 486 页)

【乾隆二十四年五月己酉】热河副都统富当阿等奏：查两次移来热河安插之达什达瓦属人及前往军营人等，男妇大小共二千一百三十六口，内丁壮七百三名。臣等酌议，每丁壮七十名，编一佐领。每佐领下领催四名、马甲六十六名。前奉谕分为三旗，每旗设散秩大臣、总管各一员，副管旗章京、副总管各二员，佐领各三员。换给关防图记，俸饷每年按三季支放，照所得职衔，降一等减半支给。其散秩大臣总管镶黄旗布林、管正黄旗鄂齐尔、管正白旗托里，曾赏三品全俸，今既给甲米，请亦减半支给。至伊等住房，共需一千三百十二间。现在添造，俟工竣分派。其鳏寡孤独人等各附亲属养赡，又喇嘛十七名，照例归入普宁寺，按月各支银米。下军机大臣议。寻议，应如所奏办理。得旨：布林、鄂齐尔俱久经归顺之人，著加恩仍给与全俸。余依议。(《清高宗实录》卷 587，第 526 页)

【乾隆二十五年六月辛卯】谕军机大臣等：据方观承奏，热河行宫照山偷砍树株。在兵丁杨世喜等家，起出木植四十二件。屡经咨提，未据发审，请令热河总管交出查办等语。海保、富贵，职任总管。山树既被偷砍，虽在民人，尚当咨会地方官，实力协拏，迅速根究。况杨世喜等身系兵丁，赃据确凿。该督屡经咨提，何得迁延徇庇，甚属不合。海保、富贵，俱著传旨严行申饬，并令其即将该犯等并起出树株，即速解交方观承，一并严审究拟。(《清高宗实录》卷 615，第 919 页)

【乾隆二十五年七月癸卯】谕军机大臣等：据曹瑛奏，口外宁鲁堡之韩家梁等处起有飞蝗，从边外向东北飞去，并未进边，现在速往扑捕等语。该处虽系口外，然是处皆有庄稼与口内无异，不得以飞蝗未及进边，遂稍弛搜扑。曹瑛现往查办，应星即广搜速捕，务使净尽，毋任蔓延。再该处飞蝗，既向东北飞去，则古北口以外如热河塔子沟、八沟等处，皆适当其地，恐不免有停落处所。著传谕吴进义、和成，会同热河道良卿，早为查察。倘有飞蝗停落，务当尽力扑灭，不使稍留余孽。即目下并未飞至，亦当留心早为防范，无稍疏忽。该提督等奉到此旨，作何查办，即行据实速奏。寻奏：遵谕飞札宣化镇和成，并檄行热河道良卿、河屯协副将四十八，分委妥员，各处周视巡

查。倘有飞蝗停落，协力扑捕，务尽根株。报闻。(《清高宗实录》卷 616，第 926 页)

【乾隆二十五年七月甲辰】谕军机大臣等：据鄂弼奏，土默特蒙古苇塘，有蝗蝻飞至善岱所属村庄，残食禾苗，即向东南飞去等语。已传谕鄂弼，一面速行搜捕，毋令蔓延。但既向东南飞去，则直隶宣化一带，适当其地，恐不免有停落处所。著传谕方观承，令其严饬该处地方官，星即豫行查察，毋使阑入。一有飞集，速行搜捕净尽。和成现驻劄该府，昨因曹瑛奏到，已传谕令其与吴进义，会同良卿，于热河、八沟、塔子沟等处，实力防范。宣属正其专辖之地，尤当加意体察。可再谕和成，令其与吴进义、曹瑛等，彼此知会督办，勿稍因循取咎。(《清高宗实录》卷 616，第 926—927 页)

【乾隆二十五年十月庚子】是月，直隶总督方观承奏：本年热河各属及蒙古地方，田禾丰收。口外八沟四旗等处粟米更为充裕。现据该地方官具报，粮价每石银九钱余。将来蒙古各处，米粮涌集，尚当减落。请于司库动项，分委妥员，会同该地方官买贮，运拨内地充用。得旨：如所议行。(《清高宗实录》卷 623，第 1005 页)

【乾隆二十六年八月甲戌】又谕曰：张师载赍折人至热河，询据经过直隶景州一带，至富庄驿地方，大路积水，有坐船至新城县换马之语。前该督覆奏景州并无积水，当在未经节次连雨之前。不知现在该处道路情形，究竟若何？附近田禾，有无浸溢成灾之处？著该督方观承，速行查奏，以慰朕怀。至古北口外缘边所属，禾黍弥望丰颖，岁事可望有收。其口内地方，现有被水各属，该督应合计通省丰歉轻重分数，截长补短。将其中成灾者十分之几，有收者十分之几，一一详查速奏。并熟筹口内倘有需用谷石之处，及今可令热河道良卿于刈获之时，不动声色，酌量妥协购备，以资协济。将来如果无须此项则已，设有缓急应用，即可就近调拨，亦抿彼注兹之一策也。将此详谕方观承知之。寻奏：景州七月中旬后，虽雨水稍积，仍于道路无碍。近日东省漫水，流入景州，道路迂阻。又阜城之刘林桥，交河之富庄驿，献县之臧家桥，滹沱泛溢，大道之水直至河间城南五里铺。现挑浚疏消。水过处，田禾不免淹浸。但大道多洼，水易停积。田间则平漫无多，不至甚损禾稼。至通省光景，以成灾村庄计之，约十分之二。以收成分数计之，约在七八分之间。今年古北口外，秋成大稔。而内地将来赈借，需用米谷正多，宜乘时购备。请将本年应需陵糈粟米，令热河道良卿委员往口外采买，于冬月运赴遵、蓟备用。将来豫东漕运陵糈船到，即于附近南运河被水州县截留分派，以充赈借。得旨：览奏俱悉，如所议行。（《清高宗实录》卷642，第178—179页）

【乾隆二十六年九月癸亥】谕曰：良卿历任道员，办理一切差务，颇属谙练奋勉，久欲简擢臬司。因热河道缺紧要，未经升用。著加恩赏给按察使衔，仍管热河道事。（《清高宗实录》卷645，第222页）

【乾隆二十六年九月癸亥】谕军机大臣等：口外热河地方，人烟辐辏，日用浩繁。比来柴薪一项，采购既多，市直颇贵。闻附近山场，多有产煤之处。而地方有司，向虑聚众滋事，宁持封禁之议，未免因噎废食，不知兴利防弊，惟在董事者经理得宜，自足以资弹压。如京师西山一带，煤厂甚多，何未见生事耶？著交总督方观承，令其查勘明确，酌定规条，试行开采，以裨生计。所有应行责成地方官，及一切经理事宜，悉心妥议具奏。（《清高宗实录》卷645，第222—223页）

【乾隆二十六年十二月己巳】直隶总督方观承覆奏：口外热河厅属牤牛窖等六处，四旗厅属添财沟等七处，喀喇河屯厅属虎道哈沟、鹌鹑沟二处，八沟厅属高儿厂等三处，塔子沟厅属柏树沟等三处，皆有煤苗。请将各山场分界设窖，募殷实民户，取地方官印结送热河道给票开采，俟煤旺时，地方官详司给帖，准充纳税，该管道及各厅仍亲查弹压。得旨：允行。（《清高宗实录》卷650，第282页）

【乾隆二十七年闰五月辛未】谕军机大臣等：成衮扎布奏准科布多副都统扎拉丰阿报称，哈萨克阿布赉遣使贡马九匹，所带马匹四百余，已派台吉等禁止贸易，护送入觐等语。哈萨克来使，著派出为首者数人，缓行前往热河候旨。伊等所带马匹颇多，自必乘便贸易。从前阿桂请禁哈萨克北路贸易，盖虑伊等贪程途近便，遂不肯远至伊犁。但伊犁、乌里雅苏台皆属内地，如过示区别，亦于体制未协。惟应禁止私市，概从官办，而稍增物值，减其马价，伊等无利可图，自必专向伊犁。即令其仍贪近便，情愿减价，则乌里雅苏台官库缎匹等物，尚有雍正年间收贮者。与其徒为朽腐，即以易马，或就近牧放，或酌量拨解，亦无不可。成衮扎布接奉此旨，若业经禁止贸易，即以朕旨传谕，准其一体开市。伊等若谓物价较伊犁有加，亦谕以蒙古地方，价值情形，难与伊犁一例。至卡座、台站人等私行交易，断宜严禁，有犯必惩，并传谕阿桂知之。(《清高宗实录》卷662，第409页)

【乾隆二十七年闰五月辛未】又谕：据成衮扎布等奏称，哈萨克阿布赉所遣使臣塔玛、头等台吉导拉特和呼等二十三人、跟役七人，至乌里雅苏台时，先酌派数人，由驿赴京等语。朕本年巡幸木兰，七月十五前后，可至热河。若令伊等来京，未免徒劳，不若由彼遣赴热河为妥。著传谕成衮扎布，晓谕哈萨克使臣塔玛等云：前曾具奏，令尔等由驿赴京。奉旨：现当夏令，京师过热，恐尔等不宜。朕于七月至热河，往木兰行围。尔等徐行至彼朝见，派侍卫妥为照料，从容行走。可于七月前后，令至热河入觐。如伊等已到乌里雅苏台，不欲久待，情愿来京，亦不必勉强。(《清高宗实录》卷662，第409—410页)

【乾隆二十七年七月乙亥】又谕：自达什达瓦属人移驻热河，牧养为生。去年因滋生牲只不敷，加恩赏给羊三千只。近日伊等生计，较前颇有起色。若再加恩赏赉，则更当饶裕。著传谕巴尔品，于牧厂内挑拣羊三千只，解送热河，交副都统额勒登额，分给厄鲁特三旗。(《清高宗实录》卷666，第453页)

【乾隆二十七年十月甲寅】又谕：据额勒登额等奏，普宁寺工程告竣，新添千总、兵丁等，请照守护热河之例，给予地亩等语。普宁寺千总、兵丁，既同守护热河千总、兵丁一体当差，著施恩照例给予养赡家口地亩。(《清高宗实录》卷673，第526页)

【乾隆二十八年正月癸未】围场总管齐凌扎布奏：去年被水歉收，新旧驻防兵丁，生计拮据。请于丰收之达呼尔挂甲屯、波罗河屯、土城子等仓借给口粮，分作五年交还。从之。(《清高宗实录》卷679，第600页)

【**乾隆二十八年二月己丑**】谕军机大臣等：据围场总管齐凌扎布奏称，去岁雨水稍多，现今粮价昂贵，兵丁买食维艰。恳将土城子、波罗河屯等处仓粮内，借给看守围场兵丁，每名各小米十仓石等语，已照所请批示矣。此项兵丁，买食既属拮据，自应速为酌拨，以资接济。可将此传谕方观承，即饬各该仓遵照办理。（《清高宗实录》卷680，第603页）

【**乾隆二十八年五月壬戌**】谕：朕于十八日启銮，前往热河驻跸，立秋后由彼处进哨。所有应派人员豫备事宜，交各该处照例派备。（《清高宗实录》卷686，第677页）

【**乾隆二十八年五月癸亥**】谕：朕恭奉皇太后安舆，驻跸热河避暑。著派诚亲王、裕亲王、大学士来保、尚书舒赫德留京办事，大学士刘统勋现派先行随往热河，俟更换回京后，亦著一体办事。所有吏兵二部应行引见官员，著于未启銮往木兰之前，每月汇齐，带至热河引见。至外省督抚提镇等奏折，著照例自京启跸之日为始，俱赍赴留京办事处加封，交内阁随本呈送行在，候朕批示。随本发回，仍于留京办事处交付赍折人只领该部通行。传谕知之。（《清高宗实录》卷686，第677页）

【**乾隆二十八年五月癸亥**】又谕：朕此次驻跸热河，刘统勋著先行随往。刘纶俟将往木兰时，同梁诗正前赴热河，更换刘统勋回京办事。来保、阿桂俱著留京，舒赫德著署理步军统领事务。（《清高宗实录》卷686，第678页）

【**乾隆二十八年五月甲申**】谕：行在户部议覆热河道良卿奏请本地商货验票出口，以免重征一折，尚非永远祛弊之道，古北口向未设有税局，只系张家口监督，差役巡查。嗣因奸商绕越偷漏者多，前任监督多隆武，请于古北口一体查明征税，经部议覆准行。乃该监督办理不善，以致巡役人等，藉端滋扰，辄将热河等处，本地有税之商货，一概重复征收。将来口外货物，必致腾踊，殊非立法稽查之本意。著派安泰带贤能司官一员前往，将滋弊之巡役人等，严查惩治，即将税局撤去，其失察之该监督并著交部议处。嗣后除张家口商货绕越私行者，仍准派役稽查，毋致偷漏外，其余悉照旧日章程办理。如有仍前需索等弊，并交与直隶提督，就近查察究处。（《清高宗实录》卷687，第

699—700 页）

【乾隆二十八年六月壬辰】谕军机大臣等：前因恰克图奸商小院子、京张等教唆俄罗斯，阻挠伯德尔格回人贸易。随降旨桑寨多尔济等，令其查拏，解赴热河治罪。续据桑寨多尔济等奏称，小院子、京张已回张家口。复降旨巴尔品严缉务获。今据奏到，张家口商民内，并无小院子、京张其人。惟查有万盛永记铺内商民赵越，人皆称为小院子。讯供系汾州府汾阳县人，伊并不出口贸易。惟伊伙计张宗烜、田昌，于去年七月、九月间，先后往恰克图贸易，铺中亦称为小院子等语。再查恒裕玉记铺内张朝元，向在京城贸易，系昌平州人，是以人俱称为京张。随讯据伊弟张朝相、伙计李逢春称张朝元于去年七月往恰克图，其伙计李胜敬亦于十一月前往贸易，至今未回各等语。小院子、京张等，俱系内地商民，乃敢教唆俄罗斯，阻挠回人贸易，其奸诡不法，情罪甚属可恶。现据巴尔品查讯缉拏，尚无着落。该犯等行踪诡秘，今或闻风匿迹。若非潜留恰克图地面，即在口内外沿边一带，或窜回本籍，均未可定。著传谕方观承、明德等，迅即遴选妥干员弁，密速缉拏务获，解送行在，交军机大臣严审究拟，毋致漏网。（《清高宗实录》卷688，第705页）

【乾隆二十八年六月戊申】谕：朕此次驻跸热河，所有吏兵二部应行引见官员，前经降旨，每月汇齐，带赴行在引见。计八月间巡幸木兰，其吏兵二部月选官著仍照向例，文员内通判州县等官，武员内八旗护军校、骁骑校及外省送到之补放水手官、骁骑校并年满千总等官弁，俱著留京办事王大臣验放。余俟回銮后，带领引见。（《清高宗实录》卷689，第718—719页）

【乾隆二十八年六月庚戌】谕军机大臣等：热河一带，六月以来屡得阵雨，复于二十一日，得雨深透。闻京师十三日得雨后，天气颇觉燥热，未审近日曾得雨否？如已得有透雨则已，倘尚在望雨，城中现有善求雨之厄鲁特回人，可即令其敬谨祈祷。著传谕留京王大臣等知之。（《清高宗实录》卷689，第721页）

【乾隆二十八年六月辛亥】谕曰：弘映前往朝鲜国出差，即由京起程，不必来热河请训。但出使外藩，一切务宜示以正大，不可失之猥琐。入境时只宜乘

马,不得坐用肩舆。即该国王备舆迎候,亦不可乘。(《清高宗实录》卷689,第721—722页)

【乾隆二十八年六月甲寅】谕曰:方观承奏,据热河道良卿报称,富贵山等处木植,有木商吕均成领票砍伐。现经该厅员等查其堆放木植,有在封禁界牌以内者,恐不无越界影射情弊。著侍郎安泰,带同工部司官一员,由驿前往。著热河道派厅官一员,随往查勘办理。(《清高宗实录》卷689,第722页)

【乾隆二十八年八月乙未】又议覆围场总管齐凌扎布奏称,查围场八旗兵,每年派人赴京支领钱粮,往返需时。偶值雨水,更滋糜费。应如所请,就近在热河道库,照数支领放给。但从前因路远不能按季给发,是以每年赴京统领一次。今改就近在道库关领,若仍照向例,每年一次,于兵丁生计未便,请嗣后每年分作春秋二季放给。查热河道库,并无余存银两。其每年备赏银,俱由户部领用。请交户部,于每年多运二万两,以为放给围场兵丁之用。仍将每季所领钱粮数目人名,咨报户部、理藩院核销。其出缺、挑补领催马甲,仍照例按名咨报满蒙八旗查核。从之。(《清高宗实录》卷692,第762页)

【乾隆二十八年九月癸未】是月,直隶按察使裴宗锡奏:热河三厅各山场,遍长红叶,系菠萝树。土人只砍伐作薪,不谙养蚕,殊为可惜。又八沟厅属之难儿河,与塔子沟属之三座塔、木城等处,亦多长此树。应请令热河三厅与八沟二厅地方,凡有旷闲山场,俱劝谕百姓,广为栽种养蚕。官给印票,填明花户姓名及顷亩数目。三年后果有成效,酌定租息,给还地主。若系官地,照例升科。于地利民生,不无裨益。得旨:交方观承实力妥办。(《清高宗实录》卷695,第797页)

【乾隆二十八年十二月乙巳】伊犁将军明瑞等奏:臣等筹办塔尔巴哈台驻兵之事……查热河有达什达瓦部厄鲁特兵六百名,应派出五百名;喀喇河屯有满洲、蒙古兵二千名,应派出一千名;又盛京有锡伯兵四五千名,应派出一千名。俱于明春挈眷遣往伊犁。再塔尔巴哈台驻兵后,哈萨克不至乌鲁木齐贸易。明瑞等所请彻回大臣,改驻提督总兵及分派侍卫之处,事势俱属可行,应令与杨应琚等公同酌办。得旨:雅尔地方筑城驻兵,应专派大臣镇守。伊犁所有将军大臣甚少，既令巴里坤提督移驻乌鲁木齐，即将乌鲁木齐大臣移驻雅尔。巴里坤既改驻总兵，则巴里坤大臣，可以全行撤去。至出派热河兵时，所有桦榆沟驻兵二百名，尽行派往。再于喀喇河屯兵内，拣派八百名。余依议行。(《清高宗实录》卷701，第840—841页)

【乾隆二十九年正月壬申】谕：携带家眷移驻伊犁之热河满洲兵一千名，著由内地行走，护送陆续至凉州、庄浪。直隶著布政使观音保、河南著布政使佛德、陕西著道员图桑阿、甘肃著按察使海明，于各境内加意护送。(《清高宗实录》卷703，第853页)

【乾隆二十九年正月壬申】谕军机大臣等：据额勒登额奏，现在遵旨于热河等处挑选满洲、蒙古兵一千名，移驻伊犁。查此项兵丁，除另记档案外，共有一千三百名。若于此内挑出一千名，所余俱非出色之兵。再从京师派来补缺兵丁，于随围事宜，亦未熟练。每年巡幸之时，外藩部落，咸来瞻仰，殊有关系。似未可以此项兵丁，豫备差使。查另记档案兵丁六百零四名，在旗年久，诸事熟习，请于此内一体拣选派往。经军机大臣议，此项另记档案兵丁，系已经出旗之人，毋庸拣选。但派往伊犁，俾伊等世世受恩，自当踊跃从事。请降旨额勒登额，详议酌办。其管领之协领、佐领、骁骑校等官，悉照凉州、庄浪移驻兵丁之例派往。此项兵丁，四月间始能起程。计到乌鲁木齐时，天气已寒。查凉州、庄浪头起兵丁，于春季起程，遗有房屋可以居住。请令热河兵丁，到彼暂行歇息，俟明年起程，仍行知嵩椿，将由西安往驻凉州、庄浪兵丁，暂行停止等语。此项另记档案兵丁，久应出旗为民。朕怜其生计艰难，加恩仍令食粮，俟出缺后裁汰。今如所议，于伊等生计，颇有裨益。但其中不愿派往者，未必无人。著舒赫德、新柱前往热河，详细询问。愿往者即行派出，其或不愿远行，即令出旗为民，不必勉强。(《清高宗实录》卷703，第854页)

【乾隆二十九年二月癸未】尚书舒赫德奏：前军机大臣议，厄鲁特兵移驻伊犁，由边外行走，照从前察哈尔兵例，一体给与银两口粮。惟是从前带领察哈尔兵之官员等，送到即回，是以仅给一年俸禄，照品级给马匹及盐菜银，不给驼只。今此次挈眷移驻，情形不同，自应给与驼只。但恐伊犁水草不甚相宜，请改给牛马各一。于孳生牧群内挑用，并交察哈尔都统巴尔品酌添如数，派向导带领行走。至热河满洲官兵，亦应照军机大臣原议，与凉庄满洲官兵，一体给与俸饷。官员等，每家口四人，给车一，每户给装载什物车一。兵丁等，每户给车一，两户给装载什物车一。再官员等应给之项，业经办给。其兵丁应给银两，酌留三分之一，与给赏跟役之银，俟明年由伊犁前往雅尔时，令将军等照数给与，庶免中途花费。得旨：移驻伊犁兵丁，虽有厄鲁特总管等官带领，沿途无一大员，不能统束。著派护军统领乌勒登送往伊犁，交代后仍著回京。其自京往伊犁之厄鲁特等，即交乌勒登带至热河。再厄鲁特官兵，应得马二千余匹、牛四百余只及豫备添补马牛。若自巴尔品处送至热河，未免长途疲乏，应令缓行，迎至伊等所经路口等候，俟厄鲁特官兵到时拨给。再派出之厄鲁特官兵，所欠孳生官店价银四百余两。著加恩豁免。余依议。（《清高宗实录》卷704，第862页）

【乾隆二十九年二月丙戌】又谕：据舒赫德等奏称，热河满洲厄鲁特兵丁出派一千五百名，携眷前往伊犁。伊等所遗房屋，除给由京移驻满兵外，尚余若干间，请给每年随围之侍卫、拜唐阿居住等语。此项房屋，与其空闲，莫若给侍卫、拜唐阿居住，既便当差，又可省费。著交玛瑺派人看守，毋使坍废。俟朕至热河备用。（《清高宗实录》卷704，第865页）

【乾隆二十九年二月庚寅】谕军机大臣等：现在伊犁官员皆给半俸，兵丁每月支钱粮一两。热河官员，向例按其职衔，减一等给与半俸。今令伊等移驻伊犁，应与现在伊犁者一例。著加恩准支半俸，不必减等。至兵丁在热河时，支钱粮一两五钱。此时甫经移驻，未免生计尚艰。著仍照原数，并给孳生牲只。俟将来缺出挑补之人，方照察哈尔、厄鲁特兵丁例，月支钱粮一两。乌勒登到彼时，即明白晓谕，仍交明瑞等，遵照办理。（《清高宗实录》卷704，第867页）

【乾隆二十九年二月壬辰】军机大臣等议覆：围场总管齐凌扎布奏称，围场官俸内银米，例由京城该佐领办给，多有不便。请照围场兵丁例，银由热河道库支领，应扣坐扣；米由四旗通判所属土城子、波罗河屯、挂甲屯、达呼尔等处仓支给小米如数，各造册报部。应如所请。从之。（《清高宗实录》卷

704，第 869 页）

【**乾隆二十九年二月甲午**】谕军机大臣等：前据明瑞等，将雅尔地方修城驻兵事宜具奏。经军机大臣议，拣发热河满洲兵、达什达瓦部之厄鲁特兵、盛京锡伯兵，约计二千五六百名，现在各令挈眷陆续起程。朕意除厄鲁特兵习惯游牧，不妨暂住帐房。至满洲、锡伯兵，共有二千。伊犁、雅尔地方，未必有如许房屋，可以存住，理应豫先备造。再雅尔驻兵，若派现在伊犁兵丁，则此挈眷移驻之兵，即可住伊犁兵丁空闲房屋。若即派此次挈眷移驻兵丁，则雅尔亦须豫造房屋，以备兵丁到时居住。前虽议奏准行，若不明白指示，明瑞或未能筹及。著传谕明瑞，酌量定拟具奏。（《清高宗实录》卷704，第869页）

【**乾隆二十九年二月壬寅**】谕军机大臣等：杨应琚覆奏，凉庄移驻伊犁兵未扣应完银两，请以节省车价弥补，俟到伊犁，分年扣还一折，所办殊于事理未协。此项车价，原属官事官办，自当核实动用。所用既已实销，所余即应实贮，安得名为节省？譬如办理工程，估报之初，数必浮多。及奏销自以核实为准，岂得因较从前约略虚数稍赢，遽谓此非官项乎？朕于兵丁欠项，如果应行宽免，未尝不加恩优恤。即如热河移驻兵丁，所有未完之项，现俱豁免。岂独于该处兵丁稍为爱惜？但伊等身为满洲兵丁，乃于军需马驼，不知加意喂养，致倒毙之数，较绿营兵丁更甚。若一概免赔，众复谁知惩儆？况该兵丁等，将来既驻伊犁，所食钱粮等项，特为宽裕，无难从容归补。但念甫经迁移，力量犹或不足，不妨稍为展期，以示体恤。著传谕杨应琚，现在整装之始，只应不动声色，照常办理，将此交与伊犁将军。酌量伊等移驻二三年后，其力可以坐扣时，令其奏明请旨，分年扣补。并已有旨谕明瑞矣。（《清高宗实录》卷705，第872—873页）

【**乾隆二十九年二月己酉**】军机大臣会同八旗大臣奏：在京厄鲁特官兵，愿往伊犁者共六十五人。除台吉宰桑之子及现在当差者不遣外，其余二十五人，准其移驻。惟自京起程，不无需费，请酌量给以应得俸饷，余至热河补给，并交兵部办给车辆。其长途押送之大员乌勒登，请给俸一年，借俸一年，给马十三、驼三，月给盐菜银十二两。跟役十四人，各给盐菜银五钱，赏银二两，事竣驰驿回程。报闻。（《清高宗实录》卷705，第877页）

【乾隆二十九年三月壬子】军机大臣等奏：由热河派往伊犁兵一千，其缺应由京派补。惟热河八旗派兵，每旗人数并未画一，今未便仿照办理。请交八旗都统，于满洲、蒙古兵内均匀派拨。报闻。（《清高宗实录》卷706，第882页）

【乾隆二十九年三月乙卯】又谕：伊犁厄鲁特兵，食钱粮者，止二百名，余丁皆官给孳生牲只。今自热河移驻之达什达瓦、厄鲁特五百名，其中食钱粮者多，而余丁无几，似觉厚薄不均。但达什达瓦属人，受恩已久。设该旗钱粮缺出，亦准伊犁厄鲁特余丁挑取，伊等又觉生计稍艰。著传谕明瑞，俟阿桂到时，会同查明两处余丁数目，通融筹算。将来伊犁余丁，如何酌增实在钱粮之处，定议办理具奏。（《清高宗实录》卷706，第887页）

【乾隆二十九年三月丁巳】又谕：今由热河派出厄鲁特移驻伊犁，其应用马匹，已谕令在张家口外支给。但由本处起程，亦必需用车辆。著交道员撰义，同地方官迅速妥办，其车价即出自本人整装银内。有不愿雇车者，听其自便。并著乌勒登、玛瑞会同商议。（《清高宗实录》卷706，第888—889页）

【乾隆二十九年三月丁卯】谕：闻索伦达呼尔等，遇有引见，该将军大臣等，不论曾否出痘，即遣来京，以致上两年俱伤六七人。伊等未经出痘者，当遣往木兰围场引见。著急速行文黑龙江将军，嗣后未经出痘者，不必令其来京。如必应引见之佐领等官，遣往木兰围场引见。如骁骑校等官拟定人员，只须详注履历劳绩，并声名未经出痘缘由，报部奏补。如应袭世职官员者，止缮绿头牌进呈候旨。其情愿引见者，令往木兰引见。著为例。（《清高宗实录》卷707，第893页）

【乾隆二十九年三月庚午】谕：现今京城拨兵一千，驻防热河。伊等之缺，无庸挑补。但八旗世仆，所赖者官米。今一年之间，将官米裁去二万二千余石，不但于旗人生计有亏，且使京畿米价昂贵，与众皆无裨益。今加恩将一千兵丁每岁应得之二万二千余石米粮，照从前所裁枪营兵丁应得之米，分别赏给养育兵。应如何分给之处，八旗大臣定议具奏。（《清高宗实录》卷707，第894页）

【乾隆二十九年三月戊寅】军机大臣等奏：将军明瑞等将热河移驻伊犁满洲兵需用房屋钱粮、盛京锡伯及厄鲁特兵应给牲只、锡伯兵编设佐领各事宜具奏，臣等遵旨定议。乌哈尔里克，旧修绥定城房屋，不敷居住，现在伊犁河修城起屋。热河满洲兵，应即于此驻劄。屯田兵一千二百名，今年更换。请酌留六百名一同修城，则十月内可竣。其热河及凉州、庄浪满洲兵，一处居住，尤便约束，应俱如所奏。惟是热河兵到期尚遥，尽可从容成造，不必催促，务令坚固。至所奏满兵行粮，前经尚书舒赫德等定议奏准。其到后每年应得钱粮，及分地耕种，撙节粮饷之处，交明瑞等酌量办理。又盛京锡伯兵及厄鲁特兵，应同索伦、察哈尔一体游牧。锡伯兵若需房屋，亦令自行修造。又官给孳生羊只，索伦、察哈尔应给之项，已奏明酌给外，将来厄鲁特、锡伯兵，照例每兵给羊二十五只，约计需四万余只。请将上年停止解送喀尔喀四部落之羊一万八千只，交成衮扎布再办一万二千只，于兵丁等至乌里雅苏台时，交给带往。仍于哈萨克贸易内，酌买一万只，留伊犁备用。其锡伯兵，应照索伦、察哈尔、厄鲁特之例，立昂吉，编佐领，约计千名作一昂吉、六佐领。领催、披甲，分派各佐领下。另于索伦满洲大员内，选派总管、副总管各一人管束。其佐领、骁骑校各六名，即于现往之防御骁骑校二十名内选放。如防御内有可任副总管者，亦即令充补。其余官员，仍食原俸当差，俟缺出选补。领催二十四名，亦于现往之领催内挑选，余俱照察哈尔办理。所有昂吉、佐领，应给关防图记。请令明瑞等拟定字样，行文该部铸给。从之。（《清高宗实录》卷707，第901—902页）

【乾隆二十九年四月丙申】谕军机大臣等：据玛瑺等奏称，热河一带赏厄鲁特牧场，请令交还各该处耕种纳粮，绘图具奏。前据玛瑺等，以赏给厄鲁特滋生牲只，皆赏给遣往伊犁之厄鲁特。请将赏给伊等牧场，交还耕种纳粮。具奏时，朕以此项地亩，或在远处，是以命伊等绘图具奏。今阅图皆在行宫近边一带，行宫山南地方，前已降旨禁止耕种。且此项地亩，赏给厄鲁特时，皆按田亩数目分给。今厄鲁特兵丁，虽已咨送五百名，而玉鲁斯等仍在彼处，伊等牲畜正资牧养。玛瑺、永和乃必欲将此项地亩仍令耕种者，特为伊等下属，希图获利，怂恿故耳。此断不可行。即伊等牧放，用之不尽，亦不可耕种。若不肖之徒，希冀私行耕种者，朕惟玛瑺、永和是问。（《清高宗实录》卷708，第915—916页）

【乾隆二十九年五月丁丑】又谕：前据镶黄旗满洲蒙古二旗，以驻防热河兵丁内，有未带子嗣、私留京中者，将该参领、佐领等参奏。朕比以别旗似此者，想应不少，著八旗等详查具奏。今据奏称，各旗遣往热河驻防兵丁内，均有将子弟留于京中等语。旗人系朕奴仆，无论驻防何地，均应照定例带领妻子前往。况热河甚近，何所畏惧？至将家口留于京中，该旗等并不查明具奏。或别有情节，因父母年老，及妻室已故，子在襁褓者，派往时，亦当查明陈奏。乃该旗大臣等不以为事，及朕询问，始行奏及。除镶黄旗满洲蒙古大臣，系首先查参，著免其议处外，其余镶黄旗满洲章京等及各旗大臣章京等，俱著交部分别察议具奏。再旗人遣往驻防，借端将子弟留于京中，此风断不可长。若不严惩，嗣后遣往驻防时，不肖之徒，益不知忌惮。著交军机大臣等，现在查出此项人等，按其情节轻重，分别定拟具奏。（《清高宗实录》卷 711，第 941—942 页）

【乾隆二十九年六月丁亥】兵部议准：直隶总督方观承奏称，热河厅应添巡防官员，请以燕河路分防俵城汛把总移驻。除原辖马兵四名、守兵十名外，应抽拨霸州营存城马兵六名、守兵十名，并令热河同知督率，归督标统辖。将乐亭营外委，带存城马兵一名、守兵一名，刘家墩汛马兵一名、守兵二名。抽拨开平汛守兵三名、黑洋河汛守兵二名，移驻俵城，隶天津镇乐亭营都司管辖。其稻地一汛，即以涧河汛把总带领兵就近巡察，改隶玉田营都司管辖。从之。（《清高宗实录》卷 712，第 948 页）

【乾隆二十九年六月壬辰】谕军机大臣等：据明瑞等奏，现在凉州、庄浪、热河移驻兵丁需用口粮，除所存余粮及本年秋收，虽可多得二三万石，仅足补数年不敷之数，未可遽以为羡余。请于此二年内，携眷兵未曾全到之时，于各回城，再派回人二千名，赴伊犁屯田等语。著照所请。即行知各回城驻劄大臣，酌量派往。惟择其情愿赴屯者，不必勉强。至从前所派回人，该伯克等捐助资送。此次所派，俱著官办起程，毋庸协助。并传谕明瑞等知之。（《清高宗实录》卷 712，第 950 页）

【乾隆二十九年六月壬辰】又谕：遣往伊犁驻劄之厄鲁特及热河驻防兵丁，坐扣未完备造军器等项银两，均著加恩豁免。惟此次遣往热河兵丁，将子嗣留京者，其坐扣未完银两，未便一体宽免。伊等派出时，该管旗大臣等，未经查明，以致办理不善。此项银两，应着落该管旗大臣等赔交。嗣后八旗大臣等，不得仍委之参领等蒙混，务将应派之人，通行传至衙门，一一询问各情节办理。(《清高宗实录》卷712，第951页)

【乾隆二十九年六月壬寅】黑龙江将军富僧阿奏：打牲乌拉、呼伦贝尔、索伦、达呼尔总管等，向满三年，照例送部引见。去年奉旨，命打牲、索伦、呼伦贝尔等总管轮班前赴木兰围场。请嗣后打牲、呼伦贝尔等总管，三年期满，轮班前赴木兰，无庸送京引见。报闻。(《清高宗实录》卷713，第957页)

【乾隆二十九年九月辛未】军机大臣等奏：查磬锤山签立木桩之外一带，均有山场地亩。虽不在从前查禁交界之内，但附近行宫，地处高阜，未便听旗民开种。兹据热河道勘报，磬锤山南及东北一带，山场地共二顷三十三亩；又桃园东西一带，地十八亩；红桥西南一带，地七顷三十三亩，共地九顷八十四亩。应请亦归于原禁签桩之内，交该道查照向例，如数拨给。仍不时严行查察，毋许私种及樵采牧放。报闻。(《清高宗实录》卷719，第1017页)

【乾隆二十九年九月甲戌】总管内务府大臣等议覆：热河总管永和等奏称，热河园内殿宇十六处，近年陆续添建二十二处。原设千总八员，副千总十四员，兵三百三十二名，实在不敷差遣。请添设千总二员、副千总四员、兵六十名，以资派委等语。应如所奏。交该总管等拣选充补，一切俸饷地亩各事宜，并令照例办理。又称，兵丁饷银，前于乾隆十二年奏准，口内每名月支银一两，口外支银五钱，各给养赡地六十亩在案。近年以来，口外物价，渐与口内相仿，食用不敷。所有饷银一项，请照口内兵丁例，一体赏给等语。应否如所奏办理之处，出自天恩。得旨：看守热河等处行宫兵丁，着加恩每月赏给饷银一两。余依议。(《清高宗实录》卷719，第1018—1019页)

【乾隆三十年三月乙酉】户部议准：直隶总督方观承疏称，喀喇河屯厅属之化育沟，向因有驻防兵，附近旗民，开设铺面，额征斗税。今驻防兵，已尽发伊犁。补额京兵，又改驻热河。铺面关闭，原设斗税应裁豁。从之。(《清高

宗实录》卷732，第62页）

【乾隆三十年九月戊寅】谕军机大臣等：现在刑部九卿办理秋审已毕，即应陆续具本进呈。将来自热河启跸后，仍照往年之例，在途次勾到一二次。刘统勋现以大学士管理刑部，著传谕刘统勋，令其赶赴行在，办理勾到事宜。（《清高宗实录》卷744，第185页）

【乾隆三十年九月甲申】谕：现今热河三旗厄鲁特兵丁额缺，止一百三十名。伊等户口繁多，额缺未免较少。著加恩再添设二十名，共成一百五十名之数，俾伊等生计有益。（《清高宗实录》卷744，第189页）

【乾隆三十年十月辛未】是月，直隶总督方观承奏：今岁丰收倍于常年。凡可贮米之仓，均应买足。查中关地方，有仓二十间，可贮米一万二千余石。喀喇河屯通判所属之鞍匠屯，有仓三十间，上年买贮额米一万石，尚可添贮五千石。又热河宫仓内，有空廒十间，可贮米七千余石。张三营宫仓内，有空廒五间，可贮米八千余石。该两仓久虚渗漏，已委员修理。共计添米三万二千石，均在各该处采买，米价自八钱至一两不等。再八沟厅产米最广，每石不过七钱，应请采买二万石，交该处同知，运赴遵化州收贮。得旨嘉奖。（《清高宗实录》卷747，第225页）

【乾隆三十年十一月丙子】又谕：内外各衙门题奏事件，遇有地名字面，理应遵照全写。乃向来章疏，只图省便，每将地名节称一字，其谬不可枚举。如热河之但称为热，多伦诺尔之但称为诺，则其尤甚者。此皆幕友吏胥，相沿行文陋习，形之奏牍，殊非敬谨入告之体。昨户部进蠲免海州、沭阳积欠本内，辄照原题写作海属字样，内阁亦即照依票签，经朕指示改正。今杨应琚奏开渠增垦一折，称巴里坤为巴城，亦令增改发钞矣。前因各该衙门，有称满洲、蒙古作满蒙者，曾经降旨训饬。此等字面，皆可类推，何竟不知举一以例三耶？嗣后凡遇地名字面，俱一概全写，不得竞趋简易，致乖体制。著宣谕内外各衙门知之。（《清高宗实录》卷748，第230页）

【乾隆三十一年五月癸未】谕：朕于七月初八日启銮，巡幸木兰。所有应行备办事宜，著各该衙门照例豫备。至驻跸热河时，外省督抚提镇等奏折，俱著赍折人前赴行在投递。惟进哨以后，仍照例交留京办事处，加封转交内阁，随本呈送。候朕批示发回，仍于留京办事处，交付赍折人祇领。该部通行传谕知之。(《清高宗实录》卷760，第369页）

【乾隆三十一年七月壬午】谕：今日热河马甲八十四站街，妄行叩诉，身系孤子，不愿在此居住等语。八十四系派出站街之人，如有此等妄行叩阍之人，伊尚当严行管束。反为己身私事，如此妄为，实属目无法纪。且满洲臣仆，遇有差遣，孰敢自称不愿？八十四在此驻防，岂得托故规避？设将伊派往军营，亦将称不愿而不往乎？情殊可恶。八十四著革去马甲，发往伊犁，不许支给钱粮，充当苦差。如至彼仍不安分生事，即从重治罪。(《清高宗实录》卷764，第396页）

【乾隆三十二年二月丙午】吏部议准：直隶总督方观承遵旨议奏，查直隶道员，除热河、大名二道现有兼衔，及霸昌、通永、清河、永定四道，或近京畿，或附省会，均无庸加衔。惟天津、口北二道，俱与总兵同城。兵民错处，事多交涉，应加兵备道衔，并铸给关防。从之。(《清高宗实录》卷778，第557页）

【乾隆三十二年三月乙丑】军机大臣等奏：喜峰口等处驻防官兵，已令山海关副都统兼管。惟独石口、古北口、钱家店、昌平州四处，仍由京出派大员管理，未经议改。请以古北口官兵，令热河副都统兼管。独石口、钱家店、昌平州三处，令张家口都统兼管。其由京特派大员之处，即行停止。至宝坻、固安、雄县、霸州、彩峪、保定、良乡、东安等八处，切近京师，驻防大员等均与该处相隔窎远。请仍照旧例，由京派员管理。从之。(《清高宗实录》卷780，第579页）

【乾隆三十二年六月辛丑】谕：此次巡幸木兰，著诚亲王、和亲王、大学士刘统勋、尚书托恩多留京办事。其月选之文员内通判、州、县等官，武员内八旗护军校、骁骑校及外省送到之补放水手官、骁骑校，并年满千总等官弁，俱著王大臣照例验看。至驻跸热河时，外省督抚提镇等奏折，俱著赍折人前赴行在投递。惟进哨以后，仍照例交留京办事处加封，转交内阁，随本呈送。候朕批示发回，仍于留京办事处，交付赍折人祗领。该部通行传谕知之。（《清高宗实录》卷 786，第 669 页）

【乾隆三十二年八月丙子】军机大臣等议准：热河副都统玛瑞奏称，查热河等处，新旧驻防满洲兵一千五百九十五名、蒙古兵四百零五名；满洲佐领十六员，而骁骑校止十二员；蒙古佐领四员、骁骑校四员。因向有入满洲旗分之蒙古兵一百名，是以又放蒙古骁骑校四员，亦附入满洲旗分。今蒙古兵拨入满洲者，止有五名。应将此项骁骑校四员，仍归满缺，以符定额。又称，满洲兵拨在左翼蒙古者三十四名，请撤出仍归正黄、正红满洲。蒙古兵拨在满洲者三十九名，请撤三十四名，仍归左翼四蒙古旗分。其余蒙古兵五名，著暂在满洲当差。俟出缺后即挑取满洲，计满州十六佐领下，十六骁骑校；蒙古四佐领下，四骁骑校，每佐领下各辖兵一百名。从之。（《清高宗实录》卷 792，第 718 页）

【乾隆三十三年二月庚午】户部议准：直隶总督方观承疏称，乾隆三十一年，奉旨赏给额鲁特牧厂，占用热河厅民地五顷四十三亩有奇。请除粮额，并照例赏给地价。从之。（《清高宗实录》卷 804，第 863 页）

【乾隆三十三年六月戊寅】谕：此次巡幸木兰，著裕亲王、和亲王、大学士刘统勋、尚书托恩多留京办事。其月选之文员内通判、州、县等官，武员内八旗护军校、骁骑校及外省送到之补放水手官、骁骑校并年满千总等官弁，俱著王大臣照例验看。至驻跸热河时，外省督抚提镇等奏折，俱著赍折人前赴行在投递。惟进哨以后，仍照例交留京办事处加封，转交内阁，随本呈送。候朕批示发回，仍于留京办事处，交付赍折人祗领。该部通行传谕知之。（《清高宗实录》卷 813，第 983 页）

【乾隆三十三年七月丁酉】谕军机大臣等：刘统勋等奏，审讯被割发辫之孟士会等一案，尚有应行讯问之处。已传谕将各犯解送热河候讯，并令原解官景州知州张在即回任缉匪矣。解送此等人犯，止应于佐贰或武弁内，慎选妥员管押。知州有地方专责，岂可令其久旷职守？且孟士会此案，即系景州之事，尤当责令该员上紧缉拏。而被割发辫情形，颇有疑窦，是以令其解京确讯。今乃令原问官押解，伊等止图回护前失，安保无中途教供情事？而愚民见有本州印官在旁，即有实情，亦不敢尽吐，致与初供互异。其实办理公事，只期于事有益。即初供不实不尽，覆讯究出确情，与承办之员亦无甚大碍。而外省州县，往往曲为掩饰，结习相沿，最为可鄙。方观承派令该知州押解之处，其意未必不出于此，甚属非是。若以为该州查办之事，即令该州管押，设该督自行获犯，亦需亲身督解耶？方观承久任封疆，岂不知事理轻重？或系病中精神不能周到，遂尔疏略。然究宜加意振作，不当如此舛误。方观承著传旨申饬。（《清高宗实录》卷814，第1011—1012页）

【乾隆三十三年七月己酉】谕军机大臣等：据刘统勋等奏，查办割辫匪犯，及近日京师情形一折……况近日热河，亦间有割辫之事，可见恶犯散布甚广，安可不悉力侦捕，以净根株乎？至普辉一犯，前因其曾受夹杖，故尔暂缓刑讯，乃审至于今，并未得一实供。必系奸僧见不复加刑，窥破尔等莫可如何，愈得逞其狡狯伎俩。此等恶僧，本无足惜。若始终不吐一字，即令其备受诸刑，或得其一二招语，更可按供根寻。若仍前茹刑坚执不吐，则是伊恶贯已盈，不得尚存姑息。即行奏闻，将伊罪恶昭布，于市曹正法。俾众人共知割辫要犯，已服典刑，庶民心共得安帖。此亦就现在情形办理之一法也，著将此传谕知之。（《清高宗实录》卷815，第1034—1035页）

【乾隆三十三年七月庚戌】又谕：前据阿里衮奏，将认识缅字之人，派员送京，想不日可到热河。著传谕刘统勋等，于在京学习回字人员内，选择记性聪明、口齿伶便者二人，送至热河，豫备学习。（《清高宗实录》卷815，第1039页）

【乾隆三十三年七月壬子】又谕：匪徒割辫一事，屡经传谕刘统勋等严切查拏，何以京城内外，迄今总未访得一案、弋获一人？今热河被割者，亦有数人，可见奸匪不但并未灭息，且有窜逸至此者。不可不迅速上紧饬拏，期早弋获。至被割之人，纵一时为药所迷，何能遽至陨命。即或用药水洗涤，尚属情理所有。若竟连辫根剃去，既于定制有违，且其法传自何人，竟纷纷效尤若此。现在各处所获匪犯，据供俱有出钱买辫之人。及究其买辫何用，皆不肯吐露实情。恐其中必有奸恶不法之人，潜蓄逆谋。既令人四散偷割辫尖，又复散布谣言，诱人连根剃去，以为如此即非满洲臣仆，藉以煽惑人心。其情甚为叵测。除已密谕江浙湖广督抚严密访查缉办外，著传谕刘统勋等，即行明白传谕京城内外人等，嗣后如有被割辫尖之人，止许用药水洗濯，不许全行剃辫。倘申禁之后，仍有犯者，即将本人及代为剃辫之人，一并查拏治罪。此事只须令八旗三营官弁等，各按所管之地详悉口传，不必出示晓谕。（《清高宗实录》卷815，第1043—1044页）

【乾隆三十三年八月丁卯】谕军机大臣等：今岁春间有匪徒用药迷人、偷割发辫并截取妇女衣襟之事，渐次延及山东、河南、直隶数省，屡谕各该督抚上紧查拏。所获各犯，非信口游供，即畏刑妄指，总未得有实在根线。七月间，京城地面被割者颇多。近日热河亦间有犯者，兵役等四路搜拏，至今正犯尚未就获。看来此等匪徒，形踪诡秘，必不能久匿一处地界。按各处所犯情由，自属以次蔓延。山西、陕西与直隶、河南接壤，或奸徒因京城及直隶查拏严紧，畏惧潜逃。知山、陕尚未查办，就近窜入，亦未可定。著传谕苏尔德、明山，如该省亦有被割之案，切勿隐讳，务即饬派官弁，悉力搜拏，迅得要犯。即现在尚无犯案，亦当一体留心饬属，严加访缉，毋稍疏懈。（《清高宗实录》卷816，第1063—1064页）

【乾隆三十三年八月癸未】谕军机大臣等：现在秋审将次进呈招册，仍须于行在办理勾到一二次。刘统勋在京，现有查审事件，起程不必过早。可仍照去岁之期，前抵热河。将此传谕知之。（《清高宗实录》卷817，第1082页）

【乾隆三十三年九月己丑】又谕：本日据定长等折奏，广济县地方，拏获僧人云霞，请解往东省与通杲对质。业经降旨富尼汉，俟云霞解到时，即行严押，解京质讯。今通杲既经解到热河，著传谕尹继善，即行诘问该犯通杲，于何处地方与云霞会聚纠约，及在东省拏获时，如何供出云霞情节，一并详细讯取确供具奏。至通杲既现在患病，即交增福，将该犯加意调理就痊，俟回銮至热河时再问。（《清高宗实录》卷818，第1091页）

【乾隆三十三年九月丙申】谕曰：增福在热河道任内年久，办事亦属奋勉，著加恩赏给按察使衔。（《清高宗实录》卷818，第1099页）

【乾隆三十三年十月戊午】又谕：军机大臣会同刑部审讯喜峰口监督德兴，亏空驿站银一千六百余两，问拟斩候，请将原保之堂官交部察议，其家产交理藩院堂官变价完缴一折，已依议准行矣。监督亏空官项，其保送堂官，自有应得处分，但彼在外管理关榷，该堂官无由前往稽查。变价完缴之事，岂可著为成例。即如喜峰口，系热河副都统所属，例得随时察核。将来监督名下，倘有亏缺之项，应令该管之副都统赔补，以昭平允。至向来各省关务及织造兼管者，皆经朕简派前往，并无兼辖大员。若寻常税口，由各该衙门保送司员，引见派往者，该堂官相隔既远，无从查察。自应另派所在大员兼管，留心稽核，以重责成。如该监督有侵蚀情弊，参处后不能完项者，即著落该管大员代赔。嗣后如何派令大员就近兼管，及设法稽查之处，著各该衙门详悉定议具奏。(《清高宗实录》卷820，第1125页）

【乾隆三十三年十月壬午】户部等衙门遵旨议奏：各处寻常税口，由各衙门拣员引见派往，专司榷务，并无专员兼管稽核，非所以重责成。请嗣后各司员所管税口，如张家口、山海关虽距直隶省会稍远，第道府各官均为总督属员，该二处税务应令该督兼管。杀虎口系晋省地方，前经户部覆准，该处税银按月造报山西巡抚查核，应令该抚兼管。至盛京牛马税、中江税，二处税务向例由盛京户部侍郎核转。通州坐粮厅税务，由总督仓场侍郎核转。四川打箭炉税务，由四川总督保题，俱应交该处侍郎。及该督兼管又由工部拣选派往之荆关监督，该处系湖广总督所辖，应即令该督兼管。又由理藩院保送派往各差，除杀虎口驿站向隶绥远城将军，张家口赛尔乌苏驿站隶察哈尔都统，独石口、古北口驿站隶直隶提督，喜峰口驿站隶热河副都统，应仍照旧例兼管。如税务有亏短，即著落各处大员分赔。其八沟、塔子沟、三座塔、乌兰哈达、多伦诺尔等处，俱系直隶总督所辖，所有税务，自应交该督兼管。各该关榷务，按月造报，兼管大员按册详加稽核。该监督倘有侵蚀那移情事，即据实参奏，严行办理。如兼管大员不实力稽查，及扶同徇隐，或别经发觉，一并交部议处。亏短银两，著落代赔。从之。(《清高宗实录》卷821，第1152—1153页）

【乾隆三十三年十二月癸亥】军机大臣等议奏：各省绿营生息银，前经定议全撤，令各将军、督、抚另筹别款以资赏项。今据先后奏覆，直隶、山东、山西、广东等省酌用裁减冗粮，湖广、陕西等省，以节省马干，余剩马价应用。浙江、福建等省，以盐课盈余、房地租银拨给。甘肃、广西等省，请于改马为步、改战为守项内凑支。悉按照地方情形，酌筹可行永久，均应如所奏办理。至热河、吉林、黑龙江、成都等处，所请照旧滋生，及改赏为借各款，核其所办情节，俱于事理未协。应令热河于节剩赏项，吉林、黑龙江于余地租银，成都于鼓铸余项，通融支给。其荆州驻防，有出征滇兵借款。据该督定长奏，请扣限五年完交。应准其展限，俾得从容还项。云、贵二省绿营，俟军务全竣日查办。从之。（《清高宗实录》卷824，第1194—1195页）

【乾隆三十三年十二月乙亥】兵部等部议准：热河副都统呼什图奏称，热河近年生齿渐繁，请将炮手匠役一百名，均改为养育兵。原食钱粮，即作养育兵之用。从之。（《清高宗实录》卷825，第1207页）

【乾隆三十四年正月丁亥】又谕曰：三格年力就衰，不必管理热河总管事务。永和驻打牲乌拉，已越数年，著加恩赏给总管内务府大臣职衔，在热河总管上行走。其打牲乌拉总管员缺，仍著索柱补授。（《清高宗实录》卷826，第2页）

【乾隆三十四年二月辛巳】兵部议覆：热河副都统呼什图奏称，每年十月内前往查勘喜峰口蒙古汉站，应须乘骑驿马之处，经理藩院会同军机大臣议，交臣酌拟数目。应请嗣后副都统亲往查勘，照八旗寻常差遣二品官例，给役六名、马八匹。如委协领代查，照三品官例，给役五名、马七匹。其随带查案笔帖式，照九品官例，给役二名、马三匹。均应如所奏，不准支给廪羊。其动用过马匹数目，司驿官造册送部。或额外多索，许申报理藩院查参。从之。（《清高宗实录》卷829，第60—61页）

【乾隆三十四年六月辛亥】谕：此次巡幸木兰，著诚亲王、和亲王、大学士刘统勋、协办大学士尚书官保留京办事。其月选之文员内通判、州、县等官，武员内八旗护军校、骁骑校及外省送到之补放水手官、骁骑校并年满千总等官弁，俱著王大臣照例验放。至驻跸热河时，外省督抚提镇等奏折，俱著赍折人前赴行在投递。惟进哨以后，仍照例交留京办事处加封，转交内阁，随

本呈进。候朕批示发回，仍于留京办事处，交付赏折人祗领。该部通行传谕知之。(《清高宗实录》卷836，第153页)

【乾隆三十四年十月乙卯】吏部议覆：直隶总督杨廷璋奏称，热河、八沟理事同知二缺，四旗、喀喇河屯、塔子沟理事通判三缺，事务繁重，应如所请，改为调缺。至三年俸满，理事同知、通判，向例与在京主事，较俸内升。其所称在外题升之处，应毋庸议。得旨：依议。本内有该督杨廷璋奏请，将所调理事同知、通判三年俸满在外保题升用一节，经部援例议驳。但思此等人员，拣调之后，于外任事宜，自为熟悉。若概令推升京缺，则口外地方，屡易生手，于公务无裨。若历俸仅止三年，即准升用外任，仍属调用他缺，且未免幸开捷径。嗣后调任热河等五厅员，遇积俸推升京官时，著该督详加区别。除循分供职者，仍照例以京员补用。其中果有办事出色、才堪外任之员，该督出具考语，送部引见，候朕裁定。有准其外升者，令仍留本任三年，再行遇缺题补。如此，则地方既得谙练之人，而厅员亦不致滥邀迁擢，于课绩程材，均为允协。著为令。(《清高宗实录》卷844，第284页)

【乾隆三十五年闰五月戊辰】谕军机大臣等：据三全奏，热河地方大雨，山水陡发。已令热河道明山保，详查有无冲坏房屋、伤损人口之处，报明直隶总督。狮子沟等处，满洲、厄鲁特营房，院墙间有倒坏，亦令该旗佐领修补等语。三全原系热河佐领，熟悉该处事务。山水涨发，仅逮之地方官，并不会同查办，甚属拘泥。至狮子沟营房，院墙倒坏，著照所奏办理。傥更有损坏房屋，亦著三全查照向例，酌量给银修理。(《清高宗实录》卷861，第550—551页)

【乾隆三十五年闰五月壬申】又谕：昨据军机大臣等奏，此次由云南军营撤回、未经补缺之六十余名厄鲁特，请遣赴热河，遇有彼处马甲缺出，即行坐补等语。热河之一百五十厄鲁特马甲缺，原赏给养赡达什达瓦所属厄鲁特等。今将此项厄鲁特坐补，未免占缺，著添赏马甲五十，共为二百缺，一例挑补。如此，既不至于占缺，新遣往之厄鲁特，即可坐补此五十缺，其余亦不至于久待。将来生齿繁多时，或应增添；人数少时，应行裁汰之处，该副都统具奏请旨。此因有裨于伊等生计，格外施恩，著交三全，将此通谕知之。(《清

高宗实录》卷861，第553—554页）

【乾隆三十五年七月辛亥】步军统领奏：热河道明山保家人陆宏、三河县吏书方国秀，控告清苑县日升号刘永相，偷用伊等寄放银两；刘永相之兄刘永升，贿差悬案。聚宝银号何彪年，侵用藩库银八千余两。得旨：著派迈拉逊、余文仪，即日驰驿前往，会同杨廷璋，秉公查审具奏。其原告应质人犯，即交伊等带往。所有随带司员，及动用驿马之处，俱著照例行。（《清高宗实录》卷864，第593页）

【乾隆三十五年九月壬申】是月，直隶总督杨廷璋奏：前奉谕旨，以古北口地方旗民杂处，官兵众多，应多储备米谷。查古北口，向有储备米一万余石，今再添贮三万石。令于热河四旗、喀喇河屯三厅，共拨谷六万石，作米三万石，运交存贮。得旨允行。（《清高宗实录》卷869，第655页）

【乾隆三十五年九月壬申】又奏：唐三营存贮热河厅拨抵米石，从无动用之处。惟贮过五年后，复运归热河等仓，搭放兵饷。查热河喀喇河屯二仓米，足敷八旗支放。所有唐三营米，自此次运交热河后，嗣后毋庸再拨。其各庄头应交差粮新米，及热河厅应添买不敷兵米，均就近交贮热河喀喇河屯二仓。至空出唐三营仓厫，分归热河四旗二厅，为分贮采买米谷之用。其原设看仓千总一员，兵三十名。查布达拉庙工，将次完竣。应照从前普宁寺之例，添设弁兵看管。请即将该弁兵移拨，其俸饷照旧支给。得旨：如所议行。（《清高宗实录》卷869，第655页）

【乾隆三十五年十月辛巳】又谕：……乃数月以来，于朕行幸热河之后，违例请拣佐杂人员。又秋审册内所办审案，将应拟绞罪之黄绍祖等三人，错拟发遣。经部斥驳，并传旨切加训饬，已属节节贻误。今于杨开鼎等，息玩朦蔽，又不据实参究，仅饬赔修了事。其为错谬尤大，与该督平日认真办事之处，判若两人。是其精力不能振作，已可概见。海疆重寄，岂复堪资委任？崔应阶，著传旨严行申饬，仍即令其来京陛见。再降谕旨：其总督印务，著交与钟音暂行署理。（《清高宗实录》卷870，第666—667页）

【乾隆三十五年十月癸未】 又谕：热河行宫总管，原系五品顶带。新设副总管，亦系五品。伊等品级相同，恐难统辖。热河总管，著赏给四品职衔。（《清高宗实录》卷870，第671页）

【乾隆三十五年十二月丁亥】 谕：向于时巡启跸前期，户部例请携带银两备赏。因思各省俱有库贮公帑，朕省方所至，即有应需，无非赏赉军民，均可就近支发，何必又由内部随带。即如每年巡幸热河，各项赏用银两，从前亦系部库备带。后经谕令改归热河道库支发，年来行之颇便。户部自可遵照办理，所有奏请携带银两备用之例，著停止。（《清高宗实录》卷875，第724页）

【乾隆三十六年三月庚申】 又谕：……至招募民人前往新疆耕种一事……关外屯政日丰，所在皆成乐土，且商贾懋迁往来甚便。并闻安西一带，亦有向经垦熟之田，年来复有听其旷废者。小民趋利如骛，何竟裹足不前？闾阎生计自谋，岂能官为经理？其现办招徕资送之事，势难遍及，亦未便久远长行。况利之所在，风闻自往。如口外热河、张家口各处，山东等省民人辏集，日益月增，并未藉有司之招致。又如朕巡幸所至，老幼瞻觐，迎銮欢呼，趋拥动以千万计，皆出于黎庶诚心，自然群聚。若使奉官派谕，转未能如此众多。即此可悟民之趋向，第使之知所当由，自无待力为强致。岂有嘉峪关以外，可以耕种之地，沃壤数千里。但有勤力之民，身往耕作，不特可资糊口，兼得藉以成家。较之经商挟赀求利者，几于事半功倍，百姓又何惮而不为？若徒恃文告虚言，未必能家喻户晓。著传谕明山，悉心体贴，实力讲求。俾腹地群黎，皆恍然知有安土可依，熙攘趋赴，自贻乐利，于事方有裨益。著另行熟筹妥议具奏。（《清高宗实录》卷881，第797页）

【乾隆三十六年六月壬申】 又谕：昨据福隆安等奏，议将直隶所办车辆，令和尔精额、永和酌量存热河，以备赴工运料之用。较之由京运送，自为便捷。且因庙工克期赶办，不得不令口内车辆前往协济，乃一时权宜调剂之法。但各车户前赴热河当差，离家稍远。所有议定按日官给之项，务宜令其全数实领，以资办公。若由管工官员给发，恐不免偏向窑人等，不知体恤车户。而所属经管分发之人，难保其不从中扣克，致车户或有赔累，殊属未便。因思热河道明山保系地方大员，其于内地车户民人，自应一体爱惜。且现在兼管工程，于该工核实支销之处，稽查亦易。所有各车应给每日脚费等项，著交与明山保专司支发，实力妥办。毋得假手吏胥，稍致短少，自可杜工员私扣累民之弊。若明山保不实心经理，致车户等不能均得实济，杨廷璋一有访闻，即可随时参劾，惟明山保是问。即将此传谕明山保，并令杨廷璋知之。(《清高宗实录》卷886，第867页）

【乾隆三十六年六月丙戌】又谕：前据安泰等奏报，向居俄罗斯之土尔扈特台吉渥巴锡等，率领户口数万，在彼处逸出，由沙喇伯勒一路而来，闻有内附之信。今据伊勒图等奏，渥巴锡等已遣人来至伊犁，即日可以陆续前来等语。已谕令将先到之头目等，选派侍卫，带至热河谒觐矣。远人挈眷来归，量地安插，赏项在所必需，现令舒赫德等悉心筹议。但恐伊犁存贮之项，或尚不敷支给，则由甘肃解往，似为便易。昨曾降旨，于陕西藩库贮项内拨银二百万两，赴甘备用。该省虽有应办赈恤之事，亦不须如许之多。著传谕吴达善，即于此项内拨银二十万两，解交安西道库及巴里坤、乌鲁木齐，酌量分贮。如舒赫德等知会需用银两时，该督即选派干员，沿途小心管解，速赴伊犁应用，毋致迟误疏虞。此旨到时，吴达善如尚未抵甘，即著署督文绶，妥协经理。仍将办理缘由，据实覆奏，并将此传谕舒赫德知之。寻奏，备赏安插银二十万。陕省拨银，尚未解到。臣即于肃州道库拨银二十万两，解往安西道库银五万两，巴里坤银十万两，乌鲁木齐银五万两。俟陕西解到二百万两之日，即行归款。至率众投诚之土尔扈特台吉渥巴锡等，于六月二十五日，带领自伊犁起程。所经之处，已饬令多备马匹及羊只口粮。得旨：览。(《清高宗实录》卷887，第880页）

【乾隆三十七年七月戊申】谕：朕每年巡幸木兰……(《清高宗实录》卷888，第900页）

【乾隆三十六年九月己未】又谕曰：商人王起凤，闻土尔扈特归顺入觐之信，即携带货物，来热河贸易，以供远人之需，颇属晓事得体。著加恩赏给五品职衔，仍赏数珠一盘，以示嘉奖。(《清高宗实录》卷893，第987—988页）

【乾隆三十六年十二月甲戌】 豁除直隶热河厅水冲下则地三十亩、入官地十八亩额赋。(《清高宗实录》卷 898, 第 1096 页)

【乾隆三十七年正月壬寅】 又谕: 据周元理奏, 三座塔监督长春, 私设税局, 书役人等, 扰累索诈, 请饬理藩院派员前往会审, 监督长春先行解任等语。此案现经理藩院具奏, 请将长春革职。其扰累之书役等, 令热河道解送来京, 交刑部会同理藩院审讯。至该督折内所称, 书办洪三等索诈酒铺银两一案, 自应一并研讯, 明确定拟。著周元理即行转饬明山保, 将此案有名人犯, 一并解京会审。(《清高宗实录》卷 900, 第 6 页)

【乾隆三十七年六月庚辰】 谕: 前因吏部办理文职, 改袭世职人员, 准其引见记名, 以京堂补用一案, 误将降调离任之洋海, 率准旗咨引见, 降旨交部查办。旋据该部议, 将缘事袭职人员, 概令毋庸办理。今程景伊因带领引见人员前来热河。(《清高宗实录》卷 911, 第 192 页)

【乾隆三十七年八月乙丑】 户部等部议准: 直隶总督周元理奏称, 古北口为畿辅重镇, 兵民食指殷繁, 米粮须多储备。查密云县向有边储米石一项, 于古北口设食廒十五间, 贮米一万余石。第此项专为筹备兵食而设, 请再添贮三万石, 以备缓急。该处接壤之热河、四旗、喀喇河屯三厅, 常平贮谷充盈, 动用亦少。可匀拨谷六万, 作米三万石, 运交古北口存贮。除旧廒十五间外, 应于迤北高阜地, 添建仓廒六十间, 移驻满缺同知一员经理。其密云县所需兵米, 即于此项动支。该同知在口外产米各厅买补, 出旧易新, 请将密云县每年采买兵米一项停止。从之。(《清高宗实录》卷 914, 第 244 页)

【乾隆三十七年十一月丙申】 兵部议准: 直隶总督周元理奏称, 河屯一协及热河所属等处, 差务殷繁, 营弁不敷差遣, 请添设额外外委。河屯协右营、八沟、唐三等三营, 各添二员, 河屯协左营添四员。热河道所属之热河、八沟、塔子沟、乌兰哈达、卧佛寺等五处捕盗营, 各添一员。从之。(《清高宗实录》卷 920, 第 337 页)

【乾隆三十八年二月己丑】 是月, 直隶总督周元理奏: 每岁圣驾巡幸热河, 所有口内口外，一应桥船渡船，必须随时添造。查古北口外，头道二道潮河，为南天门潮河上游。向用荆笆，搭盖浮桥，未设桥船。三十六年，桥被水冲，荆笆不能抵御。应于头道二道潮河，每处添设桥船三。又喀喇河屯厅所属之滦河，水甚汹涌。该处向设桥船十四，为搭盖御桥之用。其便桥一座，亦用荆笆，上年被水冲断。应添设对船四，其两岸水浅之处，仍用荆笆接搭。又密云县境内潮白二河，原设渡船各一，不敷应用。应各添大渡船一，小渡船二。报闻。(《清高宗实录》卷927，第475页)

【乾隆三十八年三月丙午】戒饬巡幸近畿，各督抚不得进献方物。谕：朕于祗谒泰陵礼成后，便道阅视河工，恭奉皇太后安舆。巡幸天津，距京师不过数程，较之热河道里尤近，非若巡幸他省可比。如河东总河及山东、河南二省巡抚，以壤地相接就近，奏请觐光，原为合理。即如盐政织造等呈进备赏之物，亦尚有因。至各省督抚等差人赍折请安，已可不必。乃督抚等竟相率进献方物，甚属无谓。念其远道而来，已费跋涉，难以概行屏却。因量收食物数种，以备随营赍予。但封疆大臣，惟当善体朕心，似此非理之礼，实所不取。嗣后凡朕巡幸近畿，各督抚务恪遵此旨，不得复有进献。将此通谕知之。(《清高宗实录》卷929，第490—491页)

【乾隆三十八年四月乙未】谕：朕于五月初八日，恭奉皇太后安舆，幸避暑山庄。著派诚亲王、裕亲王、大学士刘统勋、协办大学士尚书官保留京办事。所有吏兵二部应行引见官员，文职知县以上，武职守备以上，著于未启銮往木兰之前，每月汇齐，派该堂官一员，轮流带至热河引见。其文员内佐杂等官，武员内八旗护军校、骁骑校及外省送到之补放水手官、骁骑校，并年满千总等官弁，仍著王大臣照例验放。其八月以后月选等官，亦照向例办理。至外省督抚提镇等奏折，俱著赍折人前赴热河行在投递。惟进哨以后，仍照例交留京办事处，加封转交内阁，随本呈进。候朕批示发回，仍于留京办事处，交付赍折人祗领。该部即通行传谕知之。(《清高宗实录》卷932，第538页)

【乾隆三十八年四月乙未】又谕：现在派出随往热河之吏部堂官，止曹秀先一员。将来引见官员，即有程景伊等前赴带领。但于承旨时，不谙清语。著派福隆安，一体带领引见。(《清高宗实录》卷932，第538页)

【乾隆三十八年五月癸亥】谕军机大臣等：热河新建城隍庙落成。前据奏，于驻跸热河后，再行择吉开光。今检阅时宪书，此月十三日，正系吉日，应于是日开光。朕于十四日至热河，即可顺道拈香，甚为妥便。将此传谕周元理知之。（《清高宗实录》卷934，第570页）

【乾隆三十八年六月辛卯】谕：今日温福奏到六百里台报，系五月十八日辰时拜发。以常例扣算，应于五月三十日寅卯之间，递到热河。乃直至六月初三日卯刻方到，通计迟延三日。据兵部查，有四川各县，随报递到因水阻滞各结，其在川省境内已迟误三十三时四刻。即因雨水羁延，亦不应如此之久。且时届夏令，正当大雨时行。沿途亦有河流，何阻渡独在川省为甚？其是否实系人力难施，难于设法筹办？抑系坐待迁延之处，著交富勒浑即行严查，分别具奏。再川省军营，现当进剿之时，军报最关紧要。各省俱有派出稽查之大员，务宜往来巡历，董率严催，毋任沿途藉端延缓。（《清高宗实录》卷936，第595—596页）

【乾隆三十八年六月丁酉】又谕：今日迈拉逊、瑚世泰俱来至热河谢恩。迈拉逊由侍郎升授都统，亲赴行在陈谢，与前此谢墉、李友棠、全魁等之趋赴谢恩者，均属理所宜然。至瑚世泰，转补满洲都统，只须具折谢恩。况程景伊，既因带领引见至此，迈拉逊又复前来，部中办事需人，瑚世泰更不应为此仆仆。此时距朕进哨之期尚远，转升人员正多。恐其相率效尤，殊属无谓。著传谕留京办事王大臣，凡大臣等之升任者，准令前来。其调转及兼署之员，只须缮折奏谢，不必亲赴热河。（《清高宗实录》卷936，第602页）

【乾隆三十八年六月甲辰】谕军机大臣等：昨阅三宝题报，拏获匪棍骆正修，审明伪造谕旨，希图诓骗情由，定拟斩候。赶入本年秋审情实一本，已批发三法司速议矣。今阅该抚奏到各折内，复有奏及骆正修一案之事，与昨所奏题本，大略相同。外省遇有紧要案件，其查拏情节及改拟缘由，俱应专折奏闻。而问拟定案，则照例题达，多系先奏后题，且奏折随到随递。而题本必由内阁翻清再进，则赶办亦须五六日，不应奏折转落题本之后。今三宝办理此案，本章于昨日进呈，奏折于今日始到，竟系于拜具题本数日后，方行具折。缓急倒置，殊属不合。三宝简任封疆，已经数年，不应不晓事若此。著传旨申饬。再阅该督此折，于五月二十六日拜发。浙省至热河行在，亦不应迟至二十日方到。其赍折之弁，亦属迟缓。并著三宝自行饬责，将此一并传谕知之。(《清高宗实录》卷937，第608—609页)

【乾隆三十八年六月辛亥】谕：现在征剿金川，尚需兵力。著挑派键锐营满洲兵一千名、火器营满洲兵一千名，前往进剿。所有派出官兵应得之项，速即照例办给。色布腾巴勒珠尔，著加恩仍为固伦额驸，授为参赞大臣，带兵前往。富德现系三等侍卫，著授为头等侍卫，领队行走。此次挑兵，著留京办事王大臣，会同额驸色布腾巴勒珠尔，并该管大臣挑选。其领兵之侍卫、章京等，即著询问该管大臣等。视其汉仗好、曾经历练者，挑取派往。至于兵丁行走，以二百名为一起。其于何日起程之处，著王大臣等即行酌拟具奏。额驸色布腾巴勒珠尔、富德于挑兵事竣后，速赴热河请训，再行前往。(《清高宗实录》卷937，第616页)

【乾隆三十八年七月己卯】谕：据周元理奏，署正定镇总兵都明阿，染患风痰之症，未能即愈，应行解任。饬委河间协副将雅尔哈，前往护印等语。正定镇总兵员缺，因留待军营出力将领升用，是以令副将都明阿暂行署理。今都明阿既经患病，自应令其解任调理。至雅尔哈之为人，朕所深知。即暂时护理总兵，亦非所宜。且该处现有照料过兵之事，更恐其不能妥协。所有正定镇总兵印务，著头等侍卫达翎阿前往暂行署理。达翎阿接奉此旨，即赴正定接署办事，不必前来热河请训。(《清高宗实录》卷939，第678页)

【乾隆三十九年三月己巳】谕：朕于五月十六日，恭奉皇太后安舆，幸避暑山庄。著派显亲王、裕亲王、大学士舒赫德、协办大学士尚书官保留京办事。所有吏兵二部应行引见官员，文职知县以上，武职守备以上，著于未启銮往木兰之前，每月汇齐，派该堂官一员，轮流带至热河引见。其文员内佐杂等官，武员内八旗护军校、骁骑校及外省送到之补放水手官、骁骑校，并年满千总等官弁，仍著王大臣照例验放。其八月以后月选等官，亦照向例办理。至外省督抚提镇等官奏折，俱著赍折人，前赴热河行在投递。惟进哨以后，仍照例交留京办事处加封，转交内阁，随本呈送。候朕批示发回，仍于留京办事处，交付赍折人祇领。该部通行传谕知之。(《清高宗实录》卷955，第939页)

【**乾隆三十九年五月癸酉**】吏部议覆：直隶总督周元理疏称，塔子沟通判、八沟同知二处，幅员辽阔，案牍繁多，必须添官分理。请将蓟运河通判改为三座塔通判，分理土默特两旗、喀尔喀库伦两旗、奈曼一旗事务。原设巡检即归管辖，其蓟运河事务归并务关同知兼管。又顺德府通判政务亦简，请改为乌兰哈达通判，分理翁牛特两旗、巴林两旗事务。原设巡检即归管辖，其顺德府通判事务，归并顺德府同知兼理。均请定为繁难二缺，仍照热河五厅之例，于通省理事通判内拣选调补。又鄂尔土板地方，居民稠密，讼案较多，亦须添员弹压。查有灵寿县巡检，事甚简少，该县堪以兼理，请改为鄂尔土板巡检，仍归三座塔通判管辖。于内地巡检内，拣选调补。再山海路属望海楼把总一员，请裁移三座塔。所遗汛务，交府城把总兼管。居庸路属，长峪城经制外委一员，请裁移鄂尔土板。所遗汛务，交白羊城把总兼管。并于马水口裁拨马兵五名、守兵十五名。居庸路裁拨马兵五名、守兵五名。分派两处，以资巡防，归三座塔通判专管，统隶督标。均应如所请。从之。（《清高宗实录》卷959，第1000—1001页）

【**乾隆三十九年五月戊寅**】谕军机大臣等：据弘晌奏，现在广宁城属坡台子、大黑山等处，所有蝗蝻，俱由口外飞入。恐口外尚有蝻孽，一面咨行直隶总督及喀喇沁贝子，一体搜捕等语，所办甚是。但俟其咨文到时，始行遣人扑捕。道路弯远，未免迟滞。口外附近地方，俱隶热河道管辖。著派明善保，前往塔子沟等处，悉心搜扑，务令净尽。并著谕令贝子扎拉丰阿，即派副台吉理事等官，带领官兵，于附近地方，即速扑灭净尽。将此传谕弘晌知之。（《清高宗实录》卷959，第1004页）

【**乾隆三十九年六月庚寅**】谕军机大臣等：据军机处转奏，热河道明善保，至东土默特。据扎萨克贝勒索诺木巴勒珠尔报称，乌塔图、苏巴尔罕、巴巴盖等处，俱有蝗蝻，多自盛京辽河等处飞来，已咨行盛京将军，现在率领民人蒙古扑拏等语。前据弘晌奏，广宁城属坡台子等处蝗蝻，俱由口外飞来。特派热河道明善保，前往搜扑。寻据弘晌奏，坡台子等处蝗蝻，俱已扑净。今辽河等处，何以复起蝗蝻？或系从前扑除未净，或系他处萌发。著传谕弘晌，即速带弁兵，前往搜扑，务期净尽，不可稍存推委之意。将此一并传谕明善保知之。（《清高宗实录》卷960，第1014页）

【乾隆三十九年八月丙申】谕军机大臣等：据山东巡抚徐绩，将太监高云从之弟高云龙，拏解至热河审讯。据供，乾隆三十六年春间，高云从替求了按察使，荐与临清州万绵前，派在魏家湾坐口子等语。姚立德系外省官员，本不应与太监认识。况彼时已为臬司大员，当高云从将伊弟托其收为长随之时，即应据实参奏，方为持正，朕必深为嘉与。乃竟面为允许，及高云龙到山东时，又转荐与属员，其获谴甚大。蒋赐棨等，即其榜样。本应从重治罪，但念姚立德自擢用总河以来，于修防蓄泄事宜，实心经理，诸事妥协，特为格外加恩，姑从宽免其究问。著姚立德自行议罪具奏，姚立德当益加愧悔感激，力图报效以赎前愆。（《清高宗实录》卷964，第1092—1093页）

【乾隆三十九年八月庚子】谕军机大臣等：今年冬至，在十一月二十日情实各犯人数亦不甚多。所有秋审勾到，在两间房、密云县办理两次，为期已甚从容。舒赫德在京，应办之事颇多，可无庸前至热河。著于九月十六日，在喀喇河屯接驾，途次随办勾到事务。将此谕令知之。（《清高宗实录》卷965，第1095页）

【乾隆三十九年八月庚戌】谕：昨日围场内，有虎枪护军因射牲失手，误伤围场蒙古兵之事，已交行在刑部问拟。若所射之蒙古竟因伤而死，则其情甚为可悯。而射人之护军情罪较重，乃刑律于此事向无专条。而兵部畋猎例载，凡人用箭伤平人者，分别鞭责追银给与被射之人。即因而致死者仅追银两，鞭一百，亦不拟抵。围场向用此例，揆之情理，未为允协。此等虽伤出无心，但其人因伤致毙。人命攸关，岂可仅以罚责完结？而围场内控弦驰射，乃得心应手之事，更非刑律过失杀所云。耳目心思所不及者，可比。若不另定科条，则随手施放、误杀误伤者，尚知所惩儆乎？即如刑律戏杀条下载，比较拳棒之类伤人死者，以斗杀伤拟绞，自可为此事比例。若伤而未死，又当别有等差。其应如何分别定罪之处，著军机大臣另行定议具奏。寻奏：查兵部围场例载凡人射牲、误伤平人身故者，律止以罚银鞭责完结，办理诚有未协。随围官兵，不审视牲畜之远近，任手释放，至于伤毙人命。虽非出于有心，究非过失伤人者可比。若定罪过轻，则不知儆戒。若罚银过多，贫寒之家势不能如数追缴，仍属有名无实。臣等会议，凡围场官兵因射牲误伤平人至死者，照戏要拳棒伤人律，拟绞监候，仍追银给与死者之家。前锋、护军、亲军、领催、马甲等给银一百两，跟役给银五十两。如伤不至死，该犯系前锋、马甲等头等伤，鞭一百，罚银四十两；二等伤，鞭八十，罚银三十两；三等伤以下者，鞭七十，罚银二十两，给与受伤之人。跟役罚银，各减十两。请行各该处一体遵照。从之。(《清高宗实录》卷965，第1102—1103页)

【乾隆三十九年九月甲寅】 又谕：迩年驻跸热河时，所有各省奏折，俱令赍折人径赴行在投递。朕得以每日批阅，甚为便捷。惟进哨以后，外省折奏，仍照旧例交留京办事处接收，随本报三日一送。其中或有紧要事件，往来守候，未免略需时日。因思向来所以如此办理者，以行围时不许外人轻入围场冲耳。哨门以外，则固众人可至之地也。著自明年为始，朕进木兰后，兵部即派妥干司员一人，住于哨门外。其各省赍折人，均令至彼处，将奏折交该司员接收，按日由台驰送。朕仍得每日披览，于事既无濡滞。至发回后，亦由该司员付各赍折人领回，伊等亦不至过于久候，实为两便。著为例。并将此通谕知之。(《清高宗实录》卷966，第1111页)

【乾隆三十九年十一月丙辰】 又谕曰：弘晌奏，海口拏获高隆等男妇四十三名口，恐系王伦逆党，解至盛京严审等语。东省民人，前往盛京种地贸易，此系常事。即如直隶、山西等处民人，往口外、热河等处耕种贸易者，亦往往有之。况高隆等，俱籍隶登莱，距寿张千有余里。贼匪逆党，岂能成群行至盛京？但既已拏获，若审出实系流民，即照例办理，不必再三研鞫，致屈良民。惟逆党内归太一犯在逃，务宜拏获，从重治罪。闻伊平日在张家口、八沟等处贩马，恐其逃往盛京所属地方。著传谕弘晌等，严饬官兵，于八沟接壤地方，查缉务获，严密解京。再山东民人呼郭、归字，声音相近，更不可拘泥归、郭二音，以致要犯脱逃。其归太年貌，一并钞寄。(《清高宗实录》卷970，第1241页)

【乾隆三十九年十二月丁酉】 谕军机大臣等：据永和奏，请将热河行宫墙身增高，城垣修理整齐，城上建盖堆房，添派兵丁看守巡逻一折。所奏甚谬，已于折内批示。热河行宫，建设多年，一切墙垣堆拨，旧制甚为妥善。况本派有官兵，分段看守，已为严紧，又何必另事增添，徒滋烦费？此不过永和因恐将来巡查或有疏失，故豫以此为卸责地步。伊人本无知，而又惯于取巧，往往弄巧成拙，以致屡获罪愆，不能常承恩眷。今又复为此奏，实属糊涂不堪。永和著传旨申饬。（《清高宗实录》卷973，第1282—1283页）

【乾隆四十年四月戊寅】谕：朕于五月二十六日，恭奉皇太后安舆，幸避暑山庄。著派显亲王、裕亲王、大学士舒赫德、协办大学士尚书官保，留京办事。所有吏兵二部应行引见官员，文职知县以上，武职守备以上，著于未启銮往木兰之前，每月汇齐，派该堂官一员，轮流带赴热河引见。其文员内佐杂等官，武员内八旗护军校、骁骑校及外省送到之补放水手官、骁骑校，并年满千总等官弁，仍著王大臣照例验放。至八月以后月选等官，亦照向例办理。其外省督抚提镇等官奏折，朕驻跸热河时，著赍折人赴热河投递。至进哨以后，著兵部选派司员二人住于哨门外，经管台站。各省赍折人赴哨门外，即交兵部司员接收，按日由台驰送行在。批览发回，仍由该司员付各赍折人领回。该部通行传谕知之。（《清高宗实录》卷980，第82—83页）

【乾隆四十年四月丙午】又谕：据管理和郡王家务额驸福隆安具奏，和郡王马厂蒙古吉里克，控告王府首领太监李云，去年同护卫费尔苏、什长定保，前赴边外查看马厂，娄索达实什物一案，朕已交内务府大臣等审理矣。王府太监出外滋事，最为恶习。伊等出外滋事，反致伊主被累，不可不严加惩治。著交宗人府，传谕各王公，嗣后务各约束太监，不得轻遣出口。倘有违制者，朕将伊主一并治罪。并通谕各关口，嗣后王公府之太监，若有并无执照、私出关口者，一面擒拏解京，一面奏闻，并令宗人府不时稽查。惟是当朕驻跸避暑山庄、木兰行围之际，其京中公主、格格、福晋及居住蒙古地方之格格等，特遣请安太监，亦难禁止。其应如何定例，稽查出入之处，著军机大臣会同理藩院、内务府议奏。寻议：向来游牧地方之公主、格格，遇有遣太监进京，均自扎萨克支领印凭。京中之公主、格格，遇有遣太监出口，均呈报理藩院，转行兵部，支领印凭。惟当皇上驻跸热河、木兰行围之际，京中公主、格格、福晋等，俱任其差遣，不给印票，难以稽查。臣等酌拟，口外游牧之公主、格格，遣太监进京请安，仍照旧例呈报扎萨克、支领印票外，京中居住之公主、格格，遣太监前赴热河请安，亦呈报理藩院，转行兵部，支给印票。王公福晋等，遣太监赴热河请安，各呈报本旗，转行兵部，给与印票。从之。（《清高宗实录》卷981，第102—103页）

【乾隆四十年六月庚子】又谕：热河引见吏部月选等官，应有谙习清语之堂官承旨。著仍照上年之例，派福隆安一体带领引见。(《清高宗实录》卷985，第145页)

【乾隆四十年七月乙丑】谕军机大臣等：热河布达拉庙月台红墙闪裂坍塌，现将承办之大臣监督等，分别议处，责令按股赔修。如永和、什宝、萨哈亮等，皆革去顶带效力。寅著、全德均系始终承办之人。现据英廉奏，请将二人革职，回京候旨，亦属罪所应得。即不然，亦应照内务府官员之例，革去顶带留任。但念伊等现在外省管理关务，若身无顶带，于外省体制攸关。且恐一切呼应不灵，于公事无益。寅著、全德均著加恩免革顶带，并免其革职。至其应赔之项，伊等所得外任养廉本优，尚属力能赔缴。俟赔修工程，估有成数，即著寅著、全德于此内分赔十分之四。如别股有不能赔完者，仍应在英廉及伊等名下摊赔。寅著、全德各宜知朕格外从宽恩意，倍加感发天良，黾勉赔缴，庶可稍赎前愆。倘或观望逡巡，不思效诚竭力，即属毫无人心，仍必将伊等重治其罪。明山保原系兼管照料，并未经手工程。所有此次应赔银两，著加恩免其分赔，并不必治罪。至现在修葺工程，有应需人夫车辆，及巡缉贼匪事宜，本系地方官之责，仍令明山保照上届兼管照料。倘明山保意存观望，不肯实心料理，经朕闻知，即将应赔之项，令明山保一体分赔。(《清高宗实录》卷987，第171—172页)

【乾隆四十年十月己丑】谕军机大臣等：据户部议覆，周元理题报霸州等五十二州、县、厅被灾赈恤一本，已依议速行。并另降旨，将应加摘赈六州县大赈之期，改至闰十月开赈，俾极次灾黎均得早沾渥泽。至本内将喀喇河屯水冲沙压地亩一体列入，未免漫无区别。口外山田宽广，所种庄稼大半皆在高坡。其濒临溪河之地，大率皆瘠薄。遇山水冲压，为数亦属无多，非口内被水村庄可比。本年应办之处，何亦随同畿辅九州县一体具题耶？且如乾隆三十五六等年，热河等处被水较重。朕即特发帑金派令大臣，前往赈恤，并不待地方官之查核。即此可见，口外各厅之不应入于常例题办矣。著传谕周元理，嗣后口外地方田亩有被水冲沙压者，祇须照例妥办，毋庸增入赈济案内题达。将此谕令知之。(《清高宗实录》卷992，第260页)

【**乾隆四十年十一月丙子**】谕军机大臣等：据刘浩奏，办理布达拉工程夫匠，所需口食米石等项，请交热河道明山保豫行采买等语，此事不应交地方官办理。工程需用夫匠，俱系发价和雇，其各人日用口食，原当听其随便自买。刘浩即计及夫匠众多，恐市中米面一时不敷。只可于管理工程人员内，择其诚妥者代为豫购，随时散给，已交刘浩妥协办理矣。但闻热河一有采买之信，粮价业已加昂。今岁，口外丰稔胜常，不应米价转致腾踊。此必系奸民等，豫思居奇牟利，于民食甚有关系，不可不早为查办。著传谕明山保实力饬查该处粮价，是否不至日增，设法谕禁，勿使闾阎食贵。如有奸商齐行长价之事，查出即行重治数人，以示惩儆。如或视为具文，惟明山保是问。将此传谕明山保知之。(《清高宗实录》卷996，第310—311页)

【**乾隆四十一年正月庚子**】谕：朕向来驻跸热河，所有月选文武各员，令该堂官带至行在引见。如遇巡幸各省，则月选之文员通判州县等官，武员骁骑校、千总等官，即令留京办事王大臣验放，不使选员久羁旅食，所以示体恤也。第王大臣验放，除照九卿等所验衰颓者照例改教外，并未见有所更调。固属不敢擅专之意，但缺之繁简不同，人之能否不一。若人地或不相宜，当官即不免丛脞。是以朕于月官引见时，每慎重甄核。如有年力强壮，人尚明白，而掣得简缺者；亦有人本平庸，齿复就衰，而掣得繁缺者，必为斟酌对调，以协量才授官之意，从不肯以轻心掉之。今王大臣于验看月官，惟恐更调易招物议，遂为依样葫芦。倘用违其才，于吏治未为有益。是避嫌事小，误公事大，不可不权其轻重也。嗣后王大臣等验看月官，见有人缺不相当者，即为悉心商推，酌议对调，仍令派出之九卿科道覆看。如意见相同，所拟自属公当，即一体联衔具奏，请旨遵行。若九卿科道中，或有言所拟尚未允协者，著吏部将所言之人记明，并将拟调之员扣存，候朕回銮后引见定夺。如拟调果未惬当，则留京办事王大臣，自难辞咎。若所拟本属不爽，而一二人意独参差，即难保其无怀私偏徇之弊，惟于异议之人是问。其武职内，有应分别营卫者，亦一并酌核妥办。即自此次巡幸山东为始，著为令。(《清高宗实录》卷1001，第405—406页)

【**乾隆四十一年二月癸亥**】命巡幸仍进阁本。谕：向来朕巡幸启銮后，内阁将内外奏章，按三日一次由驿汇递行在，候朕披阅。至谒陵日期，在京内阁，仍封送如常。行在内阁,则扣存另进。旧例未免过拘。兹据大学士于敏中面奏,已谕令将本月二十日应进之本,一并呈览矣。朕省方所至,照常日理万几。阁章间日邮呈,正可随时批发。非若在宫时,遇大斋、大祀、庆典、令辰之应行停本也。况每年八月,朕驻跸热河,遇万寿日、中秋节,本报随到随递,并不停进,余可类推矣。嗣后凡值巡幸,如遇停本之期,在京内阁,仍挨日汇送。行在内阁,亦按日并呈。概不必停扣。著为令。(《清高宗实录》卷 1003,第 442 页)

【乾隆四十一年四月癸卯】谕曰:户部尚书已令丰升额补授,现在凯旋。到任后,英廉即不兼署户部。但户部事务较繁,且现有川省军需报销,诸案丛集,不可无熟手经理。丰升额初莅户部,未能即谙。袁守侗亦习于吏部,而未习户部。大学士于敏中,又须随往热河。户部旧堂官,只金简一人留京。伊在部尚未及二年,且系侍郎,自不若英廉之练习,英廉此时未便遽离户部。丰升额回京后,且不必赴户部任事。所有户部尚书事务,仍著英廉兼署。俟川省军务奏销事竣,再令丰升额接办户部,英廉专办刑部事务。福隆安亦应随往热河,兵部尚书事务,著丰升额署理。(《清高宗实录》卷 1006,第 502—503 页)

【乾隆四十一年四月癸亥】谕:朕于五月十三日,恭奉皇太后安舆,幸避暑山庄。著派显亲王、裕亲王、大学士舒赫德、协办大学士尚书公阿桂留京办事。所有吏兵二部应行引见官员,文职知县以上,武职守备以上,著于未启銮往木兰之前,每月汇齐,派该堂官一员,轮流带赴热河引见。其文员内佐杂等官,武员内八旗护军校、骁骑校及外省送到之补放水手官、骁骑校,并年满千总等官弁,仍著王大臣照例验放。至八月以后月选等官,亦照向例办理。其外省督抚提镇等官奏折,朕驻跸热河时,著赍折人赴热河投递。至进哨以后,著兵部选派司员二人,住于哨门外,经管台站。各省赍折人,赴哨门外,即交兵部司员接收,按日由台驰送行在。批览发回后,仍由该司员付各赍折人领回。该部通行传谕知之。(《清高宗实录》卷 1007,第 520 页)

【乾隆四十一年六月丁巳】又谕曰:图思德奏,滇省差务繁多,前次发往之丞倅州县等员,业经用竣,现在乏员差委。请拣发同知二员、知州二员、知县四员，来滇委用等语，所奏殊不晓事。拣发人员，俱系引见发往。向因各督抚，有于行在奏请拣发者，屡经降旨申饬。并令各督抚，嗣后如遇应需试用人员，适当巡幸之时者，或赶在启跸以前，或待至回銮以后，具折奏请。节次所降谕旨甚明，图思德在外任已久，岂尚未知？乃于朕驻跸热河时，率尔漫奏。著传旨申饬。其所请各员，著派丰升额、英廉、嵇璜会同该部，于候补候选人员内，照例拣选，随下次月选各官，带赴热河引见发往。（《清高宗实录》卷1011，第571页）

【乾隆四十一年七月戊子】谕曰：热河道库存贮银两，每年有放饷及应需备赏之项。著于户部库银内，拨三十万两，发交存贮备用。（《清高宗实录》卷1013，第594页）

【乾隆四十一年八月辛亥】谕曰：大学士舒赫德，于九月初间，即应赴热河行在，办理秋审勾到事宜。至时，著添派英廉留京办事。（《清高宗实录》卷1014，第613页）

【乾隆四十一年八月丁巳】命热河设学。谕：朕每岁木兰秋狝，先期驻跸热河。数十年来，见该处户口日增，民生富庶。且农耕蕃殖，市肆殷阗，俨然成一都会，惟弦诵之风未盛。由于口外人多朴鲁，无所师承。且未另立学额，更无以示鼓舞。因思热河各厅所属编氓，及侨居年久者，其子弟应不乏秀良，诚能教育而振兴之，未尝不足以示造就。自宜创设义学，延师训课，以励文风。并当建立学宫，酌定庠额，俾得藉以上进。其如何兴建筹办各事宜，著该督周元理悉心勘议具奏。至学校章程，并著会商学政罗源汉，酌议奏闻，副朕嘉惠塞民、广学毓材至意。（《清高宗实录》卷1015，第617—618页）

【乾隆四十一年九月丁丑】谕军机大臣等：军机大臣奏，据舒濂、明山保禀报，查拏周二等抢劫贼犯一案，拏获拒捕之周二、方贤等二十名，讯供禀报，并应否先行起解，请示遵行等语。周二等既经就获，讯明实系拒捕要犯，著即交该通判，先行押解热河，交军机大臣审讯。并著明山保等多派兵役，沿途小心防范管解，毋任再有疏脱。舒濂、明山保仍留该处，将胡国祥等要犯，严行躧缉务获，毋使一名漏网。获到时，如朕已回銮，即著明山保选派妥干员弁，带领兵役，随同舒濂，管押解京审讯。至方贤供内称，胡国祥从前在盛京去过，有无在高桥地方偷过高丽银子，实在不知道等语。该犯是否因舒濂等将此案诘讯，始有此供，抑系并未讯及，该犯自行供出。著传谕舒濂、明山保即速据实具覆。将此由五百里传谕知之。（《清高宗实录》卷 1016，第 633 页）

【乾隆四十一年九月癸未】又谕：三座塔结盟抢犯案内各犯，陆续就获，止余正犯胡国祥一名、余犯数名。现已饬令各该厅，上紧缉拏，谅亦无难擒获。明山保、舒濂可无庸在彼督缉。且热河现在建盖文庙，一切运送木植等事，亦须明山保料理。著传谕明山保，即回至热河。舒濂亦即令回京。（《清高宗实录》卷 1016，第 642—643 页）

【乾隆四十一年九月丙戌】又谕：前据弘眴奏，访缉高丽人被盗银两一案，有胡国祥等曾偷窃行路客商银两。当差捕役在三座塔扣布特村将胡国祥拏获，旋被周二等纠众夺犯，并将捕役殴伤等语。当派军机司员舒濂，会同热河道明山保，驰往该处，将夺犯殴差之周二等二十五犯，并伊子胡柱儿，先后拏获，解交行在刑部，严审定拟。其未获之胡国祥，现饬该处严缉务获，押解赴京，从重究治矣。向来各省差役，至邻省缉拏要犯，俱行文咨照所在督抚。并令捕役于应行缉犯之处，密向该州县挂号，选差干役协缉。盖恐外省差役，越境拘拏要犯，村人不能识认，易滋事端。若见有本处公差，知系官司勾摄，自不敢于违抗。且本地差役，跟寻犯人住址，亦易于缉获。设遇大案要犯，文武员弁并可亲身前往，不致漏网。前日盛京缉拏胡国祥之案，因该差于中途，躧知贼匪在三座塔地方，即往查拏，自不及先行禀报将军。该将军等亦无由行文咨会直隶，尚非将军等之疏忽。但盛京各处，毗连直隶者多。缉拏人犯，亦所常有。嗣后遇应行差赴直境缉犯之事，如已查有要犯居址者，一面飞咨直隶总督，饬属妥办。并令该差到境，迅赴地方官挂号，添差协缉。设或金差时，未知该犯住址，经差役临时访得者，自当星即往捕。若俟禀报本官，再行移咨会缉，必致要犯远扬，又无此拘泥贻误之理。竟当于差票内，豫行注明。如该差有沿途访得犯人踪迹，在于邻境者，该差即持票迅赴所在地方官挂号，令速添差协拏务获。仍令选派兵役，护解出境。并令沿途地方官，随到随派差递送，以免疏虞。若盛京派差时，不于票内注明，及所在地方官闻知，不实力协缉，及到境不小心护解者，均难免应得之咎。将此传谕盛京、吉林、黑龙江等处将军、副都统及奉天府尹遵照办理，并就近交该督，通饬各属，一体遵行。(《清高宗实录》卷1017，第645—646页)

【乾隆四十一年十月乙巳】谕：军机大臣奏，据热河道明山保呈称，差出塔子沟千总刘富生，前赴敖汉旗库里图山沟，将要犯胡国祥及案内人犯四名拏获，即令该员押送赴部审讯等语。千总刘富生奉差缉捕，即能擒拏要犯，颇为奋勉。俟伊解犯到京，即著兵部带领引见。(《清高宗实录》卷1018，第660页)

【乾隆四十一年十一月庚午】礼部议覆：直隶总督周元理、学政罗源汉奏称，热河建立学宫。科岁二考，热河厅取进文童四名。其余六厅，取进二名。武童减半。应如所请。从之。(《清高宗实录》卷1020，第675页)

【乾隆四十二年六月癸卯】谕军机大臣等：据王进泰奏，提标营领喂京马一项，自乾隆二十八年至四十一年分，历任提督任内，共陆续积存银一万四千四百余两。除前经奏明存留开设当铺银六千两，并留办草料银二千余两外，再留银一千三百二十余两，添补每年豫买麸豆草束之需，下存银五千两。可否解交内务府广储司库，或解交热河道库之处，伏候训示等语。直隶提标喂马，既有积存银两，其督标各镇领喂京马，是否如此办理，及有无银两积存，著周元理即行查明，据实覆奏。至此项银两，原系兵丁等分内应得之数。官为妥办，得有余存，自应即留该处，量为滋生，期于兵丁有益，毋庸解交广储司及热河道库。其应作何经理妥善之处，著王进泰悉心详议具奏。将此传谕周元理、王进泰知之。(《清高宗实录》卷1034，第860页)

【乾隆四十二年六月壬戌】铸给热河道儒学印，从直隶总督周元理请也。(《清高宗实录》卷1035，第873页)

【乾隆四十二年十二月庚申】谕：前据周元理奏，热河请添建考棚。俾七厅所属生童，得以就近应试，事属可行。但工程事宜，地方官素未谙习办理，恐未能妥协。所有热河考棚工程，著刘浩办理。(《清高宗实录》卷1047，第1032页)

【乾隆四十三年正月己巳】又议覆：直隶总督周元理奏称，新移密云县驻防官兵住房，勘有行宫旁隙地一百八十丈，坐落城外。可四围另筑堡墙，与易州等处营房相等。惟需用木植不下七八万件，请于热河围场山内，照数办运。应如所请。从之。(《清高宗实录》卷1048，第4页)

【乾隆四十三年正月乙亥】又谕：热河地方，朕每岁木兰秋狝，先期驻跸。数十年来，户口日增，民生富庶。且农耕蕃殖，市肆殷阗。其秀民蒸蒸向化，弦诵相闻。现已兴建学宫，议定庠额，并命设立考棚。将来人文日盛，俨然成一大都会。而称名尚仍热河之旧，殊于体制未协。因思热河从前曾称为承德州，嗣后应改为承德府，即以热河同知改设。其余六厅，如八沟较大，应改为知州。喀喇河屯等厅，酌量改县。均隶新设之承德府管理，并隶热河道考核。著交总督周元理，将应行酌改事宜，悉心筹画妥议具奏。(《清高宗实录》卷1048，第10—11页)

【乾隆四十三年二月甲午】直隶总督周元理奏：热河地方更定事宜。一、热河同知，奉旨改为承德府。其余六厅，拟改州县名目。如喀喇河屯厅，拟名滦平县。八沟厅，拟名平泉州。四旗厅，拟名丰宁县。塔子沟厅，拟名建昌县。乌兰哈达厅，拟名赤峰县。三座塔厅，拟名朝阳县。一、热河同知，向管地方刑钱事务，今改为承德府，毋庸添设附郭知县。请如直隶州例，刑钱俱自行办理。其六州县事，由该府审转考核。一、承德府现有监狱，请将热河巡检改为经历，兼摄巡检，并带管司狱事。其六州县监狱，令各该处巡检兼管，毋庸另设典史。一、口外多系蒙古旗民交涉事务，请即以理事同知、通判管知县事，仍照原衔升转。其该府接见仪注、行文体制，俱如知县例。一、承德府及六州县，俱系口外要缺，请定为在外题补之缺。其冲繁疲难字样，按地定拟。一、热河道学教授，请改为承德府教授。其学额于府增为六名，六州县各增为四名。一、承德府应另铸给承德府印，其六州县俱改铸为理事同知、通判管某州某县事印。教授、经历等官印记一体改铸。俱下部议行。(《清高宗实录》卷1050，第27—28页)

【乾隆四十三年二月丙午】谕：学校人才之聚，郡县户口之系。古者教养并重，治化覃敷。至于荒略之地，边漠之区，恒有声教所未及而不隶版图者。

我朝定鼎以来，光宅函夏。幅员日廓，中外一家。京畿东北四百里热河地方，在古北口以北。其境于禹贡，为冀州边末。而虞及殷周，幽州之尽境也。秦汉以来，越在绝徼，未入版图。北魏建安、营二州。唐时有营州都督府，然不过侨治于内地。辽、金及元，始芽其名，而历服未久，故址旋荒。明弃大宁，视为外域。我国家抚临寰宇，薄海内外，咸登版籍。况热河密迩畿辅，自皇祖康熙四十二年肇建山庄，秋狝经行，往还驻跸。皇考率修前典，设立热河厅，寻改承德州。朕临御之七年，地方大吏建议，此地究为关外，仍设为厅。八沟等六处，悉如之。盖以其时士民稀少，风俗椎鲁，立学建郡之制，有未遑焉。嗣后狝猎木兰，每岁驻跸于兹。日见黎庶殷阗，户口繁富。里巷弦诵，人文渐起。此实国家积洽累仁，休养生息，涵濡百余年之久，方克臻斯。夫士为四民之首，土著与侨居者，久于其化，子弟不乏秀良。而学校未兴，师承无自，其何以甄陶而鼓励之？况今西域如乌鲁木齐等处，率皆立学校、置郡县。以此较彼，地既远近悬殊，风土人物，亦皆过之。按诸古者广立学校之意，其地其时，正相协焉。爰于丙申秋，命冬官量度规模，鸠工庀材，兴建文庙，朕亲释奠而落成之。每年来巡幸斯土，必先展拜庙貌。秋仲丁祭，遣大学士行礼，率以为常。所有酌定庠额，分年取士，并创设书院、义学，延师训课。悉令督臣与学臣，议立章程以行。近岁士民深被教泽，既富方谷，益见蕃昌。间阎安堵，沐浴太平。四方商贾之民，骈集辐辏，俨然成一都会。计其地千余里，而户口或逾十万。可以见耕桑日辟，版籍日繁，成都成邑之盛，有明征焉。近者既创立学校，乐育人材，而其地犹仍热河厅之旧。准诸体制，未为允协。因思向曾设承德州，今宜升为承德府，即以同知改设。其余六厅，如喀喇河屯厅改为滦平县，四旗厅改为丰宁县，八沟厅其地较广，改为平泉州；乌兰哈达厅改为赤峰县，塔子沟厅改为建昌县，三座塔厅改为朝阳县。赋税户籍之数，悉隶于知府，辖于热河道，以重考核。官斯土者，宜悉心经画，措置协宜，副朕嘉惠边氓、教养兼施之意。至于考订旧闻，搜罗掌故，辑成热河全志，已命儒臣博采旁征，区分事类，纂订成书。仍于山庄内，肇建文津阁，庋贮《四库全书》。琅签秘笈，炳耀兴桓，以示朕崇师惇典、一道同文至意。（《清高宗实录》卷1050，第36—38页）

【乾隆四十三年四月丁巳】谕军机大臣等：据热河副都统多蕭等奏，木商刘思远欠交变价木植银三万六千余两，向伊查追。据称，湖南浏阳县捐纳候缺吏目周涛欠伊银六千余两，恳请追出，以完官帑。现已行文该处，催追还项等语，所办非是。此项木植，既经官商刘思远认领，所欠银两，自应向该商催追。至伊领出木植，转售他人，有无欠项，亦应听该商自行索取，断无官为查追之理。多龢等听信商人之语，率尔行文，殊属不谙事体。此案已交军机大臣另行查办。著传谕颜希深，接到多龢等咨文，毋庸办理。如李湖已经到任，即谕李湖知之。(《清高宗实录》卷1055，第104页)

【乾隆四十三年四月戊午】谕军机大臣曰：九江关监督全德，现在有应行质讯之事，著解任。谕令郝硕，派委妥员，押送来京。其员缺已著穆腾额补授。该员未到任之前，著赣南道苏凌阿前往署理。至全德，前以热河总管，升任九江关监督，何至向人挪借至二万两之多？而到任未久，何以即能归楚。恐伊在监督任内，或有侵帑婪赃情弊，并著郝硕密行体访。苏凌阿到彼，亦就近严切访查。如有确据，即著苏凌阿将全德任所赀财查封，毋使隐匿寄顿。倘查无他弊，即无庸办理。再全德署中有金大赍，即金标，亦系应行审讯之犯，并著郝硕派员先行拏解来京。途中与全德隔别，小心管押，毋致疏虞。将此由五百里发往，传谕郝硕，并令苏凌阿知之。(《清高宗实录》卷1055，第104页)

【乾隆四十三年闰六月辛未】谕：据军机大臣会同刑部奏，将前任热河总管全德，问拟杖流，折枷鞭责，自属按律办理。全德、福海，前经降旨，解任革职，分别解京。原恐其有别项营私，及经管关务，另有侵蚀亏短情弊，是以将伊等任所京中赀产，暂行查封。嗣据浙江、江西各该抚先后查明，并无侵亏情节。业经加恩，将伊等同老格赀产，均行发还。伊等之罪，专在借用所部木商银两。今审明全德、福海所借银两，均于刘思远亏短官项，未经发觉以前，照数清还。而老格所用刘思远银数，仅七百余两，且系代替该商催办木植用去，与寻常勒借所部者尚属有间。业经著令赔罚，已足蔽辜。念伊等向来遇事尚知急公奋勉，著加恩全德、福海、老格，均免其枷责，交总管内务府大臣差遣委用。(《清高宗实录》卷1060，第175页)

【乾隆四十三年七月庚寅】铸给直隶承德府理事同知管平泉州事、理事通判管赤峰县事、理事通判管建昌县事、理事通判管朝阳县事、理事通判管丰宁县事、理事通判管滦平县事、承德府教授、承德府经历兼管巡检司狱、平泉州巡检兼管吏目、朝阳县巡检兼管典史、丰宁县巡检兼管典史、滦平县巡检兼管典史、建昌县巡检兼管典史、赤峰县巡检兼管典史等印记。从总督周元理请也。(《清高宗实录》卷1062，第192页)

【乾隆四十三年十一月甲寅】兵部议准：热河副都统恒秀奏，嗣后热河、古北口佐领、防御等缺，先尽本翼人员送补。如不得人，准于左右两翼内拣选，拟定正陪保送。从之。(《清高宗实录》卷1071，第378页)

【乾隆四十四年二月甲申】又谕曰：周元理奏，审拟井陉县革生梁进文等，集众抗官殴差，分别拟罪一折，已批交三法司核拟速奏矣。梁进文、李望春为此案罪魁，自当立置重典。至梁绿野，身系生员，乃因挟嫌起衅，传单敛钱，主使告官。及该府审出实情，饬委典史查拏。梁绿野闻信，辄即剃须潜逃，情罪实为可恶。即梁杰、梁谋野、任英，亦俱系案内要犯，不可不上紧全行缉获，从重严惩。著周元理迅速选派明干员弁，设法加紧躧缉，勿使一人漏网。今又获几人否？但恐该犯自揣罪重，未必敢潜匿近地。或竟逃窜出口，冀延残喘，亦未可定。著并传谕张家口、古北口、山海关各都统、副都统、提督、总兵等，密派兵役，于各关隘，严行稽查物色。并著热河道明山保、口北道尚安，于所属地方及偏僻山沟等处，详细搜查，务即弋获，毋得仅以海捕具文塞责具奏。再该犯等籍隶正定，又多系梁姓，是否系故大学士梁清标子孙，著查明速奏。如果倚恃故绅，把持滋事，尤不可不严行惩创，从重究办。将此由五百里传谕知之。(《清高宗实录》卷1077，第473—474页)

【乾隆四十四年五月丁亥】谕：此次巡幸木兰，驻跸热河，著诚亲王、理郡王、大学士阿桂、协办大学士尚书英廉留京办事。阿桂、英廉现在出差，著尚书公额驸福隆安暂行留京。俟阿桂、英廉二人内，先有一人到京，福隆安即前赴热河行在。其月选文武员弁，八月以前，俱著吏兵两部堂官前至热河，带领引见。进哨后，所有月选之文员内通判、州、县等官，武员内八旗护军校、骁骑校及外省送到之补放水手官、骁骑校，并年满千总等官，俱著王大臣照例验放。至驻跸热河时，外省督抚提镇等奏折，俱著赍折人，前赴行在投递。进哨后，著兵部派员，驻剳哨门投递。各省奏折，封送行在。候朕批

示发回，仍于哨门交付赍折人祗领。该部通行传谕知之。(《清高宗实录》卷1082，第538—539页）

【乾隆四十四年五月丁未】御制《热河文庙碑记》。文曰：丙申夏，驻跸热河避暑山庄。曹秀先以礼部尚书扈从，几暇召见。谈及时政，秀先云：臣春卿也，在职言职，以为此处宜兴学校，以造就士。朕曰：俞哉！亦其时矣。于是乎有设学之旨，于是乎有加额之恩。学校既设，则文庙亟宜建。乃命相地伐材，卜吉鸠工，宫墙泮水，殿庑礼乐，一如制。越二年，己亥夏。朕以来巡，亲释奠而落成之。夫热河，固自古关塞以外荒略之区也。虽金、辽有兴州之称，然旋举旋废。建置沿革，率不可考，而况有皋比之传、弦诵之声哉？是以我皇祖每年避暑于此，亦不过名之曰山庄，故有聚民至万家之句。盖于礼乐之兴，未免存待以百年之意。今则耕桑日以辟，户口日以滋。以幅员计之，不啻数千里，而版籍或逾十万焉。此而无学校以牖民迪俗，岂宜祖猷、扬圣化之道？且今西域乌鲁木齐等处，率置郡县，立学校。以此较彼，为尤近矣。则兹文庙之建，于时于地，胥不可缓，亦不待人之请而后行。称之曰热河文庙者，今虽升之曰承德府，从其朔，纪其因也。昔苏轼作《韩愈碑记》云：公之神之在天下，如水之在地中。予谓韩愈因文见道，我夫子体道垂文，韩愈之所因者，即夫子之所垂。而见犹待乎行，体则其本也。且水在地中，尚需求而得之。我夫子乃天之经，地之义，山之峙，海之渊，无日不在人人心目之中。范围曲成而不遗，岂待穿凿求之而后得？然则木铎之音，孰谓不可觉斯民于关外荒略之区也哉？(《清高宗实录》卷1083，第554—555页）

【乾隆四十四年五月丁未】谕：热河自皇祖建立山庄以来，迄今六十余年。户口日滋，耕桑益辟，俨然一大都会。礼乐百年而后兴，此正其时。曾于丙申秋，降旨添设学校书院，加广庠额，以教育而振兴之。并相地鸠工，建立文庙。兹銮辂来巡，适届落成，亲诣行释奠礼。宫墙泮水间青袍环列，彬雅可观，从此文化益当蒸蒸日盛。况现在庠生，已有五十余人，均应与顺天乡试。虽丁酉科曾经中式一人，但边外士子，朴鲁者多，恐尚未能与通省贝字号卷校艺获售。著加恩照宣化府之例，另编承字号。每科乡试，取中举人一名。俾士子知上进有阶，愈加鼓舞。俟将来文风渐盛，人数多至百余名，该督臣再行奏闻增额，以示嘉惠塞上士林、多方乐育至意。该部即遵谕行。(《清高

宗实录》卷 1083，第 555 页）

【乾隆四十四年五月戊申】直隶总督杨景素奏：前署总督英廉请拨平泉州仓谷二万石，碾运热河，以备平粜，业蒙允行。查平泉州暨丰宁县，仓贮均属充裕。除平泉州现奉奏拨，并该二州县各留备本处借粜外，平泉州尚余谷四万石，丰宁县余谷一万九千余石。应均令拨运，宽为筹备。所需运脚，于粜价内归款。报闻。（《清高宗实录》卷 1083，第 556 页）

【乾隆四十四年七月戊子】谕：今日据文绶奏，请简发知县佐杂等官，以资差委一折，殊为不晓事体。向因各督抚，有于行在奏请简发试用人员者，屡经降旨申饬，并令嗣后如遇应需拣发人员，适当巡幸之时，或赶在启跸以前，或待至回銮以后，具折奏请。节次所降谕旨甚明，文绶久任督抚，岂尚未知？现在川省，亦无甚急需试用人员之事，乃于朕驻跸热河时，率为此奏，殊属非是。文绶著传旨申饬。其所请简发各员，候朕回銮时，简派大臣拣选，引见发往。至折内所称，除知府、同知、知州等，川省现尚缺少人多，仍请照前奏，暂停分发。其余各项人员，应请照旧与各省一体掣签。毋庸停止之处，著交该部议奏。寻奏，川省距京遥远，部选赴任及出差人员，来往动经数月。知县佐杂委署需人较多，应如所请。通判以下正佐各项人员，均照旧分发。至知府、同知、知州，俟补完后，该督再咨部办理。从之。（《清高宗实录》卷 1086，第 589 页）

【乾隆四十四年八月己巳】谕：前因江浙督抚等，以两省臣民望幸，奏请巡阅河工海塘，已降旨允于庚子春正月诹吉南巡。至所称明岁为朕七旬万寿，欲就近申祝，则断乎不可，业经宣谕饬禁。盖朕本意，原以庚子为朕七旬诞辰，辛丑即圣母九旬万寿。连岁叠逢大庆，中外胪欢，自可听其抒诚祝嘏。今既不能遂朕初愿，朕复何心为己称庆。惟念士民想望恩泽，积有岁年。因诏开乡会恩科，并轮免各省漕粮一周，以洽群悃。明年南巡回銮后，俟北郊礼成，即启程幸避暑山庄驻跸。八月庆辰，一切仍照常年例行。若在京受贺，惟恐转多怅触，遂至山庄以避之。至于西藏班禅额尔德尼，豫请觐祝，实属吉祥盛事，是以允其前来，即令于山庄瞻谒，俾从其便。朕并非因其称祝，先期往就之也。恐内外臣工，尚未能深喻朕意，仍有以庆典为请者，非惟不能博朕之悦，适以增朕之怀，又岂臣子爱敬之道乎？俟朕八旬大庆，则当听从诸臣称祝，此次必不允行。又前届朕六旬万寿时，古北口、热河两处，曾有点缀段落灯彩之类，本属朕所不取，明年尤当严禁。将此再行通谕知之。（《清高宗实录》卷1089，第624—625页）

【乾隆四十四年八月己巳】兵部奏：由京移驻西安满兵，酌编设满洲协领二、佐领六，蒙古佐领二。每佐领下，防御、骁骑校各一，共设官三十员。其防御以上，留京王大臣拣选正陪，带赴热河引见。谕：此次京兵派往西安驻防，无甚紧要。即于十月起程，亦无不可。所有应添满洲各官，著留京王大臣拣选，拟定正陪。俟朕回銮后，引见发往。至沿途照料大员，著派达尔吉善、荣柱、尚安，余依议。（《清高宗实录》卷1089，第626页）

【乾隆四十四年八月己卯】谕军机大臣等：朕于九月中旬，自热河启銮回京。途间应勾到二次，例派刑部尚书一人，至行在承办其事，此次著派德福前来办理。至留京办事，现有三人。且为日无多，毋庸另派。将此谕令知之。（《清高宗实录》卷1089，第635页）

【乾隆四十四年十月庚辰】是月，直隶总督杨景素奏：热河唐三营空仓，经前督臣杨廷璋奏准，分归承德府丰宁县贮谷。兹据该府、县，查详所属仓甚宽，且去唐三营远，应拆毁变价。下部知之。（《清高宗实录》卷1093，第675页）

【乾隆四十五年四月己未】谕：朕于五月二十一日启銮，幸避暑山庄。著派诚亲王、理郡王、大学士公阿桂、大学士英廉，留京办事。所有吏兵二部应行引见官员，文职知县以上，武职守备以上，八月以前，该部每月派堂官一员，轮流带赴热河引见。其文员内佐杂等官，武员内八旗护军校、骁骑校及外省送到之补放水手官、骁骑校，并年满千总等官弁，仍著王大臣照例验放。至八月以后月选等官，亦照向例办理。其外省督抚提镇等官奏折，朕驻跸热河时，著赍折人赴热河投递。至进哨以后，著兵部选派司员二人，住于哨门外经管台站。各省赍折人，赴哨门外即交兵部司员接收，按日由台驰送行在批览。发回后，仍由该司员付各赍折人领回。该部通行传谕知之。（《清高宗实录》卷1104，第779页）

【乾隆四十五年九月丁丑】谕：从前古北口官兵，只系该处四品协领管辖，并无大员，故特命热河副都统兼管。今密云县现设有驻防副都统，古北口相距甚近。所有该处官兵，即著密云副都统兼管。（《清高宗实录》卷1114，第886页）

【乾隆四十五年十一月乙未】又谕：据伊勒图奏称，明岁应遣来之第四班土尔扈特、和硕特等请仍照旧例，于八月初间前至热河等语。从前，土尔扈特台吉等分为四班，轮流行走。此内有入觐者，有未获入觐者。此次应仍将未入觐者遣来，其已入觐者，过十年再行轮班入觐。（《清高宗实录》卷1119，第944页）

【乾隆四十六年正月癸未】敕谕达赖喇嘛等曰：朕统御万方，抚临亿兆，惟期寰宇众生共享太平，宏敷教化。尔喇嘛仰体朕意，阐扬经典，深堪嘉尚。朕蒙上天庇佑，身体安和。尔讲肄精勤，体候想亦安善也。班禅额尔德尼，前以庆祝七旬万寿，起程来京。节次遣散秩大臣、副都统等，携带御用朝珠、鞍马等物，沿途宴劳。并命皇六子、同章嘉呼图克图等迎往赏赍，于七月二十一日，至热河朝见。万寿节，班禅额尔德尼率领众呼图克图等诵经祝厘，于九月初二日来京，叠加赏赍。每遇朝见，意甚欣悦，并无欲归之语。十月二十九日，闻其身体发热，即遣医诊视，知花痘见苗。朕复亲临看视，忽于十一月初二日圆寂。虽本性如如去来一致，而笃诚远来，未能平安回藏，朕心实为悼惜。尚卓特巴忠克巴呼图克图，系班禅额尔德尼之兄，而大绥绷乃其高弟，著加恩赏给忠克巴呼图克图额尔德木图诺们汗之号，赏给大绥绷扎萨克喇嘛职衔默尔根堪布之号。俟百日嗪经事竣，于二月十三日，护送班禅额尔德尼灵椟起程，并遣理藩院尚书博清额、乾清门侍卫伊鲁勒图等，送至扎什伦布。扎什伦布所属人众，皆赖尔喇嘛照管。务须仰体朕怀，加意约束，善为教养，此即为吉祥善事矣。（《清高宗实录》卷1122，第5页）

【乾隆四十六年五月己卯】谕：朕此次巡幸木兰，驻跸热河，著诚亲王、质郡王、大学士三宝、英廉留京办事。三宝应于后班随往木兰，计其时阿桂已回京，著阿桂留京办事。如阿桂尚未回京，著永贵暂同办事。所有吏兵二部应行引见官员，文职知县以上，武职守备以上，著于未启銮往木兰之前，该部每月派堂官一员，轮流带赴热河引见。其文员内佐杂等官，武员内八旗护军校、骁骑校及外省送到之补放水手官、骁骑校，并年满千总等官弁，著王大臣照例验放。至八月以后月选等官，亦照向例办理。其外省督抚提镇等奏折，俱著赍折人前赴行在投递。进哨后，著兵部派员驻劄哨门，接递各省奏折，封送行在。候朕批示发回，仍于哨门交付赍折人祗领。该部通行传谕知之。(《清高宗实录》卷 1130，第 108 页)

【乾隆四十六年五月己卯】又谕：本年安南国贡使到京，著派礼部堂官一人，带往热河瞻觐后，遣令回国。(《清高宗实录》卷 1130，第 108 页)

【乾隆四十六年五月己卯】革回民掌教名目。谕：昨阿桂等奏，查明甘肃逆回新旧教起衅仇杀缘由一折。此等逆回在该处煽惑愚人，妄言祸福，甚至设立掌教及总掌教之名，以致无知回民被其愚惑入教，指挥听令。现在逆回苏四十三等，即其余党，竟敢率众抗拒官兵，总由当日养痈贻患而致。著李侍尧于办理撒拉尔善后事宜内，将总掌教名目，不动声色，令其裁去，并各省有无似此等回教名目者，亦各一体妥为裁革。至韩哈济与贺麻六乎等，争教互讦，非寻常案犯可比。自当据实奏闻，按律严办，以示惩儆。乃当日该督抚，仅以咨部完结，刑部亦照咨率覆，或入于汇奏，朕实不知均属错误。嗣后各省督抚，遇有此等邪教争控聚众念经之案，即应亲提案犯严审，从重究拟，据实具奏，以净根株。不得颟顸了事，率行咨部完结，致复蔓延滋事。刑部堂官，遇有此等外省咨结之案，亦即据实特奏，从重定拟，不得咨覆完案。至邪教案内，凡有发遣之犯，不得发往奉天、吉林及新疆等处，将邪教复行煽惑，民人被其愚诱。将此传谕李侍尧及各省督抚，一体遵照。(《清高宗实录》卷 1130，第 108—109 页)

【乾隆四十六年闰五月丙午】《热河志》成，予纂修等官议叙有差。(《清高宗实录》卷 1132，第 130 页)

【乾隆四十六年闰五月丙午】御制《热河志·序》曰：为各省之志书易，为热河之志书难。彼其以汉人书内地事，且各府州县，本有晋乘楚梼杌，荟而辑之，其易也，不待烛照数计而龟卜也。热河之志，则以关外荒略非内地。而辽、金、元之史，成于汉人之手。所为如越人视秦人之肥瘠忽然，故曰难。夫辽、金、元，非若唐、宋之兴于内地而据有之也。又其臣虽有汉人通文墨者，非若唐、宋之始终一心于其主。语言有所不解，风尚有所不合，且辽、金、元皆立国不久，旋即逊出，则所纪载，欲其得中得实，盖亦难矣。夫辽、金、元之史纪内地，而欲其得中得实，尚且难之，况纪边关以外荒略之地乎？其不能得中得实，亦益明矣。当今之时，热河之志，不可不成者，则以本朝荷天之宠，百有余年，累洽重熙。汉人已数世被覆载生育，其语言风尚，薰陶渐渍，不可以辽、金、元之汉臣例之，亦理之必然。况我皇祖建山庄于此地，非为一己豫游，实贻万世之缔构，而顾可无书以垂永久乎？山庄内本有温泉，出而汇武列之水，俗遂有热河之称。兹虽为府为县，而仍以热河称之者，存其朔，便于众也。皇祖有诗云：聚民至万家。盖筚路之际，人烟尚少，后乃闾阎日以富，耕桑日以辟。至于今将百年，屹为都会。皇祖虽尝名之曰避暑山庄，序咏三十六景，而未辑志者，其或有待耶。抑亦文献不足征，而迟迟为之耶。山川里邑，建置沿革，与夫古迹人物，司事之臣，虽捃摭遗逸，犹有未备、未信者。其说具见于前，而吾之序是书以行世者，正所云在此不在彼。（《清高宗实录》卷 1132，第 130—131 页）

【乾隆四十六年闰五月戊申】兵部等部奏：直隶总督袁守侗咨称，承德府属朝阳、赤峰二县，护解人犯，道里遥远，并无墩拨兵丁。请于木匠营、两家营、梅伦沟、小庙子、平房儿、宫营子六处，每处安设马兵一名、守兵四名，在于河屯协左右两营及唐三营、八沟营内抽拨。并将木匠营、两家营、梅伦沟、小庙子四处改隶赤峰县，平房儿即归赤峰县，宫营子即归平泉州管辖。从之。（《清高宗实录》卷 1132，第 132 页）

【乾隆四十六年闰五月壬子】谕：此次来至口外迎接之热河兵丁，著加恩赏给半月钱粮。（《清高宗实录》卷 1132，第 136 页）

【乾隆四十六年闰五月癸丑】谕：热河行宫内有新增之处，著添派兵五十名。（《清高宗实录》卷 1132，第 136 页）

【乾隆四十六年闰五月戊午】谕：热河满洲兵丁，驻防年久，所有病故人等骨殖，无力送京埋葬，甚属可悯。且各省驻防满兵，俱官给葬地。著加恩于热河附近官地，赏给四十顷，以为埋葬之所。著和珅、福长安，查明具奏赏给。（《清高宗实录》卷1133，第139页）

【乾隆四十六年闰五月庚申】谕：热河自恭建文庙以来，朕每年至山庄之日，必即展诚祇谒，用志景行。嗣后仲秋丁祭，著照在京文庙之例，派扈从大学士一员，前往行礼，以襄大典。（《清高宗实录》卷1133，第141页）

【乾隆四十六年七月乙巳】钦差大学士公阿桂、署理陕甘总督李侍尧奏：华林寺贼党内，投出老教一名，供称营内尚有韩黑提卜、韩六十个及苏四十三徒弟小木撒等死守。臣等于六月二十三日，进兵攻扑。贼在卡内，尚以枪石抵御。弁兵间有损伤。是日适当雨后，抛掷火弹，不能延烧木卡，因令兵暂撤。二十六日，又派兵三面进攻，痛加剿杀，将沟卡尽行占据。海兰察等即将寺旁板棚土屋帐房全行烧毁，夺获器械无数，余贼窜回华林寺。谕军机大臣曰：贼党垂毙之时，尚敢抵死抗拒，伤我官兵，实堪痛恨。但逆犯自知罪大恶极，自不得不为苟延残喘之计。想官兵四面围攻，且又将华林寺旁板棚土屋帐房，尽皆攻得，进掣木卡。贼仅踞华林寺内，为地无几，想不日亦即可歼灭净尽。惟在防范严密，不使一名乘间窜逸。至现在尚有逆匪头目韩黑提卜、韩六十个及苏四十三徒弟小木撒等，在贼营率众抗拒。必将此三犯生擒，解热河审办，尽法处治，以彰国宪。再阿桂等前奏，撒拉尔回众，共有十二工，人数自必甚多。此次作逆之苏四十三等，不过其中之二三工。将来事平之后，俱于善后事宜案内，将此数工，归地方官妥协经理，使永远帖宁之处。著传谕阿桂等详筹妥议。（《清高宗实录》卷1136，第178—179页）

【乾隆四十六年九月庚戌】又谕：秋审勾到事件，军机大臣办理较为熟谙，著同大学士一体承旨。此次热河勾到，著梁国治秉笔。其在京办理勾到，著嵇璜秉笔。梁国治即列嵇璜之次，帮同办理。（《清高宗实录》卷1140，第267页）

【乾隆四十七年二月丁亥】兵部议覆：直隶提督刚塔奏称，河屯协驻劄热河，系差繁兵单之处，不敷派办。请将土城子弁兵，抽拨移驻。应如所请。于土城子拨出守备一员、把总一员、额外外委二员，并提标应行募补养廉名粮，马步守兵内，拨马兵一百名、步兵一百六十名、守兵四十名，作为河屯协右营，驻劄热河。土城子仍留千总一员、额外外委一员、马兵三十八名、步兵四十八名、守兵十一名。从之。（《清高宗实录》卷1151，第425页）

【乾隆四十七年二月己丑】兵部奏：内外八旗武职官员，向例五年军政。密云新设驻防，俱照热河办理。应请照热河军政例，准其荐举二员。从之。（《清高宗实录》卷1151，第426页）

【乾隆四十七年五月丙午】直隶总督郑大进奏：热河口外，崇山峻岭，地多猛兽，不得不藉鸟枪防御，自未便照内地之例，概行查禁，致旗民生计，均有未便。应请援照晋省并甘肃兰州等处之例，将承德府并所属滦平等七府州县旗民旧有编号鸟枪，免其缴销。遇有失察等事，仍照旧例随案附参，以示区别，余仍照例严禁查销。报闻。（《清高宗实录》卷1156，第494页）

【乾隆四十七年五月戊申】谕军机大臣等：据福长安奏，查讯索诺木策凌，前在乌鲁木齐都统任内，任听属员采买谷石，浮开价值，及收受属员馈送银两各款，因现无质证之人，藉词支掩，匿不吐露。即伊家人郭子，供经手收受各情节，亦尚有不实不尽之处。俟查办完结，即押带索诺木策凌及郭子等，前赴热河，与德平、王老虎、邬玉麟等质对，以成信谳等语。此案俟索诺木策凌解到时，著交军机大臣，提集案内人犯，四面质对，自然水落石出，不能任其始终掩饰也。本日又据喀宁阿奏，查讯德平等一干人犯，其所供历年采买浮冒，及馈送索诺木策凌银两礼物，俱一一供认确凿。现在押带各犯起程赴京，再行核对等因。计喀宁阿押带人犯到京，尚需时日。其各该犯所供各情节，著先钞寄福长安阅看，令其就近严讯索诺木策凌，录供具奏。俟庆桂到任后，即亲行押带索诺木策凌及案内人犯，由九关台一带，前赴热河质讯。其现在监禁刑部之徐维绶、邬玉麟、王老虎三犯，著交刑部堂官，一并派员，于五月底解赴热河，归案审办。（《清高宗实录》卷1156，第495—496页）

【乾隆四十七年五月癸亥】谕军机大臣等：昨据阿桂前来热河复命时，面询以现在所开引河形势。据称将来引河挑成开放时，考城一县，滨临黄河，四面受水，现议迁移北岸等语。此事系目下急务，该县城池，应于何处建立，必须相度基址，早为筹画，然后可议迁移。且现在该县办理地方一切公务，其官吏人等，亦须安设廨宇，积贮文卷，方为妥协。富勒浑曾否于北岸距河稍远地方，勘定基址，豫为筹办？何以尚未见该抚奏及？著即传谕富勒浑，令其迅速履勘办理，毋致临事周章贻误。（《清高宗实录》卷1157，第502—503页）

【乾隆四十七年六月辛未】又谕曰：热河厄鲁特之官兵已驻数载，俱各感激朕恩。一切差使，亦颇奋勉。第念伊等驻劄热河年久，其中或有孀妇及未成立之孤女，若不给与养赡，朕心深为不忍。著交副都统恒秀查明，有似此者，每月每口赏给一两钱粮，以资生计。将此永远为例，以示朕抚恤厄鲁特之意。（《清高宗实录》卷1158，第507页）

【乾隆四十七年七月庚子】又谕：朕每岁驻跸热河时，所有补放世袭佐领之拟正、拟陪、列名人员，俱带来引见。补放参领、印务章京、公中佐领以及百日服满之文武官员，亦俱带来引见。每次令伊等全行来此，在力不足者，不无拮据。嗣后朕驻跸热河时，补放世袭佐领，只令正陪人员前来引见。列名之人，毋庸前来。倘所拟正陪不公，朕自必降旨，调取列名人员。或列名人员内，有谓都统等定拟正陪不公，情愿前来者亦听。补放参领、印务章京，只将拟正者带来引见。其拟陪者，并不必来。至公中佐领缺出，尽可派员暂署。百日服满之文武官员，引见后，不过归原衙门行走。俱俟朕回銮后，带领引见。著为令。（《清高宗实录》卷1160，第535页）

【乾隆四十七年八月甲申】谕军机大臣等：朕自热河启銮回京。所有应行勾到次数，著仍照上年之例，于热河勾到两次，两间房、密云各勾到一次。其承办之刑部堂官，此次著派胡季堂前来。至大学士三宝，现在随从，毋庸另派。将此谕令知之。（《清高宗实录》卷1163，第574—575页）

【乾隆四十七年十月甲申】又谕：据正黄旗领侍卫内大臣等奏，该旗三等侍卫恒安，呈称身弱腿疼，不能在侍卫上行走。恒安原系佐领，请解退侍卫，驳回该旗行走等语。侍卫果实有患病等情，不能当差，自有该管大臣等察看，据实具奏，驳回原旗，岂有妄自呈请解退侍卫之理？况恒安系原任总督明山之孙，年力既壮，家计非寒，何至不能充当侍卫？显系自图安逸，规避差使。恐侍卫等相率效尤，此风断不可长。恒安著革去侍卫佐领，交与热河副都统，作为披甲，以为侍卫等偷闲耽逸者戒。至该管领侍卫内大臣等，率据恒安呈词代奏，殊属非是。嗣后如有似此妄奏者，必将该管领侍卫内大臣等，一并交部议处。侍卫中若有似此混呈者，并著据实参奏，从重治罪。（《清高宗实录》卷1167，第646—647页）

【乾隆四十八年三月丁酉】兵部等部议覆：大学士、前署直隶总督英廉奏，定热河移驻官兵事宜。一、河屯协右营守备、把总、署各一座，外委二员，营房各二间，应由土城子原设移建。兵三百名，应建兵房六百间，每名给二间驻守。一、新添马步兵二百六十名内，设步弓手二十、字识九、牌兵二十、枪兵一百十一。守兵四十名内，设步弓手四、牌兵六、枪兵三十。一、军装器械等项，除该协现存盈余项下拨给外，照口外驻劄兵丁例，在部请领。其马匹于司库朋扣银内拨给买补。一、月饷、米折及公费、赏需等银，照兵马奏销数目支给。一、该协左营，原设火药局、教场，再加右营新添兵，不敷操演。应另设火药局二间，教场一座，军器库房三间，并于营房附近建马棚二十间。均应如所请。从之。（《清高宗实录》卷1176，第764—765页）

【乾隆四十八年三月戊午】又谕曰：镶白旗蒙古都统奏，据古北口外通判管理丰宁县事德谦呈报，住居博尔脑村之镶白旗蒙古那尔松阿佐领下闲散格斯图，因控告种地，请交本旗严管。查格斯图系奏准住居游牧之人，本旗不敢收留，请交热河副都统就近管理等语。格斯图住居游牧地方，距热河较远。著传谕袁守侗，将格斯图即饬交该县德谦，严行管束。倘格斯图再有滋事逃回等情，即著该县枷责惩治，毋得宽纵。（《清高宗实录》卷1177，第786页）

【乾隆四十八年四月戊辰】谕曰：喀喇沁塔布囊格勒克萨木鲁布，前因济克济特扎布案内，曾将伊逐出乾清门，革退协理旗务职任。今郡王扎拉丰阿病故，丹巴多尔济年幼，又居住京城，游牧处不可无办事之人。格勒克萨木鲁布，咎止失察，著加恩仍挑在乾清门行走，办理扎萨克事务，并著迅速来京，即至扎拉丰阿家，办理丧事。俟事毕回游牧时，将济克济特扎布，即交伊带回，严加管束，勿令滋事。格勒克萨木鲁布，俟释伊兄服后，于七月中旬，再赴

热河请安谢恩。(《清高宗实录》卷1178，第792页)

【乾隆四十八年四月辛巳】 谕：朕将次启銮，前往热河。秋间即由热河至盛京，恭谒祖陵。现在福隆安气体尚弱，将来随往之御前大臣乏人，著福康安来京署理工部尚书。所有四川总督员缺，著李世杰补授。李世杰未到任之前，四川总督印务，著交特成额暂行署理。福康安接奉此旨，即由驿起程，务于五月二十四日启銮前到京。河南巡抚员缺，著何裕城补授。李世杰交卸抚篆，即前赴新任，不必来京请训。兰第锡著署理河东河道总督印务，即著来京请训，再赴新任。(《清高宗实录》卷1179，第800—801页)

【乾隆四十八年四月丁亥】 谕：朕于五月启銮，驻跸热河。七月十一日起程，前往盛京，恭谒祖陵。著质郡王、克勤郡王、大学士阿桂、英廉，留京办事。所有吏兵二部应行引见官员，文职知县以上，武职守备以上，著于未启銮赴盛京之前，该部每月派堂官一员，轮流带赴热河引见。其文员内佐杂等官，武员内八旗护军校、骁骑校及外省送到之补放水手官、骁骑校，并年满千总等官弁，仍著王大臣照例验放。至七月以后月选等官，亦照向例办理。其东三省补放水手等官，即就近于行在引见。至外省督抚提镇等奏折，其驻跸热河，及自盛京回銮至京，俱著赍折人自行赍赴行在投递。至自热河前赴盛京，系由边地行走。所有各省赍递奏折，著照向例交留京办事处，加封转交内阁，随本报驰递。批示后，仍由本报发回留京办事处，交赍折人祇领。该部通行传谕知之。(《清高宗实录》卷1179，第805页)

【乾隆四十八年六月丙子】 谕：前经降旨，七月十一日，自热河启銮，前诣盛京，恭谒祖陵。第今年节候较迟，是日正届立秋，尚在三伏之内，雨水方多，天气炎热，于扈从人员行李一切，及驼马俱多未便。著改期于八月十六日启銮前往。回銮时，进山海关，祇谒东陵后，即由白涧、烟郊进宫。所有盘山、汤山等处道路，俱无庸豫备。(《清高宗实录》卷1183，第839页)

【乾隆四十八年六月丙子】 又谕：朕本年前往盛京，恭谒祖陵。业经降旨改于八月十六日启銮，展期月余。则沿途豫备一切，更觉裕如。著传谕卓索图盟长喀喇沁郡王喇特纳锡第等，将朕经过喀喇沁、土默特一带，大营、尖营、桥梁、道路等项，均著从容豫备。其应赴热河之蒙古王公等，毋庸于七月初间前来，仍照每年进哨之例，于七月下旬来热河看戏。俟朕万寿节后，应扈从者随行，余即令各回游牧。并传谕盛京将军永玮等，将山海关外一切豫备事宜，亦著从容妥办。（《清高宗实录》卷1183，第839页）

【乾隆四十八年六月丙子】谕军机大臣等：此次由热河诣盛京，已明降谕旨，改于八月十六日启銮矣。所有派出后班随往之王公大臣，及各部院司员、官兵人等，俱照向例于八月初十前后至热河。其七月分吏、兵二部月选官，亦仍照常例带赴热河引见。著留京办事王大臣，通行传谕各衙门知之。（《清高宗实录》卷1183，第840页）

【乾隆四十八年六月辛巳】谕军机大臣等：据蔡新奏，五月二十一日已抵苏州。谨拟抵京后，轻装就道，前赴热河，一遂倾向之诚等语，已于折内批示矣。前因天气炎热，念伊年高之人，往返劳顿，曾传谕留京办事王大臣，于伊到后，谕令遵旨，不必赴热河请安。今蔡新瞻觐之意，既甚恳切，现已改期于八月十六日启銮。伊若于七月初抵京，即带领六月分月选官前来热河引见。如到京已过七月引见之期，即于八月初带领七月分月选官至热河，亦无不可，断不必独自束装前来也。将此谕知蔡新，并谕留京办事王大臣知之。（《清高宗实录》卷1183，第842页）

【乾隆四十八年六月癸未】又谕：热河满洲兵丁，驻防年久，生齿日繁。朕每年临幸，驻跸此处，披甲委署前锋二百名，亦与前锋一体当差。而仍给与披甲钱粮，于伊等生计，未免拮据。著加恩将热河二百名委署前锋，俱作为前锋，每月加给一两钱粮。（《清高宗实录》卷1183，第844页）

【乾隆四十八年七月壬寅】谕：喀尔喀土谢图汗车登多尔济，因擅给发乘骑乌拉照票，经理藩院议奏，革去汗爵。朕格外加恩，留其汗爵，惟革去御前行走及其盟长，仍留花翎、黄马褂。车臣汗车布登扎布，系私放图萨拉克齐，罪较车登多尔济微轻。朕加恩量予罚俸五年，余俱宽免。朕如此曲为施恩，而伊等俱系御前行走之人，仅呈驻剳库伦大臣，转奏谢恩，即属了事。车登多尔济虽未出痘，不当来热河乎？车布登扎布系已出痘之人，遇年班常来京。

及热河朝觐，即不来京，岂不当赴热河乎？昨乌珠穆沁亲王玛哈索哈，因被伊旗台吉伊玛控告得罪。经理藩院议奏，罚王俸五年，朕加恩宽免二年。玛哈索哈因感激深恩，赶赴盛京途次谢恩，殊属可悯。故格外加恩，挑在乾清门行走。车登多尔济、车布登扎布所犯之罪，视玛哈索哈较重。玛哈索哈系散走之人，尚知礼仪。车登多尔济、车布登扎布在御前行走，受朕重恩多年，岂反不知礼仪？伊等罪重，而朕格外加恩，并未从重治罪，伊等亦不知感激。由此观之，二人甚属糊涂。车布登扎布亦著革去御前行走及其盟长，撤去花翎、黄马褂。车登多尔济花翎、黄马褂亦著撤去，并严行申饬。朕如此降旨后，伊等不必赶来谢恩，各按年班再来朝觐。（《清高宗实录》卷 1184，第 860—861 页）

【乾隆四十八年七月乙卯】又谕：热河工程处备用银两，著拨银十万两，交热河道库应用。（《清高宗实录》卷 1185，第 869 页）

【乾隆四十八年十月丁亥】又谕曰：热河道当保前在平泉州任内，失察逃奴，部议降调。曾经降旨，著该督出具考语，送部引见。第念当保在热河年久，尚称熟谙。所得处分，亦属因公，著加恩，改为降三级从宽留任，即著回任办事。（《清高宗实录》卷 1191，第 936—937 页）

【乾隆四十九年闰三月乙亥】谕军机大臣等曰：璫龄奏，安南国贡使于本年二月十五日进关，俟抵省后，再行恭折具奏等语。因令军机大臣查核，历次该国使臣行走程途日期，约于七月内可以到京。彼时正驻跸热河，自应令该使臣等即赴热河瞻觐，毋庸在京候至年底，致需时日。著传谕璫龄，即遵照传知护送委员，并咨会沿途各督抚，一体交替接护，并扣算程途，令于七月内到京，以便八月初间前赴热河。将此传谕璫龄，并谕礼部堂官知之。（《清高宗实录》卷 1203，第 91—92 页）

【乾隆四十九年六月癸巳】谕：据在京步军统领衙门将郝硕截擎，解至热河。经军机大臣会同刑部，审讯录供具奏。本日朕亲行刑讯，据郝硕将收受属员馈送各款，一一供认，俯首无辞。从前因国泰在山东勒索贪婪，劣迹败露，当即审明治罪。乃甫经惩创，郝硕即于是年，藉敛盘费为名，藐法效尤，派累属员。朕实不料封疆大吏，有如此牟利贪黩者，且恨且愧。郝硕著解交刑部，令留京办事王大臣会同大学士九卿，严审定拟具奏。(《清高宗实录》卷1208，第192页)

【乾隆四十九年七月甲子】又谕：此次甘省逆回滋事，军报往还，最关紧要。迩来正值伏暑，大雨时行。沿途驿站，驰送文报，并无迟误。今贼匪业经办竣，所有自热河以至甘省驿站官员，著该督抚等，查明咨部，并兵部捷报处章京奇明、噶尔图、音登额一并议叙。驰递之弁兵人等，并酌予赏赉。又京兵前往军营协剿，经过各省，照料妥协，俾得遄进无误，均属可嘉。其派出护送之官员等，亦著该督抚等，查明具奏，交部议叙。(《清高宗实录》卷1210，第229页)

【乾隆四十九年九月丙子】谕：本年三月，据驻劄喀什噶尔办事大臣保成等奏到，喀什噶尔迤外色默尔罕地方，有匿居从前叛逆被戮回匪大和卓布拉尼敦之子萨木萨克，潜使伊跟役回子托克托素丕等，向喀什噶尔回子默罗色帕尔等通寄书信，诱取银两一案。朕看此事，不过将托克托素丕、默罗色帕尔等拏获办理，以示警戒而已。不意萨木萨克，所使回子托克托素丕等来时，因在布鲁特散秩大臣阿其睦之弟额穆尔家，私行留宿情节，被喀什噶尔阿奇木伯克鄂斯璊访出。额穆尔惧其查办，即私将托克托素丕打死。因此阿其睦又徇庇伊弟，思为脱罪，向英吉沙尔之阿奇木伯克阿里木合谋，诬告阿奇木伯克鄂斯璊，亦曾受过萨木萨克书札。而绰克托系总理回疆事务参赞大臣，并不深究事之情理，冒昧前往喀什噶尔，以图苟且姑息，令阿其睦等只与鄂斯璊赔罪讲和，以致纷扰不成事体。故将绰克托革职，拏交刑部治罪。各情节，前后俱降有谕旨。此事非止绰克托意欲消弭，即阿桂、伊勒图意见，亦欲将就了局。彼时朕为此事，曲尽筹画。如不将阿其睦等拏办，不久逃逸，于喀什噶尔，必致有事。故即降旨令保成等将阿其睦等拏获，解赴热河。朕亲审讯，阿其睦惧罪，其俟八月马肥逃逸生事之说，俱不敢承认。朕以阿其睦前经奋勉出力，又轸念其年老，免死监禁。俟将在逃之伊子燕起，拏获解送到京时，与阿其睦一同质审，自可水落石出。幸而经朕屡降谕旨，令保成等如此断决办理。若依绰克托之姑容，将来必致如阿其睦跟役人等所供，本年八月马肥后，生一事端逃避。或绰克托妄行拏获无涉之额森、阿三拜及昆楚克等，倘不肯从行，亦如燕起震惊，以致各处逃遁，酿成事端。而绰克托又纷纷调集各处兵丁，似喀什噶尔有何等大事，以致震惊回众，则竟成何事体。彼时如照依绰克托等消弭办理，必致将鄂斯璊曲枉治罪。而阿其睦等，始可甘心。将朕此等出力回奴，转行治罪，有是理乎？今绰克托理应从重治罪，但彼时伊不过糊涂无知，惟图息事。况此事朕已降旨详悉训饬，办理已结。阿其睦等亦未能滋生事端。而绰克托之罪，较之甘肃办事不妥，以致该省回民叛逆之李侍尧，罪案尚属微轻。著施恩将绰克托之罪赦免，即行释放，令其家居省过，反躬愧悔。朕办理万几，无一事不揆度机宜，秉公办理。将此通谕内外臣工，咸使知之。（《清高宗实录》卷1215，第294—296页）

【乾隆四十九年十一月辛巳】 谕：据理藩院奏，病故科尔沁扎萨克多罗扎萨克图郡王纳旺色布腾之爵，照例题请带领伊子喇什端罗布引见承袭。喇什端罗布年已二十岁，著该院带领引见，承袭王爵。嗣后凡内扎萨克蒙古，查明应袭爵之人，年已及岁、已出痘者，著来京带领引见承袭。未出痘者，令赴热河带领引见。其果幼小不能来者，该院再行照例具题承袭。仍俟其及岁，已出痘者来京。未出痘者，令往热河。该院补行带领引见。著为令。（《清高宗实录》卷1219，第358页）

【乾隆五十年正月戊午】 直隶总督刘峨覆奏：古北口驻防等营兵米，如该同知衙门仓贮不敷，原应奏明动项，在口外各属采买供支。第承德府并所属一州五县，本年虽属丰收，而朝阳、建昌、赤峰等县，相距甚远。其余各属，现有买补本境粮额，暨代买承德府备贮米石，均未便令其采买。且历年口外买米，运至古北口，脚价每万石总须银二千八百余两。兹查北仓漕米，由水路运至通州，再由陆路运至古北口，每万石只需脚费二千六百余两。较之口外，尚可减省。请于北仓存剩漕米拨给。得旨：如所议行。（《清高宗实录》卷1222，第390页）

【乾隆五十年正月甲戌】 谕：据保成等奏，与萨木萨克私通书札案内，已经正法之阿奇木伯克阿里木家口，押解送京等语。此皆系罪人家口，理应给与兵丁为奴。著将阿里木妻孥发往江宁、浙江、福建三省，将阿里木家人发往热河，均赏给满洲兵丁为奴，并著交该将军副都统等严行管束，勿致生事脱逃。

（《清高宗实录》卷1223，第398页）

【乾隆五十年六月辛巳】谕：向来刑部定律，凡有私自净身人犯，俱问拟斩候。因念此等人犯，大抵因贫所致，是以加恩释放，发在热河当差。现有太监王成一名，朕面加询问。伊系直隶安肃县民，原报今年十六岁，实年才十三岁。前年因家中贫苦，父母为之净身。问拟斩罪，在县监禁一年，上年始发至热河当差。初次报县时，该县胥役因向伊父王二格需索不遂，曾将伊父一并收监。四十余日后，因穷不能给，始将王二格释放，遂捏填王成年十五岁，定拟详报等语。此事经朕亲向询明，且看其身躯幼小并应对明白，实无虚饰。知县为亲民之官，虽不至昧良舞弊，贪图微利若此。此必胥役、乡约人等，因私自净身，有干例禁，希图讹诈。又缘索诈不遂，为之加增年岁，以入其罪，并将伊父无辜久羁，闻之殊觉恻然。而该县竟漫无觉察，任凭胥吏等勒索捏报。种种弊混，亦难辞咎。现因各处当差太监乏人，尚在晓谕召充。且向例太监于投进当差时，只赏给银五两。其每月坐得分例，亦不过二两。若未经投进之先，吏胥已向需索，则是得不偿失。谁复肯将其子弟充当太监者？近日进宫太监短少之故，必由于此。况王成净身时，实年不过十一，自必系父母穷苦无聊，遂尔将伊阉割，与伊何涉？乃拟以大辟，而复滋胥役索诈捏饰之端乎？此案著刘峨详查参奏。因思私自净身人犯，律拟斩候者，虽为慎重伤生起见。然一经阉割，便成废人。苟非实在穷苦，孰肯甘心出此。今因有此例，而转致吏胥藉端勒索，甚至加增年岁，故入其罪。况此辈供奔走扫除之役，自古已然，是宫闱在所必需，而反治之以罪。从前定例，本未允协。所有私自净身，问拟斩候一条，竟应删除。并著直隶总督、顺天府尹严饬各属州县，嗣后如有并无他故自行净身者，准其投内务府，派拨当差，照例验看。如有他故，内务府大臣，再行文问之地方官，不得竟拘其家属，致滋扰累。倘有仍前需索滋扰者，即将该州县等据实参奏。其现因私自净身问拟斩候，已未招解，并在监羁禁，未经释放者，亦著刑部同直隶总督查明具奏释放，解送内务府，分别派拨当差。寻刘峨奏：此案经安肃县前任告病知县蒋家蓁，明知王二格无计营生，将伊子王成阉割，冀图充当太监，免致冻馁。遂听王成犬供，自行阉割，将王成拟斩，不过虚拟罪名，一二年即可解送当差，免致王二格终身监禁。并任胥役郭恕索诈钱文，毫无觉察。请将安肃县原任告病知县蒋家蓁革职，郭恕应照蠹役索诈十两以上发边卫充军例减一等。王二格请遵新例免其治罪。得旨：下部议。又奏：查直属私自净身，问拟斩决，已未定案者，共有五起。任邱县一名王善瀿，系听从王四行窃，临时行强之犯，闻拏畏惧，自行阉割。又大城县一名郭进宝、青县一名王七，俱系行窃被获，情急自阉。三犯均经题准部覆，问拟斩候。该犯等均属窃匪，未便遽请释放，亦未便派拨当差。但原犯罪名轻重各异，臣现咨明刑部，另行核办。又文安县一名王盛武，系因贫难度，欲充太监，自行阉割，已准部覆问拟斩候。原案内，声明阉割未净，未便咨送，应否准予释放。又平泉州一名陈凤鸣，石匠营生。因无人佣雇，贫苦难度，起意净身。已据臬司讯明，尚未定拟具题之犯，可否释放，咨送内务府派拨当差。得旨：下部知之。（《清高宗实录》卷 1232，第 533—535 页）

【乾隆五十年六月甲午】谕：近日进宫太监短少，由于未投进之先，州县胥役、乡约人等，藉端向其家属需索所致。已降旨令直隶总督、顺天府尹严饬各州县，嗣后如有自行净身者，不得拘其家属，准其由内务府派拨当差，原以杜胥役需索之弊。但此等净身之人，情节不一，必当于其投到时，交该司详细盘诘验看。如实系家道贫苦，而举动又复驯良，与现在热河当差之年幼太监王成相仿者，即应准其投进。如其人桀骜不驯，或言语支离，即应行文原籍，查其有无别故，另行办理。此事全在总管内务府大臣随时察看，方能妥协。朕在京时，内务府大臣人多，查察或尚能周到。若遇朕巡幸热河等处，内务府大臣等留京者少，查察恐有未周，致多混杂。宫禁森严，所关匪细。著谕令总管内务府大臣，嗣后于太监甫经投进者，必当二三人同看，务宜留心验看，查讯明确，再行交进当差。毋得滥收，致有弊混。至太监人等，向系掌仪司管理。其投进时，自由该处司官查验，回堂办理。若稽查不密，或领催书役以及司员之跟随人等，又复向其勒索，势必又蹈州县胥役需索之弊，则情愿投充太监者，仍复短少，更属不成事体。并著总管内务府大臣严密稽查，如有似此掯勒需索者，即行查明严处，以示惩儆。（《清高宗实录》卷 1233，第 552 页）

【乾隆五十年六月甲午】又谕：察哈尔八旗所出官缺，向由该处拟定正陪，送京带领引见补授。朕若驻跸热河，应就近送行在带领引见。嗣后察哈尔及热河驻防官员缺出，除在十月至明年正二月，仍著送部引见外，三月后之缺，俱俟朕来热河时，带领引见，以示体恤。（《清高宗实录》卷 1233，第 553 页）

【乾隆五十年六月丁酉】吏部议覆：山西巡抚农起奏称，归化城同知常明，推升理藩院员外郎，请仍留同知本任，照例扣满三年，遇缺题补。虽与奏准之案相符，但既经推升，复留本任，恐启希图外任不愿京升之渐。应请嗣后直隶、热河等处理事同知、通判并山西归化城理事同知，推升京缺奏请仍留本任之例停止。从之。（《清高宗实录》卷1233，第562页）

【乾隆五十一年六月己卯】谕：热河建盖土城子，移驻河屯协右营兵房，在跸路之旁。朕经行阅视，系每兵给房一间，不敷居住。著加恩每名再各添给一间，以示体恤。至热河地方绿旗营兵，本有教场。此项移驻兵丁，即可就近操演，毋庸另建演武厅。（《清高宗实录》卷1256，第876页）

【乾隆五十一年闰七月己卯】热河副都统恒瑞奏：避暑山庄共设堆拨二十八处，一堆拨设兵十名巡逻。遇雨雪昏夜，殊难周察，酌添堆拨十二处。再此项当差兵，恳恩添赏马甲及养育兵缺各一百。得旨：行宫环列，间添堆拨，尚属合宜。著加恩添马甲百名，俾裕生计，毋庸议添养育兵缺。（《清高宗实录》卷1260，第949页）

【乾隆五十二年正月壬申】谕：现在热河备工银两较少。著于广储司拨银十万两，照例运至热河备用。（《清高宗实录》卷1272，第4页）

【乾隆五十二年二月丙辰】谕曰：喀喇沁亲王品级多罗郡王喇特纳锡第宣力有年，办理盟长及围场事务，俱属妥协。今赴五台瞻礼后病故，朕心深为轸惜。著加恩赏银五千两，办理丧事。仍派奏蒙古事侍卫伯伍弥乌逊，赍赏经被，驰驿前往奠酹。仍著该地方官，备办人夫，照料起程。（《清高宗实录》卷1275，第61页）

【乾隆五十二年二月戊午】又谕：前据热河总管全德等奏，拏获偷进行宫之贼犯于九恭一名。讯据供称，初次曾由外围扒墙潜入，撬取铁叶售卖。因未即被拏，复希图进内偷取物件，当被官兵拏获，现交热河道审办等语。行宫禁地，该犯胆敢两次潜入行窃，情罪较重，非热河道所能审结。著传谕刘峨，即转饬该道派委妥干兵役，将该犯于九恭解交刑部审拟具奏。（《清高宗实录》

卷 1275，第 64 页）

【乾隆五十二年二月辛酉】又谕曰：索诺木巴勒珠尔，著补放正盟长。所遗副盟长员缺，著补放端珠布色布腾。围场事务，亦著端珠布色布腾管理。（《清高宗实录》卷 1275，第 71 页）

【乾隆五十二年五月戊寅】谕：此次热河迎驾站道兵丁及看守避暑山庄千总兵丁等，均有四个月差使，著施恩各赏给一月钱粮。其边外南北两路看守行宫者，差使无多，仍照旧赏给半月钱粮。（《清高宗实录》卷 1280，第 152 页）

【乾隆五十二年九月乙丑】谕军机大臣等：朕前降旨，令将编入年班朝觐西北两路之土尔扈特、和硕特、杜尔伯特等，其已经出痘者，归于年班入觐。若人数较少，即间年入觐亦可。其未经出痘者，不必来京。著该部于每年可否令其前赴热河朝觐随围之处，照青海一体具奏请旨。其如何酌定另行编班之处，著交伊犁将军、乌里雅苏台将军及科布多参赞大臣等会商议奏。但北路土尔扈特、杜尔伯特等，每岁俱系自备资斧，前赴热河。若按年班赴京，路途较远，恐伊等力有不逮。著传谕奎林、复兴、保泰等，除西路土尔扈特、和硕特等，仍按原定章程，令其自备资斧、行抵哈密外，其北路土尔扈特、杜尔伯特等，或令自备资斧，行至张家口，官为办给马匹送京。如力量仍有不敷，或于喀尔喀、察哈尔毗连地方，即行官为办理之处。据实查核办理，以副朕体恤外藩蒙古之意。至北路唐努乌梁海、阿勒台乌梁海等，非土尔扈特、和硕特、杜尔伯特等台吉后裔可比，不必同入年班朝觐。无论出痘与否，每年止赴热河朝觐随围。若人数较少，间年遣派一次亦可。一并传谕复兴、保泰知之。（《清高宗实录》卷 1288，第 266—267 页）

【乾隆五十二年十一月甲申】谕：据纪昀参奏，罚往热河看书人员内，朱钤、吕云栋、陈木、石鸿翥四员，至今将满一月，尚俱未到等语。此等校书各员，前已滥邀优叙。今复查出错误，免其降革，仅罚令前赴热河看书，已属格外之恩。该员等自应倍加感奋，迅速前往，实力校勘，勉图稍赎前愆。乃迟延至一月之久，尚未到彼。伊等于此等校书之事，尚似此迁延，设派令前赴军营，亦将托故不往耶？所有朱钤等四员，著该部将该员等，因何迟延之处，

据实严查，分别从重议处。如系无故逗留，即应革职，以为怠玩误公者戒。（《清高宗实录》卷1293，第351页）

【乾隆五十三年六月甲午】谕军机大臣等：从前平定伊犁、回部、大小金川，皆于太学立碑，以示武功。台湾不过乱民聚众，海岛一隅，虽不值刊碑太学，而此次办理迅速，首伙生擒，亦不可无纪实之作。朕现在驻跸热河，欲将此次平定台湾事迹，御制碑文，于热河文庙大成门庑内，嵌石刊刻，俾振武敷文盛轨，永昭上塞。俟碑文制就，当一并发与福康安等，在台湾、厦门等处，配建碑亭勒石。所有前次发去之纪事文二篇，著福康安等暂缓镌刻，俟此次御制碑文发往后，一同敬谨摹勒。庶规模丈尺，咸归画一，足以壮观瞻而垂久远。（《清高宗实录》卷1306，第575页）

【乾隆五十三年六月乙卯】《御制平定台湾告成热河文庙碑》文曰：昨记平定台湾生擒二凶之事，亦既举平伊犁、定回部、收金川为三大事，专文勒太学。其次三为诛王伦、翦苏四十三、洗田五，以在内地，怀惭弗艻其事。而平定台湾介其间，固弗称勒太学。然较之内地之次三，则以孤悬海外。事经一年，命重臣，发劲兵，三月之间，擒二凶，定全郡。斯事体大，讫不可以不纪。因思热河文庙，虽承德府学耶。而余每至山庄，必先展拜庙貌，秋仲丁祭，常遣大学士行礼，则亦天子之庠序矣……（《清高宗实录》卷1307，第604页）

【乾隆五十三年十二月庚子】谕：热河满洲官兵，自驻防以来，历年已久，生齿日繁。而此数年一切官差，均各勤勉。著加恩嗣后伊等，每季应得半分米折银，每石著照一两四钱折给。（《清高宗实录》卷1318，第826页）

【乾隆五十四年四月甲辰】又谕：据兵部奏称，此次进哨，所有外省轮班学习随围之杭州、乍浦、荆州三处官兵，可否令其前来之处，请旨施行等语。各处驻防官兵，向居外省，于行围之道，不能谙练，相沿已久。遂失满洲旧风，渐近汉人习气。嗣后凡遇行围，自应遵照旧例，令其轮班前来学习行围。所有此次应随围之杭州、乍浦、荆州三处官兵，即令其计程，于八月初旬前抵热河。（《清高宗实录》卷1327，第962页）

【乾隆五十四年四月壬子】又谕：前因恰克图业经闭关，不准与俄罗斯贸易。而大黄药料，尤为俄罗斯必需之物。恐商贩私行透漏，节次传谕新疆驻劄大臣，严加查禁。并因各省地方，不特广东濒临洋面，即盛京、江南、闽、浙、直隶、山东等处，俱有沿海口岸。谕令各督抚等，饬属实力稽查，毋许奸商偷贩出洋，致转售与俄罗斯，希图厚利。复因内地需用大黄，疗治疾病，不可查办过当，以致因噎废食。续经降旨，令该督抚等妥协酌办矣。本日闰正祥等奏，据古北口防守尉达孟阿等禀报，到关药车三辆，搜出大黄一百四十九斤，将贩卖药料之王礼谦、刘克仁，委派弁兵押送刑部严审等语。大黄一种，不特内地民人用资疗疾。即口外地方，如热河八沟等处，人烟辐辏，亦与内地无异。若查禁过严，致商贩裹足不前，于民间亦多未便。此次在古北口盘获之王礼谦等，所有贩运大黄，尚在未定章程饬禁之前，且为数无多，著即从宽释放，不必解交刑部。第各省查禁私贩，固不可有意从严，亦不可漫无稽察。著该督抚等各就地方情形，妥立给票章程，定以限制斤两。酌议每处需用大黄若干，发给官票。于经过各关隘时，将票呈验。如无官票可凭，即系私行贩运，查挐治罪。饬令地方官妥为经理，毋任不肖吏胥，藉端需索。有票者不禁，无票者即系自贩。并于通衢僻壤，出示晓谕。以现与俄罗斯不通贸易，是以不准大黄出口。俟将来俄罗斯送出贼犯后，仍可开关通市。则大黄一种，原应照常贩运，自无庸给与官票，有累经商。各督抚一面酌议奏闻，即一面遍行出示，不必俟部覆到时始行办理，免致往返稽迟，有误闾阎需用。（《清高宗实录》卷1327，第971—972页）

【乾隆五十四年六月丁巳】谕：每年夏间驻跸热河，至秋令进哨，以为柔远诘戎之举，典至盛也。但避暑山庄以及南北两路行宫，地方广阔，较之瀛台、三海、圆明园、三山等处相仿。所有京内园庭，皆设大员总辖。又有如巴宁阿、福克精额等以郎中职衔管理者。热河地处口外，虽不便特派大臣前来管辖，第以总管二人管理，职分较小，未免不协体制。所有现在热河总管董椿、佛保，即著照巴宁阿、福克精额之例，赏给郎中职衔，管理热河事务，并著赏戴花翎。其苑副四员本系五品，亦著以原衔改为苑丞，以资协理。（《清高宗实录》卷1332，第1029页）

【乾隆五十四年七月丙申】又谕：今年热河满洲兵射箭甚好。平日当差，亦俱

奋勉，著普行赏给一月钱粮。厄鲁特兵亦著赏给一月钱粮，以示嘉惠旗民之至意。（《清高宗实录》卷1334，第1081页）

【乾隆五十四年八月辛未】又谕：昨据鄂辉等奏，巴勒布专遣大头人巴拉叭都尔喀哇斯、哈里萨野二名，并小头人散番二十三名，恭赍表贡。于七月十五日，已抵扎什伦布，现在妥为照料，伴送进京等语。上年缅甸贡使，及本年安南贡使，前抵热河瞻觐。经过沿途地方，各督抚俱令叩见，演剧筵宴，并优加犒赏绸缎等物。巴勒布远处西陲，从前并未通职贡。且不娴中国礼仪，非如缅甸、安南，近届南服、久慕华风者可比。著传谕各督抚，于该贡使过境时，止须照每年达赖喇嘛、班禅所遣呈递丹书克堪布过境之例，妥与居处饮食。或演戏与看尚可，并计算日期，务令于年前到京瞻觐。不必如缅甸、安南贡使，令其叩见，又须犒赏，以省烦费也。（《清高宗实录》卷1337，第1123页）

【乾隆五十五年二月乙卯】工部奏：准热河副都统咨，操演子母炮，坐裂母炮一位。应交造办处拨给，仍将前项旧炮送部。得旨：热河应换炮位，著照例拨给。其损坏旧炮，即交热河工程处，镕销备用，毋庸送部。（《清高宗实录》卷1348，第36页）

【乾隆五十五年二月辛未】又谕：前据巡城御史穆克登额等奏称，拏获建昌县盗犯王二等，供出随同马十等行劫钱铺一案。此事已阅二年之久，该省既将正犯拏获，迄今尚未审办完结，殊属迟延。富尼善原系直隶臬司，且曾为热河道员。建昌县是其所属，此案正伊任内之事。乃以劫盗重情，一任要犯狡展，悬宕多年，置不速结，非寻常玩忽可比。昨已降旨，将该司交部严加议处。富尼善著即解任来京，听候部议。所有安徽布政使员缺，著和宁补授。其四川按察使员缺，著闻嘉言补授。汤雄业著补授广西按察使，所遗广西左江道员缺，著黄符彩补授。（《清高宗实录》卷1349，第49页）

【乾隆五十五年二月丙子】又谕曰：建昌县马十等行劫钱铺一案，事关盗劫重情，非寻常案件可比。臬司并不亲提研鞫，悬宕两载，迄今尚未完结。直省吏治，实属废弛已极。夫臬司为刑名总汇，盗案是其专责。虽所属地方辽阔，距省较远之处遇有寻常案件，原可督饬属员勒限完结，仍当亲加覆核。

若案情重大，已提至省城办理，臬司仍复养尊处优，概置不问，仅委之府县等官审讯，一转一详，别无究办之处。如此称职，谁则不能？又安用厚给俸廉，优加品秩，虚设此综理刑名之大员为耶？富尼善于马十之案，既经提犯到省，仅派委首府办理，以致辗转宕延，其咎甚重。前经降旨，令富尼善解任来京，听候部议。今思富尼善曾任热河道员，建昌县系其所属。该处盗劫之事，已失察于前，又升任臬司，复不将首伙各犯，亲提严鞫。该员经朕不次迁擢，乃于盗劫重案，任听玩延，殊为负恩溺职。富尼善著革职拏问，解赴行在，交与军机大臣质讯。各省臬司，皆当以富尼善为戒。若有似此玩视重案者，定行加倍治罪。至朱澜，昨已有旨，降补保定府知府。但伊既接署臬司，置重案于不办，仅以一催了事，与富尼善获罪维均。前于西巡回跸时，该员曾任正定府知府。于途次召见，其应对尚属明晰。且在直年久，是以擢用清河道。前刘峨面奏，该员尚能谨慎，但才具平常，难胜繁剧，亦只空言陈奏，是以未经更调。而于朱澜不能称职之处，并未切实奏明。今朱澜于此等重案，任意稽延，全不以事为事。谨慎之人，断不至此。是不特限于才识，其平日办事，平常亦可概见。岂宜复膺知府之任？朱澜著革职。所有保定府知府员缺，著方受畴调补。其所遗大名府知府员缺，著王锟补授。（《清高宗实录》卷1349，第55—56页）

【乾隆五十五年五月乙酉】谕：前因直隶建昌县盗犯马十等一案，延宕两年并未审结。提省办理后，刘峨及富尼善、朱澜、王汝璧并不亲提审讯，递委属员。承审之知县朱腹松又不将首犯鞫问。事关劫盗重情，玩愒至于如此。是以将刘峨降用侍郎，富尼善等分别治罪。又江苏高邮州私雕假印，冒给伪串一案，经巡检陈倚道查获。该州吴琰，庇护书吏，沉搁不办。及闻该巡检通详，又复捏情具禀。闵鹗元接据禀报，并不立时参奏，仅批交两司及扬州府查办，意存消弭。康基田、刘炳迎合上司之意，袒庇劣员，通同弊混。现已将闵鹗元等革职拏问，解赴热河审办。两案情节，虽轻重不同，均非寻常贻误公事、失察属员可比。此而不加以惩治，何以饬吏治而肃官方？恐外间无识之徒，妄谓朕有意吹求，办理未免过当。殊不知马十之案，系巡城御史拏获逸盗，因将此案延玩情形查出。而假串一案，亦系巡检陈倚道揭报户部，始行败露。此等事件，既至朕前，岂得置之不办？并非朕御下从严，以苛为察，以刻为明，使人侧目而视，重足而立也。朕临御五十余年，办理庶务，一秉大公，宽严得中，用刑详慎。于大小臣工过犯可贷者，无不量予矜原。其不可恕者，亦即加以惩创。用法轻重，惟视人之自取，从不稍为偏倚于其间。各省官吏，惟当以刘峨、闵鹗元为戒，黾勉奉公，实心任事。固不可失之宽纵，亦不可意存苛刻。务使庶政持平，共成治理，称朕意焉。（《清高宗实录》卷1354，第138—139页）

【乾隆五十六年三月乙未】又谕：热河满洲佐领兆善因该佐领下马甲长保住赌博、杖责致死一案，交军机大臣审明，将兆善议以降二级调用具奏，固属照例定拟。但兆善如果挟嫌，有意将长保住杖责致毙，自当从重治罪。今因长保住赌博，该佐领兆善将伊责惩。长保住并不认罪自悔，反行顶撞，兆善始行加倍重责，因伤身死。况验其伤，非不如法。若遽将兆善降级，恐启兵丁不遵约束之渐。且驻防地方，立法亦当从严。所有兆善降级之处，著宽免，仍留原任。（《清高宗实录》卷1375，第461—462页）

【乾隆五十六年七月丙戌】军机大臣议奏：热河总管盛住呈称，热河园内及外庙续添看守兵丁，共三百六十三名。每名每月除给钱粮一两外，又赏地六十亩。近年食物昂贵，所得不敷赡养，情愿将地亩退交。再热河看仓兵丁，每月只给银一两，并无地亩，生计更艰。均请每月各加给钱粮一两。又千总十名、副千总十七名，亦愿将赏地退出，并请一体增给钱粮。报闻。（《清高宗实录》卷1382，第549—550页）

【乾隆五十六年七月丁酉】谕军机大臣等：据热河道全保将私在喀喇沁地方，商同开挖煤窑之民人龚廷玉，拏获取供具奏等语。龚廷玉著交地方官，速行解交福长安质审办理外，昨日福长安折内，有丹巴多尔济既如是私取民人银两，开采煤窑，此外不免别有营私事件之语。如有，福长安等自应彻底查明，速结具奏，断不可徇情。此案讯明，福长安等一面具奏，一面即起程前来，不必等伯布岱解到，尽可将伯布岱解赴热河审办。（《清高宗实录》卷1383，第566页）

【乾隆五十七年三月甲午】谕：据保成奏，喀喇河屯满洲马甲和楞额，因酒醉在街滥行酗骂。当经佐领福山保、防御克崇额，将马甲和楞额责打三十余板，和楞额即于次日殒命，请将福山保、克崇额交部治罪等语。马甲和楞额酒醉酗闹，其该管官员等，理宜教训责处。若因其身死，即将官员治罪，则此风一长，官员等将至难于约束兵丁矣。但仅责三十余板，亦断不至于身死。必其非法责打，和楞额始至殒命。保成所奏，不甚明晰。著将保成申饬外，佐领福山保、防御克崇额，著交部议处。（《清高宗实录》卷1399，第788页）

【乾隆五十七年六月辛巳】军机大臣议准：直隶提督庆成奏称，河屯协兵遇有差遣盘费，向系自捐。该营驻劄热河，差务稍繁。请将提标库存节省银九百余两，再于节济兵米银，并备办麸豆银内，赏借三千两，共四千两，交热河道发典生息，以为兵丁差费。得旨：允行。（《清高宗实录》卷1406，第907页）

【乾隆五十七年六月丙申】又谕：现因京南被旱地方，无业贫民就京觅食者较多，特令五城添设粥厂煮赈。朕现在驻跸热河，恐口内贫民出口至此者必多。自应特沛恩施，俾得均沾恺泽。著承德府道府等酌量设厂，拨米煮赈，使乏食民人，得资口食。并著实力稽查，妥协经理，务使均沾实惠，以副朕轸念民依、有加无已至意。（《清高宗实录》卷1407，第918页）

【乾隆五十七年七月辛丑】谕军机大臣等：前因直隶省京南被旱，各州县无业贫民，至京就食者日众，并多有出口觅者。已有旨令梁肯堂速赴河间、景州一带，周历查勘，即时散赈，俾资糊口。但恐该督接奉前旨，错会朕意。或虑贫民赴京日多，惧干咎戾，令地方官先行拦阻。则此等乏业贫黎，无从得食，岂不竟至转于沟壑？更非朕痌瘝在抱之意。此时京城各厂，领赈者已不下二万人。今年京南各属，被旱较广，地方官散赈恐有未周。若不设法办理，则京城、热河就食者，日聚日众。古语：救荒无善策。现询据热河道府等称，热河领赈贫民，有每日赴厂食粥者，有领过一二次，不复再来者。该道府访问情形，此等领赈贫民，并非俱藉粥赈度活。其稍有力者，即分赴他处手艺佣工，各自谋生等语。可见领赈贫民内，稍资接济，原即有可以自谋生计之人，并非一律嗷嗷待哺，专资粥赈度日。除已令热河道府就近晓谕各贫民，由张三营、波罗河屯等处，分往各蒙古地方谋食者不禁。其京南地方，亦应一体妥办。著梁肯堂即转饬各州县，于赴京出口通衢，令各地方官遇有贫民，详晰晓谕。今年关东盛京及土默特、喀尔沁、敖汉、八沟、三座塔一带，均属丰收。尔等何不各赴丰稔地方，佣工觅食？俟本处麦收有望，即可速回乡里。如此遍行晓谕，并令其或出山海关赴盛京一带，或出张家口、喜峰口，赴八沟、三座塔暨蒙古地方，不必专由古北口出口，则贫民中稍可力图自给者，知有长远觅食之路，自必分投谋生，不至齐赴粥厂，致滋拥挤，人多致病，庶更妥协。但总须善为开导，不可加之拦阻。此事该督贻误于前，再不实力稽查，任令地方官吏克扣浮冒，其咎已不止于革职留任。若复将赴赈贫民，阻其生路，则其咎更重，断不能稍为宽贷也。将此再传谕知之，仍即将如何发赈，及劝谕分赴各处就食情形，迅速覆奏。（《清高宗实录》卷1408，第924—925页）

【乾隆五十七年七月甲辰】 谕：厄鲁特等自驻防热河以来，三十余年，与满洲官兵一体当差。而于红白事件，向无恩赏银两。著加恩，嗣后照满洲官兵例，给与恩赏，以示朕一体抚恤之意。（《清高宗实录》卷1408，第928页）

【乾隆五十七年十月壬申】 直隶总督梁肯堂奏：古北口驻防八旗及各营兵米八千余石，向例于该处理事同知仓内支放。其动缺仓谷，即令口外各属买补。查现存仓米无多，应请于司库地粮银动拨八千两，饬令平泉州采买米二千五百石，滦平、建昌、丰宁三县各买米一千五百石，赤峰县买米一千石运交，以备来年支放。报闻。（《清高宗实录》卷1414，第1021页）

【乾隆五十七年十一月丙辰】 谕军机大臣曰：梁肯堂奏，据承德府知府庆章禀称，建昌县民人孙振环呈控平泉县生员宋勋臣，诈称伊叔孙芳准入学诗文系伊代作，肆行讹诈等情。而宋勋臣先已将代倩许银情事，在县出首。现在委员提犯来省，俟梁肯堂查赈事竣，回至保定时，审明定拟等语。此案如果孙芳准曾倩宋勋臣代倩诗文，许给银两，大干法纪，自应严加审讯，俾无遁饰。现据该督将人犯提省，自必由京城经过。著传谕梁肯堂即饬委员，将案内应讯犯证，截留送京，交军机大臣，会同刑部，严审定拟具奏。（《清高宗实录》卷1417，第1062页）

【乾隆五十八年五月庚申】 又谕：本日刑部具题，直隶建昌县盗犯强劫伤人一案内，伙犯巴雅尔瑚一名，阅清书并无舛错。而汉书误作巴眼尔虎，是何言耶？自属译写之讹。巴雅尔瑚乃蒙古语喜悦之词，今乃以雅作眼，实属不成文理。各督抚虽不能通晓蒙古语义，但同文韵统一书久经颁发，各省通行在案。该督抚于此等题奏事件，自应详细对音，期无错误。乃该督既率行译写，而刑部亦不加改正，遽行照缮具题，俱属疏忽。著通谕与满洲、蒙古交涉事件，各将军督抚嗣后于对音人名、地名，务宜查照韵统译写。毋得似此舛讹，致成笑话。（《清高宗实录》卷1429，第116页）

【乾隆五十九年二月乙丑】谕：据保成奏，热河喀喇河屯驻防满兵，生齿日繁。现在户口多寡不一，请将各佐领闲散均齐等语。热河满兵，驻防年久，少壮闲散已多。若不行均齐，恐挑差不无壅滞。保成所奏尚是，著即照所请办理。（《清高宗实录》卷1446，第292页）

【乾隆六十年六月戊子】谕：热河旬余以来，晴霁稍久，暑气郁蒸。已命军机大臣将承德府所属监禁各犯，查明减等发落矣，但人数无多。因思京城虽已得雨，而当此伏暑之际，其缘事拘系羁禁囹圄者，殊堪矜悯。且清理庶狱，亦足以感召甘麻。著刑部堂官即查明徒罪以下者，一体分别减等发落，以示体恤。（《清高宗实录》卷1480，第773页）

【乾隆六十年六月癸卯】谕：承德府及所属滦平县，自六月以后雨泽稀少，秋收恐致歉薄。若将应征钱粮照例征收，民力不无拮据。所有承德府及滦平县缺雨地方，本年应征钱粮，著加恩查明，缓至来岁麦熟后征收，以纾民力。（《清高宗实录》卷1481，第783页）

【乾隆六十年七月乙卯】又谕：昨据留京王大臣、顺天府尹等奏，早禾收成约在八分以上，晚禾七分以上，牵算可得八分等语。本日召见赵㷆，据奏沿途所见田禾情形，约有五分收成，与王大臣、顺天府尹等所奏不符。热河自上月二十九日得有透雨后，旋即晴霁，已有七日。京城一带，亦未据王大臣等奏报续获甘膏。现命军机大臣询之热河农民，据称此间因连晴数日，地土稍觉干燥等语，未知京城情形若何。现在尚未届刈获之期，收成自难豫定。然高粱谷子等项，早经结实灌浆，无难一望而知。著再传谕留京王大臣、顺天府尹，即将京城及顺天府所属各州县日内有无盼泽，及收成究竟约有几分之处，即速确查，据实覆奏，不可稍事粉饰。（《清高宗实录》卷1482，第803页）

嘉庆朝

【**嘉庆元年五月戊申**】谕内阁：前因察哈尔额鲁特每次来京引见人员，往往有出痘者，朕甚怜悯，因降旨令赴热河引见。今据保宁等奏称，若令该员等进嘉峪关沿边行走，此一带仍系内地，亦与伊等无益。所奏尚是，即著照保宁所奏，嗣后凡未出痘之察哈尔额鲁特引见人员，俱令由科布多、乌里雅苏台、多伦诺尔一路前赴热河引见，以示体恤。(《清仁宗实录》卷5，第111页)

【**嘉庆元年五月癸亥**】赏密云县接驾兵丁半月钱粮，热河接驾兵丁及看守避暑山庄弁兵一月钱粮，看守口内口外各行宫弁兵半月钱粮。(《清仁宗实录》卷5，第116页)

【**嘉庆元年五月甲子**】谕内阁：朕此次巡幸热河经过地方，业经降旨将本年地丁钱粮蠲免十分之三。但跸路所经，阅视沿途禾稼情形，如顺义县属之清河及密云县属之石匣、要亭一带，在地禾稼颇为茂盛。惟昨日经过之怀柔迤东至密云附近地方，地土稍干，田禾不能一律芃茂。虽已据该督梁肯堂奏明，将麦收较歉之处，办理平粜出借。但现届青黄不接之际，小民口食，尚恐不免拮据。所有怀柔、密云两县所属村庄内，得雨较少，麦收歉薄之处，著加恩交该督查明，蠲免本年地丁钱粮十分之五。(《清仁宗实录》卷5，第116页)

【**嘉庆元年七月乙巳**】赏热河及额鲁特兵丁一月钱粮。(《清仁宗实录》卷7，第131页)

【**嘉庆二年七月乙亥**】谕内阁：前据留京王大臣等奏，七月初一日浓云密布，自辰刻微雨霡洒，时断时续，至初二日辰刻方止，午后又有密雨一阵，旋即开霁等语。而顺天府尹及总管内务府大臣，所奏亦属相同。热河自上月二十九日即有阵雨，至初一、初二势更滂沛，直至初三日午刻方止。朕阅留京王大臣之奏，方以为京师雨势小于热河，于田功尚无妨碍。及昨据梁肯堂奏，永定河工次，闰六月二十九日亥刻起，大雨如注。初一二日雨势更急，平地水深二尺，以致永定河埽工冲刷。永定河头二工段，即在卢沟桥附近，距京不过二三十里，断无与京城雨势，大小如此悬殊之理。况本报屡次为泥水耽阻，即询之赍送果报，及由京前来热河之人，皆云是日京城之雨甚大，平地水深二三尺不等。何以留京王大臣折内，尚称断续相间，初二日旋即开霁？即或因此时庄稼俱已长成，高卓之处，晴霁后水势全消，尚无妨碍。其低洼地方，被淹甚少，不致成灾。亦应将此种情形详晰奏闻，何得意存粉饰？在伊等之意，以朕现在盼望捷音，经理军务，宵旰焦劳，不复以此再烦朕念耳。不知望捷、理军务，乃朕分内之事。而朕廑念雨旸民瘼，更重于此也。留京王大臣等，俱系朝廷大臣，宁尚不能仰体朕意乎？若似此互相隐饰，则封疆大吏从而效尤，民隐无由上达。是伊等欲慰朕怀，其事小，而启讳灾捏饰之渐，更重朕过。所关甚巨，不可不示以惩创。所有前奏不实之留京王大臣、顺天府尹、总管内务府大臣等，俱著交部议处。仍著即将京畿一带田禾有无妨碍，及低洼处所是否淹浸之处，据实速奏，勿再讳饰干咎。至在京科道，均有稽察之责。京师雨势过大，而留京王大臣等并不据实具奏，该科道何以亦无一字奏闻？均属非是。普著饬行，将此通谕知之。（《清仁宗实录》卷20，第259—260页）

【嘉庆二年十二月壬子】举行本年军政……热河副都统所属卓异官一员。（《清仁宗实录》卷25，第310页）

【嘉庆三年五月辛巳】赏热河接驾兵丁及看守避暑山庄弁兵一月钱粮，看守口内口外行宫弁兵半月钱粮。（《清仁宗实录》卷30，第353页）

【嘉庆三年八月辛丑】又谕：从前永保剿办湖北贼匪时，不能设法兜围，任令窜逸，获咎甚重。将伊革职，交刑部监禁，并将其子宁志、宁怡革去侍卫，发往热河。今伊兄勒保，生擒贼首王三槐，著有劳绩。著加恩将永保释放，宁志、宁怡亦著加恩释回，在上虞备用处拜唐阿上行走，以示权衡功罪、推

恩曲宥至意。(《清仁宗实录》卷 33，第 374 页)

【**嘉庆四年二月甲辰**】谕内阁：热河承德府为每年太上皇考秋狝驻跸之地，该处民情素殷爱戴，朕心深为怜悯。著将承德府及所属州县，并经过畿内之宛平、顺义、怀柔、密云、昌平等州县，本年应征钱粮，全行蠲免。至陵寝一路，将来奉移时，应先期修垫道路，该处百姓亦宜轸恤。著将大兴、三河、通州、蓟州、遵化等州县，本年应征钱粮，一并普行蠲免。并著直隶总督于接奉部文行知后，速即刊刻誊黄，遍行黏贴晓谕，毋得仍前压搁，任听不肖官吏私征弊混。庶恩膏下逮，小民得霑实惠。该部即遵谕行。(《清仁宗实录》卷 39，第 457 页)

【**嘉庆四年三月庚辰**】又谕：刑部员外郎赓音、陈预，理藩院员外郎和瑧额，随同侍郎特克慎，前赴三座塔审拟土默特旗台吉阿咱拉，谋杀胞伯卓里克图身死一案。于特克慎固执己见之处，并不依违迎合，俾重案得以平反。俱著交部议叙，以本衙门应升之缺先行补用，于到京时仍著带领引见。(《清仁宗实录》卷 41，第 496 页)

【**嘉庆四年五月戊寅**】谕内阁：据德勒克扎布奏，本年既不巡幸热河，请将未放给该处行宫等处当差官兵银二千余两，赏给操演兵等，以为饭食银两等语。此项孳生银两，原系皇考每岁巡幸热河，因彼处官兵差务较繁，加恩赏赉。本年朕不巡幸热河，若将此项银两赏给操演兵丁，嗣后朕巡幸热河时，又如何赏给？兵丁操演，系其分内之事。今若赏给热河操演兵丁饭食银两，京城及各处操演兵丁，岂能全行加给？况赏赐兵丁，自应出自朕恩。大员中往往任意代为属员格外祈恩，实为恶习。是惟知沽名钓誉，独不思恩威大权，不可下移耶？德勒克扎布著严行申饬外，其折著毋庸议。(《清仁宗实录》卷 45，第 547—548 页)

【**嘉庆五年正月戊寅**】命热河副都统德勒克扎布，来京候旨。降黑龙江将军那奇泰为热河副都统，以总管内务府大臣景熠为黑龙江将军。户部尚书布彦达赉兼总管内务府大臣，正蓝旗满洲副都统德麟兼右翼前锋统领。(《清仁宗实录》卷 58，第 759 页)

【嘉庆五年二月丁未】以新授热河副都统那奇泰为乌里雅苏台参赞大臣，德勒克扎布仍留热河副都统任。（《清仁宗实录》卷60，第798页）

【嘉庆五年三月癸酉】又谕：满洲风俗淳朴，向俱娴习骑射及马上技艺，感激君恩，为国效力。是以每遇出征，皆欢欣向往，所至立藏大功。即派出随围，亦皆奋勉争先，其中不得派往者，即自觉愧赧，并无遇差退缩、藉端规避之人，何风之美欤！近来习俗日下，年少者惟图安逸，差使怠惰，技艺废弛，竟有不能骑马者。即如治仪正承昌，平日差使既属懒惰，而此次该衙门派出随扈恭谒陵寝，胆敢捏称葬妻，藉词告假，并不随往。即实有此事，亦非伊父母之事可比。况此语尚属虚捏，实为胆大不法。若不严加惩治，将来满洲世仆不知警戒，互相效尤，所关甚重。承昌著革职，交总理行营王大臣，传集乾清门侍卫、大门侍卫、粘竿处侍卫、拜唐阿、銮仪卫章京及各处章京、拜唐阿等眼同将承昌重责四十鞭，以示警戒。仍著胡季堂立即派员押解发往热河，交德勒克扎布，令在该处披甲严加管束。倘有逃走等情，拏获时即照例具奏正法。此旨著通行晓谕。嗣后满洲世仆各勤厥职，以复淳朴旧风，毋得任意偷安。倘不知畏惧，仍复懒惰从事，则承昌即前车之鉴也。（《清仁宗实录》卷62，第827—828页）

【嘉庆五年四月丁亥】拨广储司库银十万两、热河银十万两、广东银三十二万两，分解陕西湖北，以备军需。（《清仁宗实录》卷63，第844页）

【嘉庆五年闰四月乙丑】以土默特贝子朋素克琳沁苦累所属，革爵安置热河。（《清仁宗实录》卷65，第876页）

【嘉庆六年正月甲辰】又谕：秋狝大典，所以肄武习劳，从前皇考巡幸木兰，岁以为常。后因春秋已高，适值连年木兰雨水较大，节经蒙古王公大臣等再四恳请，是以数年以来，暂停进哨。今岁秋间，既允王大臣等所议，缓诣盛京。而热河距京甚近，且顺时行狝，典不可废，朕自应恪守遵行。著仍于本年七月十八日由京启銮，驻跸避暑山庄，中秋后木兰行围。所有应行事宜，著各该衙门照例豫备。至前经降旨，于盛京回銮时，由山海关恭诣东陵。今盛京已暂停前往，距明年新正至裕陵行三周年礼，为期相隔较久，朕心实有

所不安。著于本年木兰回跸时，由密云取道前往东陵，恭申孺慕。(《清仁宗实录》卷78，第11—12页)

【嘉庆六年七月丁酉】给热河地方被水灾民口粮。(《清仁宗实录》卷85，第122页)

【嘉庆六年九月庚子】谕内阁：庆杰等奏，查勘铜苗情形一折。前据明安等奏，大兴县民人张士恒等呈称，平泉州属四道沟、云梯沟等处有铜苗透出，请自备工本开采等语。朕即知其事不可行，又涉言利，是以未即允准，特降旨令庆杰等查奏。兹据庆杰等奏称，查得云梯沟地方，系喀喇沁王满珠巴咱尔名下山场。旧有洞口四座，系民人窃挖，该处铜苗甚觉微细。又四道沟地方旧有洞口一座，亦系民人窃挖。该处铜苗较旺，但不知能否经久，请令试采等语。该二处山场，久经封禁。现在详悉查勘，亦未见实有可以开采之处，其事断不可行。盖开采俱系无业游民，攒凑资本，互相邀集，趋利若鹜。傥已聚集多人，而铜苗渐竭，彼时何以遣散？岂不虑其滋生事端？即或开采获利，而该处地方与蒙古山场相连，使蒙古等以内地官民，专为牟利起见，于国体殊有关系。况现在户工二部鼓铸事宜，需用铜斤，照例由滇省起解运京，尽属充裕，本无须另筹开采，何必轻为此举耶？所有平泉州属四道沟、云梯沟等处产铜山场新旧洞口，俱著永远封禁，不准开采。并责成地方官严加查察，毋许再有私行偷挖之事。朕自亲政以来，屡经谕止臣工不准言利。而内外臣工，实心确信朕言者固多，然心存观望犹豫者不少。彼意总以为决不因言利获咎，即蒙议处申饬，圣意总觉能事，后必见好。是直不以朕为贤君，视为好货之主矣。诸臣何苦必欲以此尝试耶？上年胡季堂有奏请在直隶大名地方开设铅厂一折，朕未经批发查勘，即不准行。本年明安先有奏请开采木植之事，此次又率据该商人所请奏开铜矿，谓非言利而何？在商民等无知见小，计及锱铢。而明安即据以入奏，此必轻听属员怂恿而成。明安受恩深重，自不应有冀图沾润情事，然亦不可不防其渐。而该商等具呈恳请时，若非于所属员弁及书吏人等辗转贿求，何能遽将所请之事达于明安，代为奏请？此种情弊，岂能逃朕洞鉴乎？嗣后臣工等惟当洗心涤虑，毋得轻启利端，假公济私，妄行渎奏。将此旨通谕中外知之。(《清仁宗实录》卷87，第155—156页)

【嘉庆六年十二月己未】以土默特贝子玛呢巴达喇为固伦额驸，赏双眼花翎，在御前行走。释其父已革贝子安置热河朋素克琳沁来京，赏三等台吉。（《清仁宗实录》卷 92，第 227 页）

【嘉庆七年五月丙申】谕军机大臣等：向来巡幸热河，闻直隶地方官不无派累。但思跸路所经，一切桥梁道路等事，动用俱有经费，何以尚须累及闾阎。若果有其事，于经需之外，究竟尚需帮贴若干，著查明具奏。至需用车辆，向例由顺天府承办。兹闻顺天府因上年近京一带地方被灾较重，不能雇觅，已咨商直隶总督派外府州县帮办。惟直隶地方，上年被灾有九十余州县之多。此项车辆，若系通省摊派，则同系灾区，办理必竭蹶。若专责之未经被灾之处，则州县无几。所派车辆，为数必多。且距京道路遥远，更为不便。著熊枚一并确查，有无碍难办理之处，据实覆奏。将此谕令知之。（《清仁宗实录》卷 98，第 317 页）

【嘉庆七年八月戊午】上行围，射狍二，以其一驿送热河，交总管董椿，敬诣永佑寺神御前供献。（《清仁宗实录》卷 102，第 371 页）

【嘉庆七年九月乙亥】裁热河围场总管缺，以其衙署为新设副都统衙署。（《清仁宗实录》卷 103，第 381 页）

【嘉庆七年九月戊子】谕内阁：朕此次秋狝回銮，皇后因偶感风寒，原定于本月二十三日自热河启行，现在尚须调理，改于十月初十日启程回京。所有沿途道路桥梁，照料修治，较多时日。前因跸路经过，业将各该州县本年应征钱粮蠲免十分之五。兹再加恩将热河至京一路经过地方，本年钱粮加免二分，以示体恤闾阎至意。（《清仁宗实录》卷 103，第 385 页）

【嘉庆七年十二月甲寅】举行本年军政……热河副都统所属卓异官二员。（《清仁宗实录》卷 106，第 425 页）

【嘉庆八年八月甲子】谕内阁：本日朕诣狮子园阅折办事。兹园为皇祖世宗宪皇帝在藩邸时，恭侍圣祖仁皇帝来至热河，特建斯园，以资憩息，并蒙圣祖仁皇帝亲临御膳，宸翰昭垂。我皇祖亦尝亲书墨宝，辉耀檐楹。迨皇考巡幸热河，每岁躬诣狮子园，叠见吟咏。迄今瞻仰奎章，敬思列圣贻谟。缔建山庄，永垂堂构，实为吉祥福地。从前圣祖仁皇帝岁时举行秋狝，著为恒典。我皇祖在位十三年，虽未出口行围，而登极以前，屡经随扈。且恭读皇考《避暑山庄后序》，敬述皇祖面谕曰：予之不往避暑山庄及木兰行围者，盖因日不暇给，而性好逸，恶杀生，是予之过。后世子孙，当习武木兰，毋忘家法。我皇考高宗纯皇帝钦承世德，每岁校猎木兰，久而弗懈，垂训尤详。朕缵绍鸿图，亦惟式循前典，罔敢或逾。今山庄内永佑寺，恭奉圣祖、世宗皇考神御。心源默契，优忾长存。万世子孙，所当继继承承，勿忘先烈。盖我国家诘武绥遐，意至深远。木兰行围，实岁时典礼所系，并非前代游猎可比。如以为游观之娱，则长途跋涉，策骑辛勤，较之京师御园清适，劳逸迥殊，何可娱乐？然以无可娱乐而遂惮勤劳，朕实不敢出此也。著将朕敬承祖考，肄武习劳，有举莫废之意，再行明白宣示，通谕中外，俾众共知。（《清仁宗实录》卷118，第567—569页）

【嘉庆八年八月丁丑】谕内阁：木兰围场为上塞神皋，水草丰美，孳生蕃富。我圣祖仁皇帝肇举行围，著为令典。世宗宪皇帝在位十三年，虽未出口行围，曾特降谕旨：以后世子孙，当习武木兰，毋忘家法。皇考高宗纯皇帝钦承世德，岁时秋狝，肄武习劳，绥怀藩服。垂训谆谆，万世所当法守。朕缵绍丕基，式循前典。上年即躬亲狝猎。今岁邪匪全平，诸事合序，又喜雨旸时若，年谷顺成。朕驻跸避暑山庄，藩部络绎来庭。近日气候晴和，正拟诹吉启銮，率领蒙古王公及八旗官兵，以时讲武，行庆施惠。讵本月上旬，总管围场副都统韦陀保呈报，今年围内天气较寒，水涸草枯。当即派丹巴多尔济、孟住、满珠巴咱尔等前往查看。伊等遍历十围，察看各该处水草虽不甚丰足，尚可驻营，惟鹿只甚觉寥寥。此必系韦陀保因所管围场牲畜稀少，藉水草为词，希冀掩饰卸责。即伊等前此节次所称，挐获偷打牲畜各犯二百余名之多，亦未可尽信。即其言实，而已获者已二百余名，未获者更必加倍。彼时丹巴多尔济等覆奏，并经蒙古王公等合词恳请停止行围。朕总未允准，复派监放马匹之王大臣绵偱、绵懿、鄂勒哲依图、阿克栋阿，带同韦陀保，再往详查，令将实在情形迅速具奏。兹据绵偱等奏，遵旨前至永安莽喀、巴颜锡纳、塔里雅图三围查看，竟未见有鹿只，与丹巴多尔济等所奏相符。溯查乾隆五十七年以后，皇考驻跸热河，春秋增高，兼以连年雨水过大，屡次停围。自应生息蕃滋，倍加充牣。乃朕于上年行围时，鹿只已属无多。今岁竟至查阅十数围，绝不见有麋鹿之迹，殊堪诧异。闻近日该处兵民，潜入围场，私取茸角盗卖，希获厚利。又有砍伐官木人等在彼聚集，以致惊窜远扬。而夫匠等从中偷打，亦所不免。是以鹿只日见其少。此皆由管理围场大臣，平时不能实力稽查，咎无可逭。本应将韦陀保从重治罪，姑念伊到任未久，不即加以严谴，著交部议处。其现任之围场官员等，多系在彼年久之员，因循疏玩，一至于此。若不加以惩儆，则日复一日，围场几于旷废，尚复成何事体？著该部查取职名，按其在任年月，分别严加议处。并查明乾隆五十七年以后之历任该管大臣及官员等，一并严议。因思从前铁保曾经条奏，将围场偷盗牲畜罪名宽减，以致无所儆惧，冒干禁令者多。著军机大臣会同该部，将铁保所奏条例，酌为改易。并将台费荫前此所奏围场一切章程未尽详悉之处，再行妥议。今岁围场中既无鹿只，业据王大臣及蒙古王贝勒等节次查明。朕若必执意行围，蒙古藩部等扈猎辛勤，无由献获，朕亦难加之旌赏。即揆之讲武肄劳，亦觉有名无实。此次姑允蒙古王公等所请，停止行围，非朕本意也。至今岁既已停围，该管围场大臣等，经朕此番严饬，务宜倍加谨凛，实力稽查，严拏偷鹿人犯惩治。来年朕巡莅热河，必遵循前宪，于中秋节后，即启跸至木兰行猎，亦断不先期派员前往查看。如彼时鹿只较前增多，自当将该管大臣及官员等量加奖励。倘仍复稀少，必将伊等重治其罪，决不姑贷。所有此次豫备行围之蒙古官兵等，仍著减半赏赐。将此通谕知之。（《清仁宗实录》卷118，第583—585页）

【嘉庆八年八月戊寅】谕内阁：从前木兰围场，牲畜蕃庶。上年朕进哨行围，即觉牲畜稀少。本年两次派王大臣并蒙古王贝勒等查勘。兹据该王大臣等覆奏，哨内牲畜实属短少，朕不得已暂停进哨。推原其故，或兵民人等偷采鹿茸，及樵牧人等惊散牲畜远遁，更有偷猎等事。此皆历任管理围场大臣官员等因循怠忽。昨经降旨，将该管大臣官员等分别议处示惩。喀喇沁游牧，与木兰相近，曾未闻该蒙古等有人私进哨内打牲者。可见该蒙古王公等平日管理严肃，可嘉之至。喀喇沁王满珠巴咱尔每年例应查哨一次。著满珠巴咱尔于每岁往查时，将牲畜多寡情形，据实具奏。倘哨内牲畜仍前短少，或有民人偷猎等事，一经拏获，即将该总管韦陀保等一并参奏，断不可代为隐匿。（《清仁宗实录》卷119，第587页）

【嘉庆八年八月壬午】户部奏：查向来索伦墨尔根官兵来至热河，由理藩院请旨赏给银两，出哨后复奏明给予赏银，并按月支领路费。得旨：此次索伦墨尔根官兵赏银，于未经降旨停围之先。经理藩院奏明全数给领，著加恩不必回缴，即作为该官兵等回程路费，以示体恤。（《清仁宗实录》卷119，第591页）

【嘉庆八年九月癸丑】谕军机大臣等：前据庆杰奏，哨内每岁冬令，有民人偷打牲畜，私卖牟利一折。现届冬令，著庆杰于十月内，带领热河兵丁百余名，会同韦陀保进哨，迅为巡查。傥查有偷打牲畜之人，严行拏获，照新定条例办理，不可草率塞责。（《清仁宗实录》卷121，第621页）

【嘉庆八年十二月戊寅】以察哈尔都统观明为黑龙江将军，理藩院右侍郎佛尔卿额为察哈尔都统，署热河副都统明兴为理藩院右侍郎，兼正黄旗满洲副都统，调正白旗汉军副都统达冲阿为镶红旗蒙古副都统，以正蓝旗汉军副都统本智为銮仪卫銮仪使，调墨尔根副都统额勒珲为齐齐哈尔副都统，以副都统衔达斯呼勒岱为墨尔根副都统。（《清仁宗实录》卷124，第672—673页）

【嘉庆九年二月癸酉】命遣送编置佐领及安置各处之安南人回国。谕内阁：前据阮福映具表叩关，吁请锡封。业经加恩封为越南国王，抚有交南，备位藩服。因思从前随同黎维祁内投，编置佐领之安南人等，虽经给有廪糈，团聚安居，但远离乡土，已阅多年，情殊可悯。著加恩准令回国，以遂其怀归之志。并可将黎维祁骸骨还葬故墟，俾正首丘。著该旗都统等，按照册开安南人户，佐领一员，传旨赏给银十两。骁骑校一员，赏给银八两。领催以下男妇大口，每人赏给银五两。小口，每人赏给银三两。均于广储司库支领给发，令其分起行走。沿途资送广西，交与巡抚百龄，遣送出关，知会该国王收领。除江宁安插者，已谕知陈大文遵照办理外，其在热河、张家口者，著该都统等即查照送京，交该旗一例遣送。至前经发往奉天、黑龙江、伊犁等处之安南人等，并著该将军等查明释回，一体赏给，资送粤西，遣令出关，以示格外矜恤至意。（《清仁宗实录》卷126，第700页）

【嘉庆九年七月己酉】以牲兽稀少，停止本年秋狝。谕内阁：木兰秋狝行围，所以肄武怀柔。我朝家法相承，百有余年，行之勿替。朕恪守成宪，不敢废弛，前年即敬谨举行。见围场鹿只等项已觉稀少，自不免有偷窃情弊。是以特设围场副都统，严立章程，专职稽查。上年驻跸热河，特派员前往围场查看鹿只，更形缺少，始停止行围。并早经降旨，以本年必当进哨，饬令豫为查察。乃自夏间，先后派满珠巴咱尔、贡楚克扎布驰赴围场阅看，均称鹿只仍少，朕尚不深信。是以特命御前大臣拉旺多尔济亲往履勘，具奏情形无异。并据查奏，系因近年来砍伐官用木植之外，多有私砍者，并任令奸徒私入捕捉牲畜，以致鹿踪远逸，实属不成事体。除另降谕旨查办外，所有本年木兰行围，不得已仍著停止。朕于八月二十一日，自热河启銮回跸。谨涓三十日，恭谒东陵。九月初一日，告祭裕陵隆恩殿工成。初四日，驻跸南苑。初八日，回至圆明园。（《清仁宗实录》卷132，第792页）

【嘉庆九年七月己酉】又谕：据拉旺多尔济奏，遵旨赴木兰查勘本年所定十三围地方内，巴颜布尔噶苏台、巴雅尔额尔衮郭、威逊格尔、巴颜喀拉四围，并未见有鹿只，并详看各围场鹿只甚少者四十余处。又称该处砍剩木墩，余木甚多，兼有焚毁，枯株犹在。往来车迹，如同大路。运木多人，各立寮铺。以致鹿只惊逸伤损，并查有奸徒乘间逸入，偷打鹿只，是以较前更为短少等语。围场为肆武重地，自应严密稽查，毋令有私砍木植、偷打鹿只等事。今因节年有大工，是以砍伐官木。司其事者，办理不善，任令匪徒逸入，私立寮铺，影射偷砍，运载出境牟利。其未运之木，尚堆积路隅，不可胜数。及闻知朕行围伊迩，复将余木焚烧灭迹，竟系烈山泽而焚之，禽兽逃匿。可见热河副都统总管等竟藉工程木植为名，任令通同舞弊，情事显然。况伊等从前原奏，只于十四围无碍围场处所，砍伐木植。今砍伐至四十余处之多，且于现定行围处所，肆意偷砍，致令鹿踪远逸。并有携带鸟枪，偷打鹿只，售卖鹿茸之事。是以国家百余年秋狝围场，竟与盛京高丽沟私置木厂无异。而习劳讲武之典，连岁阙如，成何事体，不可不严行惩究。此项工程需用木植，系嘉庆四年间，前任热河副都统德勒克扎布、总管姚良奏请办理，接办者系庆杰、董椿、穆腾额，伊等不但办理不善，且恐别有项情弊。德勒克扎布、姚良均著来京候旨。庆杰、董椿、穆腾额、热河佐领德新泰均著解任，交总理行营王大臣、军机大臣、行在刑部，详悉审讯具奏。至韦陀保调任未久，亦尚能留心查察，但在任已阅一年，而鹿只仍前稀少，亦难辞咎。韦陀保著革去副都统，作为围场总管。（《清仁宗实录》卷132，第792—793页）

【**嘉庆九年八月壬戌**】谕内阁：嗣后进哨举行秋狝典礼，一二品以上各大臣随至围场者，著给领马三匹；其不随至围场，仅止随扈进哨者，著给领马二匹，以示体恤。至此次停止进哨，所有扈从回銮之大臣侍卫官员兵丁等应得马匹，仍著照旧例给领。（《清仁宗实录》卷133，第803页）

【**嘉庆九年八月丙寅**】谕内阁：据总理行营王大臣会同军机大臣、行在刑部等具奏，审拟围场地方采办木植一案。讯明德勒克扎布承办大工木植时，原奏定于莫多图等十四处无碍行围地方砍伐。旋因大件木料不敷，并不据实检举，奏明请旨，辄札令委员擅赴向来行围处所砍伐。而委员德新泰等奉行不善，滥砍多株，工作车马，嘈杂喧阗。迨庆杰闻知行围之信，派员修治道途，又复将散弃余木，任意焚毁，遂至牲兽惊逸，不得不停止行围。是连年贻误秋狝大典，实由德勒克扎布办理舛谬所致，其咎甚重。今经王大臣等拟徒折枷，本应照议惩治。姑念德勒克扎布系一糊涂蒙古，且曾任大员，著革职，免其杖徒折枷。庆杰虽讯无别项情弊，但伊接任以来已逾二年，于德新泰砍剩余木及七克图等延烧木植，漫无觉察，亦有不合，著回任，仍交宗人府议处。至韦陀保，系特设专管围场之员，在任年余，于围内堆积剩木、牲兽稀少各情形，不能及早查明奏办，直至拉旺多尔济遵旨前往查勘，始行呈出，希图卸过，殊属取巧，业经降为总管，仍著交部严加议处。余著照所议行。（《清仁宗实录》卷133，第807页）

【**嘉庆九年八月辛巳**】裁新设围场副都统，仍归总管专司，给围场总管印，隶热河副都统兼管。（《清仁宗实录》卷133，第817页）

【**嘉庆九年十月丁卯**】又谕：韦陀保奏，围场总管若作为热河副都统所属，恐于公事无益等语。此两年来围场内牲兽短少，韦陀保并未据实参奏。本年经朕派拉旺多尔济，前往哨内查出砍伐木植人等，惊逸牲畜缘由。始据韦陀保在拉旺多尔济前具禀，已属有心取巧，彼时即应从重治罪。经朕曲加恩宥，将伊降为该处总管。该员既授为总管，即不应奏事。乃本日折内奏称，围场大小官员缺出，必须咨送热河副都统拣选，并支领俸饷等事，围场官员又须远离汛地，旷延时日，以致牲兽短少等语，俱不成话。围场总管为热河副都统所属，由来已久，并无贻误。近年哨内牲兽短少，实因该副都统等办理不善，任听砍伐木植人等惊逸牲兽，人所共知。乃韦陀保奏不及此，仅称如将总管为热河副都统所属，于围场无裨，请将伊作为披甲，效力当差，实属谬妄不堪。满洲臣仆，凡遇派充差务，惟当竭力尽职。韦陀保越分奏事，且折内仅书伊名，并未缮写奴才字样。看来韦陀保竟有负气不愿为热河副都统所属之意，大失满洲臣仆之道，胆大妄为，岂可姑贷？著派刑部笔帖式瑚素通阿会同德勒克扎布，一并驰驿前赴热河，会同庆杰，传旨将韦陀保革职擎问。并著庆杰拣派干员，协同瑚素通阿妥为押解来京，交刑部会同军机大臣严审定拟具奏。德勒克扎布，著加恩赏给蓝翎侍卫，补授围场总管。德勒克扎布系弃瑕录用人员，当感激恩施，勉力办事，朕必加恩。倘所管围场事务仍前废弛，必当从重治罪。（《清仁宗实录》卷135，第840—841页）

【嘉庆十年六月乙亥】又谕：前据都察院奏，赤峰县民人林钟伯呈控伊兄林钟兴，被战礼等扎毙，该县捏详纵凶一案，当经降旨交广兴审办。兹据广兴奏，接奉谕旨，即先行札饬该县，拘齐犯证备质。伊行抵赤峰，驻候八日，案内紧要犯证，全未提到。该县德克进泰怠玩拖延，请旨交部议处。并查访此案起衅，由于私挖矿砂，前任知县珠尔杭阿删改情节，捏辞通报，请旨交部严议等语。德克进泰以奉旨特派大员查审案件，并不迅集犯证，听候质审，屡催罔应，饰词延宕，其平日于地方公事废弛阘茸可知。珠尔杭阿于该管应禁私矿，不能查办，以致酿成命案，又复规避处分，删供捏详，均干重咎，不必交部议处。德克进泰、珠尔杭阿，俱著革职。即令在该处协同缉拏人犯，务期速获。广兴现赴建昌县覆审孟于氏控案，此案不必再交伊审办。著派明兴驰驿前往赤峰县，迅速提集人证，秉公严审，定拟具奏。（《清仁宗实录》卷145，第989—990页）

【嘉庆十年六月辛巳】是月，兵部右侍郎广兴奏请回京覆命，俟赤峰县案犯缉获，再行办理。得旨：汝此次大不似前，亦流入庸碌无能之内，可惜。（《清仁宗实录》卷145，第996页）

【嘉庆十一年七月己未】谕内阁：绵恩等查明昨日绵怀参奏乾清门、慈宁门旷班侍卫，拟以降革并自请交部议处一折。侍卫等并无应办事件，不过随扈出入及在各门该班，此即伊等专责，理应奋勉当差。近年来侍卫颇有恶习，今朕在圆明园、紫禁城内,误差空班者,尚有如许之多。若启銮驻跸避暑山庄后,侍卫等更不知如何废弛懒惰。此皆该管大臣平素不能严加管教所致,殊属不合。办事章京英德因病告假,并未给信与别班章京,以致旷误,其罪较重。绵恩等请革去办事章京,降为三等侍卫,所拟尚轻。英德本应革职,姑念伊患病属实,著加恩降为蓝翎侍卫。三等侍卫常春、常庆、倭克金布,蓝翎侍卫玉祥,无故旷班,实属胆大。绵恩等请将伊等革职,所拟亦轻。且伊等革职后,转得在家闲居,不足示惩。常春、常庆、倭克金布、玉祥,俱著革职,交军机大臣、领侍卫内大臣会同监视,将伊等重责三十板,作为粘竿处拜唐阿。此次即派随往热河,除官马外,一切应得之项,俱不准支给。侍卫什长敏政、委侍卫班领善廉,俱著罚俸一年。绵恩、丹巴多尔济,著交该部议处。绵怀不避嫌怨,据实参奏,甚属可嘉,著交部议叙。(《清仁宗实录》卷164,第129—130页)

【嘉庆十一年七月庚午】赏热河接驾兵丁及看守避暑山庄弁兵一月钱粮,看守口内口外各行宫弁兵半月钱粮。(《清仁宗实录》卷164,第138页)

【嘉庆十一年七月癸酉】上至热河,诣文庙瞻礼,关帝庙、城隍庙拈香。(《清仁宗实录》卷164,第139页)

【嘉庆十一年七月癸酉】命嗣后秋狝,如遇雨水稍大,密云、古北口内外潮河、滦河各桥座,著密云副都统、古北口提督、热河副都统率领官兵帮同修搭。著为例。(《清仁宗实录》卷164,第139页)

【嘉庆十一年八月丙子】命嗣后巡幸热河,凡除授官员,例应递折谢恩者,外任于奉旨后趋赴行在,谢恩请训。京员先行具折谢恩,无庸前赴行在。俟回銮时,较王公大臣接驾处所,远迎一站。(《清仁宗实录》卷165,第141页)

【嘉庆十一年八月戊寅】赏热河及额鲁特兵丁一月钱粮。(《清仁宗实录》卷165,第142页)

【嘉庆十一年八月乙酉】谕内阁:承德府为每岁巡幸木兰驻跸之区,民物丰饶，骎骎向学。自皇考高宗纯皇帝建立黉序，圣制碑文，昭垂久远。彼时生员共只五十余人，定取乡试中额一名。曾经钦奉谕旨，俟将来人数增多，再当加恩增额。本年朕跸临热河，见接驾诸生人数济济，即交军机大臣查明该府阖属生员实数。现据称查明统计四百余名，人文日盛，殊堪嘉慰。著加恩于承字号中额一名外，广额二名。每科乡试取中举人三名，以示朕仰承教泽、嘉惠矜髦至意。（《清仁宗实录》卷165，第145页）

【嘉庆十一年八月癸巳】 再查每年热河进哨，各处派出随从官兵，除在京领用马匹外，其有应行补给及放给后起官兵马匹，向在石片子地方放给。该处距热河二百余里，官兵恐未能亲往领骑，易滋弊端。嗣后请将石片子应放马匹，均于进哨前，在二道河全行放给。从之。（《清仁宗实录》卷165，第153页）

【嘉庆十一年十一月己未】 谕内阁：兵部将随围官兵应领马匹数目，及放马交马条例定议具奏，已依议行矣。比因查出兵丁将领马红单私卖，均经治罪。推原其故，缘近年察哈尔缴回马匹，多有疲瘦，该兵丁等不堪骑用。倘有倒毙残废，于回围交马时，必致赔累，是以将红单变卖。今将各处应领马匹数目酌减一千余匹，察哈尔解送更属易办。况前此又加恩酌定察哈尔官员等于收回马匹内，准照倒毙五厘报销。该官兵等自应感恩，实心奋勉办理。张家口至京城热河，皆有数百里之遥。若将羸瘦马匹解送，必更疲乏，不堪骑用。今酌定随围官兵应领马匹，俱照新定额数给领。如有私卖红单折收银两者，必当治罪，并著交察哈尔都统等，嗣后将应放马匹由该处送至京城及热河时，当选肥壮马匹，派能干官员解送，不得将欠膘三分以下之马充数。再，每年派副都统等监牧察哈尔马匹，如有疲瘦者，一面驳回另换，一面据实具奏。倘不具奏，送到时经特派监放之王大臣等查出，即著据实参奏，将监牧副都统及察哈尔都统等一体治罪，决不轻贷。倘监放王大臣等，如有瞻徇，查出时一并治罪。（《清仁宗实录》卷171，第222页）

【嘉庆十二年四月甲午】 革直隶马兰镇总兵官巴宁阿翎顶，调热河副都统庆杰为马兰镇总兵官，兼总管内务府大臣。赏围场总管福长安三品顶带，为热河副都统。（《清仁宗实录》卷178，第338页）

【嘉庆十三年七月己巳】又谕：曹师曾奏，稽查关口、严守边墙，以杜偷越一折。边口设立关隘，原以严稽查而慎出入。若匪徒等携赃偷越远扬，率指称边墙坍塌处所无从觉察，即免该管官处分。设职守口隘官兵，有时疏于防范，窃匪径由关口偷越。事后发觉，亦得任意推诿，殊非慎重边防之道。著该督饬令该管官，不时严密巡查，毋任疏懈。其赵广一犯，是否由关口混出，该管官率行详报由边墙偷越，希图规避处分，亦著温承惠查明具奏。寻奏，委员前赴建昌县，提窃犯赵广研讯。据供委系由喜峰口附近坍塌边墙偷越，并非由关口混出。所有失察守口员弁，仍饬取职名，听候部议。报闻。（《清仁宗实录》卷 198，第 628—629 页）

【嘉庆十三年八月戊申】又谕：昨新授鸿胪寺卿永祚前来热河谢恩召对，询知伊曾问过留京王大臣，令其前来等语。上年朕驻跸热河，遇有简放在京各员，均降旨令其不必前赴行在，俟回銮时远迎一二站谢恩。自应钦奉遵行，何必每岁特行申谕？留京王大臣于此等寻常事件，既涉拘泥，又不肯酌定主见，著传旨申饬。嗣后行在简放各员，除奉特旨令其前来外，余俱仍遵前旨行。（《清仁宗实录》卷 200，第 656 页）

【嘉庆十三年八月癸亥】谕军机大臣等：温承惠奏，该督拟于八月二十五日，由古北口等处督查桥道，即趋诣热河一带恭迎銮辂，将日行公事，饬藩司代行等语。向来热河回跸之时，总督在口外接驾。自颜检任内，始迎至热河，后遂沿以为例。殊不思地方公事甚多，该督早一日出省，则署中公事多一日积压。且似此逐渐远迎不已，势必赶至中关及波罗河屯等处，甚至恳请随围，殊属无谓。温承惠此次当遵照旧例，即于口外巴克什营地方接驾。设有应奏要事，准其赶至两间房，不得再行远迎。嗣后即著为定例。（《清仁宗实录》卷 200，第 665 页）

【嘉庆十三年九月庚辰】谕内阁：朕此次由热河回銮，于途次要亭时，部旗文武各衙门尚有附本报陈奏事件者。至前日驻跸南石槽，各衙门即无附报具奏之折。本日朕回园已阅一日，惟吏部奏事，带领月选各员引见，其余各衙门并无一陈奏事件者。岂有五日之久，在京文武各部院、二十四旗，无一件可奏之事？在该堂官等之意，自以为甫经回跸，若仍照常奏事，恐致披阅烦劳，谬为仰体，殊不知转增朕之烦闷矣。朕综理庶务，从不厌繁多。况回至御园，较之行营，劳逸迥殊。乃各衙门将应奏事件，相率延搁，势必积压多件，并于一日呈递，转致丛冗，殊非朕万几无旷之意。本应加以惩处，惟念各该衙门或有事务较简、本无应奏事件者，此次姑免逐一查究，但大小臣工因循怠玩，甚有关系，不可不加以训诫。除吏部本日业经奏事外，余俱著传旨严饬。此后文武各衙门，若仍似此将应奏事件有意积压，必当随时惩处不贷。（《清仁宗实录》卷201，第673—674页）

【嘉庆十四年二月丙申】谕内阁：福长安系曾获重罪之人，经朕曲加恩宥，复擢为副都统。乃于署理古北口提督任内，明知色克通阿办理该营马匹事务不善，并未纠参。去岁来京，屡次召见，经朕询及古北口提督任内有无事件，伊仅奏称无事。转告知薛大烈嘱其查办，殊属糊涂，不胜副都统之任。福长安著降一级，加恩赏给头等侍卫，补授围场总管。所遗热河副都统员缺，著毓秀调补。围场总管阿兰保，著来京，仍在乾清门头等侍卫上行走。（《清仁宗实录》卷207，第766页）

【嘉庆十四年七月戊子】谕内阁：朕临幸热河，凡出入站道等差，皆应热河兵丁等充当。达庆系发往热河效力赎罪之人，岂宜充当站道差使？朕前在喀喇河屯，见伊在众兵之前接驾。近日诣各庙拈香，又见伊在众兵之前站道，殊属不成事体。毓秀并不约束，亦属不合。毓秀著申饬，仍交部议处。嗣后凡系发往效力赎罪之人，不得僭越当差。（《清仁宗实录》卷216，第906页）

【嘉庆十四年八月乙未】又谕：薛大烈、菩萨保奏，查获私运铜斤进口之犯，中途脱逃，并讯出兵丁等有在途伙窃情事，分别参奏办理，自请处分二折。此项民人路成章所运生铜，多至一千数百余斤。据供系由八沟地方置买，赴京售卖。先须讯明来历，是否八沟地方本有铜矿，该民人等违禁私挖。抑另有别处贩买之路，该处现在有无窝藏店家，著派薛大烈即日前往八沟确查具奏。至副领催图敏、马甲萨尼布押解人犯，中途私开项锁，致被脱逃，并因贪图谢礼，伙同偷留铜斤，著先革去副领催马甲，同车夫兵丁等一应人犯，均著解交刑部审办。其逸犯路成章，除就近饬令热河道缉拏外，著直隶总督通行饬属，严拏务获。防守尉吉勒通阿金差不慎，又不验明铜斤实数，以致兵丁等在途舞弊，殊属不合，著交部议处。菩萨保著交部察议。至绿营把总王大勇金差不慎，已经斥革外，其兼辖都司孙信亦著咨部照例议处。薛大烈现今随扈行在，所有自请处分，著加恩宽免。（《清仁宗实录》卷217，第912页）

【嘉庆十四年八月庚子】谕内阁：薛大烈奏，查拏平泉州地方私采铜斤各犯一折。薛大烈昨经派赴八沟查办时，伊因嘉庆六年平泉州四道沟曾出有铜矿，奏请开采未准，恐系该处防禁不严所致，当密委李学周等驰往访查。现将偷挖铜沙之徐振等盘获，且亲往将矿铜查出。薛大烈能于多年旧案，记忆明确，办理不致费手，尚属能事，薛大烈著交部议叙。查拏铜犯之云骑尉李学周、外委陈大荣、史文国，均属出力，著以应升之缺先尽升补。其现获各犯，著解赴热河，交军机大臣，会同行在刑部，审拟具奏。逸犯沈平、李禄等著热河道平泉州严缉务获，归案审办。所有四道沟铜矿，著该地方官出示严禁，并随时巡察，毋任奸民偷挖，致干咎戾。至平泉州麟昌，随同弋获案内人犯，虽查办认真，但究系伊所属地方有偷挖铜斤之事，未便即予甄叙，俟审明定案后再行降旨。（《清仁宗实录》卷217，第913—914页）

【嘉庆十五年正月壬午】谕内阁：向来发往伊犁乌鲁木齐等处废员，到戍时均由该处将军都统奏闻。三年届期，并将该员当差勤慎与否，奏明请旨。遇有事故，亦随时具奏。惟发往热河之员，向俱无人管理，嗣后著交热河副都统，遇有发往之员，到日，即行奏明派在何处当差。至三年期满，亦分别具奏请旨。其有事故者，随时附奏。著为令。（《清仁宗实录》卷224，第14页）

【嘉庆十五年二月己酉】谕内阁：本日朕恭阅《世宗宪皇帝实录》，内载雍正五年二月二十三日谕旨：敬览《圣祖仁皇帝实录》内，康熙五十一年奉旨：山东民人出口种地者多至十万有余，伊等皆朕黎庶，既到口外种地生理，若不容留，令伊等何往？但不互相对阅查明，将来俱为蒙古矣。嗣后山东民人有到口外种地者，该抚查明年貌、籍贯，造册移送稽查。由口外回山东去者，亦查明造册，移送该抚覆阅、稽查，等因。此事今尚行否？其直隶山西民人有往口外种地者，亦照此例行否？著大学士等查奏，等因。钦此。嗣经廷臣查奏，以口外种地民人，于雍正元年、二年、三年陆续设古北口、张家口、归化城三同知管理。但地方辽阔，各该同知所辖恐有遗漏，应令直隶、山西督抚，查明酌量分交管理，并饬三路同知，各按所辖地方，将寄居民人与种地民人，查明姓名、籍贯，造册咨查各本籍。仍令各省州县将所有出口种地民人记档，以备日后查对。嗣后再有出口种地之人，俱着该同知一面安插，一面移咨本籍，查无过犯逃遁等情，准其居住耕种，年终造册报部等语，当蒙允准施行。因思口外各蒙古部落种地民人，在圣祖仁皇帝、世宗宪皇帝时，已因其人数繁多，屡经降旨设官管理，立法稽查。迄今又将及百年，内地民人生齿日繁，出口谋生者益复加增。即原先出口之人，亦复滋息日多。其自雍正年间添设同知以后，现又增设官若干员。各寄居种地民人，现在作何稽查，遇有民人出口者，各该地方是否记档，该口外官员等是否将有无过犯等情咨查本籍，再行安插，年终是否造册报部，着该部查明覆奏。寻户部奏：查古北口、张家口、归化城，自雍正年间设立三同知管理以后，归化城种地民人，由该同知通判，各按所管地界，照编造保甲之例。每年将旧存、新到及回籍病故人数各若干，注明系何州县民人，造册咨送臣部查核。除嘉庆十四年人数尚未造报外，计十三年分实在民人四千九百余名。古北口以外滦平、丰宁二县，向系土著民人，按册输粮。热河迤北一带，系蒙古外藩游牧处所。自乾隆四十三年改设州县以后，民人集聚渐多，山厂平原尽行开垦，均向蒙古输租。有家资稍裕搬移眷属者，亦有偶值歉收投亲觅食者。张家口地方偏僻，关外东西两沟，虽有山坡，垦种地亩无多。数十里外，即系游牧草地，并无可开垦，亦无村落。商贩往来，俱由都统衙门给与照票。其余只身出入民人，亦俱取具关内铺户保状，方准放行。此山西抚臣造报臣部，各关口造报兵部查核之原委也。至古北口、张家口外，寄居种地民人，现在作何籍查，未据咨报。口外官员等是否将有无过犯等情咨查原籍，再行安插之处，归化城并古北、张家二口外，均未咨报。应请旨敕交直隶总督、山西巡抚查明，妥为安置，按年造册报部查核。从之。(《清仁宗实录》卷 226，第 35—36 页)

【嘉庆十五年四月庚子】改设热河统辖大员。谕内阁：口外沿边地方，自康熙年间，已有内地民人在彼耕种居住。百余年来，流寓渐多，生齿益众。雍正元年以后，节次添设官员。现在吉林、盛京、直隶、山西、口外毗连一带，共设有一府、一州、五县、十二厅。此内各厅，有隶吉林将军统辖者，有隶奉天府尹统辖者，有隶山西巡抚统辖者。至承德府所属各州县及宣化府口外三厅，皆属直隶总督统辖，地方辽阔，于吏治察核、刑名审转，诸多不便。

朕意当于热河地方设一大员，将承德府等处附近各属专令统辖。应如何改隶统属并建置各事宜，著大学士会同各该部妥议具奏。寻议：热河原设副都统一员，应请裁汰，改设都统一员。除管辖驻防官兵外，所有附近一带蒙古事件，向属税员兼管者，俱改归该都统专办。惟查八沟、三座塔、乌兰哈达三处，向派理藩院司官各一员收税。塔子沟系八沟分口，向派理藩院笔帖式一员收税，地方辽阔，应添派司员，将笔帖式撤回。此四处请照察哈尔游牧理事司员之例，俱改为蒙古理事官，为都统之属。都统衙门应添设笔帖式二员。至民人租种蒙古地亩，向无存官册档，自应及时清厘，并交理藩院行文该盟长扎萨克等，谕以皇上轸念蒙古久远生计，虑及开垦益多，有妨游牧。嗣后各部落内，除先经开垦地亩外，不准再有私招民人开垦之事。现在该处聚集民人，既有十万八千六百余户。应责成理事司员州县等严查，勿令再添外来流民，庶可杜蒙古地亩日逐增垦。其穷苦者得以孳息牧产，流寓民人安居耕种，该扎萨克等亦长得租银津帖办公，一切均有裨益。从之。（《清仁宗实录》卷 228，第 59—60 页）

【**嘉庆十五年六月乙巳**】谕内阁：热河系朕每岁驻跸之地，向设有副都统一员，统辖该处驻防官兵事务。前因内地民人租种蒙古地亩，在平泉等州县居住者，生齿日众，案件较繁，酌改设都统一员管理，业将积拉堪简放。因思该处一切章程，尚有另需详议之处，著军机大臣会同原议各该衙门，再行悉心妥议具奏。积拉堪著以都统办理热河副都统原管事务。俟定议上时，候旨遵行。（《清仁宗实录》卷 231，第 104 页）

【**嘉庆十五年七月壬申**】上以秋狝木兰，自圆明园启銮，命皇次子旻宁、皇三子绵恺，于八月初旬前往热河，随驾进哨。（《清仁宗实录》卷 232，第 121 页）

【**嘉庆十五年七月癸酉**】谕内阁：温承惠奏，平泉州知州麟昌，现准部咨推升泰陵礼部员外郎。该员熟悉口外情形，请仍留平泉州原任。又称该员已得升阶，若令久于平泉州，未免向隅，将来遇有地方同知直隶州缺出，请以该员奏补等语。温承惠既称麟昌为口外必不可少之员，何以又不欲其久留口外？所言实自相矛盾。不过以麟昌现补陵缺，托词规避耳。温承惠此奏殊属有意

取巧，著不准行，并将温承惠交部议处。（《清仁宗实录》卷232，第122页）

【嘉庆十五年七月乙亥】赏看守避暑山庄弁兵及热河接驾兵丁一月钱粮，看守口内口外各行宫弁兵半月钱粮。（《清仁宗实录》卷232，第125页）

【嘉庆十五年七月戊寅】上至热河，诣文庙瞻礼，关帝庙、城隍庙拈香。（《清仁宗实录》卷232，第126页）

【嘉庆十五年九月乙卯】谕军机大臣等：兴安大岭，于塞北诸山最为崇峻，且灵应素著，屡见于皇考高宗纯皇帝圣制集中。向来进哨以前，必派亲王带领喇嘛，两次前往致祭。本年朕行狝木兰，晴雨应时，聿昭顺佑，应加隆望秩，以协怀柔。著交礼部查明，从前祀典内曾否载入，如本有旧章，即将仪文节目，详录具奏；如未列祀典，著礼部详议崇祀。即不能与五岳并尊，亦应仿照四镇之仪，酌定典礼，并拟定神位封号。致祭时增设神幄，书写神牌供奉，以昭虔敬。奏定后载入则例，永远遵行。寻议：照列镇之例，每岁仲春，派热河都统望祭。至仲秋行狝木兰，由行在礼部奏派王大臣致祭。傥遇停止进哨之年，仍令都统致祭。从之。（《清仁宗实录》卷234，第144页）

【嘉庆十五年九月己未】命热河当差八品笔帖式阿明阿回京，以内务府主事补用。（《清仁宗实录》卷234，第146页）

【嘉庆十五年十月己亥】又谕：军机大臣会同刑部议奏，私入围场偷窃牲只、砍伐木植人犯罪名一折，并另片，均著照所议行。惟是此等人犯，潜入围场，于牲兽木植，私行偷窃，并窃取茸角，不可不严行禁止。该犯等多系围场外附近居民及蒙古人等，该管官若查察严密，自不致奸民屡干例禁。嗣后拏获此等人犯，如审系附近围场外居民，将该管厅县议处。如系蒙古，将该管扎萨克议处。其如何立定处分，著原议军机大臣会同该衙门详议具奏。至围场北栅外，向有开设店铺，自系该民人贪利，在彼窝窃茸角等项，亦应严行驱逐。此后相去栅口若干里方准开设之处，著一并议奏。寻兵部议奏：嗣后热河围场官员失察私入围场之案，请按贼犯之多寡，定处分之轻重。如所管兵丁员弁，有通同贿放情事，即将该管章京、围场翼长、围场总管及热河都统，照失察营兵窝窃受贿例降调。又军机大臣会同吏部理藩院议奏：围场北栅外民人窝窃茸角者，失察之该管地方文武各官及察哈尔官员，并蒙古扎萨克等，应即以人犯罪名之轻重，酌定处分。又热河都统毓秀、直隶总督温承惠议奏：所有北栅外开设店铺在十数里以内者，应饬拆挪。须离木栅三十里，方准开设。均得旨允行。(《清仁宗实录》卷235，第166—167页)

【嘉庆十五年十一月癸丑】谕内阁：多福奏兵米迟误一折。据称古北口秋季兵米，迟至十一月尚未给放，屡次咨催直隶总督未据咨覆等语。此项应关米石，兵丁养赡所资，向由承德府各州县采买运交贮仓，按季支放，历年办有成案。即采买或有应行酌办之处，该督等亦应先将现在所需米石解送，以裕兵食。此国家万年之常政，并非新设之营汛。乃该地方官任意迟延，致秋季兵米，至今尚未支放。总督温承惠、藩司方受畴，督催不力，实难辞咎，均著先行交部议处，并将承办迟延各员，查明参奏。所有此项应解米石，设法迅速催齐，不得再有迟逾。(《清仁宗实录》卷236，第176页)

【嘉庆十五年十一月丙寅】又谕：本日温承惠覆奏兵米迟误一事。据称古北口驻防兵丁及提标官兵，应放秋冬二季米石，先据该道府等禀称，总可勒限完交，不至迟误。迨截至九月底止，尚未完米五千一百二十石。请将承办玩延之承德府州县等交部严议，其热河道吉隆阿，坐视迟延，惟称一筹莫展，迄今并无一字详禀，请一并交部议处等语。此项应放米石，为满汉官兵养赡所资，向由承德府州县采买运交。历有年所系国家经久定制，并非新立章程。当日每石例价一两，办理从无迟误。迨后因例价不敷，每石增银四钱。经理倍当充裕，何以转致迟延，届期贻误？竟以一筹莫展，搪塞支吾，疲玩已极。此时温承惠仅请将该道府州县，分别严议议处。而于现需兵米，未能上紧筹办，岂竟令官兵等枵腹从事乎？温承惠著传旨申饬。此项秋冬二季兵米，著该督务即设法购办，克期运交，限于十二月内全数完竣。傥再有迟逾，不但承办之员尚当从重惩办，即温承惠亦无可辞咎。至此项采买价值，自早经给发该府州县承领。此时购米迟延，例价究归何处？如该府州县业经发给铺户，而铺户抗不交米，则应将铺户治罪。该府州县不行严催，亦有应得处分。若领限之后，并未给发铺户，竟有挪移侵蚀情事，以致临时购买不及，则竟当革职拏问，非仅交吏议所能了事，著温承惠彻底清查，据实奏闻，毋少含混。

现据温承惠另派道员督催运交，其解到古北口米石数目，并著随时具奏。此时先著照温承惠所请，将承德府知府喜步昌阿、平泉州知州麟昌、建昌县知县乌讷玺、丰宁县知县庆恩，并热河道吉隆阿，交部分别严议议处。（《清仁宗实录》卷 236，第 184 页）

【嘉庆十五年十二月庚寅】又谕：理藩院奏驳已革喀尔喀诺彦呼图克图之徒弟端多布等，请仍准出扎木扬丹津呼毕勒罕等语。喇嘛等理应恪遵佛教，体行善事。诺彦呼图克图前因逞凶，将喇嘛定津扎毙。皇考高宗纯皇帝本拟将伊拟抵，嗣经降旨，以诺彦呼图克图究系大喇嘛，曲加宽宥监禁，停其出呼毕勒罕。朕加恩将伊由京监放出，发往热河，入于闲散喇嘛内，令在普陀宗乘庙居住。三年期满，令回原部落。今端多布等尝试渎请，明系希冀徼幸，所请著不准行。本应将端多布等从重治罪，但念伊等究系糊涂蒙古，不晓事体，著加恩宽免。其诺彦呼图克图永不准出呼毕勒罕。倘端多布等再行渎请，定将伊等加倍治罪不贷。（《清仁宗实录》卷 237，第 197 页）

【嘉庆十五年十二月丙申】谕内阁：向来阿哥春秋遣祭陵寝，及秋闲往来热河，除派出随往之大臣官员外，直隶地方官向不遴员随同照料，朕于潜邸时即所深悉。本年二阿哥、三阿哥派祭西陵，往返半壁店，竟有民妇环拥乞赈之事，殊属不成体制。嗣后著直隶总督于阿哥出京时，遴委文武官员随同照料，其行宫外附近堆拨，亦应派拨兵丁，届期在彼住宿。至阿哥所过地方，固无除道之理，但值雨水盛行之时，桥梁道路偶被冲圮，自当修补整齐或豫备船只，以便经行。著总理行营王大臣妥议章程具奏。（《清仁宗实录》卷 237，第 200 页）

【嘉庆十五年十二月丙申】又谕：毓秀奏，热河蒙古民人交涉事件，请由道府核转一折。向例各省命盗案件，州县招解由府审转，惟直隶州招解事件，由道审转统解臬司衙门加看，详申督抚核定。今平泉等州县蒙古民人交涉事件，原奏章程内，未经指定核转之处，著仿照各省核转之例。所有平泉等州县，遇有民人蒙古交涉命盗案件，经州县会同理事司员审拟后，由州县详解承德府，由府详道加看核转。至承德府所管地方民人蒙古交涉命盗案件，亦由道加看核转，统解热河都统衙门，讯拟核定，以昭慎重。（《清仁宗实录》卷

237，第 200 页）

【嘉庆十五年十二月壬寅】谕内阁：前因古北口兵米逾限未放，其玩误之府州县等，是否将价值已发铺户，抑或从中侵挪，均未可定于吏议上时，令俟该督查明具奏再行核办。兹据温承惠奏，派委道员前往提催，均已陆续放竣。其原领价值，早经发交铺户具领，该铺户闻系奉旨严催赶紧运交等语。此项古北口驻防绿营未完兵米至五千余石之多，一经朕降旨饬催，于两月之内，即俱采买运交。可见前此该府州县等以铺户因例价不敷，观望迁延，竟系藉词推诿。虽经查明并无短发侵挪情弊，其玩延之咎，实所难辞。承德府知府喜步昌阿、平泉州知州推升泰陵礼部员外郎麟昌、建昌县知县乌讷玺、丰宁县知县庆恩，均著照部议实降一级调用。（《清仁宗实录》卷 237，第 206 页）

【嘉庆十六年正月壬申】添设直隶建昌、赤峰二营都司、千总、把总、外委各一员，额外外委各二员，兵各二百名。朝阳营守备、千总、把总、外委一员，额外外委二员，兵一百五十名。并于建昌、赤峰、朝阳三营所辖境内要区，每营添设三汛，每汛各添设千总一员，额外外委二员，兵六十名。移蔚州路参将驻八沟，管辖建昌、赤峰、朝阳三营，并归提标统辖，热河都统兼管。移八沟营都司驻蔚州路，仍归宣化镇管辖。裁清家口滴水崖都司、四海冶堡守备。从总督温承惠请也。（《清仁宗实录》卷 238，第 216 页）

【嘉庆十六年六月戊申】谕内阁：朋素克琳沁奏，请将庄静固伦公主金棺请至土默特地方安葬等语。朋素克琳沁本系土默特蒙古，若所管地方公事，原可自行具奏；若为伊家事务，自应呈明理藩院转奏。今竟胆敢单衔具奏，实属越分妄为。朋素克琳沁前曾被属下人等屡次控告，是以安置热河居住。嗣因将四公主指婚与伊子玛呢巴达喇，特沛殊恩，令其来京，授为副都统，赏给二等台吉。今乃如此冒昧，显欲夸耀于众蒙古，从中聚敛，实系不安本分。著革去副都统及二等台吉，派苏冲阿带领理藩院司员即日解往马兰镇，交福长安圈禁管束。若于二三年内安静改过，再行奏闻，朕必酌量降旨。倘再不悛改，即据实严参，不可瞻徇。（《清仁宗实录》卷 244，第 290 页）

【嘉庆十六年六月壬子】又谕：毓秀、温承惠奏，查办围场北栅外店铺窝铺一折。所有北栅外旧有大道旁开设各店铺，即著照所议分别存留拆挪办理。其该处租种蒙古地亩民人，亦应定立章程，不得在距栅木三十里以内招认开垦，搭盖窝铺，以杜偷漏围场鹿只茸角。嗣后距栅木三十里以内，有开设店铺及开垦地亩者，如何责成查禁；其查禁不力之该管地方，并招募民人开垦之蒙古扎萨克章京等，作何查参办理，并著直隶总督会同热河都统妥议章程具奏。（《清仁宗实录》卷 244，第 292 页）

【嘉庆十六年七月乙巳】谕内阁：前因拉旺多尔济牧场内，有民人聚众刨挖黄芪，拒伤官弁之事。节经降旨，令兴肇将如何起衅缘由，并作何办理之处，据实具奏。本日据兴肇等将该处历年刨挖黄芪各案犯缘由，声叙覆奏。此项民人先于嘉庆十五年间，在海奴克达木诺尔乌讷格特等处，聚集刨挖黄芪。并经该处总管呈报，有将护军依达木扎布恩克胳膊打折之案，其事系在前任都统庆怡任内。上年庆怡来京，经朕询问该处情形，据奏地方安静，总未将此事陈奏。且托称不晓蒙古言语，巧辞规避。及将伊调任荆州将军，以为可以卸责后任，即欣然赴任，置身事外。是其居心巧诈，置地方重案于不办，因循贻误，厥咎甚重。庆怡著交部严加议处。彦吉保系该处副都统，与庆怡同时在任，亦著交部严加议处。兴肇于本年二月甫经到任，四月内民人聚众，在拉旺多尔济牧场刨挖黄芪，殴伤长史护卫等。是其任内之事，伊未经奏办。经降旨询问，始行陈奏。兴肇年老无能，不胜察哈尔都统之任，著交部议处。庆怡、彦吉保、兴肇，俱著来京听候部议。所有荆州将军、察哈尔都统副都统员缺，已另降谕旨补放。贡楚克扎布补授察哈尔都统，到任尚需时日。其未到任以前，著成宁由京驰驿前往署理。本智补授察哈尔副都统，亦一并驰赴新任。俱不必来行在请训。伊二人接任后，即将此案现获各犯，再行详讯。该处刨挖黄芪首犯牛秃子，现已就获。其另伙为首之梁五麻子，所有前次殴伤官弁，即系伊雇往之人，尤为此案罪魁。该犯籍隶丰宁，并案内籍隶多伦诺尔厅等处之田伏有、侯怀仁，籍隶山西之高荣等四犯，著直隶总督、山西巡抚、热河都统、古北口提督等一体饬属严拏。并案内人犯无论何处缉获，俱著解赴察哈尔都统衙门，交成宁等归案讯办。其兴肇折内所叙获犯牛秃子等供，或称雇觅十余人，或称数十人，所讯亦未确实。该衙门从前报案，即称有四五百人。虽或不至如拉旺多尔济所言数千人之众，亦断不止如所供之数，并著成宁等据实查讯具奏。黄芪系寻常药植，本非例禁之物，但如此聚

145

集多人刨挖滋事，不可不加以禁令。嗣后黄芪捆载入口，应如何查办，及民人纠集出口，应如何禁止，著成宁、本智会同直隶总督、山西巡抚，详悉妥议章程具奏。成宁于办理此案完竣后，俟贡楚克扎布到任交代，再行回京供职。（《清仁宗实录》卷246，第330—332页）

【嘉庆十六年七月丙午】是月，直隶总督温承惠奏请，恭诣中关接驾。得旨：九月间不必接至中关，至远常山峪足矣。看完热河兵，回至常山峪候接。若任汝意，明岁必求入哨矣。总之地方大吏劳心为本，劳力为末，切勿仿学俗吏，以多见几面为荣。（《清仁宗实录》卷246，第332页）

【嘉庆十七年正月辛丑】谕内阁：朕于二十年由九关台边前往盛京。贝勒贡楚克巴勒桑，在噶达噶察地方亦备行宫一处，系出至诚。昨因玛哈巴拉豫备行宫一处，赏银一千两。贡楚克巴勒桑亦赏给银一千两，即就近由热河道库内动支赏给。（《清仁宗实录》卷253，第421页）

【嘉庆十七年五月庚寅】又谕：刑部奏各省秋审后尾，到部迟延，请旨饬催一折。各省秋审后尾，定例限于四月内具题到部。本年将届五月下旬，未到者尚有十一处。而其中山东、山西、直隶、热河，道里俱近，亦复迟延，恐不免有意观望，私向部中书吏探听实缓情节，再行改合具题，冀免将来失入失出处分，不可不严防流弊。所有此次办理迟延之山东、山西、直隶各督抚及臬司，并热河都统，均著交部议处。其贵州、广西、广东、福建、湖南、湖北、浙江各督抚及臬司，均著交部察议，并将此旨各由四百里发往，令其速行具题达部。嗣后俱著遵照定限，如有迟延，刑部查参，即照此次一律惩处。（《清仁宗实录》卷257，第476页）

【嘉庆十七年九月乙亥】谕内阁：广东按察使温承志前在道员任内，随同总督百龄办理洋盗，甚为出力。经朕擢任臬司，并加恩赏戴花翎。此次前来热河陛见，召对数次。见其人颇明白能事，方资任用。陛辞时令其顺道看视伊兄温承惠。兹据温承惠奏，伊弟在伊署内患病身故，殊为可悯。温承志职系臬司，例无应得恤典。其子温启熊，系候选员外郎。著加恩俟服阕后以员外郎即用。（《清仁宗实录》卷261，第534页）

【嘉庆十七年九月乙亥】热河都统毓秀奏：正红旗马甲恭讷春率贼偷砍围场木植。得旨：此案正红旗马甲恭讷春身系围场官兵，本有巡查缉匪之责，胆敢带领贼犯多名，私进围场，偷砍木植，已属目无法纪。迨官兵将该犯等捕获八名及车二十三辆，复有贼匪多人乘夜夺回，竟敢拒伤官兵九名，并有受伤身死者，不法尤甚。且八月二十五日，正在朕行围期内。木兰重地，如此防范不密，废弛已极。总管安福著交部议处，右翼翼长巴达朗贵著交部严加议处。现在恭讷春业已逃逸，其伙贼姚祥、傅六，查系多伦诺尔民人。其余各犯，谅亦多系附近匪徒。著派热河道明山即日亲赴围场西界及多伦诺尔一带，督率兵役，严缉案犯。并著古北口提督喜明、察哈尔都统贡楚克扎布、副都统本智，一体派员协缉。该贼犯供有住址姓名，并有随带车辆，谅难远扬。务期全数弋获，毋任一名漏网，获犯即迅速解交刑部严审定拟具奏。其派往巡察马甲十一名，能立时捕获贼犯八名，尚属勇往。所有被贼拒伤之马甲九名内那木达克，因伤身故，著施恩赏给银三十两。其余八名，每人赏给银五两。那木达克之子，并著赏挑马甲，如无子嗣，即于伊兄弟亲丁内挑补。寻议上，得旨：巴达朗贵降四级调用。安福革副都统职衔，以三品顶带仍带降三级留任。（《清仁宗实录》卷261，第534—535页）

【嘉庆十七年九月戊寅】谕内阁：近日围场时有偷窃木植之案。自因地界辽阔，稽察不周所致。著热河都统毓秀，将围场周遭各地面原设堆卡，与官弁兵丁各数目，及如何防范巡查之处，详查旧制绘图贴说，并将应否调剂之处，一并酌议具奏。（《清仁宗实录》卷261，第536页）

【嘉庆十七年十一月癸酉】上御懋勤殿，勾到直隶、热河、山西情实罪犯。停决直隶斩犯三人、绞犯十四人，山西斩犯八人、绞犯一人。余八十一人予勾。（《清仁宗实录》卷263，第559—560页）

【嘉庆十八年正月丁亥】谕内阁：朕前定于二十年由热河启銮，前往兴京、盛京恭谒祖陵。礼成后由九关台边门经过蒙古地方，蒙古王公等恳请豫备行宫。经朕加恩赏给丹巴多尔济银二千两，满珠巴咱尔、玛呢巴达喇银各一千五百两，玛哈巴拉、贡楚克巴勒桑银各一千两，并令丹巴多尔济总理此事。兹丹巴多尔济业已身故，恐伊子托恩多年虽及岁，不能接办。伊即能办理妥协，彼时朕经过其地，未免思及丹巴多尔济，转增不悦。所有二十年七月前往兴京、盛京，仍改照十年之例，由山海关行走。谒陵后，仍由原路回京。前所赏蒙古王等银，著毋庸缴还。伊等彼时随扈，亦须赏给路费，即将前赏银作为路费。前赏丹巴多尔济银，即赏伊子托恩多作为路费。其余蒙古王公等，仍照例赏给。（《清仁宗实录》卷265，第599页）

【嘉庆十八年二月辛丑】又谕：外扎萨克蒙古王公、台吉等，业经出痘者，均于年班来京。其未经出痘者，只于热河瞻觐。伊等游牧较远，此内年老者来京当差，步行差使较多，恐伊等不能耐劳。著加恩，嗣后年逾六十五岁之外扎萨克蒙古王公、台吉等，如遇年班，毋庸来京，均赴热河，以节其劳。著理藩院将如何轮班之处，定议具奏。寻议：喀尔喀土谢图汗车登多尔济，现年已逾六十五岁，下届年班应免来京，即令前赴热河瞻觐。其余外扎萨克四部落、土尔扈特、和硕特、杜尔伯特、青海、蒙古汗、王公、台吉内，年逾六十五岁者，通行查明，遵旨免其来京，均令轮赴热河，随同喀尔喀四部落两翼派定善猎之王公、台吉等进哨当差，永为定例。从之。（《清仁宗实录》卷266，第605页）

【嘉庆十八年四月庚子】又谕：每届朕进哨时，热河都统有稽查围场、管理车驼差使。禄康素有残疾，难当此差。禄康著留京署理正白旗汉军都统庆溥之缺，明亮著不必署理。（《清仁宗实录》卷268，第630页）

【嘉庆十八年四月庚子】命毓秀仍留热河都统任，调江南提督马瑜为直隶提督。（《清仁宗实录》卷268，第630—631页）

【嘉庆十八年七月甲戌】命户部右侍郎桂芳、刑部右侍郎章煦驰往热河审案。（《清仁宗实录》卷271，第675页）

【嘉庆十八年七月丙子】谕内阁：凯音布、哈宁阿二人，本年春间因派修泰陵工程，浮开工段，种种谬妄。当经降旨将伊二人褫革治罪。然其获罪之处，轻重亦有不同。凯音布、哈宁阿于初到西陵时，未将应办工程敬谨阅视。凯音布辄先对众扬言，以原估银数不敷，如何办理，将估折掷交穆克登额等阅看。是其浮增工段，实已豫存成见，而情状恣睢，毫无顾忌。哈宁阿不过随同附和。迨后朕诘问凯音布以张皇入告之由，伊辄以景禄泛论之言，强引作据。及质之景禄，其语亦参差不合。其时哈宁阿亦经召对，伊即称不闻景禄先有此言。是哈宁阿尚不至如凯音布之诞妄不经，哈宁阿前经发往热河充当披甲。念其情罪较轻，尚可宽贷。现在太常寺官员中娴习礼仪者较少，哈宁阿著加恩释回，赏补赞礼郎，在太常寺效力行走，仍带革职留任。四年无过，开复。（《清仁宗实录》卷271，第675—676页）

【嘉庆十八年七月甲申】赏热河接驾兵丁及看守避暑山庄弁兵一月钱粮，看守口内口外各行宫弁兵半月钱粮。（《清仁宗实录》卷271，第682页）

【嘉庆十八年七月戊子】上至热河。诣文庙瞻礼，关帝庙、城隍庙拈香。（《清仁宗实录》卷271，第683页）

【嘉庆十八年七月戊子】赏热河绿营兵丁及额鲁特兵丁一月钱粮。（《清仁宗实录》卷271，第683页）

【嘉庆十八年七月壬辰】谕内阁：朕本年临幸热河，阅看射靶官兵二十四名内中五箭者五名，其余中四箭三箭者不等，中两箭者仅止三人，并无不中箭者，此皆平日操演精练。所有中靶人员，俱已酌量加恩赏赉。因思每次由京派出随围各营章京等步射，火器、健锐两营尚稍可观，前锋护军各营章京中箭人数甚少。热河官兵与京城官兵同系满洲奴仆，操演亦应相同。若谓热河射箭之官兵，皆择精练者在朕前豫备，岂京城豫备朕前射箭之章京等，竟不选耶？看来前锋统领、护军统领，平日不加妥为操演，实属不堪。除将前锋统领、护军统领等俱著申饬外，嗣后各该管章京，务须加意管束，操演兵丁，凡遇派出在朕前射靶章京，务各加意精选。如仍步射平常，必当从重治罪。明年射靶，果能如热河官兵步射优长，朕亦必照此加恩赏赉。（《清仁宗实录》卷271，第685页）

【嘉庆十八年八月丙申】谕内阁：成书奏，由京带赴热河引见之兵部主事姚堃，在昌平州地方被劫一折。询据姚堃禀称，伊于七月二十七日黄昏时，行至昌平州地方沙孤堆之北、八仙庄之南，遇有劫贼一伙，手持绳鞭刀棍，将伊车夫、家人打伤，劫去银钱、衣物、骡马，只留引见衣帽等语。昌平州所属八仙庄等处，系近畿辇毂之下，且距圆明园不远。每届驻跸热河，该处为官员人等往来孔道，乃有劫贼行强拒伤跟役车夫之案，皆由地方官平日缉捕废弛所致，深堪痛恨。昌平州知州冯绩熙著革职，留于地方协缉。如能限内获犯，照例办理。逾限不获，即行具奏候旨。该管霸昌道士俊著交部严加议处。兼管顺天府府尹事务邹炳泰、顺天府府尹李钧简著交部议处。所有此案行劫贼犯，著直隶总督、顺天府饬属一体勒限严拏务获，无任远扬漏网。（《清仁宗实录》卷272，第689页）

【嘉庆十八年八月辛丑】谕内阁：据英和奏，承德府生员王世昌，呈控伊父王章被王克昌等率众殴伤，请交行在刑部审办一折。此案王克昌等以递籍逃犯，于外委刘士泰往拏时，胆敢率众拒捕，将王章右腿殴折。经王世昌于上年八月两次控告，经行在刑部咨交热河都统审办。迄今一载，并未将犯证传提到案审讯。热河设立都统，专司办理刑名案件。乃于咨交要案，并不饬令地方官上紧缉拏，经年不为剖断，以致控告频仍，殊属废弛。毓秀著交部议处。此案若交行在刑部审办，无论随来行在之人职任扈从，不能代为办案，热河亦安用设此都统为耶？毓秀不必随朕进哨。现在热河道明山解任无事，著毓秀即带同明山并司员等亲往建昌具，将此案犯证迅速查拏，严审定拟。毓秀即行启程，无庸具折请训。其赤峰县张兴业控案，现在人证尚未传齐，无可讯问。桂芳、章煦即当随赴木兰行围。并著毓秀于王世昌控案办结后，即回热河审讯张兴业一案。朕于九月初六日出哨，彼时两案俱已审结，毓秀即在中关一带接驾。如未审结，无庸前来接驾。若回銮后始行审结，亦无庸至京复命。（《清仁宗实录》卷272，第693页）

【嘉庆十八年八月甲辰】又谕：本日本报至申刻始到热河。询据董诰等奏称，接得京中内阁来信，此次本报系因等候护军统领瑞龄具奏，拏获民人王仁刚擅入大清门一折，于初九日申时始行发递。是以本报到来较迟，殊属非是。本报往来，应照原定时刻封发。瑞龄所奏之折，本非紧要事件。且人犯已交刑部审讯，即初九日封发不及，尽可俟下报再发。如果实有紧要事件附报不及，亦可单行发递，何得将本报等候迟搁？大学士等著传旨申饬。嗣后本报，俱著照

原定时刻封发，毋许稍有耽压。(《清仁宗实录》卷 272，第 696—697 页）

【嘉庆十八年八月壬子】以地方废弛，降热河都统毓秀为副都统。以署河南巡抚、刑部左侍郎高杞为热河都统。(《清仁宗实录》卷 272，第 701 页）

【嘉庆十八年八月乙卯】又谕：密云至德胜门一带，向非孔道，本未设有墩铺防兵。然每值驻跸热河之期，官民商贾人等即往来络绎不绝，长途辽旷，防范较疏。著直隶总督将清河至密云一带，作何添设堆拨巡防缉捕之处，妥议章程具奏。寻议：自清河村起至乔梓村止，应建堆拨十四处。自乔梓村起至密云县城止，应添堆拨五处。每处各于本营拨兵五名驻守。查清河村北至沙孤堆新设堆拨四处，系巩华营把总汛地。计巩华城距清河三十余里，鞭长莫及。请将该把总移驻前屯，作为前屯汛把总。于昌平营拨兵二十五名，令其督率巡查会哨。其自沙孤堆起至八仙庄止，新设堆拨二处，系昌平营贯市把总汛地。又自蔺沟起，北至赖马庄止，新设堆拨三处，系昌平营牛房把总汛地。该二汛均距大路数十里。请将该五处堆拨，改归蔺沟外委管辖。至昌平顺天交界小南头村堆拨，系昌平营牛房把总汛地。又自板桥村起至营尔村止，堆拨四处，系提标前营所属顺义营漕河把总汛地，亦均距大路数十里。请将该五处堆拨，改归南石槽外委管辖。从之。(《清仁宗实录》卷 272，第 702 页）

【嘉庆十八年八月癸亥】谕内阁：近年哨内牲兽稀少。此皆由于偷砍树木，及往来取便行走之人惊逸兽群，致乏牲畜。喀喇沁王游牧，距围场较近。著明年为始，派喀喇沁王满珠巴咱尔，每岁不拘时日，进哨三次，尽行稽查。如有偷砍树木及偷盗牲兽之人，即拏交围场总管会同办理。倘有往来行走之人，亦即查明拏究。满珠巴咱尔每岁查哨，所带人名数目，著豫先造册咨报理藩院。至查勘事竣，将所查情形缮折奏闻。(《清仁宗实录》卷 272，第 705 页）

【嘉庆十八年九月乙亥】谕军机大臣等：本日温承惠奏，河南滑县老安地方，有匪徒黄兴宰、黄兴相兄弟，并宋姓为首，兴立天理会。于本月初七日聚众滋事，滑县已失，县官被戕。直隶长垣县亦有习教之人，并闻教匪窜往河南考城及山东曹县一带。现在睢州二堡黄流漫溢，台斐音驰往该处下游被水一带查办灾务。高杞此时若尚未起程离豫，著即挑带将弁兵丁，督同河北镇总兵色克通阿，星夜前赴该处，加意防范。并严饬沿河文武员弁，严密防堵，勿令偷渡河南，致形滋蔓。高杞俟方受畴到任后，再来京赴热河都统之任。将此传谕知之。（《清仁宗实录》卷272，第712—713页）

【嘉庆十八年十一月乙亥】上御懋勤殿，勾到直隶、山西、热河情实罪犯，停决直隶斩犯二人、绞犯十人，山西斩犯五人、绞犯三人，热河斩犯一人。余五十六人予勾。（《清仁宗实录》卷278，第798页）

【嘉庆十九年四月庚午】又谕：李亨特前在河东总河任内，因事获谴，发往伊犁。经朕弃瑕录用，命往南河效力。于承办荷花塘漫工，执持谬见，以致坝身已堵复蛰。仅予薄惩，发往热河，嗣复洊擢河东总河。李亨特屡邀破格恩施，自应感激愧奋，力图报效。乃于微山湖潴蓄事宜，不能先期筹办，任其日就淤浅。现在湖心存水，仅止尺余。即寻常河泊亦不至枯涸若此。李亨特废弛河工，贻误漕运，厥咎甚重。且于罢斥后仍恣意侈慢，不知儆惧。部议发往新疆，尚不足以蔽辜。李亨特著先在部枷号半年，再发往黑龙江效力赎罪。（《清仁宗实录》卷289，第951页）

【嘉庆十九年五月癸巳】谕内阁：文宁署理古北口提督数月以来，未曾拏获要犯，并从犯亦未拏获一名，实属无能。嗣简放热河都统来京陛见，先即力辞，并称伊有管见条奏，如不蒙俞允，伊即不能办理。本日伊具折陈奏，朕详加披阅，语多偏谬。如扈从官员人役，由本衙门给与印票以凭盘诘一条。朕每年巡幸热河，扈从文武官员出口，所带人役众多。各该员均系职官，所带之人，皆当自行查验。若必藉印票为凭，徒滋纷扰，转属有名无实，况亦断不能办之事。去年宋家庄造逆，与此事毫无干涉，可鄙之极。又各省流民，一概不准出口一条。国家生齿日繁，无业贫民，出口佣趁谋食，势难一概禁止。但于关口严设禁令，不过使贫民多罹于法。其绕道偷越者，仍所不免。既于民生有碍，亦于关政无益。又口外商民赴热河生理及由此厅赴彼厅者，悉由各厅给票查验一条。口外各厅，境壤相连，若商民来往，均须领票报查，是使胥吏日饱囊橐，商民被累，必群相裹足不前，其弊岂可胜言？此三条苛细浅陋，皆断不可行之事，无庸再行置议。其余如厅员保升知府，税员保留久任，亦事多越俎外，此间有一二可行者，著总理行营王大臣会同各该部院核议具奏。文宁貌似认真办事，而实则苛刻不晓事体，不胜热河都统之任。文宁著降补盛京副都统，并传旨申饬，令其即赴新任，无庸请训。热河都统员缺，著和宁补授。文宁到盛京后，和宁将副都统任内事务交代，仍署理盛京将军。俟晋昌到任，和宁来京陛见，再赴热河新任。和宁未到任以前，热河都统事务，仍著毓秀署理。（《清仁宗实录》卷290，第963—964页）

【嘉庆十九年七月庚子】谕军机大臣等：那彦成奏，酌派文武员弁稽查銮辂经由地方一折。朕每岁谒陵系常行典礼，秋狝前期，驻跸热河。銮辂所经，皆在近畿数百里之内，如同户阈，一切扈从兵卫悉有常仪。上年京城内虽有逆匪滋事之案，而跸路所过，一尘不惊，原无庸过于设备。若如那彦成所奏，令站道弁兵，俱各手持枪矛，纷纷林立，岂不骇人观瞻？所有直隶官兵随扈章程，前经军机大臣等详悉会议奏准颁行。该督惟当祗恪遵守，其沿途站道弁兵，著俱循照向例，佩带弓箭腰刀，执持仪棍。其鸟枪长矛二项，断不准用。如有私自携带者，届时立行拏究，将该管营员治罪，并将那彦成惩处不贷。将此谕令知之。（《清仁宗实录》卷293，第1012页）

【嘉庆十九年八月己未】又谕：据理藩院转奏，巴林亲王衔扎萨克郡王索特纳木多尔济等，呈请本年九月来京叩祝万寿等语，甚属可嘉。朕一视同仁，中外一家。内地之事，伊等无不知晓。去岁直隶省所用车马过多，民力不无拮据。本年朕若巡幸热河，由彼进哨，路远日多，恐劳民力，是以暂停进哨一次。不惟民力可舒，哨内牲畜亦得孳生。至八月二十日恭谒东陵，路近日少，不致多劳民力。明年朕仍驻跸热河，由彼进哨，该蒙古等即可随围瞻觐。况本年万寿，并非大庆之年可比。索特纳木多尔济、满珠巴咱尔、玛哈巴拉，均著不必来京叩祝，仍俟本年年班来京，俾免往返跋涉之劳，以示朕体恤蒙古臣仆至意。（《清仁宗实录》卷294，第1026页）

【嘉庆十九年十二月戊寅】上幸瀛台，阅冰技。科尔沁郡王栋默特等三人，敖汉扎萨克郡王达尔玛济尔迪等二人，苏尼特扎萨克郡王巴勒珠尔雅喇木丕勒、四子部落扎萨克郡王彭楚克桑鲁布、茂明安贝勒丹丕勒、巴林扎萨克贝子多尔济帕勒玛、阿巴噶扎萨克郡王玛呢巴达喇等九人，鄂尔多斯扎萨克贝子额尔德呢桑，郭尔罗斯扎萨克镇国公古鲁扎布，喀喇沁额驸巴勒丹蕴丹，青海扎萨克郡王车凌端多布等二人，茂明安扎萨克头等台吉托克托瑚，土尔扈特扎萨克亲王恩克济尔噶勒等四人，绰罗斯三等台吉衮布等四人，杜尔伯特汗齐旺喇布坦等差来使十六人，热河额鲁特总管呢玛等六人，回部阿奇木伯克巴彦岱等十五人，土司丹紫江楚等三十二人，琉球国使臣向斌等二人，于西苑门外瞻觐。(《清仁宗实录》卷301，第1139页)

【嘉庆二十年四月丁巳】又谕：那彦成奏，请派员验收旱河工程一折。热河挑修旱河工程，前经派令和宁查勘兴办。兹据该督奏称，挑办完竣，著派禧恩前往查验收工。再本年哨内，择定营盘，内有二处尚未妥协，自应另行选择。和宁前在朕前奏称年老不能骑马，伊本拟亲赴哨门外暂驻，遣人进哨查看。现有交办案件，和宁俟办理秋审事毕，即应前往巴林、翁牛特等处审办。著遴派官兵，留于热河。俟禧恩到时，随带进哨，会同喀喇沁王满珠巴咱尔、围场总管安福相度地势，另择营盘二处，豫备行围。(《清仁宗实录》卷305，第43页)

【嘉庆二十年四月戊寅】军机大臣等议覆：直隶提督徐锟奏，请将赤峰、建昌、朝阳三营十汛守兵，减改步兵一折。查该处蒙古民人杂处，弹压缉捕，关系紧要。所有额设之兵，自嘉庆十六年定议后，马兵、步兵均已足额，守兵尚未募齐。缘守兵月支钱粮，不敷养赡，势难强之入伍。既据该提督援照多伦诺尔改守为步之案，应准其将守兵六百六十二名改为步兵三百三十一名。按照兵数分隶三营十汛，责令该提督速为募足，一体认真操练，以成劲旅。从之。(《清仁宗实录》卷305，第52页)

【嘉庆二十年七月庚子】又谕：御史王维钰奏，变通卫用员弁，以重营伍而疏铨选一折。所奏是。各省额设守备，营缺多而卫缺少。近年卫千总俸满引见，遇朕驻跸热河，留京王大臣验放，概以卫缺请旨录用，从无用一营缺者。以致营守备选补乏人，卫守备又形壅滞，殊属两无裨益。嗣后王大臣验放俸满卫千总，除弓马平常者仍以卫缺用外，其年力精壮、弓马可观者，即于折内声明请旨，以营缺录用。俾武弁得以及时自效，于铨法亦可疏通。(《清仁宗实录》卷308，第96页)

【嘉庆二十年九月己亥】谕内阁：本年八月十五日，密雨半日，次早雨止。朕启跸巡幸木兰，于将启行时，庄亲王绵课忽令奏事太监奏称，二道河副桥座已被冲塌，正桥座现已过水一尺有余。蒙古王公等闻有此言，遂吁恳暂停进哨。明系尝试，朕降旨严饬。即乘马度桥，河水尚低于桥面尺余，桥座亦甚稳固，策马直抵中关。因命军机大臣询问绵课，据称系由热河道明山报知。及传询明山，仅向绵课告知便桥欹斜，并未报有正桥过水情形。秋狝肄武绥藩，为我朝家法，朕恪谨遵循。今绵课因河水微长，辄造浮言，妄希阻止。若系满洲蒙古大臣，必立予罢黜，加以板责。念伊爵系亲王，姑从宽议，前仅罚俸以示薄惩。但绵课如此畏葸，岂可表率内廷？且一应差使亦俱生疏，实不胜御前大臣之任。著革去御前大臣，并领侍卫内大臣、管围大臣总理行营，毋庸在里边行走。其余所管事务，仍著留任，以观后效。绵课所出御前大臣、领侍卫内大臣二缺，仍著定亲王绵恩补授。其总理行营管围大臣，著奕绍补授。明岁春巡秋狝，俱令奕绍随扈前往。祖考成宪，朕不敢违。乱政莠言，朕不能听。将此旨通谕皇子、皇孙、各衙门、各旗，敬承毋忽。(《清仁宗实录》卷310，第119—120页）

【嘉庆二十年十月壬子】谕内阁：那彦成奏，平泉州知州兴廉承办秋巡差务，于跸路经临时藉称缉匪回州，实属取巧，请降补知县等语。现在直隶地方官，皆有缉匪之责。如本境内访有逸犯踪迹，驰回本任缉获，尚可声言不能兼顾。今兴廉并未报有获犯，乃于跸路经临时，藉词擅回本任，明系规避差使。仅令降补，尚属宽纵。兴廉著即革职。(《清仁宗实录》卷311，第125页）

【嘉庆二十年十一月戊子】上御懋勤殿，勾到直隶、热河、山西情实罪犯。停决直隶官犯一人、斩犯一人、绞犯十二人，山西斩犯七人、绞犯三人。余一百人予勾。(《清仁宗实录》卷312，第142页）

【嘉庆二十一年正月己亥】谕内阁：理藩院转奏，据喀喇沁王满珠巴咱尔陈奏秋狝情形十二条一折。满珠巴咱尔系行围领蘷大臣，且系围长。行围事宜，理应条奏。且所奏十二条均系援引旧例，所奏甚是。其所奏支搭看城人等不许前一日出卡伦，仍照旧例于是日三更出卡伦支搭。其芟割大营地基野草之绿营兵丁，亦于是日一同前往。至朕行围到大营驻跸后，严禁附近围场擅放鸟枪打牲。三条俱照所请行。如有违者，应如何治罪，及其余九条，并著总理行营

王大臣公同理藩院一并议定章程具奏。(《清仁宗实录》卷315，第184页)

【嘉庆二十一年八月庚辰】谕内阁：从前热河所属地方，凡关系蒙古案件，屡次迟延，甚至经年不能剖断。经朕召见历任都统道府，据称蒙古案件咨行该盟长等拘传人证，该盟长等藉端推诿，以致经年迟延等语。此次朕至常山峪，降旨令理藩院行文土默特旗，咨查该处办事人员系何王公家护卫。嗣复令军机大臣面传谕旨饬催该盟长等，迄今尚未传到。是其废弛推诿，已属显然。除再严催令其迅速传到，暂免置议外，嗣后特旨交办及咨取案件，俱著迅速办理，不得任意迟延。倘再迟延，定行治罪。并著理藩院按其程途远近定限，遵照内地迟延逾限之例，将该盟长扎萨克等处分酌议具奏。(《清仁宗实录》卷321，第248—249页)

【嘉庆二十一年十月丙申】上御懋勤殿，勾到山东、直隶、热河情实罪犯。停决山东斩犯五人、绞犯四人，直隶斩犯五人、绞犯十一人。余一百四人予勾。(《清仁宗实录》卷323，第268页)

【嘉庆二十一年十一月戊辰】又谕：据庆祥奏，书吏熟悉例案，现届五年役满。请照新疆书吏五年期满，再留四年，役满咨部选用等语。热河距京较近，非新疆可比。若照新疆书吏，留役四年，即准铨选，未免过优。书吏潘克坦，准其留役。俟再届五年期满，方准咨部以从九品未入流选用。嗣后该处如有留役书吏，俱照此例办理。(《清仁宗实录》卷324，第282页)

【嘉庆二十一年十二月庚寅】又谕：庆祥奏，勒限严催控案，请将屡提不解之知县，交部议处一折。所参甚是，足见实心任事。热河州县审理案件，向多迟缓。经该都统屡次催提，延不传解，疲玩已极。建昌县知县恒庆、朝阳县知县德兴、署赤峰县知县金德俱著先行交部议处，仍勒限明岁四月内，将二十一年以前积案，迅速审解完结。如再迟延，即据实严参。其承德府及平泉州，丰宁、滦平二县，暨四税员各处未结控案，并勒限三月以内，一律解审详结。如有迟误，一并参处。(《清仁宗实录》卷325，第289页)

【嘉庆二十二年四月己卯】谕内阁：庆祥等奏，热河行宫左近山阳地亩，禁止垦种，并山场余地，可否赏给额鲁特游牧一折。热河居住额鲁特生齿日繁，畜养马匹增多。著加恩将普宁寺东西山场建庙余剩地面，一并赏给额鲁特游牧，不准私招民人开垦。余俱照所议办理。（《清仁宗实录》卷329，第332页）

【嘉庆二十二年六月乙亥】谕内阁：本年五月以来，直隶及京畿一带，雨泽稀少。连日据各处奏报，热河、天津、马兰镇、密云等处，均已大需甘霖，入土深透，惟近京地方仍形旱燥。朕宵旰焦思，推求其故。部院各衙门，因循疲玩，积习已非一日。数年来经朕严切训饬，随事惩创，近日似较前渐知振作。前二年，直省俱年谷顺成，本年致旱之故，或不尽由于此。默思上苍示警，独在附近数百里之内，或系在逃逆犯五十余名，必有潜藏近畿者，以致沴气所结，阻遏祥和。著步军统领衙门、顺天府、五城各于所辖境内，严密访缉。若止按照门牌，逐户点查，该逆等改姓更名，窜入其中，仍属具文塞责。即将所属员弁兵役，严词告诫，亦属空言无补。务当各竭智力，于稠人广众易于溷迹及庵观寺院隐僻难穷之处，设法侦缉。倘能于一月之内，弋获逋逃，则邪沴消除，必当和甘立召也，勉之。若将此旨视为具文，付之不办，则非我大清国之臣子矣。（《清仁宗实录》卷331，第362页）

【嘉庆二十二年七月庚午】赏热河及额鲁特兵丁一月钱粮。（《清仁宗实录》卷332，第389页）

【嘉庆二十二年七月辛未】谕内阁：热河兵丁向无普赏一月钱粮之例。皇考高宗纯皇帝每年五月驻跸避暑山庄，八月始行进哨。该兵丁等安设堆拨，直班日期较多，且射靶中箭人数亦多，是以特恩普赏一月钱粮。自朕巡幸热河，兵丁步射尚好，是以照旧普赏。去年、今年均因兵丁等步射较前平常，中箭人数稀少，将都统和宁、庆溥交部察议，协领等议处，兵丁等仍赏一月钱粮。此二年内该兵丁步射俱属平常，自系倚恃赏项，平日并不留心学习。从前皇考高宗纯皇帝五月间即来巡幸，该兵丁等直班日期较多，尚能乘暇操演。朕七月间始来热河，岂转无暇操练耶？此而不示以惩戒，恐兵丁等渐习偷安。朕明岁恭诣祖陵，不克巡幸热河。后年朕临幸时，若该官兵等步射仍如此平常，不惟将该管都统章京等从重议处，并将普赏一月钱粮之例永行停止，只将中靶兵丁及额鲁特兵丁照例赏给。此旨著交热河都统传谕章京兵丁等，俾其家喻户晓，一体凛遵。（《清仁宗实录》卷 332，第 389 页）

【嘉庆二十二年八月癸未】谕内阁：绵恩等参奏热河都统庆溥失察避暑山庄后堆拨内支搭帐房一折。堆拨内向无支搭帐房之例，今避暑山庄后山堆拨内支搭蒙古帐房，该管协领章京等并不妥为管束，实属疏懈。该管都统庆溥，毋庸交部议处，著罚俸一年。该管协领章京等，均著罚俸二年。该三处堆拨兵丁，著重责示儆，并著将所搭帐房立即驱逐。嗣后如再违例于堆拨内私搭帐房，查出从重治罪不贷。著通谕行营及蒙古等一体遵行。（《清仁宗实录》卷 333，第 394 页）

【嘉庆二十二年九月丙午】又谕：据庆溥等面奏，防御乌尔衮泰曾于十八年间，在北哨门红桩外擎获周万春等三犯偷买木植一案，交承德府审讯。其二犯陆续监毙，将周万春解省覆审，该犯在省翻供。经臬司瑢弼关提乌尔衮泰赴省质讯，著方受畴即派员将周万春解交刑部。乌尔衮泰著解任，交庆溥同全案卷宗一并解送刑部，秉公审办。如乌尔衮泰系属诬良，照例治以应得之罪。若周万春偷买木植属实，又复狡供翻异，即行加等治罪。（《清仁宗实录》卷 334，第 402 页）

【嘉庆二十二年十月丙申】上御懋勤殿，勾到山西、直隶、热河情实罪犯。停决山西斩犯八人、绞犯六人，直隶斩犯七人、绞犯十三人。余一百一人予勾。（《清仁宗实录》卷 335，第 424 页）

【嘉庆二十二年十一月乙丑】谕内阁：本年届应军政之期，兵部将在京之都统、护军统领、副都统、左右翼总兵、銮仪使、内务府护军统领，在外之驻防将军、都统、副都统、领队大臣、提督、总兵，分晰开缮履历清单进呈。朕详加披阅，内镶黄旗蒙古都统福会年老多疾，人亦平庸，著以原品休致。镶蓝旗护军统领正黄旗满洲副都统密里马上平常，著革退护军统领，仍留副都统之任。热河都统庆溥办理旗民刑名事件，不能胜任，著来京以都统用。余著照旧供职。其造册迟延之提镇十五员内，太原镇距京最近，总兵董连第延不造报，实属玩视公事。且其人亦平庸，著降一级，来京以本旗参领补用。提督马元、多隆武，总兵杨超镬、黄耀武、郭文魁、庆熙、武隆阿、沈烜、李应元、刘廷斌、桂涵、罗思举、张志林、哈丰阿，俱著交部照例议处。（《清仁宗实录》卷336，第439—440页）

【嘉庆二十二年十一月乙丑】调热河都统庆溥为镶黄旗蒙古都统，正黄旗汉军都统伊冲阿为热河都统，以理藩院尚书和世泰兼正黄旗汉军都统，内阁学士英绥兼镶蓝旗护军统领，正蓝旗汉军副都统弘善为泰宁镇总兵官，兼总管内务府大臣，前任副都统富祥为正蓝旗汉军副都统。（《清仁宗实录》卷336，第440页）

【嘉庆二十二年十一月戊辰】谕内阁：朕恭阅皇祖《世宗宪皇帝实录》，内载雍正九年八月谕大学士等：肃州金塔寺，原种进贡之哈密瓜。朕思与其种瓜，何如种谷以资民食。著行文该督抚等，嗣后不必进献，并著晓谕彼处人民知之。钦此。仰见我皇祖重农贵粟，不使地有遗力，惠爱黎民之至意。从来食为民天，树艺五谷，是为本务。瓜犹蔬菜之属，尚恐栽植者多，致分地力。近日烟草之植，无处蔑有。更复有水烟一种，产自甘肃。近闻栽种益广，此皆无益民生，有妨稼穑。甘肃地土狭瘠，尤当使民知种谷，庶免艰食之虞。著该督饬知地方官，遍行晓谕。凡种水烟地亩，概令改种黍禾。并随时查禁，无许仍前趋利逐末，致妨地利。再闻近日都城中，并有以水烟入市售卖者，甚至每岁随往热河，逐队营趁，不可不严行禁止。著步军统领衙门、顺天府五城出示晓谕，各令改业营生。如有不遵，查拏惩办。其热河地方并著该管文武官一体查禁，随时驱逐，以儆游惰。（《清仁宗实录》卷336，第441页）

【嘉庆二十三年正月己未】谕内阁：文宁曾在上书房行走，擢用至侍郎、步军统领、总管内务府大臣，屡经获咎。复加恩弃瑕录用，由副都统畀任贵州巡抚。因其小有才具，简调豫省繁要地方，乃不自检束，一至豫境，即挑斥供应，以致家人巡捕，需索多赃。虽查无纵容入己情弊，究因伊呵斥属员，怒责差役，始敢肆行无忌，实属任性妄为。经军机大臣会同该部议照，景安等原拟发往军台效力。文宁著不必发往军台，即发往热河充当披甲，在外庙工程处效力。郭三以巡抚家人，胆敢于过境时需索站规，至数百两之多，情殊可恶，著在河南省城先枷号三个月，满日再行照拟发遣。（《清仁宗实录》卷

338，第 466—467 页）

【嘉庆二十三年二月甲申】吏部奏：候补郎中福昂向尚书英和呈递书信一折。得旨：此案朝阳县知县德兴，因误被揭参，开复留任。瑞赓无缺可调，吏部议驳之稿，并未逾限。或瑞赓不明条例，尚可自行呈诉。乃伊父福昂，辄自写书信，向英和私宅投递，意在请托，实属妄为。福昂人本平常，且年已衰老。著即将候补郎中斥革，永不叙用。英和心秉公正，昏夜乞怜之徒，不必施其狡狯也。（《清仁宗实录》卷 339，第 479 页）

【嘉庆二十三年二月辛卯】谕内阁：御史李广滋奏，请将口外抢劫盗犯勒限缉拏一折。热河平泉等州县，抢劫各案，前据御史李广滋访闻参奏，当经降旨令熙昌督率严缉，旋经熙昌奏拏获盗犯多名。嗣后惟当督饬所属文武地方官，遇有报案，立将首伙各犯严缉惩办，并密访窝顿之家，拏获按律究治。州县官如有隐匿不报者，查出严参重惩，盗风自可日戢。不必另立限期，转于定例不符也。（《清仁宗实录》卷 339，第 482 页）

【嘉庆二十三年二月乙未】谕内阁：董诰奏，呈缴密云官房，并自置海甸、热河住房二所，以清赔项一折。董诰前因每年随扈秋围，是以于密云赏给官房一所，董诰并于热河自行置有房屋。兹董诰以老病开缺，即调养痊愈，再行赏给差使，亦必不派令随围。所有密云官房及热河房屋，著照所请，俱准其呈缴。至海甸房屋一所，董诰现患沉疴，园林清旷，于颐养为宜，著仍赏还董诰。其代伊弟认缴赔项银九千九百余两，业经交过六千两。所有未完银三千九百二十五两零，俱著加恩宽免。董诰现经赏给在家食俸，其从前在任罚俸各案，并著加恩悉予开复。即于本年支食全俸，以示恩眷。（《清仁宗实录》卷 339，第 484 页）

【嘉庆二十三年九月己酉】谕军机大臣等：从前皇考高宗纯皇帝驻跸避暑山庄，恭遇万寿圣节，惟随扈王公大臣等恭递如意，并呈进贡品。其在京王公大臣等，从无差人至热河赍进如意贡件之事。本年万寿庆辰，朕驻跸兴隆寺。随扈王公大臣官员，即于行宫行礼。著留京王大臣传谕仪亲王、成亲王、庆郡王永璘及在京王公大臣等，概不许差人至行在呈递如意贡品。其轮赴行在

接驾谢恩之人，亦不准携带如意至彼呈递。将此谕令知之。(《清仁宗实录》卷346，第582页）

【嘉庆二十三年九月乙卯】又谕：伊冲阿奏，匪徒聚众偷挖铅砂，械斗拒捕，将委拏玩误各员据实参奏一折。热河承德府属烟筒山，聚有匪徒，盗挖铅砂，争砼械斗。经伊冲阿访闻，派员查拏，所办甚是。朕每年驻跸热河，烟筒山在承德府境内，岂可容留匪徒，聚集滋事？必应严行查禁。著该都统责成地方官，将烟筒山永远封禁。出示晓谕，不许奸徒私自开采。随时巡查驱逐，如敢聚集多人，立即严拏，从重惩治。至此次派委都司陶振邦、经历王恒德，经该都统饬缉为首要犯三十余名，仅获纠挖首犯六名。其械斗及拒捕伤差要犯，一名未获，实属延玩。陶振邦、王恒德，俱著先行革去顶带，勒限责令缉拏。如能将要犯拏获多名，再行奏请开复。倘敢仍前怠玩，即行革职示惩。(《清仁宗实录》卷347，第586—587页）

【嘉庆二十三年九月庚申】谕内阁：朕此次临幸盛京，御前行走之噶勒桑栋罗布、布彦温都尔瑚、乾清门行走之诺尔布琳沁、锡第俱扈从当差。今伊等各回游牧，年班若复令来京，往返不无跋涉，本年年班均著加恩不必来京。俟明年七月至热河接驾随扈进哨，以示朕体恤蒙古臣仆之意。(《清仁宗实录》卷347，第589页）

【嘉庆二十三年十一月己未】又谕：赛冲阿奏，盛京请添设总管及增给佐领图记一折，所奏非是。盛京宫殿一应事宜，向系将军兼管内务府大臣总司其事。自国初以来，相沿已久。赛冲阿率请照热河之例，添设总管一员。热河系属园亭，与盛京宫殿规制不同。该将军此奏，明系意存推诿，所请俱不准行。惟既据该将军奏盛京宫殿事务繁多，著添派明兴阿协同管理，以昭慎重。(《清仁宗实录》卷350，第628页）

【嘉庆二十三年十二月戊子】理藩院奏：热河都统伊冲阿奏，审明土默特贝勒挑选部落幼丁充当音乐一案。得旨：此案土默特贝勒挑选本部落幼丁，派当蒙古音乐差使，明系教演戏班，岂能瞒昧？近日蒙古王公，渐有此风。豢养优伶，大改敦朴旧习，殊为忘本逐末。从前已故贝勒贡楚克巴勒桑，挑派幼丁四十名，终日演唱。况家有戏台，朕闻之熟矣。今济克默特扎布袭职后，又续挑四十名，均属任意妄为。伊冲阿糊涂冒昧，议请仍照前任章程，不得过四十名之数。理藩院亦率行议准，俱属非是。贡楚克巴勒桑业经身故，无庸置议。济克默特扎布现议罚俸二年，亦著免其重科。所有两次挑取幼丁，俱著彻归各佐领下当差。嗣后各蒙古部落，挑取幼丁演戏之事，著永远禁止。将此旨通谕内扎萨等知之。（《清仁宗实录》卷 352，第 647—648 页）

【嘉庆二十四年正月庚子】谕军机大臣等：长龄奏庄浪土司鲁纪勋、岷州土百户马乾，恳请来京祝嘏。朕本年六旬正寿，该土司等既情殷祝嘏，著准其前来。照上届土司朝觐之例，给予驿廪，惟不必令该土司到京。前有旨准吐鲁番回子郡王迈玛萨依特、哈密回子郡王衔贝勒博锡尔来热河祝嘏，约于八月初间到热河。长龄先饬知该土司等，俟该回王行抵甘肃时，随同一路行走，亦于八月初间在热河接驾。叩祝后，即由热河径回甘省可也。将此谕令知之。（《清仁宗实录》卷 353，第 655 页）

【嘉庆二十四年二月壬辰】命都察院左都御史诚安驰往热河审案。（《清仁宗实录》卷 354，第 681 页）

【嘉庆二十四年七月庚午】谕内阁：方受畴等奏，蔺沟白河等处桥座因盛涨未消，难以克期竣工一折。本年秋雨连绵，山水异涨，各处搭造桥工已成复冲者业经数次。现在蔺沟白河桥座，十二日启銮以前，不能克期竣工。即再展三四日，恐亦未克赶办齐全。著改于二十日启銮，驻跸避暑山庄。本年回部及哈萨克等，于八月初旬来至热河祝嘏。届时尚有应行宴赉礼仪，其木兰狝典，虽系重大切要，但往返程途，核计日期，已属不敷。此次著停止进哨，二阿哥、四阿哥、奕纬阿哥俱毋庸随往热河。八月二十六日自热河启跸，九月初三日回跸圆明园。（《清仁宗实录》卷 360，第 747 页）

【嘉庆二十四年七月庚辰】免跸路经过由京至古北口地方本年额赋十分之四，由古北口至热河十分之五。（《清仁宗实录》卷 360，第 751 页）

【嘉庆二十四年八月辛卯】上至热河，诣永佑寺行礼。（《清仁宗实录》卷 361，

第 757 页)

【嘉庆二十四年八月辛卯】赏热河接驾兵丁及看守避暑山庄弁兵一月钱粮，跸路经过看守各行宫弁兵半月钱粮。赏热河及额鲁特兵丁半月钱粮。(《清仁宗实录》卷 361，第 758 页)

【嘉庆二十五年四月乙巳】命都察院左副都御史润德、太仆寺卿何铣驰往热河审案。(《清仁宗实录》卷 369，第 878 页)

【嘉庆二十五年四月丁未】谕军机大臣等：文孚等奏，遵查秀宁奏驳法礼哈咨商动用青海蒙古乌拉一案。溯查乾隆四十五年旧案，陕甘总督及西宁办事大臣衙门，均无动用青海蒙古乌拉明文。此次喀尔喀四部落盟长等，凑备银两，奉派玛呢巴达喇前往西藏迎接哲布尊丹巴呼毕勒罕，本不应再用乌拉。法礼哈及随带司员等，已由西宁县动用银六千余两，置备长行驼马口粮锅帐等物，亦不应复动用乌拉。其上年理藩院移文，系指该呼毕勒罕自热河旋回时，由边外行走，始令照例办给乌拉票张。前已有旨，因该呼毕勒罕年甫七岁，不令前来热河，是此项乌拉更无可动用之处。今据青海台吉恭藏等呈控玛呢巴达喇、护卫索诺木等，在柴达木地方，硬拏乌拉，讹索银两，自应究明惩办。文孚现已回京，著长龄于法礼哈回至西宁时，即由省前往提集索诺木等，与该台吉等质对。如系该护卫及随带司员笔帖式领催等藉端影射，讹诈勒索，即审明按律治罪。如法礼哈有知情纵容情事，将法礼哈据实严参。若该副都统只系失察，并无染指，亦于定案时，一并声叙附参。将此谕令知之。(《清仁宗实录》卷 369，第 881—882 页)

【嘉庆二十五年六月辛卯】除热河行宫附近荒地二十六亩有奇额赋。(《清仁宗实录》卷 372，第 911 页)

【嘉庆二十五年六月己酉】谕内阁：鸿胪寺奏，本年巡幸热河，经过沿途地方文武各官，请旨于几十里以内接送一折，此奏竟成具文。嗣后恭谒东陵、西陵及巡幸热河，在直隶境内者，俱著无庸奏请。如遇巡幸，出直隶境外者，该衙门再行奏明请旨。(《清仁宗实录》卷 372，第 920 页)

道光朝

【嘉庆二十五年八月庚辰】谕内阁：嘉庆四年皇祖考高宗纯皇帝大事。皇考曾遵雍正十三年成例，停止各省将军、督、抚、提、镇、藩、臬及盐、关、织造等来京叩谒梓宫。今大行皇帝在山庄升遐，梓宫回京。除热河都统、直隶提督本在热河，直隶总督、藩司、长芦盐政、密云副都统、马兰镇总兵沿途各有差使外，其余直隶各大员，俱不必前来。各省将军、督、抚、副都统、提、镇、城守尉，并盛京侍郎、奉天府尹及西北两路将军、大臣，并学政、盐政、织造、关差等，均不必奏请前来，致旷职守。各该将军督抚提镇等，受皇考深恩，惟当竭诚尽职，以期无负委任，不在仪节虚文也。将此通谕知之。（《清宣宗实录》卷2，第87页）

【嘉庆二十五年八月丙戌】又谕：热河为每岁大行皇帝秋狝驻跸之地。该处民情，素殷爱戴。本年龙驭在山庄升遐，百姓久沐恩膏，感恋悲哀，如丧考妣。即日梓宫回京，修治桥道，无不争先恐后。朕心深为怜悯，著将承德府及所属州县，并经过畿内之宛平、顺义、怀柔、密云、昌平等州县，明年应征钱粮，全行蠲免。直隶总督、顺天府尹即刊刻誊黄，遍行晓谕，俾众周知。（《清宣宗实录》卷2，第90页）

【嘉庆二十五年八月丙戌】谕军机大臣等：本日奕绍来至热河，朕召见询问定亲王绵恩近体光景。据奏：绵恩自闻大行皇帝升遐之信，悲恸异常，现在身体尚可勉强支持等语。定亲王绵恩，随侍皇考大行皇帝有年，系朕之兄。现因龙驭上宾，哀感逾情。但其年逾七旬，当勉自调护，无庸远道来迎，即在京祗候，于梓宫到京时，在第一站芦殿，恭迎尽礼可也。将此谕令知之。

（《清宣宗实录》卷2，第90页）

【嘉庆二十五年八月丁亥】又谕：即日奉移大行皇帝梓宫回京。沿途应搭芦殿，自热河至古北口，著行在工部会同热河都统恭办。古北口以内，著在京工部会同直隶总督恭办，务须妥速豫备。口外各处，为期紧迫，更应迅速妥办。不可互相推诿，致稽时日。（《清宣宗实录》卷2，第92页）

【嘉庆二十五年八月庚寅】谕军机大臣等：自初一日皇考大行皇帝大殓后，已经七日，尚未定有梓宫奉移日期。朕忍恸焦思，日甚一日。所有口外一带芦殿桥梁道路，尤为紧要。著穆彰阿等督饬热河道玉彰，昼夜赶办。能早一日，务紧一日，能早一刻，务紧一刻，万勿稍有稽延。一经办理妥协，迅速具奏。将此谕令知之。（《清宣宗实录》卷2，第95页）

【嘉庆二十五年八月庚寅】又谕：昨有旨，令祝庆承由古北口外查看桥道，赶赴热河。该藩司接奉谕旨，毋庸先来热河，著即在王家营、喀喇河屯两处，将芦殿及桥梁道路帮同赶办，务期一律稳固完备。查看可以行走，再迎赴热河可也。将此传谕知之。（《清宣宗实录》卷2，第95页）

【嘉庆二十五年八月辛卯】又谕：本日热河总管祥绍、嵩年呈进食物，当即斥驳。因思各省督抚盐关，向有呈进方物。若不豫行宣谕，恐仍循例相率入贡。朕方在谅阴之中，食处皆所不安。著通谕各省督抚盐政织造关差等，一应贡献，概行停止，即食品亦不准进呈。俟三年之后，再候谕旨。（《清宣宗实录》卷2，第96页）

【嘉庆二十五年九月庚辰】热河总管祥绍奏：查嘉庆四年至六年，均停止年班入京。得旨：三年之内，仍著停止年班。（《清宣宗实录》卷4，第116页）

【嘉庆二十五年十一月丁丑】谕内阁：侍讲学士顾莼奏，松筠宜仍置左右一折，狂谬怪诞已极。朕擢松筠于降谪之余，先用为左都御史，又任以热河都统，量能授职，自有权衡，何分内外。乃顾莼以为擢任左都御史之日，群臣庆于朝，万民忭于野，松筠何足以致之，若简放热河都统，乃使之为国宣力。

顾莼以为虽予重大之任，若有疏远之心，则尤为信口乱言矣，甚至称或疑其意气之戆，致拂圣聪。或疑其攻击之严，致遭众忌。无论朕虚怀纳谏，从不以直言为忤。且松筠月余以来，亦实无犯颜极谏之事。其于内外臣工，更无私毁私誉，若以此致疑，岂举朝满汉大臣，除松筠而外，均为谀谄容悦之人乎？折内又称，现虽大开言路，然各部交议者多被斥驳，外省饬查者曲致弥缝，欲使朕疑言者之多诬，冀言者之少息，如此谤讪，尤出情理之外。朕于臣工陈奏事件，是者立见施行，非者存而不论。其介乎可否之间者，往往交议以定从违。若如顾莼之言，凡交议者一概不许驳正。是朝廷政事，不论是非曲直，一皆决于言官，必将大开门户党援之习，紊乱朝纲，国是尚可问乎？用人行政，乃朝廷之大柄，顾莼以小臣妄言干预，似此浇风，断不可长。著交部严加议处，以示惩儆。（《清宣宗实录》卷 9，第 191 页）

【道光元年正月乙丑】热河都统松筠奏：蒙古全赖牲畜养生，偷窃贼犯与内地有别。此次恭逢旷典，释回各犯莫非积惯匪徒，难保其不仍行劫抢偷窃，有害地方。应请旨所有刑部议准恩赦援免释回者，内有热河所属，扎萨克旗下蒙古窃劫各犯，回旗后，傥有怙恶不悛，该旗不能管束者，一经具报，仍即咨部分别发遣，以示惩儆。现在审办蒙古偷窃牲畜各犯，如有应行援免者，仍照蒙古例载，事犯在各扎萨克所属地方，遇赦不准援免之条办理，庶盗风可期渐弭，于有业蒙古生计亦属有裨。得旨：必应如此办理，照所议行。（《清宣宗实录》卷 12，第 232 页）

【道光元年二月辛卯】谕军机大臣等：松筠奏，热河闲散壮丁，生齿繁多。酌拟屯田，俾资生计，并请赏借银三万两。每年所得息银三千六百两，以一半归还库款，其余一千八百两，为移驻壮丁经费等语。热河驻防八旗闲散，生齿日多，应为筹画生计。现既查有汗特穆尔旧东哨门内，东至大山一带闲地，可以开垦屯田，洵为经久长策。著松筠于夏间查围时会同围场总管富明亲往履勘。该处地界宽广若何，将来垦种地亩，约计可得若干顷，盖造房间可以移驻闲散若干户。并查明于围场牲畜事宜，有无妨碍。妥议章程，详细声叙具奏。俟奏到之日，再降谕旨。将此谕令知之。（《清宣宗实录》卷 13，第 252 页）

【道光元年二月壬辰】理藩院奏：查蒙古例载偷窃牲畜，事犯在各扎萨克所属地方者，虽遇恩诏，不准援减，在内地者，准援减等语。前经刑部于恩诏案内，奏准悉予援免。今热河都统奏请仍照旧例，事属两歧。应请将从前已经援免者毋庸议外，其现在未经题覆之案并嗣后蒙古窃劫，仍分别犯事地方，照旧例办理，以归画一。从之。（《清宣宗实录》卷13，第254页）

【道光元年二月己亥】谕内阁：理藩院奏，将讹诈蒙古钱财、抢夺民人之被控台吉阿咱拉先行革去台吉，交富俊等明白审讯一折。本年正月间，因阿咱拉来京控告地亩案件，已降旨将阿咱拉交富俊等审办矣。所有被控之台吉阿咱拉著即照所奏，先行革去台吉，交富俊、龄椿等，仍遵前旨，提集案内人等，秉公审明，定拟具奏。俟此地亩案件审办完结后，所有土默特蒙古格都楞、民人王和，控告台吉阿咱拉两案内牵连人等，若俱离盛京窎远，即据实具奏，到时再另行派员审办。原告土默特蒙古格都楞、民人王和即照该院所奏，著交兵部先行解往热河待质。（《清宣宗实录》卷13，第256—257页）

【道光元年三月戊午】又谕：松筠奏，审拟热河道与朝阳县知县互相禀揭一折。此案热河道玉彰，率发印札，饬属雇备车马，以致丁役藉端喧扰。其扣项修理执事，及抵扣采买兵米津贴银两，均属不合。玉彰著即革职。朝阳县知县福克金布，于上司过境时，豫备公馆，致送席面，固属违例，但其咎较玉彰为轻，著革职赏给热河披甲，效力赎罪。（《清宣宗实录》卷14，第273页）

【道光元年三月己巳】以直隶热河道阿霖为按察使。（《清宣宗实录》卷15，第285页）

【道光元年四月壬午】直隶总督方受畴奏：赤峰县客民刘德盛控案，审系赵增纠约辛茂等图占地亩，并无强劫重情，按律问拟杖流。下部议。从之。（《清宣宗实录》卷16，第294—295页）

【道光元年四月己丑】谕军机大臣等：本年七月二十五日，恭值皇考仁宗睿皇帝周年忌辰。著松筠等于热河各寺内遴选喇嘛四五十名，在澹泊敬诚殿，虔诚诵经一日。嗣后每年七月二十五日，均照此次敬谨办理。将此谕知松筠，并传谕嵩年、延隆知之。(《清宣宗实录》卷 16，第 300—301 页)

【道光元年四月丁未】又谕：富俊等奏，讯明阿咱拉呈控达尔汉王等霸占荒地一案，所拟分领银地章程，俱著照所议完结。阿咱拉尚有应讯案件，著解交热河都统衙门，一并定议具奏。其霸抢银两一节，人证未齐，著龄椿将人犯带回盛京，会同松篛，提到米喇嘛等，另行讯拟奏结。至达尔汉亲王布彦温都尔瑚，屡次托病迟延，实属玩忽，著交理藩院严加议处。(《清宣宗实录》卷 17，第 323 页)

【道光元年九月乙卯】又谕：前因建昌县民妇胡马氏控告伊夫已故守备胡廷良身死不明，降旨交方受畴亲提审办。兹据方受畴奏，讯取众供，金称胡廷良实因坠马跌伤致死。胡马氏坚称伊夫身死时指甲发青，口鼻流血，实系中毒，情愿具结开检。该督现遴委候补知州秦承霈带领仵作，前赴建昌开检。仵作人等检验尸伤，往往有受贿减增之弊。著庆惠就近饬知热河道、承德府，督同建昌县暨该委员传集人证，秉公开检。是否中毒，抑系跌毙，务令检验确实，不可任令书吏仵作有串捏情弊。验明后由该道府委员等报明方受畴，审讯定拟，以成信谳。将此谕令知之。寻讯诬，坐如律。(《清宣宗实录》卷 23，第 417 页)

【道光元年九月癸酉】定围场偷打牲畜罪名，仍照旧例。谕内阁：庆惠奏围场偷打牲畜罪名，请照旧例问拟一折。木兰围场中偷打牲畜及偷砍木植罪名，屡经奏改。兹据庆惠奏，偷牲与偷木情同事异，一概计赃定罪，未免无所区别，著照所请。除盗砍木植仍照现例分别赃数定拟外，其偷打牲畜之犯，改照嘉庆九年旧例，不论赃数，初犯杖一百、徒三年，再犯发新疆等处种地，三犯发新疆等处给兵丁为奴。旗人犯者销除旗档，照民人一律办理。蒙古人犯者，初次照现例枷责，再犯、三犯，亦照旗民一体治罪。均面刺盗围场字样。为从及未得赃者，各减一等。刑部即载入则例遵行。(《清宣宗实录》卷 23，第 423—424 页)

【道光元年九月癸酉】谕军机大臣等：庆惠奏围场情形，并会议巡防章程一折。围场设立官弁兵丁巡防，原以禁止偷窃，俾牲畜蕃滋。今据庆惠等所查情形，数年以来，巡查殊未周密，不可不严加整顿。庆惠与满珠巴咱尔会商，请将偷打牲畜罪名仍复旧例，并严定内外卡伦分巡会哨各章程，所办俱是。已饬刑部将偷打牲畜罪名，改复嘉庆九年所定旧例矣。庆惠即饬知西琅阿，督率该管兵实力巡查，毋得视为具文。其随缺地亩佃户，亦随时查察，不准藉词影射。至附近围场地面，有窝留贼人处所，专窃茸角，代为销赃。此系朕所素知，尤当设法严擎究办，并严查官弁兵丁串通包庇。能将此弊革除，则一二宵小，无所容身。哨内偷窃之风，自当渐戢也。将此谕令知之。（《清宣宗实录》卷23，第424页）

【道光元年九月癸酉】又谕：庆惠奏，围场内达彦梁后，高宗纯皇帝圣制古长城说碑、台石栏柱，俱有损伤坍卸等语。著派嵩年等于明岁前往该处敬谨勘估具奏。俟道光三年春间，兴工修理，以昭整肃。将此传谕知之。（《清宣宗实录》卷23，第424页）

【道光元年九月癸酉】又谕：满珠巴咱尔奏，此次巡查围场，孳生牲畜未见繁多等因一折。哨内行围，原为操演满蒙官员兵丁技艺，所系綦重。故原定防禁偷盗牲畜贼匪旧例，甚属严密，自宜永远奉行。兹据满珠巴咱尔奏称，巡查围场各类牲畜，孳生较前短少，亦未能将贼匪尽行擎获。皆由屡次更改定例，盗贼不知儆惧，肆行犯法，业经另降谕旨。著照庆惠所奏，将围场内偷盗牲畜罪名，仍照旧例办理外，著寄知满珠巴咱尔，嗣后巡查围场，务须会同围场总管西琅阿，严密巡查。尽除围内偷盗牲畜贼匪，实心办理，断不可视为具文，负朕委任之意。（《清宣宗实录》卷23，第424页）

【道光元年十月戊寅】谕军机大臣等：庆惠奏，擎获偷砍围场木植人犯，审讯大概供词一折。围场地方，设有卡伦，分派官兵看守，原以稽查贼犯。今全四等因卡房坍塌，无人住守，起意自认保山，主使马五等私拉牛车入围，屡次偷砍木植，废弛已极。著庆惠即将现获人犯隔别审讯，究出同伙贼犯，按名查擎，并严究卡伦官兵有无受贿故纵情事，按例惩办。其冰凌沟、水泉子二处卡房，系于何时坍倒，该围场总管何以不报明修理，以致官兵无可栖止，任听贼人出入无忌，并著查明据实参奏。将此谕令知之。（《清宣宗实录》卷

24，第 429 页）

【道光元年十月丙戌】以热河总管嵩年为内务府大臣，内务府郎中兼骁骑参领阿尔邦阿为热河总管。(《清宣宗实录》卷 24，第 434 页）

【道光元年十月辛卯】热河都统庆惠奏：前因奏请勘办达彦梁后碑台上栏柱等项，误将彦字书作尹字，请交部议处一折。得旨：朕所望于汝者，永矢公忠，为国宣力。责任有过，朕不能稍为宽贷。若因只字之讹，朕既看出，必当指示，有何紧要。嗣后毋庸在此琐屑节目留心也。(《清宣宗实录》卷 24，第438 页）

【道光元年十月乙巳】热河都统庆惠奏：请将生息节省银内，拨银二千三百两，归入备借项下，留为官兵支借之用。如所请行。(《清宣宗实录》卷 25，第 451 页）

【道光元年十一月戊申】谕内阁：本年尚在皇考仁宗睿皇帝二十七个月之内。一切筵宴典礼，皆不举行。所有本年年班应来之东三省将军、副都统、城守尉、总管、盛京五部侍郎，暨各省城将军、都统、副都统、城守尉、热河总管等，均毋庸来京陛见。俟明年年班，再行轮班陛见。(《清宣宗实录》卷 26，第 454 页）

【道光元年十一月乙丑】热河总管嵩年等奏：喂养狍鹿只数。得旨：所有喂养狍鹿四只，俱著放入园内散养。其麋鹿两圈，已属无用，一并拆撤。(《清宣宗实录》卷 26，第 468 页）

【道光二年二月辛丑】又谕：庆惠奏，请将节省银两发商生息，以资差费一折。热河驻防八旗官兵，每遇公务，向有应领盘费。自近年改设都统衙门以来，事件较前增繁，不敷支放。著照所请，准其将该处生息公用两项下积存银内，拨银六千两，交热河道发商。按一分生息，每年所得银两，添给该官兵出差盘费之用。其息银须至道光三年交纳。所有本年支放盘费，准其将积存项下余银三百八十五两零，拨入本年差费项下，以备支领。该部知道。

（《清宣宗实录》卷30，第537页）

【道光二年三月丙辰】铸给直隶新设平泉州州判，建昌县县丞、巡检，赤峰县县丞，承德府司狱关防条记印信，换给承德府经历印。从总督方受畴请也。
（《清宣宗实录》卷31，第552页）

【道光二年三月丙寅】又谕：庆惠奏，围场兵丁新拨地亩碱薄，请另行筹拨一折。热河围场兵丁随缺地亩，前经将梨树沟等处闲荒，拨给该兵丁招垦收租，以资养赡。兹据该都统奏称，此项地亩，瘠薄难耕。数年以来，总未成熟，不能收取租粮，自应另筹拨换。著照所请，即于承德府属之丰宁县入官地亩内，择其上中二则、土性肥沃者，拨给地七十五顷，作为该兵丁等随缺地亩，令其自行议粮收租，以裨生计。至梨树沟等处试垦未成之闲荒，附近围场，著不准招集外来流民，影射占种。该都统即饬令该管文武各员，随时饬派兵役，严密稽查，无使再有民人逗留，以防弊窦。（《清宣宗实录》卷31，第556页）

【道光二年闰三月甲辰】谕内阁：此案贼犯盗砍风水山树。据刑部奏，审据该犯等供称盗砍树株地方，相距青桩地界十数里二十余里不等，并供俱系小伙偷砍。恐该犯等畏罪串饰，请派员确查等语。著派热河都统庆惠、古北口提督杨芳，会同马兰镇总兵嵩年，并派御前侍卫安福、额勒经额，先赴马兰镇。俟庆惠等到齐，即一同前往勘明网子沟、楼子沟、肥猪圈等处，相距青桩若干里。其盗砍树木共若干株，是否在青桩以内、青桩以外。其白桩红桩内外，有无砍树根盘。此外如有大伙窝窃及运卖木植各犯，必有踪迹可查，不能掩人耳目。地方文武汛堡，岂得透为不知？难保无包庇分赃情弊，不可不搜剔根源，严行究办。庆惠等亲身遍历各处，确切勘验，据实奏明办理。陵寝重地，风水攸关，务当严密搜查，认真访察，毋得稍涉颟顸。并著嵩年派委镇属妥员，随同查勘，以昭慎重。（《清宣宗实录》卷32，第584—585页）

【道光二年闰三月甲辰】又谕：此案已革密云副都统阿隆阿，以二品大员，于家人串通营弁，指缺撞骗，毫无觉察。且于国服之内，在署演唱影戏，辜恩负职已极。部议发往乌鲁木齐效力赎罪，实属咎所应得。但阿隆阿人本糊涂无用，即发往乌噜木齐，亦难效力。著改发热河，充当披甲。佐领富升，以职官在市观看影戏，并与兵丁揪扭，有玷官箴，著即革职。（《清宣宗实录》卷32，第585页）

【道光二年四月辛亥】热河都统庆惠奏：启程赴网子沟等处，会同钦派御前侍卫安福、额勒经额，提督杨芳、马兰镇总兵嵩年，亲加履勘。得旨：如能尽心尽力，搜查明确，有贼必获，又不累及无辜，或可稍赎前愆。若一味文饰，前后含糊了事，后经发觉，恐汝不能胜此重咎也。懔之。（《清宣宗实录》卷33，第593页）

【道光二年四月辛亥】热河都统庆惠、直隶提督杨芳奏：遵旨擎获偷砍树株案内要犯，外委李之懋、邓有贵解部。仍俟擎获尹同到日，续行解部。得旨：即速严密查擎，断不可令其脱逃。（《清宣宗实录》卷33，第593—594页）

【道光二年四月癸丑】又谕：庆惠奏，盗砍树株案内要犯尹同，系内务府鹰手，寄居密云县大曹村，现已闻擎潜匿等语。著步军统领、顺天府五城、直隶总督、热河总管等，一体严密查擎务获，解部归案严审。勿得稍有疏懈，致令远扬。（《清宣宗实录》卷33，第594页）

【道光二年六月己西】谕内阁：前交热河道嵩龄，会同喀喇沁王满珠巴咱尔，审讯建昌县民人郭好仁等，控告布里讷什展地增租一案。现已有旨令满珠巴咱尔来京，著交廉善督同嵩龄秉公审讯，定拟具奏。（《清宣宗实录》卷37，第654页）

【道光二年七月丙申】上御懋勤殿，勾到山西、直隶、热河上年情实罪犯。停决山西斩犯四人，直隶斩犯九人、绞犯五人。余七十六人予勾。（《清宣宗实录》卷38，第687—688页）

【道光二年九月戊子】谕内阁：成德奏，查勘围场营房情形一折，所奏甚是。围场正黄旗营房，前经庆惠奏称，年久塌坏。且距卡伦窎远，请于卡伦适中之二道山嘴子地方，量移建盖。当经降旨，令该都统确勘具奏。兹据成德前往查明，该处兵丁，金以现在营房，自乾隆三十年移建之后，居住已久，安土难迁。且详勘二道山嘴子地方，界在哨后，风劲气寒。自应俯顺众情，仍循其旧。所有庆惠前请那建之处，著毋庸议。至该处各官兵等居住官房，共计二百零八间。既据查明多有坍塌，自宜修盖整齐，俾资栖止。著照所请，加恩每间赏借银十五两。于明岁春融，按数修盖。此项估需银共三千一百二十两，准其就近由热河道库备赏项下动支，仍照例分限十年，于修房各官兵春秋季俸饷内扣还归款。该都统即责令围场总管派委妥员，监视修盖，务期一律坚固，不准草率。工竣，著该都统亲往验收，造册送部核销。该部知道。（《清宣宗实录》卷41，第736页）

【道光二年九月甲午】谕内阁：前据明叙奏办喀喇沙尔印房章京主事职衔塔青额，与土尔扈特汗之母喇什丕勒通奸一案。当经谕令庆祥覆讯，旋据该哈屯及策伯克扎布等先后呈诉，并牵控喀喇沙尔夷务处章京常兴教供，办事大臣明叙家人索借各款。复降旨，将明叙及常兴解任，交庆祥提同人证，归案质讯。兹据庆祥审明，已革主事职衔塔青额，实无与哈屯通奸情事。惟以新疆办事司员，私赴游牧，不避嫌疑，致滋物议。且屡次往民人李钺处，与谢林、白际昌、胡存礼等聚赌，均经庆祥提讯，各犯供认不讳。该革员不自检束，行同市侩。几致污人名节，实属有玷官箴。又于到案后，以明叙挟嫌刑逼为词，情殊狡黠。塔青额著发往黑龙江充当苦差，于到配后枷号半年，以示惩儆。明叙于家人索借所部财物，毫无觉察。迨查出张秀一案，追还原钱，仅止递解，未经参办。其办理塔青额之案，并不悉心推究，仅据风闻，草率定案，殊属溺职。明叙著革职，发往热河，充当苦差。解任夷务处章京常兴，讯无教供情事，惟派赴游牧查讯事件，不戴顶帽，殊属不合，著交部议处，饬令回任，听候部议。（《清宣宗实录》卷41，第740—741页）

【道光二年九月乙未】上御懋勤殿，勾到山东、山西、直隶、热河本年情实罪犯，停决山东斩犯六人，山西斩犯三人、绞犯一人，直隶绞犯二人。余七十人予勾。（《清宣宗实录》卷41，第741页）

【道光三年二月庚申】又谕：庆保奏，覆勘旱河工程酌量增减一折。本年挑挖热河旱河，并添修荆条单坝，原估银四千八百九十八两零。兹据该都统覆勘高庙等处各段落，分别减挖尺寸，共核减银九百四十两零。其自大石桥至绿营云梯楼旱河二段，逼近旗营民舍，河底淤高。若再将挖出沙土，堆积河边，既于墙屋有碍，且恐夏间雨淋水涨，仍复坍淤。著照所请，运赴绿营教场一带低洼闲旷地方，一律平垫。此项运土夫工，估需银一千二百一十三两零，统计估需银五千一百七十一两零。较原估之数，除将核减银两抵补所增运工外，仍须加增银二百七十三两零，著即由道库一体动拨。饬令该道核实办理，该都统仍不时稽查，毋使稍有草率。该部知道。(《清宣宗实录》卷49，第876页)

【道光三年三月丁丑】热河都统庆保奏：蒙民松嘎图控告民人杜凤来案内，牵涉喇嘛说和，许给司员门丁银两，自请回避。得旨：悉心审讯，分别定拟具奏。又批：汝若有心规避，此事早已寝息矣。足见秉公持正，无庸回避。寻奏：松嘎图所控多诬，惟杜凤来诬良捏拷属实。分别问拟鞭责发遣如律，下部议，从之。(《清宣宗实录》卷50，第891页)

【道光三年三月乙未】添设热河围场八旗兵目，除旧额十六名外，每旗再添金顶一缺。(《清宣宗实录》卷50，第900页)

【道光三年三月乙未】补行道光二年军政，热河都统所属卓异官二员、年老官八员，分别议叙处分如例。(《清宣宗实录》卷50，第900页)

【道光三年四月己未】谕内阁：普成奏，热河惠迪吉门外临河石堤坍损情形，并园内山水泛溢，泊岸桥座被冲，围墙坍倒等语。著总理工程处大臣派委妥员，前往踏勘。分别应修应缓，据实具奏，俟秋令水消后办理。其石堤紧要迎溜处所，估需工料银一百八十三两零，即于该衙门生息项下动支。赶紧修筑，以护堤根。至园内便门，自应照式修整，用昭严密。著即照所奏办理。(《清宣宗实录》卷51，第918页)

【道光三年六月庚子】谕内阁：此案热河苏拉李春和，胆敢在禁苑殿内行窃，实属不法。著将该犯交庆保，会同嘉禄、普成，严审定拟具奏。至所失物件，业据即时起获。嘉禄等自请议处之处，著加恩宽免。失察之该管各员弁，俟

定案时查取职名，交部议处。（《清宣宗实录》卷53，第943页）

【道光三年六月壬寅】又谕：延隆奏，接征关税期满，请将短收盈余银两，著落前任监督赔缴一折。各省关差织造，例有年节等贡。经朕大加裁减，并裁汰一切款项，该员等核算征收盈余，自应有盈无绌。乃前任浒墅关监督嘉禄任内，按日计算，竟少收银十一万八千九十余两之多。非办理不善，即系侵蚀入己，不可不稍加惩治。嘉禄著革去参领衔，降为五品顶带，仍留热河总管之任。除延隆任内多收银五千三百十八两零，业经抵补外，所有嘉禄任内少收盈余银十一万二千七百七十四两零。著嘉禄迅速照数赔缴，毋再迟逾干咎。嗣后各关监督，务当激发天良，急公尽职，免罹重谴。懍之慎之。（《清宣宗实录》卷53，第944—945页）

【道光三年六月戊申】命都察院左都御史松筠、户部左侍郎穆彰阿前往热河，查办布里讷什控案。（《清宣宗实录》卷53，第950页）

【道光三年六月庚申】谕内阁：庆保奏，热河各旗员弁，请以巴克唐阿等五姓，一律挑补一折。热河满洲各旗内巴克唐阿等五姓，既经查明，实系盛京另户正身满洲。嗣后遇有本旗应升员缺，著准其与移驻热河满洲兵丁一律挑补。该部知道。（《清宣宗实录》卷53，第958页）

【道光三年七月己巳】又谕：庆保等奏，审拟热河苏拉行窃禁苑赏件一折。此案苏拉李春和，胆敢将避暑山庄存贮赏件，肆行偷窃。经庆保等照例问拟斩决，实属罪有应得。姑念该犯所窃，尚非存贮内库服物可比。李春和著改为斩监候，照例入于本年秋审情实办理。苑副石鼎有专管之责，苑丞王铠是日该班值宿，俱著交部照例议处。苑丞唐训、王尊贤虽非班期，究系统辖，俱著交部察议。（《清宣宗实录》卷54，第964—965页）

【道光三年七月丙子】谕内阁：松筠等奏，审拟布里讷什呈控佃户抗租霸地一折。此案已革塔布囊布里讷什，系交该盟长严加管束之人。虽讯无短弓丈地及倚势欺凌情事，惟向各佃户议令增租，添设杂差，并将白连城地内房间，写入契内。经告发后，始供认误写，实属有意牟利。布里讷什著照例折罚牲

畜一九，仍交该盟长喀喇沁王满珠巴咱尔严加管束，不许出外滋事。三等塔
布囊洛希巴拉将伊弟地亩私租与人，著照例折罚五牲畜。该佃户承种各地，
均著各依官丈亩数，分别佃种交租，以符定制。不准布里讷什违例增租，致
滋扰累。郭好正等应得杖罪，俱著照例发落。热河都统庆保审办此案，率请
将洛希巴拉斥革，于布里讷什田土细故，辄拟发遣。办理均属过当，出言尤
乖体制。庆保著交部议处。松筠、穆彰阿著即回京。(《清宣宗实录》卷 54，
第 969 页）

【道光三年七月癸巳】又谕：嘉禄等奏，热河园庭外庙各处被雨情形一折。本
年六月内雨水较多，热河园庭行宫内外围墙，均有坍塌渗漏之处。除殿宇房
间石堤桥闸并内围院墙等项，分别应修应缓另行办理外，所有围内狮子园
外庙，并各处行宫坍倒外围墙垣，自应及时修理。著照所请，估需工料银
一万七千一百八十九两零。即交总理工程大臣派员勘估具奏，由广储司领项
兴修。工竣据实验销，该衙门知道。(《清宣宗实录》卷 55，第 986 页）

【道光三年七月癸巳】又谕：本日嘉禄等奏，请修热河园庭等处坍倒外围墙垣
段落一折。已明降谕旨，交总理工程大臣派员勘估兴修矣。朕详阅单内黄土
坎行宫，屋少道纡。朕将来进哨时，亦不于此处临莅。支搭黄布城尖营，尽
足敷用。所有坍倒外围墙垣，此时无庸修理，著派兵丁二三名看守。其行宫
内陈设铺垫，即移交热河妥为收贮。将此传谕知之。(《清宣宗实录》卷 55，
第 986—987 页）

【道光三年八月癸亥】修热河驻防兵房，从都统庆保请也。(《清宣宗实录》卷
57，第 1015 页）

【道光三年九月己巳】谕内阁：成郡王载锐，恭缴热河下处一所，著赏给军机
大臣作为公所。(《清宣宗实录》卷 58，第 1021 页）

【道光三年十一月丁卯】缓征热河被雨歉收庄头差米十分之三。(《清宣宗实
录》卷 61，第 1061 页）

【道光三年十一月戊辰】御懋勤殿，勾到山西、直隶、热河情实罪犯。停决山西斩犯十人、绞犯四人，直隶斩犯十二人、绞犯十四人，热河斩犯一人。余七十人予勾。(《清宣宗实录》卷61，第1061页)

【道光三年十一月己卯】贷热河歉收围场兵丁银五千两，采买米石。(《清宣宗实录》卷61，第1069页)

【道光三年十一月壬午】谕内阁：前据内务府查奏，热河庄头应交银米，向系隔年压征。本年被水歉收，该总管等辄奏请缓征，系属违例。经朕降旨，谕令明白回奏。兹嘉禄等奏称，历来征收粮米，均遵成例照办。此次因庄头完纳不敷，量为调剂，系援照乾隆六十年间庄头应永等成案，奏恳恩施。是该总管等办理此事，尚无情弊。所有热河庄头等应交差米，著仍遵照前旨，准其缓征三分，限来年秋成后带征补仓，以示体恤。至前奏折内，未将应永等旧案声叙明晰，又不先行呈报内务府查核，实属疏漏。嘉禄、普成俱著交内务府议处。(《清宣宗实录》卷61，第1071页)

【道光三年十一月庚寅】热河都统庆保奏：访获偷挖银砂匪犯，照例讯办。并请添建烟筒山营汛，酌拨弁兵以资防守。从之。(《清宣宗实录》卷61，第1078页)

【道光三年十一月癸巳】命热河都统庆保、总管嘉禄、副总管普成覆勘修挖旱河等工。(《清宣宗实录》卷61，第1081—1082页)

【道光三年十二月庚戌】谕军机大臣等：嘉禄等覆奏，热河道库存银确数。前因该处修理兵房，该总管等以道库银款不敷，奏请在广储司拨给。经朕饬令详细确查，声明请旨。兹嘉禄等覆查道库内，现在实存银一万三千九百二十九两零。除应备道光四年修挖旱河，并开通水道工用外，约计存银七千一百两。向来热河修理营房，如嘉庆二十一年、二十四年，均系由道库备用项下动支，并无向广储司发给成案。道库现既有存银七千余两，著嘉禄等将坍塌兵房，查明情形极重者，先尽现存银数支领兴修。其余不敷之处，暂行停止。俟道库续有收贮银两，再行核数奏请办理。将此传谕知之。

（《清宣宗实录》卷63，第1094页）

【道光四年三月己巳】以直隶热河道属一府六州县，口北道属多伦诺尔一厅，距省窎远，命嗣后遣军流犯，由该管道就近审勘，移司核详。从总督蒋攸铦请也。（《清宣宗实录》卷66，第41页）

【道光四年三月戊寅】修热河八旗兵丁营房，从总管嘉禄等请也。（《清宣宗实录》卷66，第45页）

【道光四年三月庚辰】贷热河围场兵丁饷银。（《清宣宗实录》卷66，第48页）

【道光四年六月庚申】以热河总管达三为上驷院卿。（《清宣宗实录》卷69，第106页）

【道光四年闰七月壬子】又谕：禄成等奏，打牲处捕夫所进貂皮，请照从前赍送一折。从前打牲处捕夫应进貂皮，如遇临幸热河之年，即由驿站乌拉赍送。如遇送京之年，打牲处出派官兵七十余名，自备资斧赍送。惟捕夫均赖种地捕猎为生，若俱令其自备资斧送京，不惟一切糜费，而往返半年之期，于伊等捕猎生计，亦甚无益。著交禄成等，嗣后如遇貂皮赍京之年，即照赍送热河之例，派官三员、兵十名，由驿站乌拉照料赍送，无庸纷纷多派官兵。（《清宣宗实录》卷71，第138—139页）

【道光四年九月壬辰】谕军机大臣等：据恒麟等奏，查看热河应修工程，将园内并南北两路行宫，择其紧要处所，开单呈览。请交总理工程大臣派员踏勘，另行核估，并请将丽正门外应行见新之工，一并勘办等语。热河应修工程，现在无庸派令总理工程处勘估，著恒麟等候旨再行办理。将此传谕知之。（《清宣宗实录》卷73，第164页）

【道光四年九月辛丑】除直隶滦平县水冲佃种民典旗地，并另案入官地二十七顷五十八亩有奇、房九十三间租银。（《清宣宗实录》卷73，第170页）

【道光四年九月甲辰】除直隶滦平县水冲坍没民粮旗地五十二顷八十五亩额赋。(《清宣宗实录》卷73，第172页)

【道光四年九月己西】谕内阁：大兴、宛平二县额贮经费银各一万两，系永远存贮之项。虽经历任亏空，奏准豁免，仍应查明确数，由该省库款筹画归补。该部既叠经咨查，何以迟至二年之久，该省尚未查覆？著蒋攸铦即将该二县封贮银二万两内，除大兴县已由藩库领回银一千三百六两零归补外，此外何员名下亏缺若干、已缴若干、豁免若干，详晰查明。如实系已豁之项，即将该省库款通盘筹画，应由何项筹补，并归补以后，应如何严定章程，永杜亏缺，一并妥议具奏，以重经费。至承德府并丰宁、滦平二县每年应征五行斗税银六千余两，向系随征随解，入拨报部。乃自嘉庆十一年至道光二年，该府县征存未解，共银四万八千余两。该藩司并未随时提解，专案报部，亦属玩延。并著蒋攸铦严饬该藩司即行扫数提解司库报拨，仍取具历任已征未解职名送部察议。傥查有亏那情弊，立即据实严参。嗣后应征税银，著该督饬令随征随解，入拨报部，毋任迟延。(《清宣宗实录》卷73，第174—175页)

【道光四年九月癸丑】上御洞明堂，勾到河南、直隶、热河情实罪犯，停决河南斩犯十一人、绞犯六人，直隶斩犯六人、绞犯八人，热河绞犯一人。余六十三人予勾。(《清宣宗实录》卷73，第178页)

【道光四年十一月癸卯】吏部议覆：协办大学士直隶总督蒋攸铦等，奏改热河各员调缺条例。热河道、承德府三年撤回，请拣内地旗员道府对调。如不得人，请旨简放。撤回之员，引见另候简用。承德府属州县，请拣内地理事、抚民同知、通判及旗员州县升调，如不得人，以拣发旗员拣补。若拣发无人，由部拣选曾任实缺旗员，引见补放。三年撤回，分别补用。其州判、县丞、巡检等仍照旧例拣调，亦三年撤回，分别补用。以上各员，拣调后如不胜任，随时撤回。年满时或有重大案情未结，暂停更替。从之。(《清宣宗实录》卷75，第213—214页)

【道光四年十一月乙巳】谕内阁：蒋攸铦奏，查明承种蒙古地亩各户，恃符拖欠，请酌定章程，以惩刁劣等语，所议甚是。直隶口外承德府，并所属各州县蒙古地亩，向系外省流民寄居承种。该民人等因年久入籍考试，往往恃符逞强。并有外省外府潜赴口外顶冒应试者，一经获售，即入籍该处，联为一气，以致应纳粮租，历年拖欠。迨地方官讯追，又复任意抗延，不可不严行整饬。嗣后凡承种蒙古地亩，如有拖欠粮租，在官告追未结者，本人及子孙不准应试。如系生员举人，亦不准应乡会试，均暂行扣除。每届考试之年，责成各该地方官，豫期详明顺天学政并直隶总督衙门查核。其应会试者，亦详咨礼部查照。俟粮租完清后，仍准照旧赴考。如有假捏改名顶冒等弊，责成教官随时查察，据实详办。倘教官与廪保生员徇隐不举，即行照例参革严惩，以除积习而儆刁风。（《清宣宗实录》卷75，第214页）

【道光四年十二月辛巳】谕军机大臣等：庆祥转奏，土尔扈特汗策登多尔济之母喇什丕勒，恳请于明年春季，带领二子，由喀喇沙尔起程，自备资斧，前往喀尔喀，给伊子聘定妻室。即令策登多尔济，前赴热河瞻觐等语。土尔扈特汗策登多尔济之母喇什丕勒，遣伊子策登多尔济等，呈请瞻觐，尚属伊之诚悃，朕甚嘉之。惟策登多尔济，年甫十八。由喀喇沙尔至热河，往返跋涉，不无劳苦。策登多尔济等明年无庸前往热河，俟伊应来之时，再行降旨，令其前来瞻觐。至喇什丕勒，在伊母家喀尔喀地方，给策登多尔济等定亲。或即自备资斧，前往喀尔喀，或朕令策登多尔济等前来瞻觐之便，喇什丕勒再随同伊子往喀尔喀定亲之处，均听其便。著寄知庆祥，善为谕令喇什丕勒知之。嗣后喇什丕勒往喀尔喀定亲之时，伊所掌盟长印信及伊汗扎萨克之印，均令移交副盟长暂署。同该旗章京等，帮办游牧事务。（《清宣宗实录》卷77，第243—244页）

【道光四年十二月壬午】命热河都统庆保、正总管恒麟、副总管普成，覆勘挑挖旱河等工。（《清宣宗实录》卷77，第245页）

【道光四年十二月癸未】乌里雅苏台将军果勒丰阿因病请回京，允之。以热河都统庆保为乌里雅苏台将军，未到任前，以喀尔喀扎萨克贝子伦布多尔济护理。以刑部尚书那清安为热河都统，署镶红旗汉军都统明山为刑部尚书。明山未到京前，以大学士托津署理。（《清宣宗实录》卷77，第247页）

【道光五年正月乙卯】命都察院左都御史松筠驰往热河，会同都统那清安，审办东土默特贝勒济克默特扎布等互控案。（《清宣宗实录》卷78，第264页）

【道光五年正月丙辰】添派太仆寺少卿斌良驰往热河，会同都察院左都御史松筠审案。（《清宣宗实录》卷78，第265页）

【道光五年二月己未】谕内阁：本日松筠到军机处，告知军机大臣代为奏请，带内阁中书徐松，随往热河审案。向来各部院大臣，经朕派令出差，例带本衙门司员。或本衙门无熟悉刑名之人，准将刑部司员奏明带往。此次济克默特扎布及色楞旺楚克互控一案，系蒙古事件。前经松筠奏带理藩院司员，尚书可行。松筠系都察院堂官，中书非其所属。率请随带徐松，又不于召见时面奏，迹近专擅，任意妄为，不知检点。且此端一开，将来出差大臣，皆可于所属意之人，奏请带往。夤缘奔竞，尚复成何政体？松筠所请不准行，著传旨严行申饬。此系朕曲意成全，松筠若不知悛改，是无福承受朕恩。朕惟有执法而行，不稍宽宥也。（《清宣宗实录》卷79，第267页）

【道光五年二月乙亥】拨热河道库银，挑挖旱河，并添筑荆条单坝。从都统那清安请也。（《清宣宗实录》卷79，第275页）

【道光五年九月戊申】上御洞明堂，勾到河南、直隶、热河情实罪犯。停决河南斩犯七人、绞犯七人，直隶斩犯七人、绞犯三人，热河斩犯一人。余九十二人予勾。（《清宣宗实录》卷89，第429页）

【道光五年九月癸丑】谕内阁：定祥等奏，请修理热河园内等处工程一折。热河园内各等处墙垣及外围堆拨房，节经雨水淋塌。又钱粮处东边五孔闸一座，亦多酥碱沉陷。著交总理工程处，派员详细履勘，将情形较重之处，分别奏明修理。（《清宣宗实录》卷89，第436页）

【道光五年十二月辛未】又谕：定祥等奏，查明承德府各州县，拖欠采买兵米一折。热河喀喇河屯二仓存贮兵米，内有地方官应交米石，系每年由藩库豫领价银采买，自应年清年款，不得颗粒短交。兹据该总管等查明，该地方官尚有欠交米三千四百五十六石六斗零。著直隶总督即行饬催勒限完交，无任再延。此项采买米石，该地方官因向无具奏限期，往往任意延玩。嗣后著该总管等于每年封印前，查明该地方官应交米石，如有拖欠，即奏交直隶总督严催惩办，以重仓储。该部知道。（《清宣宗实录》卷 93，第 501—502 页）

【道光六年二月癸酉】 谕内阁：前因喜峰口管驿传事理藩院员外郎诚格勒，私离职守，降旨交理藩院确查讯办。兹据奏，传到诚格勒之子前锋乌勒希苏，询明该站员并未回家，亦不知潜往何处等语。诚格勒系管站司员，本属热河都统所辖。著那清安确查该员下落，严行传讯，据实参奏。（《清宣宗实录》卷 95，第 547 页）

【道光六年四月丁卯】 谕军机大臣等：那彦成奏，缉获习教匪徒一折。此案承德府属卢胡子沟地方，民人徐学宽习教，经该府擎获。讯据该犯供称，乾隆六十年有山东武城县人李士明，在唐兴家做工，跪香念佛。该犯与唐兴、唐旺、朱三，拜李士明为师。嗣李士明因无人相信，于嘉庆五年回籍，总未出口，亦无音信。唐兴现已病故，该犯复传徒马拴儿暨平泉州人梁得、梁六、梁八、梁善，伊弟徐五子、徐对儿，均随同跪香念佛，并未骗钱惑众，亦无经卷佛像。并将马拴儿暨唐旺获案，唐旺供认拜师念佛属实，伊故兄唐兴收已故之刘荣、周道及现往关东居住之张五、张六为徒。伊因庄农无暇跪香，并未传徒，伊子侄唐幅贵等，俱未习教。马拴儿供认拜师属实。匪徒习教最为风俗人心之害，自应严擎惩办，以净根株。该犯等习教年久，传徒恐不止此数人。即据供并未惑众骗钱，亦难保非有心狡卸，呕应明确究办。惟口外距省窎远，提省审办，转致耽延。遇案内应讯之人，查擎亦多不便。著交那清安就近亲提现获各犯严审，按律定拟具奏。并严缉逸犯朱三等务获，归案究办，毋任远扬漏网。将此谕令知之。（《清宣宗实录》卷 97，第 577 页）

【道光六年五月乙未】 以……热河都统那清安为都察院左都御史兼镶白旗汉军都统，调正黄旗蒙古都统明山为热河都统。（《清宣宗实录》卷 98，第 595 页）

【道光六年五月戊戌】 以……热河都统明山为刑部尚书兼正黄旗汉军都统，马兰镇总兵官庆惠为热河都统。（《清宣宗实录》卷 98，第 596—597 页）

【道光六年六月辛亥】谕军机大臣等：向来各该衙门报销银两黄册，俱钤用印信，以防抽换。本日据热河总管中祥等将热河园亭及八旗营房，销算工料银两黄册呈览，并未钤印，殊与体制不符。嗣后该总管等报销工程银两黄册，俱著照例钤用印信，以昭慎重。将此传谕知之。(《清宣宗实录》卷99，第605页）

【道光六年六月甲子】浚热河旱河，并添修荆条单坝，从前任都统那清安等请也。(《清宣宗实录》卷99，第613页）

【道光六年十月丁卯】修热河围庭内外墙垣，从总管定祥请也。(《清宣宗实录》卷108，第793页）

【道光六年十一月丙戌】上御懋勤殿，勾到直隶、热河、河南情实罪犯。停决直隶斩犯十四人、绞犯四人，热河斩犯一人，河南斩犯五人、绞犯八人。余八十八人予勾。(《清宣宗实录》卷109，第819页）

【道光六年十一月癸巳】热河都统庆惠因病解任，以刑部右侍郎升寅为热河都统，内阁学士特登额为刑部右侍郎。(《清宣宗实录》卷110，第827页）

【道光六年十一月乙未】予故热河都统庆惠祭葬如例，赏银三百两治丧，谥勤僖。(《清宣宗实录》卷110，第831页）

【道光七年正月庚辰】谕内阁：那彦成奏，口外俸满撤回内地州县，酌定升补章程一折。直隶承德府属滦平县知县海福、丰宁县知县阿清，边俸三年期满。前经该督以该二员办理地方事务，均能振作，遵照前定章程，撤回内地。请将海福以地方同知补用，阿清以知州升用。经部议以该二员任内有关降留处分，与原定章程未符。行令撤回内地，各以原官补用。兹据该督奏称，内地州县升调，核计参罚，以五十案内外，定升调之准驳。今查海福任内只有承缉命案二参处分一案，阿清任内只有命案四参处分二案、窃案二参处分一案。不特比较口外州县，承缉处分为最少，即较内地州县升调，核计参罚，亦仅十分之一。若因此不能保题，不足以昭激劝等语。口外州县所辖地方辽阔，案牍繁多，若必一无违碍处分，而后得邀升用，较之内地州县，未免偏枯。著照所请，边俸期满之滦平县知县海福，准以地方同知补用。丰宁县知县阿清，准以知州补用。嗣后承德府及所属州县，边俸三年期满，统计任内承缉命盗有关降留处分不及十案者，会同该都统查明该员实能才具优长，堪胜内地丞牧之任，方准保题升用，不得以定例稍宽，致有冒滥。其承缉命盗有关降留在十案以上者，不准保升，仍以原官分别补用。（《清宣宗实录》卷113，第881—882页）

【道光七年六月己亥】谕军机大臣等：朕闻康熙年间，行围木兰，曾自喀喇河屯径由波啰河屯进哨，无须取道热河。著升寅等查明喀喇河屯径赴围场旧道，计有若干里，所经系属何处，是否可仍作为跸路。抑今昔情形不同，难以仍前取道。该都统等即派员履勘详细确查，据实具奏。将此谕令知之。（《清宣宗实录》卷120，第1024—1025页）

【道光七年七月癸亥】谕内阁：本日吏部议处英和。英和著革去理藩院尚书、镶黄旗满洲都统并太子太保衔，拔去花翎，加恩赏给二品顶带，补授热河都统，以观后效。（《清宣宗实录》卷122，第1044页）

【道光七年七月癸亥】以新授热河都统那清安亲老，命仍回都察院左都御史任，兼镶蓝旗汉军都统。（《清宣宗实录》卷122，第1044页）

【道光七年九月戊辰】上御洞明堂，勾到山西、直隶、热河情实罪犯。停决山西斩犯十六人、绞犯五人，直隶斩犯八人、绞犯五人，热河斩犯一人。余七十四人予勾。（《清宣宗实录》卷126，第1108页）

【道光七年十一月戊午】又谕：奕颢奏，查明围场情形，并参办失察员弁，请更定私入围场偷牲伐木条例一折。盛京防御乌金保不遵该将军晓示，辄雇请炮手台丁，随围捕牲，殊属不合，著交部议处。大荒沟卡官骁骑校凌保所管围场内鹿只甚稀，且有贼匪搭盖窝棚，实属疏玩，著即照溺职例革职。失察偷挖鹿窖之守卡官，非寻常疏防可比，著该将军查明饬取各该员职名，送部分别严加议处。至私入围场，旧例罪名本重，嗣因从轻改定，致奸匪毫无忌惮。著刑部将越边私入围场参山偷牲、砍树及刨挖鹿窖、贩卖茸角各犯，应如何严定科条，悉心妥议具奏。寻议：嗣后私入木兰等处围场及南苑偷窃菜蔬、柴草、野鸡等项者，初犯枷号一个月，再犯枷号两个月，三犯枷号三个月，满日各杖一百。若盗砍木植、偷打牲畜者，初犯杖一百、徒三年，再犯、三犯及虽系初犯，而偷窃木植至五百斤以上、牲畜至十只以上，或身为财主、雇请多人者，改发极边足四千里充军。为从及偷窃未得者，各照为首及已得减一等，贩卖者又减一等。旗人销除旗档，照民人一体办理。兵丁俱先插箭游示，加一等治罪。受贿故纵者，与犯同罪。失察者杖一百，再犯，折责革伍。该管员弁失于觉察者，交部议处。察哈尔及扎萨克旗下蒙古私入围场，盗砍木植，偷打牲畜，亦照此例办理。蒙古人犯应拟徒罪者，照例折枷。应充军者，发遣湖广、福建、江西、浙江、江南，交驿充当苦差。以上盗围场人犯，均面刺盗围场字样。偷盗未得之犯，均面刺私入围场字样。其每年有无贼犯偷入围场之处，该总管于五月内，热河亦于六月内，循例具奏。从之。（《清宣宗实录》卷130，第1158—1159页）

【道光七年十一月庚午】谕内阁：英和奏，热河都统衙门事务较繁，向于办事理藩院刑部司员外，酌派参领、佐领一二员帮办，并非奏案，亦无定额。现复新定章程，旗民案件，均归都统衙门审办。该参领、佐领等驻防年久，迹涉嫌疑。委令听断，易滋物议。惟案牍较前加繁数倍，请派刑部主事一员前往等语。著照所请，除向例应派实缺司员外，再于刑部候补主事内，拣派熟悉刑名者一员，前往帮办，不可以无能者充数。如果始终奋勉，三年期满，由该都统出具切实考语，送部引见，量予补缺，以示鼓励。所有旧委刑司兼行之参领、佐领等，即行裁汰。其向设笔帖式二员，专令翻清译汉，不准干预案件。该部知道。（《清宣宗实录》卷130，第1165页）

【道光八年正月丙午】命热河都统英和驰往江南，会同两江总督蒋攸铦，查勘湖河应办工程。（《清宣宗实录》卷132，第2页）

【道光八年正月丙午】以礼部尚书松筠署热河都统。（《清宣宗实录》卷132，第2页）

【道光八年正月丙寅】热河都统英和前在户部尚书任内，于军饷一切，悉心筹画，甚为出力，著加恩赏还太子太保衔，以示嘉奖。（《清宣宗实录》卷132，第15页）

【道光八年二月丙子】谕内阁：屠之申奏，酌议热河刑钱事件改归都统办理章程，照例分别题奏一折。热河为肄武绥藩之地，每遇巡幸木兰，经由道路桥梁，暨一切支应经差等费，道库既无款可动，即州县正佐各官，亦不敷调派。著仍照历届旧章，由总督会同都统，饬属公同豫备，以期无误。至热河都统管辖一府六州县，审办命盗重案，有应将案犯立正典刑者，仍照向例办理。该护督请援照各省督抚之例，颁发王命旗牌，殊可不必，著无庸议。其承德府属平泉等六州县，原领印信，均系理事同知通判管州县事。该护督请改铸某州某县之印，删去理事同知通判字样。又承德府司狱，兼管道库收放银两，请改铸承德府司狱兼热河道库务印信，以重职守。事属可行，俱著交礼部改铸颁发。至所称热河都统道府原设养廉，不敷办公。各该衙门书吏，应给心红纸张。请拨运库盐斤加价，水利生息银五万两，解交热河道发商生息，将所得息银，分别数目，作为都统等衙门加增办公及心红纸张银两等语。热河都统衙门向有刑部理藩院司官各一员，办理刑名案件。现经英和奏准，添派刑部司官一员，前往帮办。该司员以京官派赴该处办公，亦恐不敷，自应一体酌给。著照该护督所议，以生息银六千两，分给都统等衙门，作为加增办公及心红纸张银两。即于该都统道府每年酌加项内，各划出银二百两，共六百两，分给刑部理藩院司官三员各二百两，作为帮贴。其遇闰加增银五百两，留为别项充公之用。至所请于都统热河道衙门，各添设繁缺典吏二名，六房各设经承一名，典吏缺出，即于本衙门经承内遴补，五年役满，由都统考取咨部一节，著交该部核议具奏。（《清宣宗实录》卷133，第26—27页）

【道光八年二月戊戌】谕内阁：广亮奏，应赔短收盈余银两，请将廉俸全行扣缴一折。热河总管广亮前在淮关监督、江宁织造各任内，应赔短收盈余银两，除先后措交银一万两外，尚未完银十六万余两。著将该总管廉俸及伊子员外郎松桂，笔帖式昌桂、多桂，应支俸银，均按年坐扣一半，加恩仍各支给一半，以资当差。（《清宣宗实录》卷133，第38—39页）

【道光八年三月丙辰】又谕：松筠奏，每年出青应留差马不敷，请再酌留一折。热河圈马，向于每年出青时，留马八十匹，备差骑用。兹据该署都统体察该处，近日差务较繁，尚须酌留备用，并筹及马干经费。著照所请，每年于出青马内，再添留差马四十匹。自四月十五日起，至八月十四日止，共应需马干银三百二十两，遇闰应加银八十两。准其于该衙门右司库贮生息、公用二项存款内，拨银五千两，交热河道发商按月一分生息，遇闰加增。每年所得息银，除应支马干外，余剩银两，按年分给十圈，俾资棚槽器具等项之用。即自本年四月十五日为始，遵照办理。其未得息银以前，先于库贮生息项下，如数动支，汇册报销。（《清宣宗实录》卷134，第49—50页）

【道光八年四月乙亥】谕军机大臣等：都察院奏，承德府平泉州民人边文选具控李振基等扎毙父命、顶凶不究一案，已明降谕旨交英和审讯矣。据该民人边文选呈称，李振经因与伊父边福口角微嫌，率领李振纶等来家寻殴。李振基持刀将伊父扎伤，伊弟边文明持刀救护，亦将李振安砍伤两处。伊父越六日毙命，于上年正月初五日赴州呈报，至十六日方行相验。三月十三日，李振安无故自缢身死，李振经贿串书役，将边文明监禁凌虐。知州任听书役舞弊，因李振纶系过继孤子，即以李振纶顶凶，冀图留养。上年八月，控经都统发州审讯，知州勒令伊子边克让具诬告甘结。十二月复控都统，闻欲将伊严押，情急来京控诉等语。此案关系二命，究竟李振安因何自缢身死，李振纶是否实系顶凶，平泉州知州有无任听书役舞弊情事，不可不彻底根究，以成信谳。著英和提集人证卷宗，将边文选所控各情节，逐加研讯，务得确情，按律定拟，勿任稍有枉纵。将此谕令知之。寻奏，讯明李振安因伊兄振纶见伊被伤，将边福扎伤身死，以致拟抵，忿急轻生，并无别故。李振纶委非顶凶，应按律拟绞监候。李振经讯无贿串凌虐情事。知州为光，亦未任听书役舞弊，应无庸议。下部议。从之。（《清宣宗实录》卷135，第61—62页）

【道光八年七月丁未】以热河都统英和为宁夏将军，吉林协领伊勒东阿为宁夏副都统，前任热河都统升寅为热河都统。（《清宣宗实录》卷138，第130页）

【道光八年七月丁未】以礼部尚书松筠署热河都统，都察院左都御史那清安署礼部尚书，协办大学士理藩院尚书富俊署镶白旗满洲都统。（《清宣宗实录》

卷 138，第 130 页）

【道光八年七月戊申】谕内阁：前派松筠恭送《玉牒》前往盛京。现在松筠署理热河都统，著改派裕恩前往。（《清宣宗实录》卷 138，第 130 页）

【道光八年八月戊子】谕内阁：松筠奏，热河挑挖旱河等工，每年报销，酌核改题为奏一折。热河每年挑挖旱河等工，所需工料银两，向例在热河道库生息项下支给，仍由直隶总督题明册结，咨报工部核销。兹据松筠奏称，历届报销，直隶总督因业已具题者，未经工部核覆，不能越次题销，以致办理稽延。现在热河钱谷等件，均归都统办理。著照所请，将道光二年至六年挑挖旱河等工并元年至五年开通水道，用过银两数目册结，统报工部核销，免其具题。其道光七年岁修旱河等工，六年开通水道动支银两，著一并报部办理。嗣后每年报销此项工料银两，著即由该都统专折具奏，册结咨部核销以归简易。该部知道。（《清宣宗实录》卷 141，第 160 页）

【道光八年八月戊子】又谕：松筠奏，现据三座塔理事司员理藩院员外郎塔尔尼善差人禀知，风闻喀尔喀贝勒沙克都尔扎布，身故不明。访察尚未得有确情，请亲往查讯等语。该贝勒是否因病自缢，情殊可疑。如果被人戕害，贝勒之母之妻并其使女，暨协理旗务台吉等，俱应质讯。自未便解送热河，即著松筠亲赴喀尔喀贝勒游牧，提集应讯人证，严查究办。并著带印前往，就便巡查地方，余著照所议行。将此谕令知之。（《清宣宗实录》卷 141，第 160—161 页）

【道光八年八月壬辰】谕内阁：已革侍卫富英叠次盗卖官物，经刑部讯明，照监守自盗律拟以杖徒，折枷鞭责发落。该革员系在西陵当差，辄将所住官房门窗等物叠次盗卖，并令张大等偷卖空闲官房窗扇，胆大已极，仅予枷责，不足蔽辜。富英著于枷满鞭责后，发往热河充当苦差，以示惩儆。（《清宣宗实录》卷 141，第 163 页）

【道光八年八月壬辰】命直隶承德府属刑钱案件，改归热河都统办理。从护总督屠之申请也。（《清宣宗实录》卷 141，第 163 页）

【道光八年八月丙申】又谕：松筠奏，请添设蒙古官学一折。热河都统衙门常有各扎萨克蒙古字来文，及各旗蒙古控案。据该署都统查明，该衙门仅有喀喇沁土默特数旗，粗知翻清之章京等，轮流住班。所译情词，难免舛误。著照所请，热河驻防八旗，准其添设蒙古官学，其教习即以马甲西凌阿充补，并准将前锋德克精额，帮同教读。现已考有闲散旗丁二十名，著即作为蒙古学生定额。一年后，学生内有能翻写者，尽先挑补马甲。其教习等，即以委署骁骑校等缺尽先拔补。如遇蒙古来文，暨控告呈词，已挑马甲之学生，有能译清文者，著即作为额外贴写笔帖式，以示鼓励。所有薪水等项，著照满洲官学，于印房生息项下，一体支给。该署都统既为造就人才起见，添设官学，务当认真办理，随时考核，期有成效。不得日久视为具文，以致有名无实。(《清宣宗实录》卷141，第167页)

【道光八年八月丙申】又谕：松筠奏，请照历任都统旧制，拣派协领等官，帮办刑司事务一折。热河都统衙门，向于本地驻防协领、佐领中酌派一二员，帮办刑司事务。前经英和以该处驻防旗人案件，该协领等应行回避，奏准裁撤。兹据松筠奏称，该都统衙门所管口外蒙古王公各旗案件，仅有理藩院司官一员，三年更换。若无本地旗员帮办，恐新派司员遽难尽悉。著照所请，仍行拣派协领、佐领各一员，帮同理藩院司员，专办都统所属蒙古王公各旗案件，并于刑司贴写前锋领催内，择其清文通顺者二名，作为额外贴写笔帖式，帮办蒙古呈词翻清事件。该章京笔帖式等均不准干预本地驻防旗人案件。至所请协领三年期满，由都统奏请送部引见之处，未免速而且繁，兼恐日久视为故套，转不足以昭核实。嗣后所派协领等官，著该都统随时察看。必须始终奋勉，办事秉公精细，方准于该员六年俸满例应引见时，出具切实考语保奏。倘仅止循分供职，断不准滥行奏请鼓励，以严考核。(《清宣宗实录》卷141，第167—168页)

【道光八年十月癸未】署热河都统松筠奏：孝穆皇后陵寝工作，有烦圣虑，已派敬征等妥为相度修理。伏见东陵山脉绵长，孝陵之右，裕陵东北一带，可否令精于堪舆之人，详加履勘。得旨：朕自有主见，徐为之。(《清宣宗实录》卷145，第214页)

【道光八年十月庚寅】又谕：据户部议覆，松筠奏销承德滦平等府县供应宫仓收放米石用过人夫、席片等项银两。除所用银数，经该部查核相符，应准其于热河道库征存地粮银内拨给清款外，至此项银两，向由直隶总督按年具题。现在口外钱粮既归热河都统核办，自应由该都统照例题销。该署都统松筠专折具奏，与例未符。嗣后凡遇该处应题应奏事件，该署都统务当遵照一定章程办理，以免两歧而符体制。（《清宣宗实录》卷145，第220页）

【道光八年十月壬辰】上御懋勤殿，勾到山东、山西、热河、直隶情实罪犯。停决山东斩犯六人、绞犯六人，山西斩犯十二人、绞犯四人，热河斩犯二人、绞犯一人，直隶斩犯六人、绞犯六人。余七十四人予勾。（《清宣宗实录》卷145，第222页）

【道光八年十一月己亥】谕内阁：德英阿等转奏，哈萨克汗爱毕勒达等呈恳瞻觐请旨。哈萨克汗爱毕勒达等呈恳瞻觐，具见悃忱，殊属可嘉。惟伊等俱有约束该部落之责，若同来瞻觐，不惟沿途行走人数过多，于该部落等亦无裨益。著俟朕临幸热河之年，德英阿等再行豫为筹度。酌将该汗王等分作数班，由草地前往热河瞻觐。（《清宣宗实录》卷146，第231页）

【道光八年十二月己巳】谕内阁：前据松筠奏，热河所属各处蒙古民人樵采日远，煤薪昂贵，请将前经封禁之小冰沟煤窑，仍准开采。及朝阳赤峰土城子等处，并蒙古各旗旧有煤窑，因水旺煤尽封闭者，准其报明改移开采。并承德府滦平县所属地方产煤之区，一体试采之处，是否可行，著新任热河都统成格体察情形，据实具奏。（《清宣宗实录》卷148，第262页）

【道光八年十二月庚午】又谕：松筠奏，废员到戍，请给与马甲钱粮一折。已革侍卫富英系发往热河充当苦差，甫经到戍，应查照向例办理，何得遽请恩施？该署都统所奏，著不准行。（《清宣宗实录》卷148，第264页）

【道光八年十二月丙戌】谕内阁：前据松筠奏，请将热河承德府所属俸满州县撤回内地者，如省中一时无缺升补，送部引见，以应升应补之缺，不拘省分，尽先选用。当经降旨允准，嗣吏部以各省边缺，恐致纷纷效尤，有碍铨法，分别奏明准驳。兹松筠奏：热河地方辽阔，政务殷繁，非他省边缺州县可比。请仍照原奉谕旨办理，以昭鼓励。著新任都统成格，查明核议具奏。寻奏：口外州县繁要，松筠奏请鼓励，洵属实在情形。惟吏部既恐有碍铨法，似未便仍请不拘省分选用。应请嗣后口外俸满洲县，堪膺保荐之员，若由抚民同知通判及旗缺州县调补者，仍照吏部前议，入于即升班内升用。其由理事同知通判调补人员，即由热河都统出考，送部引见。奉旨准其外升，发回该省，先以抚民同知通判对品调补。傥一时无缺对调，准其借补本省州县，仍照原衔题升，则于吏部铨法无碍，而口外边缺，亦可收得人之效。下部议，从之。（《清宣宗实录》卷149，第284—285页）

【道光八年十二月丙戌】又谕：松筠奏，承德府属一州五县俸满之缺，请由热河都统奏明拣选，带领引见，请旨补放等语。前据屠之申奏，新调多伦诺尔同知恒寿，人地未宜，降旨将恒寿撤回，经吏部拣员带领引见。以记名同知通判用之，敬文补授，系循照旧例办理。何得因该省一时调补乏人，遂将承德府属一州五县俸满之缺，改归都统奏明，由部拣选，致与定例不符。嗣后遇有承德府属州县俸满缺出，仍著由直隶总督拣员奏调。如无员可调，再行奏明，由吏部拣选候补人员，带领引见，请旨补放。松筠所奏，著不准行。（《清宣宗实录》卷149，第285页）

【道光九年正月丁未】修热河兵房五百五十间，从都统成格请也。（《清宣宗实录》卷150，第302页）

【道光九年正月庚申】又谕：成格等奏，额鲁特呈交牧厂，请酌给该总管等马干银两一折。热河额鲁特官兵自移驻伊犁以后，该处人丁稀少，递年节省银两已多。各官员等徒步当差，并无骑马，业将牧厂呈交，自应量为调剂。著照所请，准其照热河驻防旗员本身拴养官马，每月每匹支给干银二两之例。总管一员，拴马四匹。副总管参领各一员，各马三匹。佐领二员，各马二匹。骁骑校并六品顶带养鹰头目共三员，各马一匹。按照马数，每月支放干银，以资当差。所有此项银两，除每年夏季照例出青分别扣给外，统计每年需银二百七十二两，由户部照数给领，按月支放。该部知道。（《清宣宗实录》卷150，第308—309页）

【道光九年正月癸亥】户部尚书禧恩等奏：酌议三家店、大新庄、蔺沟、罗家桥、巴克什营五处行宫暂缓拆卸，亦不必黏补修理。俟有附近别处工程，拆卸那用每处各派兵丁二三名看守。其余千总兵丁交东陵总管内务府大臣热河总管等分拨各处，仍食原饷当差。遇有缺出，即以此项人等扣补，其底缺毋容再挑。从之。（《清宣宗实录》卷150，第311页）

【道光九年三月丙申】修热河城隍庙，从都统成格请也。（《清宣宗实录》卷153，第344页）

【道光九年三月丁巳】又谕：成格奏，热河书院义学经费不敷，恳请借项发商生息一折。热河地方本属口外，当以武备为重。其各属生童有肄习文艺者，亦应加意培植。惟该处书院设立有年，修膳膏火，本有银四百五十两，在独石口等处地粮项下提解支发。上年复奏准于都统各衙门养廉内，每年捐银三百两。所立义学，亦经捐廉办理，均足以资教育。该都统请借项生息，作为书院义学经费之处，此时可毋庸置议。著俟见来察看情形，如果文风日起，肄业生童，人数众多，再行奏请。（《清宣宗实录》卷154，第362页）

【道光九年三月丁巳】又谕：成格奏，请酌量开采煤窑一折。前据松筠奏，热河所属各处，煤薪昂贵，请将封禁之小冰沟等处，仍准开采。当经降旨交成格体察情形具奏。兹据查明该处柴薪，愈伐愈少。旧时开采各窑，多因水旺煤尽，报明停止。若封闭处所，不予弛禁，恐樵采更形缺乏，殊于生计有关。惟概准开采，稽察亦属难周，自应酌量妥为办理。著照所请，准其将产煤最旺距县甚近之建昌县属小冰沟及距县数十里之丰宁县属四道沟，赤峰县属柳条子沟，朝阳县属大杨树沟，均著招商试采，勒限半年。如果煤旺窑成，再行领帖输课。该都统务当严饬各该地方官，随时认真稽查弹压，毋许匪徒溷迹滋事。并不准以煤线透露为词，纷纷报采，藉端影射。总期于蒙古民人生计有裨，而于地方亦不致滋扰，方为妥善。该部知道。（《清宣宗实录》卷154，第362—363页）

【道光九年五月辛丑】谕内阁：成格奏，口外知府边俸期满一折。热河承德府知府海忠三年俸满，例应撤回，拣员对调。现据查明，内地实无堪调之员。

该员海忠在任，整饬地方，著有成效，著再留三年。如果始终奋勉，该都统据实保奏，候朕降旨。该部知道。(《清宣宗实录》卷156，第395页）

【道光九年五月乙卯】添建直隶丰宁县林家营移驻官兵衙署兵房，从热河都统成格请也。(《清宣宗实录》卷156，第404页）

【道光九年五月己未】谕内阁：内外各衙门题奏事件，遇有地名字面，理应遵照全写，如热河之但称为热，多伦诺尔之但称为诺，乌噜木齐只称为乌，顺天府节称为顺。从前乾隆、嘉庆年间，历经圣谕训饬并载入则例。凡遇地名字面，不得率用省文，各该衙门自宜永远恪遵。本日据扎隆阿等奏请将余粮酌改折色折内，叶尔羌书写叶城，并有阿乌喀三城字样，实属简率，不成文理。著再行通谕各衙门，嗣后于应载地名字面，务遵定例，全行书写，断不可任听幕友胥吏只图省便，致于体制有乖。(《清宣宗实录》卷156，第406页）

【道光九年七月己酉】热河都统成格奏：承德府属平泉、建昌、赤峰、朝阳四州县，遇有缺出，请于滦平、丰宁二县内拣员奏调，如不得人，仍照例于内地人员中拣调。下部议行。(《清宣宗实录》卷158，第437页）

【道光九年七月戊午】除直隶丰宁县水冲地四顷二十六亩有奇额赋。(《清宣宗实录》卷158，第445页）

【道光九年八月戊寅】谕内阁：成格奏，请停止每年派员巡查铁沟地方一折。热河所属建昌县之铁沟地方，界连蒙古，山境辽阔。从前居民稀少，匪徒易致潜藏。每年秋季，由该都统衙门派令官兵前往巡查一次。兹据奏称，现今铁沟一带，人烟稠密，迥非旧日情形。县境内设有都司各员及捕盗弁兵，专司捕务，足资查察。若仍由热河派官兵前往，相距五百余里，往返仅止半月，不惟稽察难周，亦恐转行滋扰。嗣后该都统衙门，每年派查铁沟地方弁兵著停止，责成该地方文武官弁，随时加意，严密稽查巡缉，毋任匪徒容留踪迹，以归简易。(《清宣宗实录》卷159，第456页）

【道光九年十月癸亥】又谕：伦布多尔济等奏，民人刘德山等串通热河都统衙门书吏陈五，领有假票，在公索诺木达尔济雅旗分游牧处所私检口蘑，业经拏获审明等语。民人刘德山胆敢贿嘱热河都统衙门书吏陈五，领有假票，聚集百有余人，在蒙古地方支搭窝铺，私检口蘑。复又倚众拒逐，情殊可恶。著伦布多尔济等将为首要犯刘德山等数名拏交刑部，并著成格拏获书吏陈五解送刑部，严审定拟具奏。俟定案之日，即将失察官员一并劾参。此次私检口蘑之民人，著伦布多尔济等概行逐出境外。伊等虽不致蔓延，另滋别故，亦不可听该蒙古等率意容留。嗣后蒙古地方，如有私检口蘑、盗砍树株之人，惟伦布多尔济等是问。（《清宣宗实录》卷 161，第 487—488 页）

【道光九年十一月戊戌】谕军机大臣等：成格奏，热河八旗官兵生齿日繁，每兵一分钱粮，养赡亲丁八九口至十数口，实属不敷，兼之近年物价较昂，生计倍形竭蹶。请添养育兵缺一百分，借银三万两，交热河道发商生息，以资调剂。所奏自系实在情形，然如此调剂，终非长久之策。朕思以君养人则不足，使之自养则有余。热河地方，非内地可比，如有可开垦之区，俾资生计，与其为外来流民占种，不若使该兵丁等藉以自养，较之添给兵糈，岂不更善？著该都统查明该处是否可行，悉心筹议，据实具奏，再降谕旨。将此谕令知之。（《清宣宗实录》卷 162，第 508 页）

【道光九年十一月辛丑】上御懋勤殿，勾到山东、直隶、热河情实罪犯。停决山东斩犯七人、绞犯六人，直隶斩犯六人、绞犯四人，热河斩犯二人、绞犯一人。余五十九人予勾。（《清宣宗实录》卷 162，第 509 页）

【道光九年十一月丁未】谕内阁：禧恩等奏，查勘热河园庭行宫工程一折。吉尔哈朗图阿穆呼朗图行宫等处库房值房，著暂缓修理。（《清宣宗实录》卷 162，第 511 页）

【道光九年十一月丁巳】命乌噜木齐都统英惠来京，调热河都统成格为乌噜木齐都统，以吏部右侍郎裕恩为热河都统，调兵部左侍郎保昌为吏部右侍郎，转兵部右侍郎博启图为左侍郎，以内阁学士桂轮为兵部右侍郎。（《清宣宗实录》卷 162，第 517 页）

【道光十年二月癸亥】又谕：那彦宝奏，蒙古上控案件，有应缉蒙古人犯未获，请定限期处分等语。所奏是。蒙古地方控案，如有牵涉民人者，责成地方官查传，向有例限，其蒙古人证，该盟长接据咨行，转行该扎萨克等传唤。往往任意迁延，不即解送。屡催罔应，以致案悬莫结，岂成政体？著理藩院将蒙古上控案件，核其情事之大小，酌定限期之远近。如有逾限不获者，该管扎萨克王贝勒贝子公等，应如何议处，详定条例，奏明行知遵照，以清讼狱。寻奏，请将绥远城各旗，照热河定限。凡奉旨关提及人命抢劫重案人犯，逾限一月，章京等革职。三年无过，方准开复。扎萨克罚俸六个月，台吉罚五牲畜，盟长罚俸三个月。逾限三月以上，章京等革职，扎萨克罚俸九个月，台吉罚一九牲畜，盟长罚俸六个月。如现有其人，该盟长扎萨克延不起解，从重治罪。寻常命盗案件，以次递减。其解犯程限，定日行六十里。从之。（《清宣宗实录》卷165，第551—552页）

【道光十年三月戊戌】又谕：兵部议覆裕恩奏，调剂热河驻防闲散，请移驻吉林双城堡屯田，以资养赡。事属可行，所有现在情愿移驻之闲散一百余户，著准其前往。其移驻章程，著户部核议具奏。至挑补绿营兵额，前经该部议定十分之二，自应遵照原议章程办理。该都统所请酌加三成，及成格前请添设养育兵之处，均毋庸议。（《清宣宗实录》卷166，第573页）

【道光十年三月庚子】修热河河屯协左右两营兵房，从都统裕恩请也。（《清宣宗实录》卷166，第574页）

【道光十年三月壬子】谕内阁：玉麟等奏，据哈萨克汗阿勒坦沙拉等，呈请遣子入觐，仍遵前降谕旨，明白晓谕一折。哈萨克汗阿勒坦沙拉等呈请入觐，系伊等诚恳，甚属可嘉。玉麟等已遵前降谕旨，明白晓谕，令其暂回游牧候旨，所办甚是。嗣后如有似此吁请朝觐者，即照此明白晓谕。俟朕巡幸热河有期，再行豫降谕旨。该将军玉麟等即将所属哈萨克汗王台吉等酌定人数，分为年限，照从前办过之例，由草地行至热河陛见。将此遇便明白晓谕哈萨克汗阿勒坦沙拉等，俾各遵行。（《清宣宗实录》卷166，第579页）

【道光十年四月庚申】谕内阁：此次热河兵丁移驻吉林，径由口外行走，著直隶总督派委道府大员，会同该处协领等官弹压护送，务令安静行走，沿途不许滋生事端。至锦州后，仍照向例由盛京将军、奉天府府尹、锦州副都统递派文武员弁接管前进。（《清宣宗实录》卷167，第583页）

【**道光十年四月甲戌**】谕军机大臣等：富俊奏，吉林双城堡屯田，原为疏通京旗闲散，并未议及各处驻防。今热河闲散移驻双城堡，若照京旗移驻之例办理，所费未免过多。请仿照嘉庆二十五年设立双城堡左右二屯，移驻奉天各旗闲散之例办理，所费较省，并请将伯都讷新城局改名为堡，即令热河闲散移驻该处，给与围场荒地垦种等语。热河驻防闲散，生齿日繁。前经该部议照裕恩所请，准其移驻双城堡，并酌议移驻章程，照京旗成案办理。兹据富俊以伯都讷新城局围场荒地，与双城堡右屯毗连，若事尚可行，则与京旗另立一区，自较妥善，将来即将新城局改为新城堡。惟该处曾否盖有房屋，现在移驻一百户，尚须添建房屋若干。其原议奉天闲散移驻双城堡，一切经费，较之移驻京旗，节省若干。吉林自有成案可查。著福克精阿酌量该处情形，应如何筹画办理，据实覆奏，再降谕旨。富俊折著钞寄阅看，将此谕令知之。（《清宣宗实录》卷167，第587—588页）

【**道光十年五月辛巳**】谕内阁：福克精阿奏，遵旨查办移驻热河闲散一折。前据裕恩奏，请将热河闲散移驻双城堡。经户部议准，旋据富俊奏，请以伯都讷新城堡围场荒地，给与热河闲散垦种。当经降旨令福克精阿酌量情形妥办。兹据该将军查明，新城堡民垦地亩，认垦甫经五年。初届征租之期，即行撤地移驻热河闲散，居民未沾垦地之利，未免向隅。且须添一应经费，双城堡现有备驻京旗，盖成房二百余所。著照所请，即将热河闲散旗人仍照前议，准其移驻双城堡居住。所有移驻章程，著照户部前奏办理。（《清宣宗实录》卷169，第629页）

【**道光十年八月癸卯**】添拨直隶藩库杂款银四万八千八百两有奇，解赴热河，修葺兵房。从总督那彦成请也。（《清宣宗实录》卷172，第675页）

【**道光十年十月丁未**】上御懋勤殿，勾到直隶、山西、热河情实罪犯。停决直隶斩犯五人、绞犯十一人，山西斩犯八人、绞犯四人，热河斩犯一人、绞犯

一人。余五十五人予勾。(《清宣宗实录》卷178，第785页)

【**道光十年十月壬子**】户部议准：热河都统裕恩疏报，承德府潘家口外垦种烟子峪淤出地七十三亩有奇，照例升科。从之。(《清宣宗实录》卷178，第796页)

【**道光十一年正月己卯**】谕内阁：富俊等奏，查明克什克腾旗台吉拉西巴拉珠尔，呈控巴林三旗侵占边界一案。著照议交热河都统转饬该盟长，会同巴林克什克腾扎萨克，遵照从前和瑛、成格等奏明之案，确切指明界址，设立界牌鄂博，以期经久而杜讼端。现据乌珠穆沁王呈报，该王与巴林王会同该旗官员等议明三旗界址，应以西英土哈拉和硕为界，均无争执，毋庸饬传乌珠穆沁旗会同查看。著将三旗定界绘图钤印，送理藩院并呈明热河都统，存案备查。其克什克腾台吉拉西巴拉珠尔，以从前断结之案，复行渎控。且据巴林王那木济勒旺楚克声称，本旗向系游牧，并未开地，克什克腾旗实有招民种地之事等情，显系该旗希图得租开种，以致地窄，又欲展占巴林地界，若不示以惩儆，将来又复渎控不休。拉西巴拉珠尔著照从前台吉济吉住诬控之例，革去台吉，发交邻盟充当苦差。十年无过，方准开复，仍罚四九牲畜，存公备赏，以为逞刁健讼者戒。仍将行哈梁山分界砍木处所，绘图报明理藩院。(《清宣宗实录》卷183，第903页)

【**道光十一年二月戊子**】谕内阁：阿尔邦阿覆奏，勘估热河挑挖旱河，并添筑虎皮石坝等工。除照原估核减外，实需银一万一千八百六十六两零。著即移咨热河都统转饬热河道，照例由道库如数动拨。妥速兴修工竣后，著裕恩亲往验收，务须工归实用，毋任稍有虚糜。至旱河工程，向无保固，今既改砌虎皮石坝，若不予以定限，易启偷减之弊。嗣后著保固三年，并著该都统随时查察，如限内有闪裂坍塌情形，即严饬该道照估赔修，报部核办。(《清宣宗实录》卷184，第911—912页)

【**道光十一年三月己未**】又谕：裕恩奏，特参非刑逼认几成冤狱之告病知州，请旨革职解案究讯一折。直隶平泉州民人李自善被殴致毙一案，据该州原详内称，李自善被抢后，找向黑狗索赃，将其拒毙。现经该都统提讯，犯供翻异，究出尸身系由何志铺内移出，黑狗因畏累移尸。其所供殴毙李自善，系该州妄用非刑，熬审逼认。供出同抢之博罗卜合等五人，亦因畏罪诬扳。是黑狗等并非此案正凶，已无疑义。且查出原详内捏改伤痕，其中恐有别情。及故勘人罪情事，必应彻底根究。原任平泉州告病知州觉罗为光著即革职，由该旗派员迅速解往热河，交裕恩归案严讯明确，定拟具奏。前任八沟理事司员、理藩院主事双明于会审案件，未能讯出实情，著于定案时附参。至一切非刑，久经严禁，乃为光于此案人证，辄用好汉架熬审，实属任性妄为。恐口外各属，尚有滥用非刑之处。著该都统认真访查，如有私设违例刑具，即行据实严参惩办，毋稍徇隐。（《清宣宗实录》卷185，第934—935页）

【道光十一年四月乙未】 以平反命案，予热河办事司员鄂克敦布等升补有差。（《清宣宗实录》卷187，第964页）

【道光十一年十一月庚午】 又谕：钟昌奏，东北两路行宫，应行黏修处所，请饬勘估一折。东路隆福寺、桃花寺、白涧、烟郊四处行宫，本年应行黏修。据奏情形较重者五项，暨去年驳缓之款，共二十八项。著总理工程处派员勘估修理。其盘山、汤泉暨古北口内外各行宫，均非朕常莅之地，俱著暂缓黏修。将来遇朕巡幸时，自必先期降旨，应如何豫备，候旨遵行。至各该处所有陈设铺垫等项，交该总管妥为收贮。其看守兵役人等，亦应酌量裁撤，或应留四五人，或应留一二人，分别处所照料。抑就近交地方官经理，更为妥协。俱著内务府大臣妥议章程具奏。寻奏：各处行宫，应仍令原设弁兵看守，除千总、委千总、苑丞、苑副各员照旧额设外，拟裁盘山兵二十一名，汤泉兵十名，丫髻山、南石槽、密云县、瑶亭、怀柔县五处兵十二名。古北口外巴克什营黄土坎二处，道光三年九年业经酌留兵丁看守，无庸查办。其喀喇河屯、王家营、常山峪、两间房、中关、十八里台、波罗河屯、张三营、吉尔哈朗图、阿穆呼朗图十处兵，每十名内酌裁三名。得旨：所有盘山行宫存贮陈设及酌裁弁兵各事宜，著内务府另行议奏。其古北口外吉尔哈朗图、阿穆呼朗图二处行宫，著裁去。余依议。寻又奏：请裁盘山委署千总二员、兵四十一名，吉尔哈朗图、阿穆呼朗图二处千总二员、副千总二员、兵三十七名。从之。（《清宣宗实录》卷201，第1156—1157页）

【道光十一年十二月戊戌】谕内阁：御史恒青奏，双城堡移驻京旗，于旗人生计是否有益，请旨饬查一折。八旗生齿日繁，前经富俊奏，请于双城堡地方建盖房间，移驻京旗，俾令栖止，并开垦地亩，按户授田，以资养赡。自嘉庆年间创议，至今历有年所。一切章程，经富俊办理妥善。其京旗已经移驻者，皆乐业安居。即热河各旗，亦闻风愿往，是已著有成效，原为惠爱旗人善政。兹据该御史奏，风闻该处地半沙漠，既无城郭，又少村庄，商贾无利可图，不往贸易。且井泉稀少，汲饮维艰，兼之旗人不谙耕作，易被人欺，所种地亩，人不敷出，不如在京可谋生理，是以本年愿往者甚属寥寥。请派大臣前往，或令该将军、副都统就近详查，是否有益等语。国家良法美意，无非因利宜民。双城堡移驻京旗，行之有年，该旗人均视为乐土。其愿往者听，并无勒派之事。如果于生计无益，该将军、副都统自当据实奏闻，岂待该御史奏请？况该御史所称，均系得之风闻，并无确切证据。此等捕风捉影之谈，岂容形之奏牍，致惑人心？是直阻挠国政，将使良法美意，尽可废弃也。该御史所奏，著毋庸议。(《清宣宗实录》卷203，第1185—1186页)

【道光十一年十二月戊戌】命热河总管松龄、庆琛勘估挑挖旱河工程。(《清宣宗实录》卷203，第1187页)

【道光十二年五月壬申】谕内阁：前因京师雨泽稀少，清理庶狱，以期感召和甘，降旨令刑部办理减等。兹据该部酌议减等章程，奏请办理。著直隶总督、热河都统、顺天府府尹查明应准查办各犯，无论已未起解到配，分别官犯常犯，逐项造册咨部核办。仍一面行令配所各督抚将军都统等，将直隶省及在京问刑衙门审拟遣军流罪以下到配各犯，迅饬所属赶紧造具清册，扣除往返程途，统限一月内，飞咨该部照例办理。(《清宣宗实录》卷212，第126—127页)

【道光十二年八月壬寅】谕内阁：前因土默特等互争界址一案，交松筠驰往该处，虚衷勘断，定立界址。兹据奏，查明茂明安扎萨克台吉及达尔汉贝勒等，所争土默特游牧，有乾隆年间原案原图，并所设堆记鄂博，旧址显然。松筠向该台吉等逐加指视，始各释然，心俱输服。著照所请，饬令该台吉等按照旧定界址，各守游牧，无相侵越。至四子部落郡王伊什齐当游牧，南接土默特,北系达尔汉贝勒,共三旗地界,俱著查定界址,永杜争端。其土默特与锡呼图招延寿寺喇嘛游牧,亦著分设堆记鄂博,以清界址。即饬四旗一庙,永远遵行。该衙门知道。(《清宣宗实录》卷218,第251页)

【**道光十二年八月壬寅**】谕军机大臣等:据松龄等奏,酌议盘山等处行宫,裁撤弁兵,那运陈设一折,已饬该衙门知道矣。惟所有陈设,自应运赴热河分贮各库。至铺垫等件,著仍令各该处收贮,毋庸一并运往。其张三营、波罗河屯、什巴里台、中关、喀喇河屯、王家营、常山峪、两间房行宫陈设,亦准运赴热河。此八处铺垫,仍著该处看管,并著松龄等,将此八处行宫各绘一图进呈,但将院落房间,详细绘明,其装修隔断等件,著无庸并绘。将此谕令知之。(《清宣宗实录》卷218,第251页)

【**道光十二年九月丁卯**】又谕:保昌奏,额外骁骑校不安本分,请旨斥革一折,所奏是。八旗官兵缺出,应否挑选,自有一定章程。热河额设委署骁骑校二十名,并无额外骁骑校名目。西凌阿本系犯案发遣释回之人,虽经赏给额外骁骑校,借补前锋,改补领催,究系虚衔。辄以前锋校缺出未经拣选,妄行争论。复胪列呈词,哓哓渎诉,实属不安本分。西凌阿所有额外骁骑校、领催,并蒙古学教习,著一并斥革,交该旗严加管束。如再滋生事端,即行从重办理。(《清宣宗实录》卷220,第286页)

【**道光十二年九月癸酉**】御洞明堂,勾到山东、直隶、热河情实罪犯。停决山东斩犯四人、绞犯四人,直隶斩犯一人、绞犯二人,热河斩犯二人、绞犯一人。余七十三人予勾。(《清宣宗实录》卷220,第292页)

【**道光十二年十月戊午**】谕内阁:理藩院议覆保昌审讯土默特贝勒旗塔布囊德沁浩尔洛等,呈控贝勒济克默特扎布等九款一案。土默特贝勒旗章京色布精额,于披甲那玛吉拉被抢诈赃,以职官随同索讨,实属卑鄙,著革去章京,杖八十,鞭责发落,不准援免。已革塔布囊达玛林扎布,向包达郎索欠,辄于公厅拳殴,殊属不合,应得杖罪。在清刑恩旨以前,准其援免。塔布囊德沁浩尔洛等所控各款,尚非平空诬告。惟赴京越诉不干己事,自应加等问拟。德沁浩尔洛、齐穆特、德穆楚克扎布各罚四九牲畜。乌呢巴雅尔以长史派差外出，辄因家用缺乏，向营众那借钱文，且于派收镰刀钱文时，称欲多派。经营众央允减少，均属办理不善，著罚二九牲畜。贝勒济克默特扎布于所属披甲被抢诈赃，毫无觉察，又于属下塔布囊呈交庙宇，收受经管，均有应得之咎。现据该都统奏称，德济特等呈列十二款，尚未审讯完竣。著保昌赶紧集犯讯明，定拟具奏。该贝勒有无应议别款，一并奏明请旨。塔布囊德沁浩尔洛、德穆楚克扎布，现复来京，向理藩院控告此案热河都统未加亲审，承审官不为公断等情。著兵部仍将德沁浩尔洛等解赴热河，交保昌亲提详讯。如有枉纵，据实附参，毋稍回护。如属虚诬，即将该塔布囊等从重惩办，以儆刁健。（《清宣宗实录》卷224，第336页）

【道光十二年十月辛酉】以青州、德州两处军政年逾六十官五员、热河围场两处十一员、荆州五员精力未衰，命留任。（《清宣宗实录》卷224，第341页）

【道光十二年十月甲子】上御懋勤殿，勾到山西、直隶、热河情实罪犯。停决山西斩犯四人、绞犯二人，直隶斩犯二人、绞犯七人，热河斩犯一人、绞犯一人。余五十七人予勾。（《清宣宗实录》卷224，第344页）

【道光十二年十月辛未】贷热河围场兵丁饷银。（《清宣宗实录》卷224，第354页）

【道光十二年十一月己卯】又谕：保昌奏，挑挖旱河等工完竣，据实报销一折。道光十一年十二年热河挑挖旱河，并开通水道用过夫工银两，著该部照例核销。向来开通水道夫工银两，系热河道知会热河总管，查验办理，至奏销时始将用过银两呈报，殊不足以昭核实。嗣后著该道豫期估报该都统衙门，以凭稽核而免浮冒。（《清宣宗实录》卷225，第361页）

【道光十二年十一月乙未】命署总管内务府大臣达三前往热河覆勘旱河工程。以热河捐设粥厂，予民人葛延福等议叙。（《清宣宗实录》卷226，第374页）

【道光十二年十二月丙辰】又谕：保昌奏，派买热河驻防不敷兵米，为数较多，请将仓存米石抵拨一折。据称热河本年秋收歉薄，粮价增昂。应买道光十三年驻防不敷兵米，若仍循照旧章，派承德府并平泉等州县，饬发各铺户同时买交，商力不免拮据。且采买较多，小民恐有食贵之虞，自系实在情形。著照所请，将宫仓存贮郭家屯租米一千一百七十四石零及府仓现存米一千五百石，一并抵作十三年应买驻防不敷米石，俟一二年后秋收丰稔，再将府仓米石买补。既于兵糈无碍，而民食商力，均有裨益。其前项不敷兵米七千四百九十四石零，除平泉、建昌、朝阳、赤峰四州县，仍照旧各买一千石外，承德府应买八百二十石零，即饬该府领价买交。再热河道应领前项米价银两，除郭家屯租米外，准将府仓米石抵拨。即饬将领回银两，存贮道库，归入十四年兵米案内办理。（《清宣宗实录》卷227，第396页）

【道光十二年十二月庚申】又谕：前派达三往热河查勘旱河工程。回京覆命时，奏称热河看园兵丁生计拮据，恳请赏给一年口粮。俟伊奏准后，再给信热河总管松龄奏请等语。若以兵丁生计而论，该处满洲绿营事同一律，岂有专赏看园兵丁之理？况热河地方，并非达三职任所司。似此任意妄为，冒昧越俎，迹近专擅，实从来所未有。姑念年已衰迈，老悖糊涂，免其交部严议，著降为四品顶带休致。（《清宣宗实录》卷228，第403页）

【道光十三年四月庚申】以捐办热河粥厂经费，予候选教谕牛昌篆等升叙有差。（《清宣宗实录》卷236，第523页）

【道光十三年十月癸亥】上御洞明堂，勾到山西、直隶、热河情实罪犯。停决山西斩犯十一人、绞犯七人，直隶斩犯九人、绞犯十二人，热河斩犯二人、绞犯二人。余七十七人予勾。（《清宣宗实录》卷244，第673页）

【道光十四年六月乙未】修热河平泉州监狱，从都统武忠额请也。（《清宣宗实录》卷253，第832页）

【道光十四年七月己卯】谕内阁：武忠额奏，清查州县交代款项，请勒限追解一折。钱粮交代，国帑攸关，岂容稍事稽延，含糊结报？热河道所属六州县，交代款目纠纷，迟延不结。经该都统饬令该道督同承德府逐款核算，查明各州县积欠摊捐银两，半属道库之垫款，实与正项无异。计未归银尚有一万六千余两之多，亟应提解归款。惟摊捐库垫，牵混不清。各前任因差繁缺苦，借项办公，各后任因恐担承受累，不允接收，以致互相推诿，日事迁延。虽官非一任，事阅多年，究属迟逾例限。所有该都统请将各州县从前交代迟延处分暂行宽免之处，著不准行。即著查明各州县从前交代逾限职名，交部照例议处。该都统即督同该道府，调齐各案卷据，彻底清查。其业经调齐会算者，以奏奉谕旨行知之日为始，其尚未调齐者，以前后任同抵热河之日为始，务于限内算明结报，毋任再延。傥各州县查有亏欠正项银两，无论为数多寡，即究明据实具奏，专案参追。其有摊捐业经垫发，有关库款，即将某任借垫若干，分晰划清。数在五百两以下者，勒限四个月。数在五百两以上至一千两者，勒限六个月。数在一千两以上至二千两者，勒限一年。先从原借之各州县名下严追归款，如逾限不交，即奏明从重治罪。傥州县实系无力完缴，或业经故绝，即著落准借之道员全行代赔。仍按前定限期，分别勒追。如逾限不交，即将该道员一并奏请严惩。如实系无可著追，即由后任道员设法弥补，以清库项。至未解摊捐，无关库垫之款，仍核明有著无著，分别咨追。至历任承德府那垫税银，辗转抵交，未经提解各款，多与州县交涉。著一并归于案内，分任查明，勒限追解。经此次清厘之后，该都统督同该道府，务须通盘筹画，力加撙节。其以前摊款，有非实在必需者，全行裁减，必使入足敷出，以归实用而杜虚糜，并严定章程，嗣后道库银两，不准丝毫借垫。其摊捐名目，亦不得稍有增添，庶库项均归实贮，交代亦免谬辖。其前任热河道阿霖等未清库项，共一万余两，著即咨追解缴，分别归款。（《清宣宗实录》卷254，第868—869页）

【道光十四年八月丙辰】谕内阁：武忠额奏，围场兵丁随缺地亩，不堪耕种。请将附近官地，另行筹拨一折。围场兵丁向不关领米石，全赖随缺地亩，收纳租粮，以资养瞻。兹据查明右翼四旗兵丁，前拨随缺地亩七十五顷，实系沙积日深，不堪耕种。该兵丁等徒有受地之名，不获食租之利，生计未免拮据。著准其授照成案，在于附近围场之丰宁县入官地内，择其上中二则土性饶沃者拨给七十五顷，作为该兵丁等随缺地亩。自行议租收粮，以裕兵食而示体恤。该都统即分饬热河道承德府转饬该县查明办理，并造册咨部备案。该部知道。（《清宣宗实录》卷255，第892页）

【道光十四年十一月己巳】上御懋勤殿，勾到山西、直隶、热河情实罪犯。停决山西斩犯五人、绞犯一人，直隶斩犯十四人、绞犯九人，热河绞犯一人，余六十人予勾。(《清宣宗实录》卷260，第961页)

【道光十四年十一月庚寅】命热河总管阿灵阿、副总管长良估挑旱河工程。(《清宣宗实录》卷260，第972页)

【道光十五年闰六月甲申】谕军机大臣等：本日据钟祥奏，访查东昌府莘县民人从建、道士吴连如等，学习离卦邪教，收藏经卷，辗转传徒，敛钱惑众。经该地方各官先后将从建、吴连如等擎获，讯据该犯等供出从党在本省者，现经擎获靳咸宜等十八名。其在河南等省者，现亦知会查擎解审。并究出已革武生靳宗泰亦曾习教，于数年前出赴口外，上年回籍，旋即出口，并堂弟靳同泰与侄靳广居、靳泽焉一同出口，俱在丰宁县属土城子、林家营子、大阁儿、二号小河等处居住。靳宗泰系已获正法教犯靳青湖之子，本属邪教遗孽。该犯弟侄同在口外居住，皆系习教之犯等语。该犯靳宗泰既在口外居住，其弟侄又相继前往，现据该抚讯系习教徒党。口外民风朴淳，恐被诱惑，不可不严擎究办，以杜蔓延。著嵩溥迅即密饬丰宁县缉擎各犯务获，妥速解往山东省归案究办，毋任闻风远扬，致令漏网。将此谕令知之。(《清宣宗实录》卷268，第125—126页)

【道光十五年八月乙丑】又谕：前据嵩溥奏，京控案件，究出串谋嘱托各犯，请饬擎归案审办。当有旨交步军统领衙门、顺天府，即将回民李学公、叶会川查擎，并讯明蒋逸云住址，一并擎解热河归案审讯。兹据耆英等奏称，擎获李学公之侄李万喜。据供去年五月，李学公第五子李万玉在赤峰县因娶有夫之妇涉讼。伊曾向素识之叶会川告知，叶会川因说伊母舅蒋姓，认识赤峰县书吏刘姓、李姓。我随恩其写信二封，说合照应。又据叶会川供称，因伊母舅蒋逸云在保定府贡院前居住，一时难以托情，遂代蒋逸云写信，托书吏刘姓、李姓照应等语。蒋逸云既与赤峰县书吏认识，难保无写信嘱托之事。叶会川所供代伊写信之处，殊难凭信。著琦善即将在保定府贡院前居住之蒋逸云迅即查擎，解往热河，交该都统归案审办，毋任远扬。将此谕令知之。寻嵩溥奏：经步军统领、直隶总督先后解到李万喜、叶会川、蒋逸云，讯明李万喜、李万玉、李万和，俱李汶忠子。李万玉在赤峰县涉讼被押，李万和诡名李振清，冒认已故族叔李学公为嗣父，捏款诬控。李万喜复求叶会川捏写蒋逸云信，向赤峰县书吏刘尧章、李十二嘱托李万玉讼案。应分别充军、枷杖，下部议。从之。（《清宣宗实录》卷270，第151—152页）

【**道光十五年十月庚辰**】拨直隶司库银，采买古北口驻防八旗及提标城守各营来年兵粮，从热河都统嵩溥请也。（《清宣宗实录》卷273，第214页）

【**道光十六年二月丙寅**】谕内阁：理藩院奏，请援案赏给格格地亩。敖汉旗辅国公乌尔占扎布之母履端亲王之女固山格格，孀居子幼，生计维艰，著于该旗开垦熟地内，赏给地五百顷。即著热河都统嵩溥转饬敖汉扎萨克郡王达尔玛济尔第，会同塔子沟理事司员奎英，妥为筹办，俾资养赡。（《清宣宗实录》卷278，第290页）

【**道光十六年六月乙卯**】谕内阁：嵩溥奏，京控案内卷证，延不解审，请将该旗员分别议处一折。土默特贝子旗蒙古步达扎布，赴步军统领衙门呈控田广生等霸地抗租等情一案，事阅五年之久，该旗员等并不将案卷人证解交审办。叠经降旨饬催，仍复玩泄，非寻常迟延可比。土默特贝子旗署理扎萨克印务协理台吉索都巴扎木素、协理台吉旺沁巴拉色巴拉，俱著交理藩院严加议处。贝子德勒克色楞虽在京当差，亦难逭为不知，著交理藩院照例议处。至此案控关地亩，必须就近勘讯，以昭核实。著严饬该旗将台吉彭保等及档案地图，一并移交三座塔理事司员，会同朝阳县传集田广生等勘讯明确，照例办理。如该司员等于该旗移交卷证后，仍不能依限完结，即将该司员等参处，以清积案而儆玩延。（《清宣宗实录》卷284，第380页）

【**道光十六年九月丙戌**】上御洞明堂，勾到山东、直隶、热河上年情实罪犯。停决山东斩犯四人、绞犯三人，直隶斩犯八人、绞犯二人，热河斩犯一人。余八十一人予勾。（《清宣宗实录》卷288，第445页）

【**道光十六年十一月乙酉**】上御懋勤殿，勾到山西、直隶、热河本年情实罪犯。停决山西斩犯三人、绞犯四人，直隶斩犯四人、绞犯八人。余六十九人

予勾。(《清宣宗实录》卷291，第492页)

【道光十六年十二月庚申】谕军机大臣等：热河围场，系秋狝讲武之所，例应严肃申禁，俾树木葱郁，物类蕃滋。朕闻近来颇有偷砍木植、私打牲畜之事，并闻该处车迹纵横。可见例禁废弛，怠玩已极。著嵩溥严行申禁，非围场内当差之人，不得擅入肆行践踏。所有该围场内树木牲畜，毋得私自戕伐猎取，以昭慎重。倘该总管等查禁不严，致滋各弊，著嵩溥即行参奏惩处，毋稍瞻徇。将此谕令知之。(《清宣宗实录》卷292，第519—520页)

【道光十七年六月己酉】谕内阁：前据御史帅方蔚奏，赤峰县散役，约计不下千余人，勒诈婪赃，请行查禁。当降旨交耆英查明裁汰。兹据该都统派员赴县密访，县役数目，尚不至千余名之多，亦无倚势扰害情事。惟所设散役尚有一百十三名，按照从前奏定章程，逾额三十三名。现已饬行裁汰，并严饬留心稽查，不得稍事姑容。嗣后热河所属州县，务当查照奏定章程，责成该管道府严行饬查。无论地方之大小，州县之繁简，散役总不得过八十名之限。倘有逾额，悉行裁汰。仍于每年年终，造具花名总册，加具州县印结，申送都统衙门存案，以备稽查。经此次通饬之后，如再有滥增散役者，一经查出，或别经发觉，即将该州县及失察之该管道府各员一并据实严参，无许稍事瞻徇，自干咎戾。(《清宣宗实录》卷298，第617—618页)

【道光十七年六月己酉】又谕：耆英奏，访查木兰围场情形一折。热河围场地方，安设大小拨多处。原期声势联络，认真巡察。何以偷牲砍木之案，层见叠出？据该都统访查，或以为安设拨子，甚属得力；或以为徒滋流弊。究竟有无裨益，著派色伯克多尔济及玛哈巴拉之子锡林达瓦，于秋季会同该总管详细巡查，悉心妥议具奏。(《清宣宗实录》卷298，第618页)

【道光十七年八月辛亥】又谕：本日据都察院奏，直隶承德府建昌县民人郭尚功呈控诬良为盗、诈赃毙命一案，已明降谕旨，交耆英亲提审讯矣。此案据该民人供称，伊叔祖郭孝被邻村居住之范恺挟从前借贷不遂之嫌，向都司衙门捏控郭孝盗伊树株。该都司派外委侯起富等将郭孝锁挐看押。侯起富诈要东钱九百吊，郭孝许给东钱二百吊，侯起富即将郭孝私刑拷逼殒命。该县将侯起富等带县看押。侯起富贿串书役阮韵庵等从中舞弊，并未审讯，尽行释放等语。案关奸徒诬良为盗，武弁藉案诈赃、刑逼毙命。如果属实，大干法纪，不可不严行审办。著耆英即亲提全案人证卷宗，彻底根究，务得确情，按律惩办，毋稍徇纵，以儆奸贪而安良善。将此谕令知之。（《清宣宗实录》卷300，第659页）

【道光十七年十月辛酉】谕内阁：土默特贝勒那逊鄂勒哲依旗塔布囊西瓦桑保、莽噶拉等，在理藩院呈控该旗协理台吉巴布扎布等，并塔布囊色伯克扎布，将牧场写给民人开种等情。当经该衙门咨交热河都统，转饬三座塔理事司员会同该盟长勘讯。兹据该理事司员及盟长等会报，查勘得该旗因众人摊差苦累，开种各营村荒地，收租充公，系属遵照道光五年原奏等语。惟仅据该司员盟长等查报，不足以折服西瓦桑保等之心。著耆英派员再行详细查明酌核，于各营村留出余地外，所开闲荒压契租息等项，应分作几成归公，免去众人差徭；以几成照科尔沁郡王旗例，分给各户穷苦蒙古，以资养赡；以几成归还该贝勒祖遗欠债。归完，作为该贝勒当差之用，按款酌核办理，以期平允。至塔布囊色伯克扎布，如无霸占营村牧场之事，应查明仍归管业。其余各塔布囊有向该贝勒讨要之地，有系自身产业，亦须查明分晰应否准其管业。蒙古等私招民人开种之地，自应撩荒，查明治罪。西瓦桑保、莽噶拉，如讯无屈抑，即治以应得之罪。该贝勒那逊鄂勒哲依及协理台吉等，以奏定准觅长工耕种之荒地，擅自写立租契，收受银两，均属不合。著于定案时查取各职名，交理藩院议处。寻奏：查该旗档房印册，积年开种荒地，实收压租银二万九千八百十八两。每年租息，共收东钱三万四百四十三千文。嗣后应请将压租银两退出四成，作为公用，以免差徭。每年租息，以四成分给无业蒙古，以三成作为公用，以三成归还该贝勒欠债，完后作为当差之用。巴彦皋尔等处地亩，实系塔布囊色伯克扎布祖遗产业。三家子十三处地亩，系塔布囊扎尔兰萨赖等向贝勒讨要耕种。该贝勒笃念族谊，情愿赏给过度，并非霸占，均请仍归管业。南三家子等处地亩，系已革章京白林等私写出种。请饬朝阳县暨该旗分别驱逐民人，地归原业。或即撩荒，仍将蒙古民人照例治罪。西瓦桑保、莽噶拉，讯无屈抑，辄敢捏饰越诉，应照不应重律，杖八十，蒙古折罚三九牲畜。该贝勒台吉等，照内地不应重律，杖八十，降三级调用。蒙古折罚扎萨克俸二年，无俸，折罚四九牲畜。下理藩院议，从之。

（《清宣宗实录》卷302，第708—709页）

【**道光十七年十月戊辰**】以保定等五处军政年逾六十官五员、宝坻等四处一员、热河围场两处十七员，精力未衰，命留任。（《清宣宗实录》卷302，第712页）

【**道光十七年十月戊辰**】拨热河司库银，采买古北口兵粮，从都统耆英请也。（《清宣宗实录》卷302，第712页）

【**道光十七年十一月乙酉**】上御懋勤殿，勾到山东、直隶、热河情实罪犯。停决山东斩犯二人、绞犯一人，直隶绞犯三人，热河绞犯一人，余一百九人予勾。（《清宣宗实录》卷303，第721页）

【**道光十七年十一月乙酉**】又谕：据福泰奏，查明热河总管衙门库贮兵饷生息二款内，除动放并现存外，统计亏银一万五千九百余两。该苑丞等辄称指工借用，无稿可稽。副总管荣桂亦不能指实等语。已明降谕旨令恒荣来京，并将荣桂解任，佟铠等革职。派文庆驰赴热河，会同该都统秉公审讯矣。库贮各款，帑项攸关。该苑丞等胆敢任意亏短，至盈千累万之多，不可不严行根究，照例惩办。著耆英接奉此旨，一面派委妥员即将佟铠、王庆贤、石玉明、盛详、盛福伸等家产严密查抄，毋任隐匿，并会同文庆提集案内应讯经手人等、认真研讯，务得确情，按律定拟具奏，不得意存消弭，致有不实不尽。将此谕令知之。（《清宣宗实录》卷303，第722页）

【**道光十七年十一月乙酉**】命户部左侍郎文庆驰往热河，会同都统耆英查办事件。（《清宣宗实录》卷303，第722页）

【**道光十七年十一月辛卯**】举行本年军政，……热河都统所属卓异官二员、年老官二员、有疾官一员，分别议叙处分如例。（《清宣宗实录》卷303，第725页）

【**道光十七年十一月癸巳**】热河都统耆英奏：遵将副总管荣桂等派员看守。得旨：候文庆到时，会同严审，断不准稍存疏纵开脱之见。该苑丞等如侵盗得实，即加以刑讯，又何足惜？再现任正副总管暨历任正副总管，有无别情，尤不可颟顸了事，务期水落石出。文庆到时，令伊阅看。（《清宣宗实录》卷303，第727页）

【道光十七年十二月丁未】又谕：前因福泰奏，热河总管衙门库贮银两亏缺。当降旨令文庆前往该处，会同耆英查办。兹据文庆等奏称，讯据苑丞佟铠、王庆贤，苑副盛福伸等，供有扶同弊混情事。副总管荣桂恃符狡展诿为不知，著即行革职拏问。前任正总管恒荣著一并革职拏问。并著浙江、江苏、山东、直隶各督抚饬令沿途地方官，迅速押解来京，即交兵部解往热河归案审讯。前任总管广亮、庆琛擅动生息项下银两，尤非闲款可比。庆琛著即革职，与业经因案革职之广亮，一并拏问。著内务府迅速押交兵部解往热河，归案质讯。该侍郎等即将此案情节彻底根究，务期水落石出，毋稍宽纵，以成信谳。寻奏：已革苑丞佟铠等先因办公备料，借有债项，嗣领项到时，并不归还铺户，迨铺户逼索，辄将公项那还私债，至盈千累万之多。盛福伸屡次起意扣留公项还债，又浮用运送绸缎银两，应从重勒限一年追赃。如限满不完，请旨即行正法。全完酌减一等，仍从重发往黑龙江充当苦差。佟铠、王庆贤于侵亏各项，或事后知情，或随同商谋，亦应从重勒限一年追赃。限内不完，归入秋审情实办理。全完酌减一等，仍从重发往伊犁充当苦差。已革前任副总管荣桂，虽讯无从中染指，而任内两次率准借动会计司闲款银一万五百余两，又续亏生息兵饷正项银九千余两，应请发往乌噜木齐效力赎罪。已革前任总管恒荣，回护从前库亏。庆琛、广亮于盛福伸等那款还债，率即画稿准行。均请发往军台效力赎罪。下部议。从之。（《清宣宗实录》卷304，第736—737页）

【道光十七年十二月丁未】又谕：文庆等奏，遵旨盘查热河会计司征收银两，核明现存数目并开单呈览一折。热河会计司历年征收各庄头杂粮折价银两，自道光四年至十七年止，共用银二万七千七百九十两零，实应存银五万零六百八两零。现据文庆等弹兑数目相符。此项银两，除奏明动用，及例准支发款项，毋庸议外，其率行借动，及未据报销完缴银两，著即悉心严究，务得确情。至此项现存银两，著于定案时酌定章程具奏。（《清宣宗实录》卷304，第737页）

【道光十七年十二月丙辰】又谕：吏部将各省查取职名屡催未覆各案，开单具奏共计有一千三百十九件之多。此内应议职名，事关实降实革者，固不可任其迁延规避。即降留罚俸处分，亦岂容任其久延？该管上司，并不实力督催，送部议结。经该部节次行催，并未按限咨覆，实属玩延。著盛京刑部侍郎暨各该府尹，直省各督抚，两河河道总督，漕运总督，盛京、吉林将军，热河都统，长芦盐政，查照吏部单开件数，迅即查明咨覆，并将开报迟延各员及历任不行饬催之各该管上司，均按在任月日，开揭送部，一并照例议处，毋许再有延宕。（《清宣宗实录》卷 304，第 743 页）

【道光十七年十二月己未】谕军机大臣等：我朝木兰秋狝，原以习劳肄武，嘉惠蒙古。朕临御以来，尚未举行。敬念成规，未尝一日敢忘。即我后世子孙，亦当敬谨率由遵守勿替。惟热河为驻跸之所，一切殿宇房间规模宏敞。阅年既久，修理不易。前经降旨传谕该总管等，查明宽大处所，将应行收贮各件，妥为归并。此项房间，毋庸修理。因思异日即举行旧典，驻跸热河。信宿经临，房间座落亦无需如许之多。其陈设物件，看管兵丁及各庙喇嘛等栖止之所，均应通盘筹画，以归简易。著文庆、耆英奉到此旨，或审案之暇，或结案之后，亲赴各该处，督同该总管等逐一查勘。所有陈设等件，何者应行归并存贮，何者应行运送来京，分别开单随折呈览。至房间既议归并，看管兵丁，较为省便。其应撤兵丁，嗣后应如何安置，或拨给闲田耕种，俾资糊口。至各庙喇嘛，前经理藩院奏明陆续裁撤，现在裁撤几何，其庙宇年久倾圮者，旧有佛像，自应归并供奉，其不堪栖止之庙宇，应作何办理，均著该侍郎等悉心体察情形，妥议章程，据实具奏。将此谕令知之。（《清宣宗实录》卷 304，第 744 页）

【道光十八年正月己卯】谕内阁：文庆等奏，遵旨查明热河会计司未据报销银两，请分别追缴，并将现存银两酌定章程等语。所有会计司现存银五万六百八两零，著自道光十九年为始，抵放官兵俸饷，无庸由户部支领，仍于年终咨报户部内务府备核。俟抵放将次完竣，即由热河总管豫行咨明户部。除会计司余存银两及每年征收银四千四百六十六两零全行抵放外，其余银两仍由户部支领，以重款项而归核实。（《清宣宗实录》卷 305，第 756 页）

【道光十八年正月己卯】又谕：文庆等奏，酌撤热河园庭内外官兵，并查明庙宇情形一折。热河园庭等处陈设，业经归并。其看管官兵，自应酌撤，著即如数酌留裁减。至该官兵等应食随缺地亩及折租银两，均著照此次奏定章程妥办，毋庸另给闲田，以归画一。其所裁官兵支食俸饷若干之处，仍著该总管各按每名月食银数，册报户部，即行扣除。（《清宣宗实录》卷305，第756页）

【道光十八年正月癸未】谕军机大臣等：昨据文庆等奏，永佑寺酌留房间内，有存贮御幄蒙古包等件房二十五间。毡绳杆帐，堆积繁多，并存贮烟火木架房十二间，查无归并之处，请仍安放原处等语。热河各处旧存物件，现议归并。其御幄蒙古包等件，为数既多，未便听其久贮，致滋损坏，即朕将来巡幸木兰时，亦无所用之。著耆英等逐加查勘，择其完整可用者运京。其不堪久贮各件，即于印册内开除。至烟火架大小木植，即留于该处，备各项工程之用。将此谕知耆英，并传谕福泰知之。（《清宣宗实录》卷305，第758—759页）

【道光十八年正月乙未】又谕：耆英奏，查明发商生息情形一折。热河芳园居库存银十三万一千两。前经文庆、耆英等奏请发商生息。兹据奏称，该商等日久恐有拖欠情事，请将此项银两解交内务府，转交长芦盐政发商生息，以备热河园庭修工之用。著内务府大臣议奏。寻奏：长芦商力疲乏，与其发交该商生息，不若运京归并封贮，以昭慎重。得旨：毋庸解京，即留为该处园庭官兵俸饷之用。（《清宣宗实录》卷305，第764页）

【道光十八年二月己巳】刑部奏请将贩卖鸦片烟土各犯解赴热河审办。得旨：程朴需、张秉仁、戴宏祐、薛方淙、陈作霖俱著兵部解赴热河，交耆英提集全案人证，严审定拟具奏。此案各犯，或夹带鸦片烟土，或携带符咒等书，进关被获。其在朝阳等处，有无窝顿兴贩，及习教为匪各情，均著严切根究，毋稍疏纵。（《清宣宗实录》卷306，第778页）

【道光十八年三月丙子】热河都统耆英奏查拏贩食鸦片烟人犯。得旨：必当严拏究办，不可疏纵。各省之流毒贻害，无非由因循疲玩所致，殊堪愤恨。（《清宣宗实录》卷307，第781页）

【道光十八年三月庚辰】谕内阁：昨据耆英奏，审讯喀尔喀贝勒之妻身死不明一案。只原告布彦特古斯、占巴劳墩，供称因毒身死，其余众供不能指实，非开检难以定谳。当降旨令僧格林沁据实具奏。兹据覆奏，未敢回护不验。著僧格林沁即派亲信明白护卫一员，前赴热河，交耆英率同干练司员，带领仵作，眼同开检，认真确验，是否有受毒等情，照例惩办，务须水落石出，以成信谳，毋稍不实不尽。寻奏：检验已故喀尔喀贝勒之妻，委非受毒身死。布彦特古斯合依诬告人谋死人命。其有审无挟仇止以误执伤痕诬告蒸检者，为首发近边充军例，发近边充军。占巴劳墩系该夫人陪嫁家奴，合依子孙将祖父母父母死尸诬告他人谋害致尸遭蒸检。其并非挟仇止以误执伤痕者，照诬告人死罪未决律，杖一百流三千里，加徒役三年。下部议。从之。(《清宣宗实录》卷 307，第 783 页)

【道光十八年三月甲午】谕军机大臣等：耆英奏，审讯已革塔布囊固山额驸德里克桑布一折。耆英现已赴喀尔喀旗检验已故贝勒之妻一案，著于回至热河后，即将德里克桑布刃伤堂兄巴尔萨西第及玛哈巴拉呈送不法等情，严审确情，按律定拟具奏。至冒戴三品顶带，供称伊妻兄寄与信函一节，著耆英于定案后，即派委妥员，将德里克桑布解京，交刑部严行审讯。将此谕令知之。
(《清宣宗实录》卷 307，第 787—788 页)

【道光十八年五月癸亥】又谕：福泰等奏，援照裁撤成案，请量为调剂一折。此次酌裁热河官兵，前经赏给随缺地亩。兹据福泰等奏，此项地亩，俱系佃户耕种，视为恒业。若令将地退还，恐官兵得地而不蒙实惠，民佃退地而势必流离，自系实在情形。著照所请，所有此次裁撤官兵，准其援照道光十二年成案，暂食原饷。遇有缺出，即行扣除，毋庸挑补。其随缺地亩，挑补余丁，以资养赡。即于奉旨之日为始，遇有应裁处所官兵缺出，即行扣裁。现悬苑副二缺，即由在裁处所之苑副内拣选转补。所遗之缺，并现悬外庙千总一缺，一并扣裁。均俟扣足酌裁额数，遇缺再行拣选引见。该衙门知道。
(《清宣宗实录》卷 310，第 834—835 页)

【道光十八年五月丁卯】给热河被水官兵房屋修费。(《清宣宗实录》卷 310，第 837 页)

【道光十八年九月壬寅】谕内阁：此案庄亲王奕賫、辅国公溥喜各赴尼僧广真庙内吸食鸦片烟，镇国公绵顺带同妓女赴庙唱曲，均属不知自爱，卑鄙无耻，著交宗人府分别严加议处。已革内务府郎中文亮、笔帖式通桂辄因广真生辰，前往挟妓弹唱，已属卑鄙。迨经被挐，复敢诡称姓名，妄希狡脱，尤属不堪之至。已革理藩院郎中松杰以一等司员，并经保送副都统，乃不知自爱，因问知广真生辰，致送香资，并容妓女在屋唱曲，实属有玷官箴。文亮、通桂、松杰仅予革职，不足蔽辜，均著发往热河效力赎罪。解任刑部员外郎吉清、文奇，理藩院主事奎英，赴庙闲游，于妓女唱曲时，不即引避，辄留坐饮茶，均属不自检束，著交部严加议处。刑部员外郎庆启，因溅水湿衣，赴庙烘烤，亦有不合，著交部照例议处。拣调东城正指挥王钰查访此案，并不即行挐究，致令逃逸。迨随同该御史将广真挐获，又不严行看守，以致广真于到案后，乘间潜回，均属疏忽。王钰著交部议处。其在逃之定儿、金环、玉佩、柳李氏、赵四、辛二、李四、老张等，仍著严缉务获，送部审办。（《清宣宗实录》卷314，第889页）

【道光十八年九月丁未】谕内阁：御史刘梦兰奏，热河办事司员请于正途人员内酌量保送一折。各部院司员办理公事，总期勤慎廉明，克尽厥职，不必定拘一途。而刑部为刑名总汇，自当择其练达勤能者，保送差使。至于热河地方，派往司员办理刑名，责任綦重，该堂官等务当秉公遴选。如果才具优长，办事详审，循例保奏，亦不必分别正途捐班，致有窒碍。热河都统亦应于该司员莅任后，详加察看，倘该司员操守不谨，或才具平庸，不克胜任，即著随时分别撤回参办，不得姑容，以肃官常。（《清宣宗实录》卷314，第894—895页）

【道光十八年十月辛卯】上御洞明堂，勾到直隶、山西、热河情实罪犯。停决直隶斩犯四人、绞犯七人，山西斩犯一人、绞犯四人。余七十四人予勾。（《清宣宗实录》卷315，第914页）

【道光十八年十二月丙戌】热河总管松桂奏：园内清溪远流等处旱沟，经骤雨将上游泊岸冲坍，以致沙石积淤加厚。请照例传兵丁一百三十余名，加增百名，例限外展限一月疏通复旧。所需器具并兵丁饭食银，由生息项下动支。

得旨：仍著按照向例清挖，无庸加增人数。如果实力为之，不数年何虞不能复旧矣。(《清宣宗实录》卷317，第953页)

【道光十九年二月庚午】又谕：惠吉奏，盘查外库现存银数一折。热河园庭外库所存兵饷生息银两，现经该都统盘查数目相符。惟该总管衙门会计司尚有应存银两，不在该库存贮。著将此款一并造册，责成该都统按年盘查，以杜弊混。该衙门知道。(《清宣宗实录》卷319，第984页)

【道光十九年三月甲辰】谕军机大臣等：本日据都察院奏，直隶建昌县民人丁有、王存量等以纵兵殴毙等情赴该衙门具控，已明降谕旨交该都统严讯矣。此案丁有、王存量所控波罗素他拉汛辛千总领兵二十余名，至戏台下，将丁有之兄丁才群殴致毙，复使外委马宗英串通尹广等贿买尸亲，诡名高云顶凶。经该县讯明情由，委员不究正凶，反将王存量之子王杰严刑锁拷。如果属实，是营弁纵兵攒殴毙命，已属大干法纪。又复贿买顶凶，刑逼无辜，亟应严行审讯。著惠吉亲提原告及案内要证人等，悉心研鞫，务得确情。倘承审委员果有意存消弭、非刑逼讯等事，即行据实参奏，断不准瞻徇属员，自干咎戾。将此谕令知之。(《清宣宗实录》卷320，第1007页)

【道光十九年四月戊寅】又谕：朱成烈奏，承德府平泉州建昌县等处山石产金。有山东、山西、直隶奸民偷挖日众，每在通州售卖。上年冬月有该地方守备往拏数人，在途中酒店歇宿。该奸民大伙抢回原犯，守备藏匿酒篓内得免。嗣经通禀，差游击一员往拏。见其势众，未敢擅动，其事竟寝。奸民日益强横，聚集愈多。土著良民畏其骚扰，多有迁徙等语。奸民聚众挖金，已属违例，况聚众自十数人至数千人不等，势既强横，难保不渐谋抢夺。承德距盛京不远，根本重地，理宜肃清，岂容奸匪藉端煽惑？前任各地方官，或因规避处分，不敢举发。恩铭甫经到任，何所用其回护。著即遴派干员，分路侦察，果否实有其事。倘查有聚众挖金藉端滋扰情弊，立即严拏惩办，毋任漏网，断不可稍存消弭调停之见，致干咎戾。懔之。将此谕令知之。寻奏：前任都统惠吉，于上年十一月，派委守备范维清，拏获刨挖金砂人犯十九名。中途并无疏失，热河亦未设立游击，现仍饬协领等前往平泉建昌一带搜查。
得旨：查覆后据实具奏。(《清宣宗实录》卷321，第1029页)

【道光十九年四月丁亥】谕内阁：前因惠吉奏，热河已革苑丞佟铠，遣抱告呈递诉词。当经降旨解交刑部审讯。兹据刑部奏称，佟铠到案供词，与原呈全不相符，难保非呈控后与盛福伸说和，扶同捏饰。且工程系未经查收之项，盛福伸所供并无侵欺等情，亦难凭信。著内务府总理工程处派委妥员前往热河，会同该总管照册验明盛福伸等承办各工，究竟有无浮冒，所有供称估计变价木料，有无册据可凭，逐一详查确实，报部核办。（《清宣宗实录》卷321，第1036页）

【道光十九年十月己丑】谕内阁：此案佟铠、王庆贤、盛福伸亏短库项，业据盛福伸于限内完赃。其佟铠、王庆贤未完银两，查系盛福伸先行借用，现经盛福伸家属措缴银三千五百两。该部因尚有未措银一千五百两，请将该三犯一并勒限半年监追，固为慎重库项起见。惟该犯等居心狡诈，安知不因赃未全完，希冀逗留。若再勒限监追，转得遂其拖延之计。所有已措银三千五百两，即著热河总管照数收明具奏。未措银一千五百两，著免其追缴。盛福伸、佟铠均著照原拟发往黑龙江充当苦差。王庆贤亦照原拟发往伊犁充当苦差。（《清宣宗实录》卷327，第1148—1149页）

【道光十九年十月壬辰】御洞明堂，勾到山东、直隶、热河情实罪犯。停决山东斩犯六人、绞犯一人，直隶斩犯五人、绞犯二人，热河斩犯一人。余六十六人予勾。（《清宣宗实录》卷327，第1150页）

【道光二十年五月丙申】谕内阁：喀喇沁扎萨克郡王色伯克多尔济，具呈恳请于各铺民所取该旗蒙古人利息内，抽分帮贴充公，核与成案不符。惟既称蒙古人产业尽被铺民侵占，必应究明该民人等，实在有无倚势盘剥侵夺情事，按律惩办。著交热河都统提传人证，查讯明确，并将应否准令抽分帮贴充公之处，核实定断，以昭平允而免渎诉。寻奏：各铺民于乾隆、嘉庆年间，在王旗租地盖房开铺，每年交地基银，自十两至三十两不等，每两折京钱一千七八百文。今该王欲抽分地铺银两，虽为帮贴充公起见，究属重征。查各铺民所交地租，在乾隆年间银价本低。今则每两易京钱三千五六百文，应令铺民尽交实银。按照口外时价，除交业主一千七八百文外，余钱交该王充公。下理藩院议。从之。（《清宣宗实录》卷334，第68页）

【道光二十年五月甲辰】谕军机大臣等：理藩院奏，已革土默特贝子旗台吉庆宝遣抱告喇嘛洋齐克旦巴在京呈控一折。已革台吉庆宝，因家奴盗砍茔树一案，屡控不休。曾经理藩院将本案印照，并查出旧稿印式，咨行热河都统核对讯办。业因比勘印文不符，将该台吉拟罪。兹又遣人呈控，并牵涉承审司员喝令画供等情。案关罪名出入，虚实均应彻底根究，且悬宕数年，翻控不止一次，必须虚衷推鞫，当堂指示明确，方可折服其心。著阿勒清阿调取各项案卷印文，提集案内人证，秉公研审，并著将印照及检出钤印陈稿，对众比较，总令该台吉俯首无辞，以成信谳。将此谕令知之。寻奏：调取钤印旧稿并印照当堂比较，讯明达玛林扎布，实非庆宝家奴，庆宝俯首无辞。应于原犯呈递封章边远军罪上加一等，发极边烟瘴充军，系蒙古旗人折枷免遣。达玛林扎布虽非庆宝家奴，其茔树回乾，并不向庆宝告知，辄行砍伐，应照不应重律酌加在茔前枷号一个月。承审司员严达，讯无喝令画押等情。惟未能虚衷鞫问，折服其心，应交部议处。下部议。从之。（《清宣宗实录》卷334，第73—74页）

【道光二十年十一月癸卯】御洞明堂，勾到山东、直隶、热河情实罪犯。停决山东斩犯四人、绞犯一人，直隶斩犯二人、绞犯一人，热河斩犯二人、绞犯二人。余五十人予勾。（《清宣宗实录》卷341，第189页）

【道光二十年十二月乙丑】拨热河生息银每年五百两，协济养赡孀妇钱粮，从总管松桂等请也。（《清宣宗实录》卷342，第208页）

【道光二十一年二月乙酉】又谕：此案护军德明，胆敢纠同韩七十儿潜入禁城，行窃库银。韩七十儿明知内库重地，辄听纠肆窃多赃，情罪均重。德明著即处绞，韩七十儿依议应绞，著监候秋后处决。护军巴罕太虽讯不知德明行窃情事，惟因与素识，辄纵令擅入禁城。护军奇车布于德明寄放多赃，知情不首。巴罕太、奇车布著革去护军，照拟杖六十，徒一年。该犯等情节较重，均著实发热河充当苦差，不准照例折枷，以示惩儆。（《清宣宗实录》卷347，第292页）

【道光二十一年七月甲子】谕内阁：阿勒清阿奏，防御越次呈恳补还占挑甲缺，讯无情弊，请将各员议处一折。热河防御富克金泰因本旗甲缺被占多名，并不向围场总管申诉，辄赴都统衙门呈控，殊属冒昧。翼长宝琛并不禀请总管申理，亦属不合。富克金泰、宝琛均著交部照例议处。其左翼四旗所占右翼各旗甲缺一百六十六分，将来如何陆续拨还之处，著该都统督率该总管妥议章程核办，以昭平允。(《清宣宗实录》卷354，第387页)

【道光二十一年九月甲寅】谕军机大臣等：据阿勒清阿奏，平泉州知州英宝等，以该属回子地地方，被匪徒多人放火延烧二十余家。该回民先已闻知逃避，并无烧毙人口具报。经该署都统严饬缉究，迄今月余，未据报获，现派该府前往查勘等语。匪徒聚集多人，胆敢放火延烧房屋，不可不严行惩办。著桂轮迅将此案人犯即行拏获，讯明放火之人，是否系属矿匪挟嫌谋害，抑或另有别情，按律究办。至该州文武各官，既经疏防，又复观望，是否意图消弭，规避处分，并著确切查明，据实参奏。将此谕令知之。(《清宣宗实录》卷357，第443页)

【道光二十一年九月甲子】谕内阁：桂轮奏，查办匪徒放火延烧房屋大概情形一折。热河平泉州属回子地地方，被匪徒多人放火延烧房屋。该州英宝与知县仲淳所禀情形互异，显有不实不尽。此案放火人犯，著即饬令承德府知府上紧缉拏务获，交该都统提同应讯人证，究明何处匪徒，是否矿匪挟嫌谋害，严行惩办。倘该地方文武各官有诿卸消弭情事，即著据实参奏，毋稍姑容。(《清宣宗实录》卷357，第459—460页)

【道光二十一年十月辛巳】谕内阁：桂轮奏，讯明矿匪挟嫌放火情形一折。热河平泉州属回子地地方，被矿匪挟嫌放火延烧。该州知州英宝已非寻常疏防可比，乃失事将及两月，犯未缉获，实属漫不经心。捕盗千总赵文德、把总杨凤林，缉匪是其专责，迄今犯无一获，实属因循疏懈。建昌县知县仲淳既经讯明转山子系所属地方，矿匪聚散又在所属，犹复互相推诿，显系有心卸责。捕盗千总王璞奉委缉犯，并无弋获。均难辞咎。英宝、赵文德、杨凤林、仲淳、王璞，著一并摘去顶带。英宝仍先行解任，留于该州协缉。均勒限三个月，严拏矿匪，务获究办。倘限满无获，即行分别严参。八沟营参将丰生额、建昌营都司乌勒西春，均不上紧协缉，亦著交部照例分别议处。此案矿匪滋扰，前据阿勒清阿参，有意图消弭情事。该地方文武官既经疏防，又复观望，究竟有无讳饰等情，仍著桂轮确切查讯，据实参奏，余均著照所议办理。（《清宣宗实录》卷 359，第 478—479 页）

【道光二十一年十月戊申】谕内阁：桂轮奏，缉获矿匪，讯明挟仇放火情形一折。热河平泉州属回子地方，被矿匪挟嫌烧毁房屋。现据该都统奏缉获矿匪首从二十一名，并据首犯李长春供认，与高升等五人起意书写名帖，邀人放火泄忿各情。此案矿匪聚众滋事，至二百余人之多，恐为首不止五人。现在获犯仅有十分之一，恐各犯现供尚有不实不尽。仍著该都统严饬各属，将未获首要各犯，上紧缉拏务获，同现获各犯，讯取确供，分别从重惩办。倘所属各员不能迅速获犯，著即严参办理。千总何承泰收到矿匪名帖，匿不禀报，著即照议斥革。千总刘德印自甘讳窃，亦属不合，著交部照例议处，该部知道。寻奏：续获贾汶仲等一百三名，讯明实因挟村民架名偷窃之嫌放火泄忿。请将为首偷挖金砂起意纠众之李长春拟斩立决，并传首犯事地方，以昭炯戒。张帼太等二十五犯除为从然火，止发近边充军轻罪不议外，应请照偷挖矿砂例，发极边烟瘴充军，余分别问拟流徒。下部议，从之。（《清宣宗实录》卷 360，第 507—508 页）

【道光二十一年十月戊申】添设热河旗营抬炮二十杆、炮兵六十名，从都统桂轮请也。（《清宣宗实录》卷 360，第 509 页）

【道光二十一年十二月丁酉】热河总管景福等奏：请拨道库生息闲款，作为额鲁特官兵喂养海青、鸦鹘、兔鹘等鹰口分。得旨：现养之各种鹰只，俱著赏额鲁特官兵人等，口分裁撤。（《清宣宗实录》卷 364，第 555 页）

【道光二十一年十二月癸卯】热河都统桂轮奏：勘估挑挖旱河需银五千余两。得旨：旱河情形，非从前年年踩路经由者可比。著自本年为始，停止奏挑。如遇有大妨碍之处，再行专折具奏，工费不准过二千两之数。（《清宣宗实录》卷 364，第 561 页）

【道光二十一年十二月甲辰】热河都统桂轮等奏：遵查七寺食饷喇嘛，额缺八百九十六名。自道光十四年十月起，至二十一年十二月止，前后裁过二百五十三名，现存六百四十三名，实无虚报冒领情弊。得旨：留心密查，无被欺饰为要。（《清宣宗实录》卷364，第561页）

【道光二十二年九月丙寅】上御洞明堂，勾到上年山东、直隶、热河情实罪犯。停决山东斩犯二人、绞犯六人，直隶斩犯六人，热河斩犯一人。余五十五人予勾。（《清宣宗实录》卷381，第868页）

【道光二十三年二月庚寅】谕内阁：前据刘谊奏，直隶喜峰口外，有人私开银矿等情，当有旨谕令讷尔经额派员严密查办。兹据奏称，查明喜峰口小东沟槽洞，上年十月曾经该管知县查有民人于永泉等刨挖银砂，当即获犯三名，并将洞口封闭，现在并无流民聚集刨挖等语。著讷尔经额督饬该管文武严行封禁，有犯必惩，仍随时稽察，按月会禀一次。其东北山后，既系平泉州接壤处所，并著热河都统转饬该州一体查禁，毋令匪徒越岭，此拏彼窜。其于永泉等三犯，著交该督提省审办。在逃之田文等，仍著饬属上紧缉拏，归案审办，毋稍疏纵。（《清宣宗实录》卷389，第990—991页）

【道光二十三年四月癸未】又谕：前据禧恩等奏，请照热河都统衙门添设汉司员之例，由京刑部拣选熟悉刑名司员，前赴盛京襄理部务一折，当交军机大臣会同刑部议奏。兹据奏称，盛京刑部衙门，额设司员十八人，办理旗民案件足供任使。若由京部派员前往，分司其事，则该处本任各员，竟成虚设。且热河都统衙门添设汉司员办事，乃变通于定例之初，非纷更于定例之后等语，禧恩等所奏著毋庸议。该将军等务于所属司员内，随时留心察看，除照常供职各员，期满仍照例办理外，其有办公勤奋、著有实效者，准该将军等酌量保奏，以示鼓励。遇有不能练习刑名者，奏明撤任，送部引见。倘敢遇案瞻徇回护，即行据实严参惩办，无稍姑容。（《清宣宗实录》卷391，第1024页）

【道光二十三年十月庚申】上御洞明堂，勾到山东、山西、直隶、热河情实罪犯。停决山东斩犯十五人、绞犯四人，山西斩犯十二人、绞犯四人，直隶斩犯九人、绞犯四人，热河斩犯二人。余四十七人予勾。（《清宣宗实录》卷

398，第 1130 页）

【道光二十三年十一月癸巳】谕内阁：禧恩等奏，缉捕盗犯，渐有成效，请饬吉林、热河一体协挐一折。奉天地方辽阔，缉捕最关紧要。现据该将军等遴派委员，带同兵役，分路缉获盗窃各犯二百余名，办理尚属认真。著照议将现获各犯，分别解交饬审，按律惩办。此时贼匪虽经敛迹，难保不往边外潜藏，乘间窃入。著吉林将军、热河都统委派弁兵，于接界处所，一体协缉，以期净绝根株。此次获犯各员，如有应行鼓励之处，著于定案时声明请旨。（《清宣宗实录》卷 399，第 1148—1149 页）

【道光二十三年十一月癸巳】谕军机大臣等：禧恩等奏，缉捕盗犯，渐有成效一折，已明降谕旨，令吉林、热河一体查缉矣。奉天自添设捕盗弁兵番役以后，即经获犯多名。两月以来，贼踪敛戢，所办甚好。该将军等仍须督饬委员，认真查挐，毋得日久生懈，致令有名无实。吉林、热河与奉天接壤，尤须防其此挐彼窜。该处缉捕盗犯，自必旧有章程。著经额布、萨迎阿，体察现在地方情形。如有应行变通之处，即行详议具奏。将此各谕令知之。（《清宣宗实录》卷 399，第 1149 页）

【道光二十三年十二月己酉】谕军机大臣等：萨迎阿奏，遵查热河缉捕情形一折，览奏均悉。热河与奉天接壤，所属之朝阳县，东界义州，北通诸藩，缉捕尤为紧要。据奏现令各州县设立太平社，俾各乡民等守望相助。每社公举一人，充当社长，专司巡缉，现在朝阳、平泉、建昌三州县均已举行。其赤峰、丰宁、滦平等处，亦设法补立等语。该乡民人等自顾身家，互相稽查，于缉捕甚为有益，著即饬各州县一体实力奉行。其不与蒙古毗连地方，亦著仿照章程，劝谕设立，并著萨迎阿督饬道府认真办理。总期官民协力，久而无懈。倘该文武员弁等查有怠玩之处，立即严参，毋稍姑息。将此谕令知之。（《清宣宗实录》卷 400，第 1158 页）

【道光二十四年二月乙巳】又谕：萨迎阿奏，知县勒交门丁，限满未能解审一折。前署赤峰县候补知县王贻谷，因门丁被控藉案得赃，延不解审，当经降旨将该员摘去顶带，勒限交出归案质审。兹据奏称限期届满，尚未解交。王

贻谷著即革职，勒令将该门丁武四迅速解案审办，毋任藉词延宕。(《清宣宗实录》卷402，第20—21页)

【道光二十四年九月丁亥】 兵部议覆：盛京将军禧恩奏，请添设捕盗弁兵章程八条。一、奉天地方辽阔，缉捕最关紧要。应添设捕盗千总三员，把总三员，经制外委六员，虚顶外委十二员，马兵八十名，步兵一百八名，以资巡缉。一、千总把总经制外委等员，三年内未便遽请添设，而兵丁未可漫无约束。应令各厅州县，由武生中拣选家道殷实、年力富强、素无武断乡曲、包揽词讼之事各二三人，送将军考验，挑取十二名，给与虚顶外委，食马兵钱粮，管束众兵，责以捕务。一、此次添设弁兵等饷银，并缉捕犒赏，应准于发商生息项下动支，分别付给。一、千总、把总等官，三年外始行设立。其三年内之空旷俸银马干，准作为置办器械马匹之用。一、每年倒桩马匹，准照热河捕盗营之例。马匹骑操过五年者，准其领价买补。若一年倒毙者，赔银七两。二年倒毙者，赔银六两，按年递减。每年每百匹，准报倒马三十匹，于息钱赢余项下动支买补。一、弁兵红白赏恤及修理器械兵房、配造火药，应于每年息银息钱赢余项下动支。一、弁兵房间共计二百三十间，每间给银三十五两，应在承德县库存桥道生息项下动支。一、边外蒙古游收地方，如有盗贼藏匿，准该弁兵赴地方官领票出边缉拏，仍知照各旗蒙古协缉。如无照票，不准私行出边，以重边禁。从之。(《清宣宗实录》卷409，第137—138页)

【道光二十四年九月癸巳】 谕内阁：萨迎阿奏，请将滥刑毙命之巡检革职拏问一折。热河丰宁县大阁儿巡检马铦，于赌匪李停江一案，滥用刑求，以致受伤毙命。著即革职拏问，交该都统提同全案人证，确切研讯，按律定拟具奏。又另片奏称，该巡检复有擅受旗人陈兰与佟濬争控钱债一案，任性偏断，几至酿成人命等语。著即一并审明，从严惩办。寻奏：查讯李停江因误睡热炕，致中火毒身死，究系刑伤过重所致。争控钱债一案，系陈兰自扎肚腹，希图抵赖，旋即平复。马铦除擅受民词轻罪不议外，应照非法殴打致死律，拟杖一百、徒三年。下部议，从之。(《清宣宗实录》卷409，第139—140页)

【道光二十四年十一月丁卯】 御洞明堂，勾到山西、直隶、热河情实罪犯。停

决山西斩犯三人、绞犯一人，直隶斩犯五人、绞犯二人，热河斩犯一人。余五十八人予勾。（《清宣宗实录》卷411，第152页）

【道光二十五年七月庚辰】谕军机大臣等：萨迎阿奏，盘获习教匪犯，讯究供情一折。据奏平泉州擎获匪犯王寿荣，搜出参元图纸片。供称系山东滨州崔金伯令伊学习功夫，名黄莲教，入教者有赵仁尊等十六人。赵仁尊家内供奉天理教主图像，崔金伯将参元图印板交伊广为传徒。伊刷印后，曾给过寿光县贾希麟弟兄三张。六月间，至直隶宁津县生员郝圣瑞书馆，劝其学习未允，留图二张。即偷出口外，旋被盘获等语。现当查擎教匪吃紧之时，该犯胆敢携带印图，擅至口外，恣行荒诞。平泉州既有此等习教人犯，直隶所属各州县，更难保无被其煽惑、私行习教者。著讷尔经额转饬各属严密访查，如有留图入教之犯，即行亲提研鞫，按律惩办。王寿荣一犯，著萨迎阿迅即派员解赴直隶，交讷尔经额严审。其宁津县生员郝圣瑞，虽称未允习教，亦著传案质讯，毋令稍有避就。至所奏习教各犯姓名住址清单，著钞给崇恩阅看。该抚即密委干员，按照单内所开饬擎务获，毋令一人漏网。仍俟直隶讯结后，将该犯解赴山东，彻底究办，务须净绝根株，是为至要。将此各谕令知之。寻直隶总督讷尔经额奏：讯明郝圣瑞实止留图二张，并无习教情事。复访获延庆州增生陈得霖亦留图一张，知其荒诞，旋即烧毁，此外并无留图习教之人。至王寿荣所供，前后俱不相符。应即解赴东省，以凭确讯。下部知之。山东巡抚崇恩奏：教匪王寿荣前所供籍隶滨州崔金伯等十九犯，现已饬属按名详查，均无其人。因严讯该匪亲父王多贤，亦称并不知情。应俟直隶解到该犯时，根究查办。得旨：细心研鞫，不可率忽。（《清宣宗实录》卷419，第262—263页）

【道光二十六年八月丁丑】拨直隶、热河道库银六千两，发商生息，修避暑山庄城墙及官兵堆拨房间。从总管乌明阿等请也。（《清宣宗实录》卷433，第422页）

【道光二十七年四月丙寅】免热河丰宁县屯户旧欠额赋及旗租银。（《清宣宗实录》卷441，第526页）

【道光二十八年五月辛丑】谕内阁：惠丰奏，遵旨确实查明覆奏等语。热河八旗闲散人等年及十八岁，方入丁册，行知京旗。其未及岁之闲散人等，向不行知京旗。前因联芳袭职，经该旗行查热河咨报，时扎拉丰阿年甫三岁，故未入于丁册。既据惠丰查明，其中并无别项情由。即著准将扎拉丰阿过继承荫为嗣，该旗照例办理。（《清宣宗实录》卷455，第749页）

【道光二十九年七月丙申】又谕：奕兴等奏，邻省盗匪聚众夺犯杀差，请饬缉拏一折。前因热河朝阳县境内，有夺犯杀差重案。经前任热河都统惠丰奏参，将署朝阳县知县达裕等交部议处，勒限严缉。兹据奕兴等奏称，前署朝阳县知县于邻境匪犯逃窜，未能立时会同往捕。现任朝阳县知县方寿昌于接任后，又复传牌声张，以致匪犯潜逃，难保无有心故纵情弊。似此巨案，若不破获，大为地方之害。著热河都统，查明夺犯杀差确情，严饬地方文武员弁，将在逃各犯，上紧按名严拏，务获惩办，以除凶暴而戢盗风。（《清宣宗实录》卷470，第910页）

咸丰朝

【道光三十年四月辛卯】又谕：赓福奏参，委拏贼盗，冒昧具禀之县丞一折。热河建昌县四家子县丞龚衍准，于委拏著名巨盗之案，并不访查确实，辄听信弓兵一面之词，率行具禀，冒昧已极。龚衍准著先行交部议处。并著赓福提集该弓兵等，研讯确实，有无别情。并饬缉逸犯，务获究办。至捕务废弛，岂止热河一处，近日劫窃之案，层见叠出。虽有一二缉获惩办，其隐匿不报，或报不以实。地方文武员弁，往往改劫为窃，规避处分。承缉兵役，甚至诬良为盗，冒功邀赏。此等情弊，在所不免。著各直省督抚等严饬所属，认真访查，如有似此劣员，即著从严参办，毋稍回护，致属吏无所儆畏，公事益形玩泄也。将此通谕知之。(《清文宗实录》卷8，第159页)

【道光三十年七月壬子】谕内阁：前据御史陶恩培奏，盛京地方捕务废弛，叠出抢劫重案，当交该将军、府尹认真查办。兹据奕兴等覆奏，委员分途访查各案，与该御史原奏，大略相符。虽经各该地方官详报有案，并获犯解审，而逸犯尚多未获。所有已届疏防限满各员，应即照例分别题参。其缉捕不力之小凌河管界佐领常禄、锦县知县周良卿均著交部议处。未获各犯，仍饬严密查拏务获，归案究办。盛京为根本重地，似此盗劫肆行，成何事体？该将军、府尹务必随时认真整顿，严饬地方文武各员，实力缉捕，勿令盗风日炽，方为不负委任。至复州城守尉春英于家人刘成拐骗银物，捏词报劫，旋即潜逃，未能即时弋获，实难辞咎。春英著交部议处，仍饬严缉刘成获案，究讯确情，按例惩办。再据奏称，复州城东栗子寺地方，间有回民潜住山内，业经查拏驱逐，仍著严饬该界官，常川稽察，不准容留匪类，盘踞滋扰。其七道岭盗窝，既据查明，系在热河朝阳县界内，著热河都统惟勤迅速查明窝盗

处所，严密缉拏，悉数弋获惩办，以肃捕务而靖地方。(《清文宗实录》卷14，第 206 页)

【道光三十年七月戊午】热河总管经文图、毓祺奏：热河绥成殿供奉圣容，应办工程。得旨：著总管内务府大臣，派员敬谨勘办。(《清文宗实录》卷14，第 212 页)

【道光三十年九月丙辰】谕军机大臣等：理藩院奏，据昭乌达盟长、巴林扎萨克多罗郡王那木济勒旺楚克呈报，该郡王于本年八月内，启程赴京，行至翁牛特旗地方，盘获外夷二人，携有夷书一本，及佛兰西国文凭一纸，已将该夷人转送热河都统衙门等语。佛兰西屡遣夷人私赴内地，意图传教，远至蒙古游牧地方，实违成约。著惟勤即将该郡王所交佛夷二人，解往直隶，并夷书及钞录文凭，一并发交讷尔经额，派员转解广东，并咨明徐广缙，饬交该国领回，并向该夷切实开导，嗣后除五口等处，不准私遣夷人，潜赴游奕，致乖成约。原折著钞给阅看。将此各谕令知之。(《清文宗实录》卷18，第265 页)

【道光三十年十月辛酉】谕军机大臣等：有人奏，热河朝阳县民，公立太平社，帮同地方官捕盗，甚为得力。有匪徒江陇海等，聚众阻止，并呈控社长，捕务遂废。该匪徒等结党抢劫，拒捕伤差，并有大王名号等语。热河地接蒙藩，旗民杂处，岂容奸宄溷迹，肆行无忌？若不严拏重惩，必致酿成巨案。著讷尔经额、惟勤按照折内所开匪徒各姓名，饬属严密访拏，从重惩办，以靖凶顽而安善良。至太平社应否仍照旧章办理，及社长有无侵公情事，著惟勤就近查明具奏。原折著钞给阅看。将此各谕令知之。(《清文宗实录》卷19，第 269 页)

【道光三十年十月戊寅】谕军机大臣等：惟勤奏，遵查朝阳县七道岭现无窝盗处所，并拟定缉捕章程一折。朝阳县七道岭地方，既系著名窝盗之区，所称委员挨户编查，并无窝留盗贼之家等语，难保非闻拏逃匿，掩饰一时，仍著该都统选派员弁，不时轮往巡查，务期探悉匪踪，拏获究办。断不可恃有按月详报章程，仅以一奏塞责，日久致成具文，转多废弛。至该处与奉天省接壤，此擎彼窜，自所难免。并著随时知照盛京将军、奉天府府尹，督饬文武各于交界处所无分畛域，实力堵缉，庶凶徒不致漏网。另折覆奏太平社有益缉捕，著即按照旧章，认真办理。所有该处著名各匪，现在有无弋获，未据详细奏明。著仍遵前旨，一并饬属密访严擎，不可任令远扬，是为至要。将此谕令知之。（《清文宗实录》卷20，第285—286页）

【**道光三十年十一月庚戌**】又谕：有人奏，本年十月初，甘肃七品小京官张瀚由天津回籍，行至邢台县离城三里地方，被劫去银一千三百两。又平泉州民人曹凤志、刘聪行至密云县之九松山地方，被骑马贼二人劫去银四百四十两，并绸缎等物，刘聪被贼扎伤，报县验明，案犯未获。又赤峰县民人王姓，于二十九年九月行至顺义县地方，被贼抢去现银三十余两，并会票一张、马一匹。经事主报县，被押四十余日，案犯均未报获等语。畿辅重地，屡经申谕整顿，何以任听抢劫横行？可见捕务废弛已极。著顺天府府尹、直隶总督严饬所属，按照所指各案严行查擎，从重究办。如查有兵役庇贼，官弁讳盗等情，即行从严参办。原片著钞给阅看。将此各谕令知之。（《清文宗实录》卷22，第318页）

【**道光三十年十二月癸酉**】热河都统惟勤奏：遵擎朝阳县匪徒江陇潭等审讯。得旨：严行究办，不可俾凶徒漏网。尔到任时日尚浅，断不准回护，亦不准稍示宽柔。若罔知认真根究，朕必立加重谴矣。（《清文宗实录》卷24，第343—344页）

【**道光三十年十二月戊寅**】修热河喀喇河屯官仓，从热河总管经文图等请也。（《清文宗实录》卷24，第349页）

【**咸丰元年四月辛巳**】免热河平泉、丰宁二州县，民欠地粮旗租银。（《清文宗实录》卷32，第446页）

【**咸丰元年六月己未**】热河都统赓福奏：遵查保甲现办情形。得旨：良法具在，得人而理，本不在更张为也。尔断不准虚词了事，一奏塞责。（《清文宗实录》卷35，第487页）

【咸丰元年九月甲戌】户部议准：热河都统赓福疏报，承德府属垦种荒地五十三顷三十亩有奇，照例升科。从之。(《清文宗实录》卷44，第608页)

【咸丰元年十月丁未】热河都统赓福奏：讯办朝阳匪徒江陇池等尚无与根得招伙劫情事。惟该犯等传有绰号，即非善良。应即先行拟结，仍严缉江陇海、六喇嘛等，务获究办。得旨：六喇嘛久闻是伙匪之首，奉天各案，皆谓六喇嘛窝留匪徒，并有寄赃情事。该犯现已就获，是否窜匿，抑已另犯别案，著查明具奏。(《清文宗实录》卷46，第632页)

【咸丰元年十一月甲寅】谕内阁：书元奏，遵旨覆讯蒙古女子九花儿等京控一案，按律定拟一折。梅伦乌尔土那束图，讯无受贿情事。惟于扎勒三等，既属戚谊，不知远嫌，辄因开种牧场，从中袒护，著与率谕开垦致肇命案之协理旗务台吉，均交理藩院，查明分别议处。热河都统及承审司员，办理此案，罪名虽无出入，审断究有未协。著一并交部查取职名，分别议处。(《清文宗实录》卷47，第638页)

【咸丰二年正月丙子】热河都统赓福奏：遵查盗犯六喇嘛，讯无下落，并饬咨协缉。得旨：该犯凶暴久著，焉肯远扬？止问该犯之兄，焉肯吐实？又会同蒙古，徒涉张皇。会同邻境协缉，断无不推诿之理。汝可密饬干员往拏，务期必获。若恐有碍蒙古，即传旨令伊交出亦可。慎之。(《清文宗实录》卷52，第699页)

【咸丰二年九月辛未】上御洞明堂，勾到山西、直隶、热河上年情实罪犯。停决山西斩犯八人，直隶斩犯二人、绞犯六人。余六十八人予勾。(《清文宗实录》卷72，第944页)

【咸丰二年十月乙巳】谕内阁：赓福奏，命案供情伤痕，与原审不符一折。蒙古溇鲁布殴伤业师庄培元身死一案。经该都统覆审，溇鲁布供称，庄培元系自缢身死，并非殴毙。讯据原验仵作所供伤痕，亦与原验伤单不符。所有原审原验之前任朝阳县知县富明阿、前任建昌县知县明秀、前任三座塔理事司员双麟，著正红旗、镶白旗、满洲都统、理藩院堂官，饬令该员等迅赴热河，

227

交赓福督同各该员详加研鞫，以成信谳。(《清文宗实录》卷 74，第 969 页)

【咸丰二年十月乙巳】定郡王载铨等奏：酌拟宽筹军饷章程。一、王公文武京外各官，及致仕、休致、降革、丁忧、告病大小官员，一体量力捐输。一、八旗已未出仕之宗室，量力捐输。应如何奖励之处，请旨定夺。一、翰詹科道，准捐外任。一、京察一等记名道府各员，准捐分发。一、京外各官，已补缺者，试俸历俸年限，准全行捐免。一、内阁中书，准捐免试俸。一、各项回原衙门行走之员，准报捐外任。一、告假、告病及丁忧服满，在恩诏以前各员，准仍照原官捐请封典，并准加级请封。一、捐封不限服制，并准照例定应封品级，酌加推广。一、准推广外姻尊长捐封。一、休致人员，准照原衔捐封。一、降革不准捐复人员，除实犯赃私外，其余准加倍半捐复。一、举人及恩拔岁副优贡生，准报捐国子监助教、学正、学录。一、文武各官，分别京外，准各按品级报捐花翎。一、降革一品以下文武官员，向不在捐复之列者，准捐复原官顶带。一、军台效力官犯，准先缴台费，分别释回免遣。一、发遣新疆等处官犯，分别已未到戍，酌定赎罪银数，准释回免遣。一、军营官员兵勇，所得领项及商贾汇兑银两，暂行交官充饷，给与印单，酌定限期给领。一、用广储司旧存金牌，以抵军营赏需。一、照浙江夷务案内，用赏银执照。一、京外置买房田未税契者，于文到日，限三月内补税。一、招商开采热河及新疆各城，并各直省所属金银矿。得旨：览所议各条，各项回原衙门行走之员，报捐外任，仍应归吏部带领引见，候朕钦定。京外文武一二品降革人员，如有愿捐复原衔者，亦须奏明请旨，以示限制而惩恶劣。新疆等处官犯赎罪一条，著暂不必行。余依议。(《清文宗实录》卷 74，第 970 页)

【咸丰三年三月甲寅】调归化城兵二千五百名、绥远城兵五百名、热河兵一千名，赴山东江南交界地方备用。(《清文宗实录》卷 87，第 162 页)

【咸丰三年四月戊子】谕军机大臣等：讷尔经额、赓福奏，查勘热河矿硐情形，请先行试采一折。据称承德府之遍山线及平泉州相连之锡蜡片二处，矿苗透旺。现据该处商人，承认试采，并予限一月，酌定升课等语。此外未经开采各处，如折内所指平泉州之霍家地、梨树沟，建昌县之转山子，朝阳县之马胡子沟，赤峰县之红花沟、朱家沟、金洞子沟、拐棒子沟，滦平县之色树沟等处，均著奕湘、恒春详加履勘，究竟有无妨碍风水，即行查明具奏。所有现拟试采之矿洞二处，即著赓福照议妥办。将此谕知奕湘、恒春，并谕令赓福知之。（《清文宗实录》卷91，第232页）

【咸丰三年四月乙未】又谕：奕湘、恒春奏，遵查矿山情形一折。所有承德府属之遍山线及平泉州属之锡蜡片地方，据该尚书等查勘银苗透旺，即系讷尔经额、赓福奏请试采之处。业据该处商人承认，予限一月，酌定升课。即著该督会同新任热河都统毓书妥为办理。又据该尚书等奏，热河金银矿硐虽多，势不能骤集人众，同时并开。除实系有碍风水，毋庸置议，先将遍山线等二处开采外，仍著该督暨该都统等于曾经开采及向有偷挖处所，派员详加履勘，如有可采之处，奏请开采。甘肃凉庄理事通判穆翰，著即交毓书差遣委用。另片奏，应行封禁之处，应饬该地方官严密稽查等语。著照所议办理。（《清文宗实录》卷92，第249页）

【咸丰三年五月乙巳】又谕：前因贼扰滁州，意图北窜，当经谕令李僡，派兵严防徐州要地，并期保卫粮台。嗣据该抚奏称，已派委副将武隆额，带领山西官兵一千余名，赴徐州河北驻劄。并飞咨总兵百胜，带领绥远、热河、吉林等处官兵二千四百余名，由韩庄改道，拨赴徐州，与武隆额南北两岸，互相策应。谅已督办妥协，布置周密矣。现在凤阳失守，徐州万分吃紧。著李僡即督饬带兵各员，扼要驻劄，严密防堵，以为皖省声援。后路续到官兵，应如何改道行走，不致纡折迟误，即一面饬知地方官妥为应付，一面咨明带兵大员，督催前进。万不可稍涉拘执，致误事机。将此由六百里谕令知之。（《清文宗实录》卷93，第271页）

【咸丰三年五月丙午】又谕：毓书奏，开种敖汉旗地民人，查系招垦交租，势难概行驱逐一折。据查吗呢土、三棵树、昭合土三处牧厂，各该居民开种。既系从前台吉人等得价招垦，且经另换地亩迁移，自难概行驱逐。仍著该都统饬令该旗，按照前查各项，会同塔子沟司员、建昌县知县详细查勘，造册详覆。再行查核，奏明办理。（《清文宗实录》卷93，第272页）

229

【咸丰三年五月丙午】热河都统毓书奏：委员查看热河地面矿苗。得旨：查勘明确，迅速认真办理，以济急需。(《清文宗实录》卷93，第275页)

【咸丰三年五月辛酉】又谕：逆匪窜扰河南归德一带。已有旨，谕令江南安徽各路统兵大员，并陕甘山西添派精兵，分路进剿矣。本日据讷尔经额驰奏，遵派张集馨、杨霈，并饬大名镇总兵董占元、升任山东兖州镇总兵花里雅逊布，督带提标、大名、宣化、正定官兵，先行驰赴河北，会同河北镇总兵，专办防剿事宜。讷尔经额即日出省，督兵接应。现在东三盟蒙古王哲里木盟长巴图、卓索图盟长色伯克多尔济、昭乌达盟长那木济勒旺楚克等，各派蒙古劲兵，由热河围场前来，并调集察哈尔官兵。近畿一带，大兵云集。著讷尔经额即督饬直隶带兵大员，奋勇前进，以为山东河南后路应援。京师十万禁兵，均已简调齐备。谅兹幺麽小丑，裹胁匪徒，定可指日歼除也。(《清文宗实录》卷94，第313页)

【咸丰三年五月辛酉】又谕理藩院：前据哲里木、卓索图、昭乌达三盟长等，以军务未经蒇事，情愿各备兵一千名，前往军营等语。目下逆匪，尚未剿灭。著由哲里木、卓索图、昭乌达三盟内各选健锐蒙古兵一千名，将器械火药铅丸等物备妥，由该王公台吉塔布囊等各盟各派精明之人，带兵前往热河木兰牧场劄营，以备调遣，毋庸该盟长带兵前来。该院接奉此旨，即驰驿由五百里依限行文，传谕该盟长等知之。(《清文宗实录》卷94，第317页)

【咸丰三年五月辛酉】又谕：前据锡林郭勒盟长多罗郡王齐旺扎布等恐军营应用马匹不敷调用，情愿捐马三千匹等语。目今已调东三盟兵丁必须马匹，著即照该盟长郡王齐旺扎布等前次所请，由各名下捐马三千匹，择其膘壮者，护送热河木兰牧场，以备调拨。该院接奉此旨，即驰驿由五百里依限行文，传谕该盟长等知之。(《清文宗实录》卷94，第317页)

【咸丰三年五月辛酉】又谕：本日有旨，调哲里木、卓索图、昭乌达东三盟蒙古精兵三千名，谕令迅即前赴热河哨内地方屯劄，以备拨调。著毓书饬令地方官豫备米面接济。其铅丸、火药等项，除该官兵自行备带外，仍须宽为备办。并饬围场总管那敷德，前往照料，应如何劄营操练，一并妥筹办理。至锡林郭勒盟长齐旺扎布等，前次呈进马三千匹，现已调来，著那敷德择水草茂盛之处牧放，俾皆膘壮，可期得力。俟调用时，官兵马匹均可由十八盘一路进口，仍应先期知照经过地方，一体照例豫备。将此由四百里谕令知之。（《清文宗实录》卷94，第317页）

【咸丰三年六月辛丑】热河都统毓书奏：矿工阻雨，采砂不敷升课，请展限开采。得旨：既因雨阻逾限，著俯允所请，准其自秋初起限办理。现今经费支绌，总期收实效，不可畏难。矿务实在情形，随时奏报。（《清文宗实录》卷98，第423—424页）

【咸丰三年七月辛亥】又谕：周天爵、奕经奏，徐州等处布置情形一折。据将大同兵调剂泰山东西两口，热河兵留剂九里沟，密云兵调剂鸡嘴坝，臧纡青所带练勇留剂云龙山。其宿迁粮台，已有山西兵一千余名。并号召团勇，拣调河兵，择要扼守，所筹均尚周妥。惟所称固镇留防之山东兵，不得调往他处等语，自系为该处紧要起见。如果远处征调，诚恐徐宿兵单。倪附近一带或有土匪窃发，或滁凤等处探有南来贼踪，仍当迅速拨往剿捕，岂可再蹈前辙，致令逆匪北窜如入无人之境耶？至招募灾民一节，原以弭患未形。该侍郎等所称先行访察，以防滥收，似已见及募勇之不可深恃。从前周天爵招募之勇，多有不遵约束，临时遣散者，其遣散之后并未闻收缴军械，亦未闻妥为安插。朕闻河南之贼即有此辈散遣之勇溷迹其中，是招募不慎，非但无益，且贻后患。现在饷款筹画甚艰，该侍郎等亦所深悉，亟应慎之于始，无任徒糜帑饷也。所请接济饷银，已谕知李僡，迅速筹解。现在东省库项亦甚支绌，能否如数筹拨，尚未可定。本日复饬户部迅催山陕两省拨款，俟解到后拨还山东外，尚可酌量备用。奕经所带之兵，既归徐州粮台支应，即著知照陈启迈，将此项应支之款划停，以免牵混。将此由五百里各谕令知之。（《清文宗实录》卷99，第448—449页）

【咸丰三年九月庚戌】又谕：连日据桂良等奏，贼匪北窜，扰及定州一带。现当防剿吃紧之际，著毓书再行挑拨热河官兵数百名，并热河哨内驻剂东三盟官兵三千名，饬令总管那敷德，即日管带启程来京。所有前调哨内牧放之锡林郭勒马三千匹，即速催趱前来。再，古北口提标兵丁如有可以调拨之处，即著该都统饬知该营员，挑选精锐数百名，派委得力将弁，带领来京，以备调用，毋稍延缓。将此由六百里加紧谕令知之。（《清文宗实录》卷105，第590页）

【咸丰三年九月壬戌】谕军机大臣等：现在逆匪困踞深州，粮药将尽，正可乘此机会，一鼓歼除。但恐胜保军营，兵力尚单，不能四面兜围，悦致溃围而出，又须费手。此股贼匪，一日不灭，则涿州大兵，一日不能撤防。朕与惠亲王等商酌，仍须添派精兵，速往助剿。著僧格林沁于所带兵内，迅即派拨京营官兵二千名、察哈尔马队一千名，克日派委大员管带，前赴胜保军营，听候调遣。并据惠亲王等奏，酌拨哲里木盟马队一千名、热河兵五百名、古北口兵四百名，派令速赴涿州，以资防剿。僧格林沁接奉此旨，著即遵照办理，无稍迟延。将此由六百里加紧谕令知之。（《清文宗实录》卷106，第620页）

【咸丰三年十月癸酉】谕军机大臣等：昨有旨，将热河围场总管那敷德交僧格林沁差遣委用。本日复传谕该总管，将现带东三盟末起官兵，前往该大臣军营听候差遣。此项三盟官兵本系劲旅，但未经战阵，必须挑选精锐，以备攻剿，万不可以疲弱充数。将此由六百里谕令知之。（《清文宗实录》卷108，第648—649页）

【咸丰三年十月丙子】谕军机大臣等：僧格林沁奏，筹调官兵，扼要堵截一折。西河一带情形甚重，该大臣令培成，移劄王庆坨扼截。惟培成所带，多系察哈尔之兵，是否能独当一面？逆贼搬运木植，恐未必专为作筏，或欲建立寨栅，或欲平垫泥淖，务须探听确实，以便攻剿。奕纪所带兵一千名，又添拨热河古北口兵八百五十名，均应帮同天津官兵进剿，不可但令守城，置之无用之地。达洪阿由捷径赴天津，系从何处行走，必须赶到协剿，万勿迟延。军情旦夕不同，总以相机布置，迅将逆匪兜剿净尽，勿令分窜为要。另片奏：该大臣亲往天津，筹商进剿机宜，留德勒克色楞暂驻大营。览奏甚不放心，仍著僧格林沁折回杨村，以资镇守，并可扼要调度，随时与胜保知照，毋失事机。旋据文谦奏报，初一日，胜保大获胜仗。初三日，奕纪已至天津。现在贼在静海之独流镇，运取木石，筑垒以守，又用马四出窥探。达洪阿必须赶紧到彼，方可无误。汝总应仍回杨村为是，恐德勒克色楞不能御贼北窜也。本日据顺天府奏，大兵聚在东路，涿州、良乡一带空虚。应如何兼顾之处，著该大臣酌量情形，妥筹办理。将此由六百里加紧谕令知之。(《清文宗实录》卷 108，第 656—657 页)

【咸丰三年十月己亥】热河都统毓书奏：丰宁县监犯反狱戕官，现在严饬围拏。得旨：未获各犯，务期尽行拏获，概予骈诛。监犯共有多人，因何起事，著速行查明具奏。寻奏：该县寄监人犯九十五名口，管押人犯四名，脱逃者八十五名，未经出监者十四名口。监内因闻知平泉州监犯欲行越狱，已经严加锁锢。恐丰宁亦将刑具加严，商同众监犯反狱脱逃，委无别情。报闻。(《清文宗实录》卷 110，第 711—712 页)

【咸丰三年十一月己酉】上御懋勤殿，勾到直隶、热河、山西情实罪犯。停决直隶斩犯一人、绞犯二人，余二十八人予勾。(《清文宗实录》卷 111，第 728 页)

【咸丰三年十一月丁卯】以热河疏防反狱戕官重犯，游击黄起鹏、守备冯润玉、外委赵文吉，下部议处。予获犯出力巡检吴康等，升叙有差。(《清文宗实录》卷 113，第 771 页)

【咸丰三年十二月癸酉】又谕：和春、袁甲三奏，遵筹临淮守御，并分兵进援庐州一折。贼匪攻扑庐州，情形甚为紧要，和春自当赶紧赴援。现在舒兴阿所带官兵，业经到齐。即著和春飞咨该督，拨兵三千名，以资攻剿。并知照该督，即于颍州一带，扼要驻剳，严防逆匪分窜豫楚之路，并可剿捕土匪，与和春、袁甲三互相策应。参将刘玉豹扼守临淮。其徐宿一带，袁甲三必须择要驻剳，以为临淮后应，并可控制各路土匪，万勿令其与南路逆匪勾结为患。热河等处官兵，已由和春带赴庐郡，著即知照琦善，毋庸调赴扬州。所请筹拨饷银，已有旨令山东、河南各筹拨数万两解皖。昨据山东奏报，已拨五万两启程。本日又谕令河南、山西迅为拨解，并令户部筹议矣。将此由六百里加紧谕令知之。(《清文宗实录》卷 114，第 785 页)

【咸丰四年六月丙申】热河都统毓书奏：遵旨筹款鼓铸，推行钞法。请官收铜百斤，作银十两。报捐者八十斤，作银十两。铜器百斤，作银十三两。并设立官钱局，以逐卯所铸之钱作为票本。得旨：所奏俱妥实，无可再议，即照所拟行。（《清文宗实录》卷134，第381页）

【咸丰四年闰七月戊辰】热河都统毓书奏：开炉鼓铸各项大钱，请定背面清文。得旨：户部速议具奏。该处所铸钱文，与马兰镇事例相同。著户部将钱背面用何字样，拟定请旨。（《清文宗实录》卷138，第430页）

【咸丰四年闰七月甲戌】户部奏：马兰镇鼓铸钱文，前奉谕旨，背面用清文"宝蓟"二字。至热河，则并无成案，拟请仍用"宝直"清文。得旨：铁钱背面，著用"宝德"清文。（《清文宗实录》卷138，第437—438页）

【咸丰四年十月戊申】以办理热河矿务出力，赏道员裕恒花翎。（《清文宗实录》卷148，第592页）

【咸丰四年十月辛亥】上御懋勤殿，勾到浙江、江西、山西、热河情实罪犯。停决浙江斩犯三人，江西斩犯三人、绞犯一人，山西斩犯三人、绞犯一人，热河斩犯一人。余二十八人予勾。（《清文宗实录》卷148，第593页）

【咸丰五年正月丙子】又谕：赓福奏，蹍获铜铅各矿，设局鼓铸，以济经费，并进呈样钱一折。乌鲁木齐地方，向未开炉鼓铸，现经赓福督饬镇迪道和祥等，于罗布淖尔三个山等处地方，蹍获铜铅两矿。并以鼓铸工本，无款可筹，拟请照热河章程，暂开捐例各等情。所筹尚属周妥，著赓福即督同该道州委员等，照议实心经理。所有捐赀各生，准其随时请奖。经理局务各员，如果始终奋勉，并准其酌量保奏。一切详细章程，仍著妥议具奏。其局名著定为宝迪，钱面清文，即用"宝迪"字样。将此谕令知之。（《清文宗实录》卷156，第701—702页）

【咸丰五年正月辛卯】谕军机大臣等：贾桢、谭廷襄奏，凯撤官兵，应由何路行走，请旨遵办一折。连镇凯撤官兵，现皆由南运河行抵通州。除察哈尔官兵，由通州取道昌平，必须路过京城外，其东三省、密云，并哲里木、昭乌达、热河各官兵，若令一并来京，转多纡折。著照贾桢等所请，东三省官兵即由通州等处出山海关。密云官兵，即由通州顺义至密云县。哲里木、昭乌达各盟官兵并热河官兵，即由通州顺义出古北口。即著咨会伊勒东阿等，就近分路撤遣，毋庸到京。其路过京城之察哈尔官兵，著贾桢等照例办理。将此谕令知之。（《清文宗实录》卷157，第722—723页）

【咸丰五年五月乙丑】谕内阁：毓书奏，采买兵米，请发实银一折。热河兵米，向在蒙古地方采买。若照新章银钞各半，或折给钱文，商力均有未逮，自系实在情形。所有热河采买兵米例价银一万九千八百四十两零，内搭五成宝钞，著直隶总督，即饬藩司更换实银，以供支放。（《清文宗实录》卷167，第839页）

【咸丰五年七月癸亥】谕军机大臣等：毓书奏，匪徒聚众，复抢矿厂，派兵严挐一折。据称去年十一月，遍山线矿厂，有匪徒聚抢，挐获多名。本年六月二十三日，突有匪徒大伙入山，施放枪炮，与山上矿夫交手，未定胜负。经毓书派令协领双喜等带兵，随同热河道裕恒，前往查挐，并札饬喀拉沁多罗都楞郡王色伯克多尔济派蒙古兵二百名，在霍里霍地方，截其归路等语。匪徒屡抢山厂，实属眈不畏法，亟应严加惩创。著柏葰到任后，督饬官兵，认真搜捕，毋令漏网，并将所获贼匪李茂兴，严讯确情，按律定拟。至此案起衅根由，是否无知匪徒恃众抢夺，抑系矿厂各员有办理不善之处，著一并查明，据实具奏。原折著钞给阅看。将此谕令知之。（《清文宗实录》卷171，第900页）

【咸丰五年七月丁卯】又谕：理藩院奏，土默特贝勒旗塔布囊齐默特章京阿木嘎，以盗匪纠众叠抢，炮伤人命等情，在该衙门呈控。此案前经交热河都统饬属挐办，何以三年之久，未获一犯？著交柏葰，会同恒毓，亲提人证卷宗，秉公确讯，并严挐盗犯，务获究办。该县知县，如有延案纵贼情弊，即著严行参处。（《清文宗实录》卷171，第902页）

【咸丰五年七月丙戌】又谕：柏葰奏，请将矿厂办理不善各员，分别议处一折。热河道裕恒，于匪徒窥伺矿厂，聚众滋事，并不确切查办，辄据署知州明通等禀复之词，信为并无匪徒，以致矿山被匪焚抢。迨该匪逃散后，该道又禀请发兵，实属遇事仓皇，毫无布置。裕恒著与办理不善之署平泉州知州明通、捕盗营千总杨儒林、先行退避之委员理事通判穆翰、候补从九品童遇春、疏防抢犯之张三营巡检盛祖培、试用州吏目余祁禄，一并交部分别议处。（《清文宗实录》卷173，第927页）

【咸丰五年七月丙戌】又谕：柏葰奏，密陈热河情形一折。据称热河地方，将惰兵疲，州县官素不讲习公事。欲将鼓铸大钱行使，则民皆罢市，并有矿匪纠众占踞山场等事。所获犯供，有委员侵蚀、商人拥利等语。匪徒偷挖矿苗，本应严拏。红花沟矿匪竟至聚集万余人，肆行滋扰，尤属昧不畏法。著柏葰督饬地方官，确切查办，设法剿除。不得畏难苟安，养痈贻患，仍须相机办理，不致别滋事端，方为妥善。至鼓铸大钱，自应体察肆市情形，妥为筹办。矿厂匪徒现虽逃散，难保不去而复来，仍须饬属认真稽查，以杜后患。该都统身膺重任，考核属员，厘剔弊端，责无旁贷。务当挽回积习，痛戒因循，将不肖属员，随时参劾，以肃吏治而靖地方。将此谕令知之。（《清文宗实录》卷173，第928页）

【咸丰五年九月辛巳】谕军机大臣等：前因会议军器王大臣奏称，蒙古喀拉沁、翁牛特等所辖地方，有金银矿苗，可以开采。当经谕令柏葰，会同该王等，亲行履勘，谅已遵旨妥办。兹复据喀拉沁扎萨克塔布囊德勒格尔，将该旗长杭沟察巴奇拉所产金银矿苗炼得金银并铅，赍送到京，经会议军器王大臣，转咨军机处呈进。此项金银等，著即发交柏葰阅看。其长杭沟等处矿苗，是否可以试行开采，并著柏葰一并履勘，妥议具奏。将此谕令知之。寻接任热河都统英隆奏称：蒙古各矿，自会勘后，办理并无成效，应请封闭。报闻。（《清文宗实录》卷178，第986页）

【咸丰五年十月戊戌】热河都统柏葰奏：阻挠矿务、不服管束之蒙古妇人宗室氏，请旨审办。得旨：览该氏呈词，受人指使，要挟该王，逞其私欲，实属不安本分。（《清文宗实录》卷179，第1006页）

【咸丰五年十月癸丑】上御洞明堂，勾到山东、山西、热河情实罪犯。停决山东斩犯一人、绞犯一人，山西斩犯八人、绞犯三人，热河斩犯一人。余五十人予勾。(《清文宗实录》卷181，第1025页)

【咸丰五年十一月辛巳】军机大臣等会同户部，议准热河都统柏葰奏报，蒙古开采红花沟等五处金矿，征课每金一两。作十成计算，五成归商人工本，以三成六分为正课，三分为耗金，一分为解费，余一成为阿拉巴图当差之资。其长杭沟银矿，仍照前蒙古银矿升课章程。至锡蜡片银矿，与遍山线本系一山，未便分两处采办，应仍照旧办理。从之。(《清文宗实录》卷184，第1055—1056页)

【咸丰六年四月丙午】又谕：柏葰奏，口外雇备车辆实在情形一折。热河题销前调官兵，用过往返守候回空等银。经户部议驳，饬令追缴归款。兹据柏葰奏称，口外村落不及内地十分之一，遇有兵差所需车辆，必须先期豫备，往返轮送，系属实在情形。所有前次守候回空车价银两，仍著准其开销，以示体恤。(《清文宗实录》卷196，第125页)

【咸丰六年四月丙午】又谕：柏葰奏，支给官兵俸装银两，与例不符，请饬在于该营应领兵饷扣还等语。咸丰二年，热河河屯协八沟营官兵调赴河南，支给俸装银两。既经部核与例不符，著直隶总督饬令藩司，查明此项给过官兵俸装银七千三十九两零。内除业经扣还副将达年等，所领俸装银四百九十六两零，其余应扣银两，即在该协营应行请领兵饷内陆续扣还，以杜浮冒。(《清文宗实录》卷196，第125页)

【咸丰六年五月癸酉】拨热河矿课银一五千两，接济济驻防官兵饷需。(《清文宗实录》卷198，第152页)

【咸丰六年九月壬申】又谕：英隆奏，请将玩视矿务之商人惩处一折。热河平泉州所属铅硐沟地方，承办铜矿之商人戚大祥、宋友梅、戴启运，前因办有成效，各给予议叙职衔。兹据英隆奏称，戚大祥拖欠工价，以致矿夫各散。宋友梅不遵该道批示，擅自回籍。戴启运托故进口，久未回厂。均属玩视矿

务。戚大祥、宋友梅、戴启运著一并摘去顶带，责令妥办。悦仍不知奋勉，即著严加惩治。（《清文宗实录》卷208，第277页）

【咸丰六年十月丁未】又谕：秦定三奏，连日打仗获胜，夺毁贼营十座，毙贼千余名，剿办尚为得手。惟我军米粮子药用尽，急须接济。前据福济奏称，桐城待援。已派吉林热河马步队二千余名，星夜赴桐，并饬滕仲武，带陕甘兵五百名，由庐江就近驰往。此次该提督奏报，亦称援兵已到。未知郑魁士何日拔营前进，所需米粮子药，自必宽为筹备。一俟各兵到齐，即可乘胜进捣贼巢，尽歼群丑。福济前奏探知石逆现窜安桐一带。秦定三复称，贼党内有李兆受等伙匪，意图勾结张乐行，以死守桐城，为保护安庆之计等语。石逆素称凶悍，今复加以捻匪李兆受伙党，势更猖獗。必须先克桐城，方能进图安庆，著福济、郑魁士，迅筹米粮火药，以资接济。至现在捻匪已扰及徐州，情形紧急。郑魁士一到桐城，即著秦定三，迅往会同英桂，调度各军分路兜剿，以靖地方。将此由六百里谕知福济、郑魁士，并谕秦定三知之。（《清文宗实录》卷210，第317页）

【咸丰六年十一月辛未】又谕：英隆奏，出征官兵，支过俸装银两，恳免坐扣一折。咸丰二年，热河调出官兵，领过俸装银两。经该部以系属防堵，驳令照例扣还。兹据该都统奏称，此项官兵调派后，即由河南带赴江南军营攻剿，与专事防堵者不同。所有此项银两，即著照出征例，免其坐扣，以示体恤。（《清文宗实录》卷212，第343页）

【咸丰六年十二月庚戌】谕内阁：前因理藩院奏，咸丰三年九月，赏给三盟兵丁银两内昭乌达盟未经放给，当令德勒克色楞明白回奏，并派穆荫、肃顺前往镶蓝旗蒙古衙门查询。迨查出银两，系该贝子随后送交该旗衙门。降旨派御前大臣、军机大臣、肃顺会同讯究。又讯出卓索图盟前放赏银，有私搭钞票之事，因将德勒克色楞解任候质。兹据载垣等奏，讯明放银迟延缘由，及私搭钞票情节，分别定拟。并究出卓索图盟赏银，尚有兵丁未经关领，请饬查讯各等语。德勒克色楞于昭乌达盟应得赏银，日久未给。迨奉旨饬查，并未将迟延缘由，据实奏明，遽将银两送至该旗，复任听乌尔图那苏图等于封皮倒填年月，希图掩饰。其放给卓索图盟银两，既经查出达玛林色登、林布私搭钞票，通同舞弊，仅私自责革，未经送官究办，糊涂已极。镶蓝旗蒙古都统土默特贝子德勒克色楞，著即照该王大臣等所拟，革去爵职。应得罪名，交理藩院会同刑部，照例定拟。已革佐领林布、达玛林色登等私买官票，抵换实银，营私舞弊，实属可恶。除林布业经病故外，达玛林色登著热河都统会同该盟长，就近提讯奏明办理。已革章京乌尔图那苏图于林布等舞弊，代为隐瞒，收受银表马匹。虽所许银两，并未入手，实有应得之罪，著交理藩院会同刑部，照军营例治罪。参领五德、昆玉听从德勒克色楞，将银两送回旗库，并倒填封皮年月，均有不合，著交部议处。镶蓝旗蒙古副都统巴雅尔绰克托于五德等领银之事，失于觉察，前请议处之处，著改为交部察议。至卓索图盟赏银，该兵丁等尚有未经关领，及所搭官票，究系若干，著热河都统，会同该盟长，详查具奏。（《清文宗实录》卷216，第392—393页）

【咸丰七年正月丁卯】 谕内阁：前因德勒克色楞，于领放三盟兵丁赏银内，有隐匿掩饰情弊，降旨革去爵职，交理藩院会同刑部定拟罪名。兹据该衙门比照成例，声明请旨。德勒克色楞著发往热河，交该都统严加管束。所遗贝子爵职，仍准其以德勒克色楞之子承袭，以示朕格外施恩至意。已革管旗章京乌尔图那苏图著发往新疆，充当苦差，仍暂行监禁待质，俟达玛林色登案结后，再行发遣。（《清文宗实录》卷217，第404页）

【咸丰七年二月庚戌】 谕内阁：英隆奏，请拨银济饷一折。热河八旗兵丁需饷孔殷，业据该都统照户部议奏章程，于矿课项下，先后拨济。此次应行续拨之款，准其于铸钱工本余存银两内动拨八千两，并拨矿课项下银五千两，以资支放。（《清文宗实录》卷220，第447—448页）

【咸丰七年四月己酉】 又谕：福济等奏，请将庐州撤遣兵丁仍令各原营照数补足等语。庐州大营兵丁，裁汰老弱，撤遣归伍。现当攻剿吃紧之时，自应添补足数，以实戎行。著热河都统、密云副都统、陕甘山东各督抚，查照撤回兵丁之数，挑拨更换，备齐军装器械，遴委得力将备管带，前赴福济军营，毋稍迟误。（《清文宗实录》卷224，第503页）

【咸丰七年闰五月辛巳】 谕内阁：英隆奏，请将派兵迟延之总管议处一折。热河围场总管常山，经该都统饬令，选派兵丁前赴庐州军营，辄敢饰词推诿，实属有意迟延。常山著交部议处，仍著该都统责令该员，迅速选派兵丁，刻即定期启程，毋稍迟误。（《清文宗实录》卷 227，第 527 页）

【咸丰七年闰五月甲午】兵部议奏：热河围场总管常山，派兵迟延处分，降三级调用，不准抵销。得旨：常山所管兵丁，专司巡捕，原非曾经行阵可比。近因英隆参奏该总管，声叙未明，迹似诿卸，并无废弛实迹，著改为降一级留任，不准抵销。（《清文宗实录》卷 227，第 542 页）

【咸丰七年闰五月丁未】谕军机大臣等：本日据西凌阿、庆昀奏，热河丰宁县所属大阁儿地方，聚有匪徒约一二千人，焚毁衙署，抢掠铺户居民。现经热河道带兵前往查拏，并由西凌阿等，派兵往多伦诺尔地方，择要堵截各等语。此股匪徒，何以忽然聚集至一二千人之多，其有无地方官激变及讳盗贻患各情，著英隆迅即查明启衅根由，据实具奏。其热河道带兵若干，是否足敷剿办，并著酌量办理，总期一鼓歼擒，毋致蔓延为患。至多伦诺尔地方，与大阁儿毗连，该匪徒业经热河官兵查拏，即须防其窜入。既据西凌阿等派委总管特克慎等，带兵四百名前往，著即饬令该总管等，认真堵截，与热河官军会合兜擒，毋任窜逸。将此由四百里各谕令知之。（《清文宗实录》卷 228，第 556—557 页）

【咸丰七年六月庚戌】谕军机大臣等：前据西凌阿、庆昀奏，热河丰宁县大阁儿地方聚有匪徒约一二千人，焚毁衙署，抢掠铺户居民。业经热河道带兵前往剿办，并饬总管特克慎等堵拏。复据英隆奏，大阁儿地方，有匪徒聚集抢掠。经巡检盛祖培等往捕，将首先纠抢滋扰之刘幅汰等格毙，余匪旋各四散。本日据谭廷襄奏，滦平县宝山寺地方又有矿匪与民人互斗，现令护理提督及口北道等，分别督办等语。此股滦平县匪徒，是否即系丰宁县匪徒，抑系另股滋事，著谭廷襄确切查明，并因何起衅根由，据实具奏。即饬该护理提督等，认真剿办，迅速扑灭，毋任蔓延。进口难民，尤应认真稽查，勿令奸宄溷迹。将此谕令知之。（《清文宗实录》卷 229，第 562 页）

【咸丰七年七月癸未】又谕：前因已革贝子德勒克色楞，散放赏银迟延案内，究出已革佐领达玛林色登等，私搭钞票，并卓索图盟赏银，尚有兵丁未经关领各情。当交热河都统，会同该盟长，查讯具奏。兹据英隆等奏，达玛林色登业经该旗报明，于上年十二月病故。惟据塔布囊德勒克桑保供称，伊曾闻乌尔图那苏图说，达玛林色登系五年七月病故，与该旗所报不符。著刑部提讯乌尔图那苏图，录取确供具奏。至德勒克桑保供称，前在高唐军营，捐输皮袄，未经领有印收，虚实均应查究。直隶粮台案卷，现经调京查核，并著刑部查明德勒克桑保有无捐输皮袄定价若干案据，一并具奏。寻奏：德勒克桑保并无捐输皮袄事据。报闻。(《清文宗实录》卷231，第597页)

【咸丰七年七月乙酉】热河都统英隆奏：前派赴庐州军营兵一百名，由围场挑选，并未训练。且本地方匪徒滋事，未便调往。得旨：著暂行停派。(《清文宗实录》卷231，第599页)

【咸丰七年七月丙午】又谕：英隆奏，剿捕匪徒净尽，地方肃清一折。直隶丰宁县大阁儿地方，匪徒聚众抢掠。经英隆派委热河道赛音博勒格图督带员弁兵勇，前往搜捕，将要犯刘标等十七名登时擒获，余匪均经杀毙，起获赃物多件。其汤河口等处窜匪，亦经滦平县知县景兰等格毙一百九十余名。首犯刘幅汰，先经署丰宁县知县穆翰等带兵歼毙，并毙余匪一百五十名。拏获各犯，讯明就地正法，地方一律肃清，办理尚属妥速。署丰宁县知县穆翰、大阁儿巡检盛祖培、把总王鉴随同剿匪，功过尚足相抵。应得疏防处分，均著免其查办。出力员弁，著准其择尤酌保数员，毋许冒滥。(《清文宗实录》卷232，第619页)

【咸丰七年八月丁卯】谕军机大臣等：英桂奏，朝阳县与奉天锦州府接壤之处有夷人溷迹。并据庆祺咨称，朝阳县界内松树嘴子地方，有西洋人建盖天主堂聚人念经等语。朝阳县界并非各夷通商之地，岂容建立天主堂，聚集多人，致滋流弊。所称西洋人究系何国夷人，抑或内地奸民假托外夷，希图煽惑乡愚，英隆现已委员前往密查，并著庆祺派员会同查明，即将办理情形据实具奏。将此各谕令知之。(《清文宗实录》卷234，第636—637页)

【咸丰七年九月乙酉】谕内阁：英隆奏，请将军政暂缓办理一折。热河驻防及绿营并围场各官员，现多带兵在安徽防剿。所有本年军政，著准其暂行停缓，俟凯撤归伍后，再行饬调考验。如有衰庸不职，及年老患病之员，仍著随时参劾，以昭核实。(《清文宗实录》卷235，第655—656页)

【咸丰七年十月乙亥】上御洞明堂，勾到直隶、热河情实罪犯。停决直隶斩犯一人、绞犯一人，余四十人予勾。(《清文宗实录》卷238，第698页)

【咸丰八年三月戊寅】已革土默特贝子德勒克色楞丁母忧，准其回旗穿孝。百日后，仍赴热河，交都统英隆管束。(《清文宗实录》卷247，第818页)

【咸丰八年三月辛丑】谕内阁：英隆奏，公用款项不敷，请将养赡银两，仍归本款支领一折。热河围场二处，应领孤独养赡钱粮，历年均由公用项下提款垫放。兹据奏称，公用应放款目繁多，不敷垫拨。所有此项垫发养赡银二千四百两，著准其仍归本款，均由藩库支领。(《清文宗实录》卷249，第850页)

【咸丰八年四月壬戌】调黑龙江、吉林兵各五百名，来京听调。哲里木盟、昭乌达盟蒙古兵各一千名，暂驻热河听调。(《清文宗实录》卷251，第890页)

【咸丰八年四月戊辰】调暂驻热河哲里木盟、昭乌达盟蒙古兵各一千名，迅速来京，听候调遣。(《清文宗实录》卷252，第904页)

【咸丰八年五月戊寅】又谕：常山奏，恳请派赴军营一折。热河围场总管常山愿赴军营效力，即著分带蒙古两盟官兵，前往僧格林沁军营。其总管印信，即著翼长和纯护理。(《清文宗实录》卷253，第921页)

【咸丰八年六月丁未】又谕：前调哲里木盟官兵，曾谕令庆祺，就近催令赴京。其昭乌达盟官兵，亦谕令英隆飞饬催趱，并准总管常山，分带赴京。现在天津夷船，已陆续退出海口，所有前调官兵，自应暂缓前进，以示体恤。哲里木盟官兵如尚未进关，即著于关外驻劄。如已入山海关，即飞饬折回，暂劄关外。其昭乌达盟官兵，即著于热河哨内驻劄。常山亦毋庸来京，留于

该处弹压。俟续有谕旨，再行分别遵办。将此由六百里各谕令知之。(《清文宗实录》卷256，第966页)

【咸丰八年七月丙子】谕军机大臣等：前因截撤蒙古官兵，照例令造具员名清册，由京颁发赏件。其哲里木盟赏件，由山海关给发。昭乌达盟赏件，由热河给发。谕令常清、定福届时派员赍往。兹据定福奏称：哲里木盟官兵，或尚在热河围场驻劄，或已回游牧。若由山海关派员赍往，势必歧误，请一并发交热河赍往散给等语。所有哲里木、昭乌达两盟员名兵数，即著常清咨照该带兵官造具清册咨报军机处，以便颁发赏件，统交常清派员前往散给。将此谕令知之。(《清文宗实录》卷258，第1001—1002页)

【咸丰八年九月丙子】热河都统常清奏：热河道库款支绌。园内河道，可否暂缓兴修。得旨：现在杂款项下，究有若干。何以该道所详，暨汝所奏，均无数目，显系各分彼此，不以公务为重。著声明另奏来，候朕酌度。(《清文宗实录》卷263，第1080页)

【咸丰八年九月壬寅】又谕：现在兴办万年吉地工程，需用细丝黄松木植荒料长四丈径四尺者，其余自长一丈至三丈者，均合应用。此项木植，现拟于热河围场以外、多伦诺尔等处躧办，著庆祺即饬该地方官，详细履勘。该处山林所产黄松，何处最为茂盛，即将山场地段，迅速具奏。将来采办时，著派委口北道，或宣化府知府，亲往弹压，稽查隐匿需索之弊。现在承办王大臣等，拟差派商人前往采访，恐该商人抵该处后，或有胥吏讹索情事，并饬令该地方官，严行禁止，毋使商人裹足不前，是为至要。将此谕令知之。(《清文宗实录》卷265，第1118页)

【咸丰八年十月戊辰】上御洞明堂，勾到直隶、热河情实罪犯。停决直隶绞犯一人，热河斩犯一人。余四十三人予勾。(《清文宗实录》卷268，第1151页)

【咸丰八年十一月甲申】谕军机大臣等：常清奏，遵查蒙古官兵，俸赏行装银数，并筹给马干银两一折。所有驻劄热河哨内之哲里木、昭乌达两盟官兵，进口时俸赏等银，若照部议于减半之中，再行减半放给，未免不敷应用。著常清届时按照定例全分银两，减半放给，以示体恤。其马干银两，既可将俸赏等银先行移用，著按减四给六成数，再加一成，发给七成，核实支放。另片奏，总管常山呈请带兵等语。所有两盟官兵调取进口时，仍著该总管分带前进，以资得力。将此谕令知之。(《清文宗实录》卷269，第1173页)

【咸丰八年十二月壬寅】又谕：前次饬调之哲里木、昭乌达两盟官兵，朕闻现已行抵热河哨内，所有统带此项官兵之扎赉特贝勒拉木棍布扎布，本年系属年班，著常清传旨，仍照例来京展觐。所带官兵，交常山妥为弹压，俟来年正月分起行走，由顺义县径赴通州。务于三十日以前到齐。拉木棍布扎布，届期先至通州守候，统带前往天津。至该官兵等，器械如有不齐，即著由通州散给，其马匹恐多疲乏，已谕令理藩院查明锡林郭勒孳生马匹数目，以备调拨乘骑。将此谕令知之。(《清文宗实录》卷271，第1193—1194页)

【咸丰八年十二月庚午】又谕：前因饬调之哲里木、昭乌达两盟官兵需用马匹，谕令理藩院咨行锡林郭勒，将孳生马匹内，拣选二千匹，于来年正月十五日以前，送至热河哨内地牧厂，以备官兵骑用。兹据该都统奏称，锡林郭勒距围场较远，前调马匹，势难如期到哨等语。两盟官兵，已定于正月初四等日启程，著常清派员迎提前调马匹，务令赶紧到哨，以备乘骑。如到哨在官兵已经启程之后，著即派员将马匹分起径解通州军营，以免贻误。将此通谕知之。(《清文宗实录》卷272，第1228—1229页)

【咸丰九年正月乙未】命挑直隶北路各营兵二千名，察哈尔兵一千名，密云、热河兵各五百名，候天津防所调遣。(《清文宗实录》卷274，第20页)

【咸丰九年正月辛丑】又谕：钦派王大臣等奏，德勒克色楞前在热河念经案内，供出紧要人犯及一切什物，著该大臣严密查挐，取据确供，指明德勒克色楞埋铁盒面人牛角处所。常清即亲往该处起获封固，派员解京。如有业经拆动情形，严追审问，解京归案，务将供内所指紧要情节详细查明，迅速具奏。原供著发给阅看。将此由五百里密谕知之。(《清文宗实录》卷274，第29页)

【咸丰九年二月乙巳】谕军机大臣等：现据德勒克色楞供出，有因病留住热河之家人扎隆阿即满德，及尚未到京之家人杭噶拉，并仓术堪布徒弟噶尔毕三名，均系案内要证，著常清即派妥员密速查拿，押解来京，归案讯办。其杭噶拉一名，据供来京更替，现尚未到，并著严密访拿，毋令闻风远扬为要。将此谕令知之。（《清文宗实录》卷275，第34—35页）

【咸丰九年二月丙寅】热河都统常清奏：调锡林郭勒马匹提解军营。得旨：此不过遵奉施行，并无的确信息，何至延到十二日之久覆奏？任意迟滞，殊出情理之外。看汝近来办事光景，竟不似一品大员，想无福受恩也。（《清文宗实录》卷277，第67页）

【咸丰九年二月庚午】谕军机大臣等：僧格林沁奏，接奏密寄谕旨覆陈筹备机宜一折。据称：夷船如到天津，拟以鸡心滩为限。该处系在拦江沙内，前次谕令派员前往理谕，须至拦江沙外，抚剿自不相妨。文煜于二十五日自省启程，计期已可到防，著僧格林沁与之会商，先行派出明干委员，一闻夷船驶至，即迅速迎往，询其来意。如果声称为互换和约而来，可告以此间专候上海来信。尔既在彼议定，则钦差大臣亦必折回，与尔了结此事。一俟上海文到，应令几人进口，此间定当拨兵护送，决不拦阻。我中国总以诚信待人，断不失信，若无上海文移，天津实难擅准。或在拦江沙外等候，或回上海候信，总不能遽行放入。尔若闯入内河，则民团乡勇，不免与尔为难，设有损失，地方官不任其咎。总在派出之员，随机应变，与之羁縻，以待桂良等奏到。若竟恃其船多，一拥而前，直入鸡心滩，则是有意寻衅，亦不能不慑以兵威，惟在僧格林沁相机酌办。至锡林郭勒马匹，据庆昀奏到，于二月十六日由左翼四旗一带草地送入热河境内。昨已谕知常清，迅速分解矣。将此密谕知之。（《清文宗实录》卷277，第70—71页）

【咸丰九年三月庚辰】封禁热河铅硐沟铜矿，从都统常清请也。（《清文宗实录》卷278，第82页）

【咸丰九年四月甲子】谕内阁：玉明、承志奏，请添设马枪马箭专营，兼充缉捕一折。盛京兵丁教演马枪马箭等技，验有成效，著准其设为捷捕营，拣派协领二员作为营总，佐领四员作为翼长，骁骑校八员作为扎兰章京。由省城八旗内，共选精壮兵四百名，由该营总等专司训练。春秋二季，操演技艺，随时差委缉捕，并赏给蓝翎长八缺，仍食该兵原饷。如有枪箭纯熟、缉捕得力者，由该将军等拣选拔补。并添设捕盗马二百匹，所需马价银两，准其由盛京户部发给。如有残废倒毙，即责令该旗筹补，不得再请马价。其马干银两，随春秋二季兵饷关领。此项官兵，兼充缉捕。诚恐各路盗贼一经严拏，潜逃边外。著热河都统严饬所属，并转饬哲里木盟长等，各在边外，合力兜缉，毋令此拏彼窜，以示朕缉盗安良之至意。（《清文宗实录》卷281，第127页）

【**咸丰九年五月乙酉**】谕内阁：常清奏，请严定捕盗章程一折。据称，朝阳赤峰境内，有奉天省骑马贼匪百数十人，窜至肆劫。土默特旗界内清河门地方，复有贼众百余，拒伤社长多命之事。此等匪徒总由奉天查拏紧急，以致窜入热河境内，自应一律严办。所有现获贼犯张泳幅等二名，即著该都统于审明后，严行惩办。此后热河地方如有盗匪持仗拒捕者，准其格杀勿论。如讯明实系大伙匪徒，聚众肆劫，即著不分首从，先行就地正法，加以枭示。其寻常盗犯，仍著各按本例定拟，以儆奸宄而安善良。（《清文宗实录》卷283，第146页）

【**咸丰九年六月丙辰**】谕内阁：毓泰等奏，热河园庭兵丁，不敷差转，请量为调剂一折。热河原设看管兵九百八十二名，历经裁汰，现存兵六百四十九名，尚有前案应裁兵五十八名。兹据该总管等奏称，恐不敷差转，自系实在情形。所有现存兵六百四十九名，著即作为定额，毋庸再行扣裁。至所称嗣后出有二两饷银兵缺，即以二人挑补，分领其饷，亦著照议办理。（《清文宗实录》卷286，第190—191页）

【**咸丰九年八月庚子**】又谕：常清奏，因逃销档旗人投效出力，恳请复归旗档一折。热河正红旗闲散穆吉楞额、正蓝旗闲散乌尔棍布、镶蓝旗闲散图他春，前因逃走销档。兹据奏称，该闲散等先后俱赴安徽军营投效，屡次打仗出力，均经挑补马甲。图他春旋即阵亡，与私逃为匪者不同。兵丁穆吉楞额、乌尔棍布及阵亡之图他春，均著复归旗档。穆吉楞额、乌尔棍布仍令补粮当差。

（《清文宗实录》卷290，第250页）

【咸丰九年九月戊寅】又谕：毓泰等奏，兵米不敷支放，请照例拨价采买一折。热河驻防官兵不敷米石，向由承德府暨各属领价采买，交仓搭放。本年冬季，应放饷米，不敷支发。著直隶总督筹款拨给热河道，饬属买补交仓，以供支放，毋误兵糈。（《清文宗实录》卷294，第300页）

【咸丰九年十一月甲戌】上御洞明堂，勾到山西、直隶、热河情实罪犯。停决山西绞犯一人，直隶斩犯一人，热河斩犯一人。余三十六人予勾。（《清文宗实录》卷299，第372页）

【咸丰九年十一月庚辰】谕内阁：恒福奏，请将领饷舞弊之都司革职提讯一折。直隶署建昌营都司赤峰营都司东成，赴省领饷，并不赶紧解回，辄敢以钱换银，以银买钞，取巧舞弊，实出情理之外。现在除补交银两外，尚有短绌。其开销各款，仍敢含混，胆玩已极。东成著即革职，由该督交藩臬两司，提同领饷兵目，一并到省严讯究办。前护理赤峰营都司千总傅珝，著听候传质。（《清文宗实录》卷300，第382页）

【咸丰九年十一月壬辰】谕军机大臣等：玉明等奏，奉天盗风日炽，请饬热河派员合拏等语。据称奉天省西北一隅，时有结伙盗贼，出没无常。皆因西北清河、松岭子、黎树沟等边门外地方，均系热河属界，一经派员往拏，匪党闻风出边，星散藏匿。本省委员，难于越境访缉。请饬热河派委妥员，合力兜截，自系为慎重捕务起见。奉天与热河交界地方，向为盗贼渊薮。若非两处兜截，必致此拏彼窜。著常清拣派妥员，带领兵役人等，会同该地方官，与奉天各员合力缉拏，以期净绝根株，毋稍疏懈。将此谕令知之。（《清文宗实录》卷301，第401页）

【咸丰九年十二月己亥】又谕：户部奏，征收课金叠报减少，请饬查办等语。热河热水塘金矿，征收课金。自八年开采以来，各季征报之数，有减无增。恐该商等有挖多报少情弊，或系厂员未能督饬商人实力开采，以致课额愈形短绌。著常清即拣派妥员，认真督办，以资整顿而裕经费。（《清文宗实录》

卷 302，第 412 页）

【咸丰九年十二月庚戌】热河都统常清奏：遵派官兵往边界兜捕盗贼，并筹经久缉匪章程。得旨：著照所拟办理。严饬实力巡缉，勿得稍有疏懈。(《清文宗实录》卷 303，第 430 页）

【咸丰十年五月辛酉】调热河、密云官兵各五百名，察哈尔马队官兵一千名赴直隶青县驻劄，命护军统领克兴阿统带。(《清文宗实录》卷 320，第 735 页）

【咸丰十年六月辛卯】又谕：连日叠据僧格林沁等奏，英佛等夷占踞北塘村庄，其大股分扑新河军粮城，我军接仗失利。本日据奏，唐儿沽亦被占踞，大沽炮台，万分危急。现在夷氛猖獗，其或袭天津，或趋京师，均未可定。亟宜厚集兵力，以严捍卫而固畿疆。著托明阿于原调马队一千外，再行挑拨马队五百名，共一千五百名。成凯、德勒克多尔济、英桂于太原、绥远、归化各城内，挑选驻防兵一千名。春佑挑选热河兵五百名，谭廷襄挑选陕西兵三千名，庆昀于原调马队一千外，再行挑选马队一千名，共二千名。文谦挑选直隶兵三千名，并文煜将本年原调之山东兵三千名，恩燮将本年原调之青德州兵五百名，玻崇武酌量于密云调派若干名。均须赶紧调派，一律精壮，配齐军装器械火药铅丸，各派大员管带，即日启程驰抵通州，听候瑞麟调遣。该将军等务须勿涉张皇，致令民情惊扰，并不可稍涉延缓，贻误事机。将此由六百里谕令托明阿等，并传谕文谦知之。(《清文宗实录》卷 323，第 793 页）。

【咸丰十年八月庚午】谕军机大臣等：前有旨，令景淳、特普钦等各拨兵一千名、猎户一千名，前赴通州一带，交僧格林沁等调遣。昨据景淳等奏，派兵一千名，业已启程。现在夷氛逼近京城，朕于本月初八日巡幸木兰，所有前调吉林、黑龙江兵丁，如已进山海关，即著春佑迅速知照带兵官，饬令折赴热河护驾，毋庸前赴通州。再热河行宫，及一切供应，著春佑即饬该总管及地方官，妥为打扫豫备，是为至要。将此由五百里谕令知之。(《清文宗实录》卷 327，第 877 页）

【咸丰十年八月辛未】谕军机大臣等：寄谕钦差大臣僧格林沁等，朕于八月初八日启銮，巡幸木兰，本日已驻跸要亭行宫。所有前调西安马队，昨据乌兰都奏报，行抵保定，现在计已全到大营。此项马队，即著该大臣等饬令乌兰都带领全队，迅赴热河护驾，毋得迟延。据恭亲王等奏报夷务情形，业已谕令相机办理。第该夷桀骜异常，抚局恐不可恃，著该大臣等激励军心，力图剿办，不得任令攻扑城池，是为至要。途中并无探报，嗣后如何情形，务须随时奏报，以慰朕怀。前颁赏兵丁银十二万两，存寄圆明园银库，候该大臣等派员只领。因经费不敷，业已提赴行在备用。即著该大臣等，由粮台另行拨款赏给后，再报销可也。将此由六百里密谕知之。(《清文宗实录》卷327，第878页)

【咸丰十年八月乙亥】又谕：本日据特普钦等奏，挑选余丁，分为两起，前赴通州一折。现在夷氛逼近京城，朕于八月初八日启銮，巡幸木兰。所有挑选黑龙江马队余丁二千名，毋庸前赴通州，即著全赴热河护驾。据奏，总管珠尔格讷管带头起余丁一千名，已于八月初七日起程，计二十日前后，即可抵山海关，著即飞催折赴热河。其总管三都克多尔济所带后起余丁一千名，如由草地行走，可以直达热河，即著毋庸进关，饬令迅速前来行在，以资护卫。是为至要。将此由六百里加紧谕令知之。(《清文宗实录》卷328，第883页)

【咸丰十年八月戊寅】又谕：前有旨，谕知僧格林沁，饬令乌兰都，统带西安马队，星夜前赴热河随扈。现在胜保在京防剿，兵力较单。该副都统无论行抵何处，即带领全队，迅行折回，直赴京师，归胜保调遣，以资堵剿，毋得稍有耽延。将此由六百里谕令知之。(《清文宗实录》卷328，第888页)

【咸丰十年八月戊寅】又谕：朕现在驻跸避暑山庄。随扈官兵，口分不敷支放。所有各省解京兵饷，路经直隶，著文谦即传知该委员，暂行解赴热河，以资要需。(《清文宗实录》卷328，第889页)

【咸丰十年八月己卯】又谕：本日据官文等奏，探闻夷人窜扰天津，拟派都兴阿统带马队入援一折。英佛两夷自占踞天津之后，朕命大学士桂良等议抚未成。现已带兵直犯京师，劄营城外，势甚猖獗。朕于八月初八日举行秋狝，驻跸热河。京中虽有多兵，俱系未经战阵。该大臣等既请派都兴阿来京，即著统带马队四百名，星夜前来，归僧格林沁大营，以备攻剿。湖北营中练勇，向称骁健善斗，并著官文等挑选一二千名，另派得力将领管带，迅速赴京，听候调遣，所有军火、兵械、饷需，均著一律备齐，毋得迟误。将此由六百里加紧谕令知之。（《清文宗实录》卷328，第889—890页）

【咸丰十年八月庚辰】谕军机大臣等：本日据胜保奏，力疾销假一折。并片陈夷务办法，览奏均悉。昨有旨，命统带西安马队，以备剿击。乌兰都途中未接寄谕，现已带领前五起马队一千五百名，行抵热河。业令在承德滦平等处，暂行驻剳。其随后之六起，系委营总佐领官升管带。第七起系委营总佐领德克敦布管带。约计此时可抵保定，即著胜保飞提截留，毋庸令其再赴热河。总兵伊绵阿统带步队一千五百名，谅已赶到僧格林沁军营。其后队二千七百名，据谭廷襄奏，均已启程。统交胜保督率，于城东北一带，择地剳营，以防该夷攻城，并扼北犯之路，兼可与僧格林沁、瑞麟等大营互相联络。所有西安马队、步队饷需，即著胜保知照僧格林沁等，由大营粮台支应。将此由六百里谕令知之。（《清文宗实录》卷328，第891页）

【咸丰十年八月丁亥】又谕：文谦奏，请赴热河随扈一折。前有旨，令恒福迅赴古北口内驻剳，以资督率。本日复谕令吴廷栋，由张家口赶紧前来，办理一切。直隶省垣紧要，现乏大员，著文谦毋庸前来随扈。所有各省解京饷银，路过直隶，仍著文谦遵奉前旨，饬令该委员等，改解热河，以济要需。倘或道路梗阻，著该藩司设法解送，是为至要。（《清文宗实录》卷329，第899页）

【咸丰十年九月辛丑】又谕：前据恒福奏称，本月初八日可以抵口，现在当已驻剳该处，设立粮台。所有西安马队一千五百名、黑龙江马队二千名，并僧格林沁新调之密云官兵五百名，均应由粮台支放口粮。本日据户部奏称，密云县尚收存僧格林沁粮台饷银十八万九千两，请解热河。此项银两，即著恒福派委妥员提至古北口粮台，以资接济，仍责令经手委员，核实支放，毋得虚糜。将此由六百里谕令知之。（《清文宗实录》卷330，第915页）

【咸丰十年九月癸丑】谕军机大臣等：本日僧格林沁等奏，遵旨拨交遣撤官兵一折。现在直隶畿南土匪蜂起，据文谦奏，献县、衡水、武强、交河一带，千百成群，肆行抢掠。虽经该藩司派道员许诵恒前往会同文煜所带兵勇掩捕，兵力太单，恐不能迅速蒇事，迟延日久，必致愈聚愈多，剿办更为费手。大名等处，闻亦有匪徒蠢动。河南捻匪猖獗，来去无常。山东幅匪未清，近复有捻匪大股，围困济宁，情形甚为危急。此时各省兵勇，撤调空虚，难保不乘机北窜。朕思现在天气寒冷，正北方劲旅得力之时，若能于年内，将捻逆一律荡平，粤逆势孤，办理尚可得手。僧格林沁、瑞麟均著毋庸驰赴行在，即著带兵前往剿办北路各匪。先由河间一带，次及山东河南，权其缓急，以次进剿。据僧格林沁等奏，哲里木、昭乌达两盟及归化城官兵尚属得力，著即将两盟官兵一千二百余名，留于军营。其归化城兵三百名，为数太少，著酌量裁撤。本日已谕胜保，分拨吉林、黑龙江等处马队二千数百名，共合成四千之数，归该大臣统带。僧格林沁现为钦差大臣，俟到东豫时，著督饬各路兵勇合力兜剿。该大臣军营兵力如有不敷，各营均可调遣。僧格林沁等，惟当激励将士力赎前愆，如能迅奏肤功，自当重膺懋赏，朕实有厚望焉。至派佐领纪文光等所运炮位，已谕恒福截留古北口安设，无庸解赴热河。将此由六百里密谕知之。（《清文宗实录》卷331，第935—936页）

【咸丰十年十一月辛卯】以巡幸热河，免跸路经过地方，本年额赋十分之四。（《清文宗实录》卷335，第985页）

【咸丰十年十一月丙申】又谕：联康奏，请饬严拏匪徒一折。据称密云县附近地方及古北口外巴克什营一带，有匪徒白昼抢劫，并闻换班侍卫，被抢马匹等语。密云至古北口等处，系由京赴热河大路，岂容匪徒肆意横行，致为行旅之害？著恒福、张祥河、董醇派委妥弁，前往该处，会同地方官严密查拏，务获惩办，毋稍宽纵。将此谕令知之。（《清文宗实录》卷335，第991页）

【咸丰十年十一月辛亥】调现驻热河之盛京官兵五百名赴古北口，交直隶总督恒福调遣。（《清文宗实录》卷336，第1006页）

【咸丰十年十二月甲戌】赏热河驻防额鲁特两处官兵皮衣。（《清文宗实录》卷

338，第 1031 页）

【**咸丰十年十二月丙子**】又谕：……现赴热河当差之内扎萨克蒙古王公，暨年班蒙古汗王公等，并著毋庸颁给。(《清文宗实录》卷 338，第 1032 页）

【**咸丰十一年二月壬申**】又谕：前据春佑奏，朝阳县盗匪刘猪等，经该县往挈，胆敢拒敌，复焚烧衙署，劫放监犯。三座塔银库，亦被抢劫。昨已谕令热河都统、盛京将军等派兵捕挈。本日复调古北口防兵，派克兴阿督带，驰往剿办。朝阳县距喜峰口不远，恐该匪闻挈，窜至遵化州一带，著宝山迅派官兵，前往喜峰口认真堵截，严扼要隘，毋任窜逸。将此由五百里谕令知之。(《清文宗实录》卷 343，第 1085 页）

【**咸丰十一年二月壬申**】又谕：现派副都统克兴阿前往朝阳县剿办土匪。其春佑前派热河官兵五百名，著该副都统一并统带。所有支发口粮一切事宜，并著春佑饬令热河道福厚，前往办理。(《清文宗实录》卷 343，第 1085 页）

【**咸丰十一年二月癸酉**】又谕：所有春佑奏请截留僧格林沁奏调之哲里木官兵五百名，并热河派出之绿营官兵，均著克兴阿统带。(《清文宗实录》卷 343，第 1086 页）

【**咸丰十一年二月丙子**】又谕：古北口现存炮位，据恒福叠次奏报，为数不少。著乌兰都挑选四五千斤炮位四五尊，二三千斤以下炮位三四尊，配齐炮子、火药及随炮什物，即日派员管解，设法运至热河，听候拨用。如火药不敷，即知照文煜，由直隶赶紧豫备，运赴热河，毋稍迟误。将此由五百里谕令知之。(《清文宗实录》卷 343，第 1087 页）

【**咸丰十一年二月庚辰**】又谕：春佑奏，朝阳土匪分窜赤峰，请饬带兵官驰往剿办一折。据称，卓索图盟长色伯克多尔济呈报，逆匪占踞朝阳县街，分窜伯尔克、四家子等处，于十六日夜，阑入赤峰县街，焚烧衙署，劫放狱囚，复分股扰及该旗布固土哈拉乌苏一带地方。现经札催昭乌达、卓索图两盟长，转饬各旗派兵堵剿。请饬带兵副都统克兴阿等督催大兵驰往剿办等语。土匪窜扰朝阳，抢掠赤峰，该二县并不接界，是否另股贼匪，抑系由朝阳分股窜扰赤峰。著克兴阿、蕴秀确切探明该匪大股现在何处，即会同昭乌达等盟官兵四面兜剿，毋令窜逸。不可因其分股牵掣，以致兵分力单，徒延时日。将此由五百里谕令知之。(《清文宗实录》卷344，第1092页)

【咸丰十一年二月癸未】镶黄旗满洲副都统克兴阿等奏：朝阳贼匪分窜赤峰，现已派员驰探。得旨：赤峰距承德虽较朝阳略近，然系分股，自易解散。著侦探明确，总期迅抵老巢，焚其辎重，歼其首逆，余匪自然易剿。若朝邑匪尚不退，断不可绕赴凤凰，致前后受敌。又奏：昭乌达马队可否截留随剿，并哲里木马队，现在并未到建，无从催调。批：昭乌达马队著准其截留随剿。又批：著总理行营王大臣会同春佑查明各处道路远近，分设腰拨，以期奏报迅速。(《清文宗实录》卷344，第1094页)

【咸丰十一年二月丙戌】又谕：本日据克兴阿等奏，请添调步兵，并请拨饷解炮各折片。前谕令乌兰都管带驻劄古北口西安官兵一千名，迅赴热河听候调遣。此项官兵到后，即令赴朝阳一带助剿。古北口运到二千四百斤以下铁炮四尊，已传知春佑饬令原派管解员弁，赶紧运赴克兴阿等军营。克兴阿等现已行抵建昌。东路劄营，距朝阳较近，现在兵力已不为少，急宜乘贼守未固之时迅抵老巢，焚其辎重，歼擒首逆。切不可因请调官军炮位，稍涉迁延，致令贼匪远窜。前据春佑奏，请拨军饷，业经总理行营王大臣议奏，由热河都统酌拨矿课银一万九百余两，以资军食。惟宜樽节动用，迅速葳事，勿致虚糜粮饷。截留昭乌达官兵，既不得力，著即饬令前赴僧格林沁军营。将此谕令知之。(《清文宗实录》卷344，第1097页)

【咸丰十一年二月戊子】又谕：胜保奏，请带兵千名赴朝阳赤峰一带，剿办土匪。先在古北口屯劄，并驰赴热河等语。朝阳县匪徒滋事，现在陆续调派热河哲里木及驻防古北口之黑龙江、西安并盛京等处官兵三千数百名，并据玉明派兵千余赴朝阳会剿，计已足敷剿办。胜保著即赴行在，所请带兵一千名赴古北口驻劄之处，著毋庸议。将此由五百里谕令知之。(《清文宗实录》卷344，第1099页)

【**咸丰十一年二月戊子**】又谕：前调古北口驻劄之西安官兵一千名，著归成明统带，驰赴朝阳剿匪。乌兰都著暂在热河听候谕旨。（《清文宗实录》卷344，第1100页）

【**咸丰十一年三月己丑**】命山海关副都统成保所派官兵五百名，暂驻热河候旨。（《清文宗实录》卷345，第1102页）

【**咸丰十一年三月辛卯**】谕军机大臣等：本日据克兴阿等奏，移营前进，击贼获胜一折。朝阳贼匪，窜至波罗赤地方，经官军于水泉接仗，斩杀多名。亟应乘势进剿，一鼓歼灭。惟老虎山木头城子，均有贼匪，必须节节扫除，逼令回巢，方可聚而歼旃，不可徒事分防，致兵力为贼牵掣。贼在朝阳挖濠筑墙，意在负嵎抗拒。现在大炮谅已运到，成明所带西安官兵一千名，业经启程，兵力已厚。著即督饬将弁，并约会盛京官兵，四面兜剿，毋令窜逸。并将凤凰山一带踞贼，悉数扫荡，不可耽延时日。将来擒获贼目，即于讯明确供后，就地正法，不必解赴热河。将此由六百里谕令知之。（《清文宗实录》卷345，第1103—1104页）

【**咸丰十一年三月甲午**】又谕：克兴阿、蕴秀奏，官兵三路进剿，不敷分布，请饬西安官兵赴营一折。贼匪分踞朝阳县街市，并凤凰山等处。克兴阿等虽于上月三十日在水泉地方获有胜仗，而担杖沟梁之南路及老虎山一带，均有分股伏贼，恐其乘虚绕窜建昌，已谕令克兴阿等，先将分股之贼剿除净尽，令其归并一处。不可先攻中路，致分股之贼，绕窜建昌。现在官兵不敷分布，著成明即将所带西安兵一千名，星夜驰赴波罗赤地方，会同克兴阿并力剿洗，毋得稍涉迁延，致误事机。将此由五百里谕令知之。（《清文宗实录》卷345，第1105页）

【**咸丰十一年三月甲午**】又谕：克兴阿等奏，担杖沟梁之南路及老虎山一带，均有分股贼匪伏匿。克兴阿等拟分三路进兵，即于适中之地，扼要驻劄。先将分股之贼，剿除净尽，或令该匪归并一处，然后官兵合围，庶可聚而歼旃。不可先攻中路，致分股之贼，绕窜建昌。朝阳之贼，如敢出扑，亦即督兵攻击，并严防珠哩克一路，防其抄我后路。西安官兵，计日可到，著即知会盛京官兵，合力剿办，毋得迁延时日。所带官兵应需口粮，均准其照古北口防兵之例，马兵每月领银六两，步兵每月领银三两，饬令热河道、直隶粮台委员，分别支放。直隶粮台，已由总理行营王大臣札知文煜，移设附近地方。昭乌达、哲里木盟官兵，著克兴阿等，飞催前进。需用箭枝，已令热河都统赶造五千枝，并由武备院调取五千枝，解赴军营。将此由五百里谕令知之。（《清文宗实录》卷345，第1105—1106页）

【咸丰十一年三月甲午】又谕：前谕胜保即赴行在，毋庸带兵前来。该大臣接奉前旨，谅已克日启程。现在剿办朝阳土匪，兵力尚单。胜保前请调兵前来，著即挑选劲旅一千名，派委得力将弁管带，迅赴热河，听候调遣。将此由五百里谕令知之。（《清文宗实录》卷345，第1106页）

【咸丰十一年三月癸丑】谕军机大臣等：成明奏，追剿贼匪获胜，并拟令热河等兵暂驻朝阳，请饬福厚接济军饷各等语。贼匪窜至广宁县、大牛圈地方，经成明督队追剿获胜。盛京协领书明额等带马步队九百名赶到，业经会合前进。惟贼匪东窜，恐扰及盛京各属。本日已谕知玉明，严饬所派官兵合剿。克兴阿现在行抵何处，著即与成明督饬各军，实力剿捕，毋任再有窜逸。热河步兵三百名，西安步兵五百名，既据成明请令，暂劄朝阳候调，著即照议办理。前因克兴阿等请拨饷需，谕令春佑于热河道库拨银二万两解往。据成明奏称，现在官兵口分有欠至十数日者，著传谕福厚赶紧放给，并飞速拨送前途追贼官兵，以资接济。将此由六百里谕知克兴阿、成明，并传谕福厚知之。（《清文宗实录》卷347，第1121页）

【咸丰十一年三月丁巳】谕军机大臣等：前因俄国商人，欲由独石口行走，谕令文煜等阻止，仍准其于张家口销售零星货物。本日据庆昀等奏，独石厅连界处所集场廛市均应豫为筹议。并据文煜奏称，俄商行抵独石口业经遵允改道各等语。俄国商人呢尔丕依汪带领跟役十八名、喇嘛二十四名，并驼马车辆等，于本月十九日抵独石口。经地方文武等据理阻止，该商已遵允改道。所携货物，前据固理声称，有令于途间零星销售之语。该商于独石口折回，其是否赴张家口，抑往他处，尚难揣测。如多伦诺尔及热河所属州县均有集场廛市，难免该商在彼贸易，自应密为防范。著文煜、春佑严饬各该地方官，如俄商行抵该处，准其将零星货物销售，不得设立行栈。并晓谕居民，与该商公平交易，以期华夷相安。惟不必张贴告示，致令有所藉口。将此由五百里各谕令知之。（《清文宗实录》卷 347，第 1125 页）

【咸丰十一年四月己未】 又谕：据克兴阿等奏，追剿窜匪，斩杀净尽，请将马步官兵分别派赴古北口及归伍等语。此股贼匪搜捕净尽，惟首匪才宝善等，尚未就获。本日已谕知玉明等，派员设法严擎。其由古北口调往炮位，均著解至热河，交春佑收存。护炮弁兵，并著归伍。克兴阿俟派拨事毕，即来热河行在。成明已赏假十五日，准其就近省墓矣。将此由五百里谕令知之。（《清文宗实录》卷 348，第 1130 页）

【咸丰十一年四月乙亥】 谕内阁：前据文煜奏，贵州抚标千总杨凤鳌赍折来京，于直隶新乐县地方被抢。当经降旨，将该县知县苏汝谦摘顶勒缉。惟杨凤鳌以赍折差弁，竟敢携带烟土，沿途售卖，显系有私贩情弊。杨凤鳌现来热河赍递折件，著春佑派员押解赴京，交刑部严行审讯，按律惩办。（《清文宗实录》卷 349，第 1156 页）

【咸丰十一年四月丙子】 以攻剿热河朝阳匪徒出力，赏总兵官成明黄马褂，副都统克兴阿巴图鲁名号，护军参领文哲珲副都统衔，协领巴呢泰、营总博崇阿二品衔，委防御荣禄、喜庆、营总依勒兴阿等花翎，前锋倭什楞额等蓝翎。余升叙有差。（《清文宗实录》卷 349，第 1160 页）

【咸丰十一年五月癸巳】 吏部遵议热河道福厚等处分。得旨：若论兼辖统辖，道府皆为兼辖，都统则为统辖。若论事关军务，何以同案处分，不惟留调区别。而且一含混，一声明不准抵销，意存轩轾，殊不平允，不知尔部是何意见。似此特旨另议要件，尚敢如此蒙混，殊属有乖职守。姑念此系初犯，暂免褫职。除杜翰、基溥未随同画稿外，其余在京吏部堂官均著严行申饬。其本案处分，灵杰著改为降四级留任，福厚照议降二级留任，俱著不准抵销。此折并朱批著发钞。（《清文宗实录》卷 351，第 1190 页）

【咸丰十一年五月乙未】 又谕：仁寿等奏，遵旨定拟已革知县罪名一折。此案已革热河朝阳县知县富昌失守地方，复捏禀冒功，希图末减。仁寿等拟以斩监候，实属罪有应得。惟该县并无城池可守，情节尚属可原，富昌著改为发往新疆效力赎罪。(《清文宗实录》卷 351，第 1192 页）

【咸丰十一年六月壬戌】谕内阁：兵部奏，遴派司员照料文报，并堂官轮班赴蔺沟等处查看等语。现在夏令，雨水较多。热河往来文报，恐有阻滞，著顺天府府尹、直隶总督，严饬各地方官，于文报经过之河道桥梁，认真照料，毋令稽滞。兵部堂司各官，均毋庸前往蔺沟等处照料。(《清文宗实录》卷354，第 1226 页）

同治朝

【咸丰十一年八月丁卯】谕内阁：春佑奏，请以滦平县知县穆翰调补朝阳县知县一折。现在恭奉皇考大行皇帝梓宫回京，滦平县差使紧要。春佑此时请以穆翰调补朝阳，恐开属员规避之渐。著该都统督饬该员，赶紧办理桥梁道路，俟事竣后再行奏请调补。（《清穆宗实录》卷2，第103—104页）

【咸丰十一年九月庚子】谕内阁：户部奏，遵议蒙古四税，请仍饬核实经理等语。蒙古四税，加增税额，从前虽因各处道路梗阻，办无成效。现在地方均已静谧，此系奏准应征之税，岂得畏难推诿？著热河都统严饬各该税员，察看各该处地方情形，认真经理，随时整顿。如税务渐有起色，即行核实加增，仍由该都统议定章程，奏明办理。（《清穆宗实录》卷4，第132页）

【咸丰十一年十月丁巳】谕议政王军机大臣等：昨因肃顺跋扈不臣，已明降谕旨，革职挐问，并查抄家产矣。该革员于热河盖造房屋，年余尚未完工，所蓄赀财，谅必不少。著派春佑将该革员所有热河财产，密速查抄候旨。该革员身撄重罪，难保不于事前寄顿，并著春佑传谕热河道福厚、承德府知府灵杰、热河总管毓泰，将寄顿之处悉为指出，一律查抄。倘福厚等敢于扶同隐匿，不吐实情，将来别经发觉，定当重治其罪，不能宽贷。该都统于派办要事，亦应认真办理，不得稍涉徇隐。将此由五百里谕令知之。（《清穆宗实录》卷6，第153页）

【咸丰十一年十月癸亥】又谕：热河地方五方杂处，易藏奸宄。现在朕回宫以后，该处回民是否安谧，著春佑不动声色，严密访查。该地方现在如何情形，迅速具奏，并著妥为安抚，毋令稍生事端。将此谕令知之。寻奏：回民生业如常，并未滋生事端。报闻。（《清穆宗实录》卷6，第166页）

【咸丰十一年十月丙寅】谕内阁：热河避暑山庄，停止巡幸已四十余年，所有殿庭各工，日久未修，多就倾圮。上年我皇考大行皇帝举行秋狝，驻跸山庄，不得已，于各处紧要工程，稍加葺治。现在梓宫已恭奉回京，朕奉两宫皇太后亦已旋跸。所有热河一切未竟工程，著即停止。（《清穆宗实录》卷7，第176页）

【咸丰十一年十月丁卯】谕议政王军机大臣等：昨日已特降谕旨，将热河一切未竟工程停止矣。该处山庄，修葺各处工程，该承办之员，原估几处，需项几何；其所需银两，已经领过若干，作何销算之处，著春佑严行查询，总管毓泰等悉数呈报，不许稍涉徇隐。倘有讳匿，必当重治其罪，毋得以泛泛具结，遂谓可敷衍了事也。至所奏查抄肃顺热河寓所情形，单开房间家具数目，著即照数入官，交毓泰等妥为收管。将此谕令知之。（《清穆宗实录》卷7，第180页）

【咸丰十一年十一月丁亥】又谕：前经降旨将热河山庄一切未完工程即行停止，当即谕令春佑将该处山庄修葺各处工程，原估几处，需项几何；所需银两，该承办之员已领若干，未领若干；现在工程已未修竣处所，共计若干；所用银两，作何销算之处，严行查询，总管毓泰等悉数呈报。兹据春佑奏称：热河修理各工，原估需银三十万二千七百余两，惟文津阁一处，曾经奏派司员勘估。此外各工，均未派员监修核算，仅凭商人自行开单呈准。现在原估未修处所尚多，而领过银两已至二十六万四千余两，自应由承办各员查明追缴。著派总管内务府大臣绵森前往热河，会同春佑督饬总管毓泰等核实销算。倘毓泰等稍涉支饰，即行严参重惩。商人刘元魁现已拿交刑部，著总管内务府大臣会同该部严行提讯。（《清穆宗实录》卷9，第236页）

【咸丰十一年十二月戊辰】谕内阁：绵森、春佑奏，遵旨会勘避暑山庄工程，核实销算，并绵森查明各处陈设各一折。热河园庭工程，现据绵森等估算，应销银二十一万一百十两，计溢领银五万四千六百四十两，著刑部会同内务府严讯明确，照数著追。该商刘元魁前在刑部供称热河厂内尚存银四万余两，何以该商伙傅炳南等仅缴出八千五百五十两？核其帐目，诸多牵混，恐有暗通信息、冒开隐匿情事。商伙傅炳南、沈四、刘永福、崔大均著解交刑部归案审办。毓泰于认修工程银两，并不交出，辄托商人刘元魁代垫。直至该大臣等查算时，始行供出，并擅将园内收存瓷器三十余件，借给肃顺使用，又不即时追回，亦未于查讯之前，据实声明，显有蒙混隐饰情事。毓泰著即革职，著春佑派员押解来京，交刑部质讯。前任热河副总管钟英随同毓泰，将所存瓷器交给肃顺借用，于查讯之先，亦未声明，均属疏忽。钟英著即解任，听候传质。（《清穆宗实录》卷 13，第 348—349 页）

【咸丰十一年十二月乙亥】谕议政王军机大臣等：玉明等奏，接据探报，有贼二三百人，指称系盗首白凌阿带领进边，至义州城北三十余里之高台子地方盘踞，旋窜至间阳驿意图焚抢，旋因义州尉金怀忠带兵赶到，始行东窜。现在添派马队追剿，请饬吉林、热河并蒙古各旗一体兜剿等语。盗匪白凌阿阑入义州境内，现当滋事之初，匪众不过数百人，尚易剿灭。玉明等以边外辽阔，未能穷搜，即准带队各员回守要隘，殊不思养痈贻患，何日方可撤防？协领恩合，闻其骁勇善战。本年夏间，追剿朝阳余匪，极为迅速。此次添派之马队各兵，即著玉明饬令恩合统带，实力追剿，务将首匪余党一律扫除，不准托言防堵，任其窜逸。吉林、热河均与奉天毗连，自应三面兜擎，并著景纶、春佑各派官兵，协同捕剿，毋令一名漏网。此等盗匪，不过幺麽小丑，必当迅速扫除净尽，不得迁延时日，糜饷劳师。其蒙古各王旗，已谕知理藩院严谕一体协剿。所有阵亡练长等，即著玉明查明咨部请恤。将此由五百里各谕令知之。（《清穆宗实录》卷 14，第 372—373 页）

【同治元年正月辛卯】谕议政王军机大臣等：前因玉明等奏盗匪白凌阿、才宝善，纠集伙党，阑入义州境内。当经谕令玉明等各派官兵，并令理藩院传谕蒙古各王旗协同剿捕。现闻朝阳匪徒复又蠢动，即系去年夏间才宝善、徐洛红等党与仍图啸聚。此等匪徒，到处裹胁，若不及早扫除净尽，必至滋蔓难图。据成明奏，请将古北口驻扎黑龙江马队官兵，交德兴阿等统带，业经批令遣撤归伍，毋庸留防。兹既传闻朝阳有匪，著春佑即咨照成明，将此项马队官兵，仍留古北口驻扎。如实有匪徒滋事，即著春佑酌量调派热河官兵协助，前往迅速剿办。务将逆匪首伙，迅速歼除，毋留余孽。倘迁延不进，贻误军

情，惟春佑是问。将此由四百里谕令知之。(《清穆宗实录》卷 15，第 416 页)

【同治元年三月辛卯】谕内阁：玉明等奏，请将已革管旗章京，归案审办一折。已革管旗章京乌尔图那索图，上年十一月，曾在热河都统衙门控告已革台吉嘎尔玛斯第多款。现在乌尔图那索图尚在京城贝子索特那木色登家内，著理藩院、步军统领衙门派员迅即拏获，并著顺天府解赴热河，交春佑归案审办。(《清穆宗实录》卷 21，第 585 页)

【同治元年三月癸巳】谕内阁：前因已革管旗章京乌尔图那素图，上年曾在热河都统衙门控告已革台吉嘎尔玛斯第多款。该革员现在京城贝子索特那木色登家内，当降旨令理藩院步军统领衙门，派员迅即拏获，由顺天府解赴热河，归案审办。兹据爱仁等奏称，派委司员赴该贝子家内查拏，乃索特那木色登，始则声称乌尔图那素图往海淀赎取当物，继则又以甫经前往热河为词，种种枝梧，显系有代为捏词隐讳情事。索特那木色登，著先行交理藩院议处，仍责令将乌尔图那素图迅速交出，倘迟延不交，即著理藩院严行参奏。寻热河都统春佑奏，乌尔图那素图于本月十四日在热河拏获。报闻。(《清穆宗实录》卷 22，第 588—589 页)

【同治元年六月癸丑】谕内阁：前因蒋琦龄奏，请开屯田以恤旗仆等语，当交八旗都统会同该部妥议具奏。……至蒋琦龄所称独石口外之红城子开平，张家口外之兴和、新平等四城及热河等处之闲田，与旗民赎产，入官籍产，可否开垦若干顷，足资安插若干户。及房屋籽种牛具等项，应如何筹画经费，并酌定章程之处，均著春佑、庆昀并总管内务府大臣逐细详查，据实具奏，毋许草率了事。(《清穆宗实录》卷 30，第 802—803 页)

【同治元年六月戊辰】谕议政王军机大臣等：本年七月十七日，恭值皇考文宗显皇帝周年忌辰。著春佑等于热河各寺内，遴选喇嘛四五十名，在澹泊敬诚殿虔诚诵经一日。嗣后每年七月十七日，均照此次敬谨办理。将此谕知春佑，并传谕恒恩、耀安知之。(《清穆宗实录》卷 31，第 845 页)

【同治元年八月己未】谕内阁：内务府奏，清厘长开官票，请将司员商人等分别惩处勒交等语。五天官号，应赔三成罚款。前经户部开单奏请，降旨免其追缴，由捐铜局搭成收回，以免藉口而示体恤。该商人等所有长开票存二百七十九万余吊，自应迅速筹款，以凭给发，乃屡催罔应，贻累民间。其业经在坊看押之商人及已故之前商等，均著着落各该家属，于限内呈交，仍勒限三个月，将票款迅即清厘，以偿民欠。原保司员等既经滥保于前，又不妥筹于后，实属玩泄。内务府郎中恩林、前任郎中德溥、现任热河副总管耀安，均著先行摘去顶带，仍责令赶紧筹办此次勒限之后。傥再逾限不完，即将该商人等交部从严治罪，并将原保司员参革查办。（《清穆宗实录》卷 36，第 975 页）

【同治元年八月丁丑】谕议政王军机大臣等：瑞麟奏，遵旨敬查避暑山庄绥成殿供奉列圣圣容轴数位次，开单绘图呈览一折。览奏敬悉，所有绥成殿供奉文宗显皇帝圣容位次，著瑞麟即照所拟，将东稍间隔扇展通，遵照中明间式样，敬谨兴修。其供案铺陈等项，并依旧式，豫为办理。此项工程于何时完竣，并著先期奏明，恭俟文宗显皇帝圣容诹吉由京送至热河敬谨供奉。将此谕令知之。（《清穆宗实录》卷 38，第 1030 页）

【同治元年十月辛巳】谕议政王军机大臣等：瑞麟奏，绥成殿工程完竣，俟钦天监择吉奉移，并承修各员，可否奖励各折片。绥成殿恭悬文宗显皇帝圣容，现据钦天监谨择于十月二十五日巳时吉。除饬知内务府遵照办理外，即著瑞麟届期敬谨将事。其恭请列圣圣容还御，并著亦于是日遵照前仪，敬谨办理。此项工程，著准免其造册报销，仍由热河道归入年终俸工减成项下奏销册内，作正开销。至承修之总管恒恩等，该署都统拟请酌给奖叙，殊与历届成案不符，著毋庸议。将此谕令知之。（《清穆宗实录》卷 45，第 1211 页）

【同治元年十月辛巳】旌表守正捐躯热河平泉州民单来庆妻张氏。（《清穆宗实录》卷 45，第 1215 页）

【同治元年十月甲午】谕议政王军机大臣等：热河地方旗民蒙回杂处，控驭抚绥，不容稍有疏懈。风闻本年夏间，旗兵因索饷滋事，有围住都统衙门，并殴伤协领情事。如果属实，殊为貌法，自应惩一儆百，庶不启兵民狎玩之志，且可杜蒙回人等轻视官吏之心，关系实非浅鲜。春佑莅任三年，毫无振作。本日已将瑞麟简补热河都统。瑞麟向来办事结实，心思沉细。热河为畿北岩疆，务宜振刷精神，将地方一应事宜，力求整顿，以期兵民畏服，境宇粒安，用副委任。至索饷滋闹一案，及现在该处情形，是否安谧，著一并查明，据实具奏，不准稍有隐饰。将此谕令知之。寻奏：前因热河仓米不敷散放，正在采办之际。各旗兵因糊口维艰，向都统衙门乞请，当经开导，旋即散去，并无殴伤协领情事。现在地方安谧。报闻。（《清穆宗实录》卷46，第1249页）

【同治元年十月戊戌】又谕：上年因玉明等奏，盗匪白凌阿率众三百人，由义州向东窜逸。当经谕令理藩院传知卓索图等蒙古各王旗，一体派兵堵剿，并约束属下，毋得窝藏容留。近闻白凌阿尚匿该蒙古地界，其甥弥勒僧格经蒙尔金旗贝勒赏给顶带。著理藩院传谕卓索图、哲里木、昭乌达蒙古各王旗，迅速查明白凌阿现在何处，即行擎获，并将其甥弥勒僧格一并交至热河都统衙门审办。傥经此次谆谕，仍敢容隐藏匿，别经访闻擒获，必将容留之该旗王公等严惩，决不宽贷。懔之。将此谕令知之。（《清穆宗实录》卷46，第1262页）

【同治元年十一月丙辰】谕议政王军机大臣等：有人奏，热河回民聚众滋扰，请饬查究一折。据称热河回民刘宽为积年盗首，党与众多，叠次在平泉州属各处，抢劫伤人，曾经被获到案，该州知州竟无故放出。近又在喇嘛地方，纠约二千余人，欲与喀喇沁王府打仗等语。热河地方，关系紧要，似此盗贼纵横，肆行无忌，若不及早缉拏，势将酿成巨案。著瑞麟严密查拏，实力究办，毋稍疏纵。原奏所称该匪停留盘踞地方，历历如绘。该都统务当密派妥员，前往擒拏，将该匪等悉数弋获，不准一名漏网。其纵盗之地方官及通匪兵役，并著切实访查，严行惩办，毋稍讳饰。原折著钞给阅看。瑞麟平素办事，尚知认真，谅不至将此等要案，草率了结，贻患将来。惟遇紧要事件，亦须迅速办理，毋得稍涉拘泥。将此谕令知之。（《清穆宗实录》卷48，第1305—1306页）

【同治元年十一月壬戌】谕议政王军机大臣等：前因有人奏，热河回民刘宽聚众滋扰。当经谕令瑞麟严密查拏，实力究办。本日又有人奏，贼首刘宽招集匪徒，在平泉州永清县所属各村庄叠次行劫，抢夺标银，并拒伤标丁多人。嗣经平泉州捕役将刘宽拏获，而该州知州金龄私行释放。迨标局职员常生财控交热河都统查拏，而金龄之子与门丁萧八复敢纵令刘宽逃跑，又捏报萧八病故，以遂其延宕之计，刘宽仍在赤峰县地方聚匪抢劫各等语。热河为畿北岩疆，似此盗贼纵横，地方有司暗与通气，若不从严惩办，必至酿成巨患。著瑞麟恪遵前旨，督饬地方官弁，将首犯刘宽及其平日伙盗，严密缉拏，悉数弋获，不准一名漏网，并将金龄之子与其门丁萧八，一并提到严讯。如有纵贼通匪情事，即著据实严参，毋稍讳饰。瑞麟现在到任未久，无所用其回护，想断不敢将此等重案，设法消弭也。原片著钞给阅看。将此谕令知之。（《清穆宗实录》卷49，第1325—1326页）

【同治元年十二月辛卯】又谕：阿克敦布等奏，会办蒙古案件大概情形一折。喇嘛林沁京控苛派差钱，私开地亩各情，既据该侍郎等称系紧要关键，自应认真研鞫。老头会虽与内地会匪不同，既经塔布囊管保等，控有聚众抢掠等情，断非无因。此案官民互相呈控，两造不下五六百人。前任热河都统春佑屡次催提，一人未到。迨瑞麟接任后，节经催提，仅解到梅伦格位扎拉散等三名。其余紧要被证，仍未到案。如该旗等敢于抗违，延不解送，著阿克敦布、瑞麟据实查参。白凌阿一犯，前据瑞麟奏称薙发为僧，匿迹远扬。白凌阿外甥弥勒僧格，现在逃走东荒，均应设法查拏。此等著名要犯，岂容令其远窜，致稽显戮？著阿克敦布、瑞麟严饬派出各员，并卓索图、昭乌达各盟长，暨文武地方官认真踿缉。务将白凌阿、弥勒僧格二犯拏获惩治，毋任漏网。将此谕令知之。（《清穆宗实录》卷52，第1428—1429页）

【同治二年正月己未】又谕：前因塔布囊丹巴及孟古勒津旗达拉玛等，以苛派苦累等词，赴都察院呈诉，均经降旨，交热河都统提审。嗣因喇嘛林沁复以前情呈控，当派侍郎阿克敦布前赴热河，会同都统瑞麟提集人证，秉公查办。兹据阿克敦布等奏，审明互控情形，按例定拟一折。此案梅伦格位扎拉散，明知阿勒巴图差重，不惟不加体恤，反于求恩减差时，喝阻不允，几至激成事端。虽讯无私敛入己情事，实属任意苦累属下。协理旗务土布丹扎布，因与格位扎拉散系属姻亲，辄坐视众困，厥罪惟均。格位扎拉散著革去梅伦，土布丹扎布著革去协理，均永远不准当差。齐达勒纠众讹钱，实属凶恶，着照凶恶棍徒极边军例，枷号九十日。塔布囊丹巴先因捏控畏质，情虚逃匿，复敢纠众赴京，将已结之案翻控，实属健讼，著革去塔布囊，照积惯讼棍极边军例，枷号九十日。达拉玛以传闻无据之词，砌饰呈控，著照丹巴军罪上减等杖徒例，枷号三十日。塔布囊棍丹得吉特屡次售卖阿勒巴图之女，虽据供不谙例文，究属任性，著革去塔布囊，从重鞭责。另片奏：体察热河所属蒙古地亩差项情形，请明定差钱数目并添派委员，会同卓索图盟长清查地亩，力除积弊，及严禁塔布囊不准例外加增侍女等语，所筹尚属周妥。即著瑞麟斟酌情形明定章程，奏请办理。(《清穆宗实录》卷55，第20—21页)

【同治二年正月己未】 又谕：阿克敦布、瑞麟奏，会同审明蒙古京控案件，按例定拟一折。另片奏：体察热河所属蒙古情形，明定章程，出示晓谕等语。阿勒巴图生齿日繁，既无可耕之地，又无可牧之厂。该官员等不知体恤下情，复将逃丁应交之差，派各丁交纳，以至益形苦累。现经瑞麟飞饬卓索图盟长喀喇沁王色伯克多尔济会同查办，先将该旗差项弊窦，严行禁革。该都统仍当留心稽察，如查有借端影射，任意加增情弊，即随时从严惩办。所有该旗地亩，并著严饬添派之委员等，会同该盟长委员按照成案，逐一清查。如今昔情形不同，必须量为变通。该都统务当平心体察，妥筹办理，总期积弊尽除，差项轻减，俾官民永远相安，方为妥善。至塔布囊陪嫁侍女，向例准减而不准增。塔布囊何得滥派，著瑞麟行令该盟长转饬塔布囊，将例外加增侍女迅即给亲完聚，不准藉词延宕。蒙古民情质朴，虽经该都统等督饬司员，详切开导，该老头会众人等，恐未必坦然无疑。著照该都统所奏，迅将办理地亩差项缘由，明定章程，剀切晓谕，以杜讼端而安藩部。将此谕令知之。(《清穆宗实录》卷55，第23—24页)

【同治二年二月戊寅】 拨热河驻防官兵五百名，赴署直隶提督宝山军营听候调遣。(《清穆宗实录》卷57，第75页)

【同治二年三月庚戌】 谕议政王军机大臣等：瑞麟奏，请开垦围场闲地，以资接济，并绘图呈览一折。热河驻防旗兵所需俸饷，因库款支绌，未能按月支放。众兵时虞困乏，自系实在情形，所筹招佃展垦荒地以济兵食，自属可行。著照该都统所拟，将围场四面边界荒地八千余顷，展出开垦。其押荒升课章

程，即著妥议具奏。但事当创始，必须妥筹尽善，方可有利无弊。尤须不避
嫌怨，认真兴办。所有此项荒地，著招募家计殷实素业稼穑之人，具呈认垦，
不准滥招无业游民，致滋流弊。尤须画清界址，不准越垦，以息争端。其与
民地毗连者并当禁止侵占，方可日久相安。红桩以外前垦兵租地亩，历年较
久，越垦成熟之地，竟至数百顷之多，著勘定界限，安设卡伦，以杜侵越之
弊。图内所指伊亲王地，系何项地亩，于此次开垦荒地有无妨碍，并著查明
具奏。图留览，将此谕令知之。寻奏：遵查正黄旗西北边界，有怡亲王荒地
草厂，与此次开垦并无妨碍。至所指伊亲王，系前次传闻之误。报闻。（《清
穆宗实录》卷 60，第 164—165 页）

【同治二年六月己丑】谕议政王军机大臣等：瑞麟奏，开垦围场闲地，酌拟升
课押荒章程一折。热河围场边荒地八千余顷，经瑞麟招佃开垦，收纳押荒及
升课银两，以济兵食。现已有人具呈认垦，复经瑞麟分别地亩肥瘠，定为上
中下三等，并酌定押荒升课银两，及拟办章程十六条，著即照所拟办理。瑞
麟现已简放广州将军，俟新任热河都统麒庆到任后，应即交卸来京陛见。惟
开垦地亩，本由瑞麟经理，现在尚未完结。著俟此事办有头绪后，将开垦事
宜，移交麒庆详细告知，再行起程来京。将此谕令知之。（《清穆宗实录》卷
70，第 412 页）

【同治二年六月丁酉】又谕：顺天府府丞卞宝第奏，热河土匪窝盗殃民，请饬
密拏严究等语。据称热河积年巨匪，平泉州回民刘宽、赤峰县哈达地方民人
沙亮，该二匪专以剽掠为生，与文武衙门兵役消息相通。该州县文武并得受
季规，是以从未破获。迁安县近日拏获骑马贼，供称窝主刘宽平日豢养凶徒，
制备快马利器，四出拦抢。沙亮行径，与刘宽相同，党与极多。京东及顺天
府属天津、河间、保定等处拦劫各案，多系该匪等所为等语。畿辅重地，岂
容有此等巨匪肆行抢掠？若不速行搜捕，贻患何可胜言。著瑞麟、麒庆即行
密拣精明妥实之员，不动声色，前往查拏，务获究办，以靖地方。毋得仍前
玩泄，致贻后患。将此谕令知之。（《清穆宗实录》卷 71，第 434 页）

【同治二年六月甲辰】谕议政王军机大臣等：理藩院奏，请饬热河盛京会拏
要犯一折。卓索图盟土默特旗匪犯绰金汰、那木萨赍等聚众多人，向该地方

讹索钱文，将马甲巴育泰房屋烧毁，并将派拏该匪之章京哲克通额等驴马多匹抢去，实属目无法纪。且被害之巴育泰家属于该旗章京查验询问时，至不敢供出匪众姓名，足见该匪等恃众横行，凶焰日炽。若不赶紧搜拏，势将酿成巨患。据该旗贝勒散巴勒诺尔赞等向理藩院呈称，本旗人因旗下官差过重，恳求轻差控案。经盟长派出扎兰丹巴等传讯时，绰金汰聚众拒捕，劫去人口驴马，烧毁巴育泰房屋等语。著麒庆确切查明，如果该匪众实因官差过重，邀集多人恳求轻减，尚无殴官抢人重情，即著传讯该犯等分别办理。傥实系聚众滋事，抗官拒捕，扰害地方，即由该都统迅派兵丁，并传知卓索图盟长派委妥员一并查拏，一面知照盛京地方文武赶紧会缉，并著玉明、和润、德椿一并派员探访。如须用兵会拏，即迅派得力文武多带兵役前往协缉，务将著名各犯悉数搜拏，毋任一名漏网，致留余孽。原折著钞给阅看。将此各谕令知之。(《清穆宗实录》卷71，第446页)

【同治二年八月庚子】 谕内阁：前据理藩院奏，热河三座塔司员祥明，因台吉宝伦涉讼，咆哮公堂，擅将该台吉摘顶看管。恐其中另有别情，请将祥明暂行解任，交热河都统亲提研讯，当经降旨允准。兹据麒庆奏，讯明台吉宝伦，与民人吴定功，因钱债涉讼。经司员祥明讯出宝伦历次借欠吴定功钱文属实，因宝伦不服审断，立而不跪，出言顶撞，祥明当将该台吉摘顶责押，详请咨明斥革，并无另有别情，请分别办理等语。台吉宝伦因钱债涉讼，并不长跪听审，辄敢当堂顶撞，实属胆玩，著即革去台吉职衔。司员祥明办理此案，并不详请部示，遽将台吉宝伦先为责革，始行详咨，亦属不合，著交部议处。(《清穆宗实录》卷77，第575页)

【同治二年八月壬寅】 勾到直隶、山西、热河情实罪犯，停决直隶斩犯一人、绞犯一人，山西斩犯三人、绞犯二人。余四十九人予勾。(《清穆宗实录》卷77，第580页)

【同治二年九月乙巳】 谕议政王军机大臣等：玉明等奏，遵查土默特旗匪犯绰金汰等聚众情形，并派官兵往西路捕盗一折。绰金汰等聚众焚掠，肆行不法，既据玉明等查明属实，亟应严行搜捕。其应如何派员前往严密搜缉，及应否由热河派兵会拏之处，著玉明、景霖、和润、德椿会同麒庆悉心筹商，妥为办理，一面知会土默特旗协力搜剿。新台边门，突有盗匪到门，砍伤兵丁，烧毁官房，抢掳当商，并抢去团练军械，即日出边，往西北大路逃逸。该匪潜逃边外，难保不与绰金汰等暗图勾结，肆行滋扰。现经玉明等派委官兵前往缉捕，即著饬令悉数弋获，尽法惩治，并著麒庆饬令朝阳、赤峰等县地方官，一体严拏，毋任一名漏网。玉明等务当会同麒庆，认真办理，毋得粉饰养痈，致贻后患。将此各谕令知之。（《清穆宗实录》卷78，第585页）

【同治二年十月丁酉】谕内阁：都察院奏，热河民人张嘉禄遣弟张嘉宗，以刑逼翻供等词，赴该衙门呈诉。此案张嘉禄呈诉伊父张举，被喀拉沁旗蒙古莫敖海等图财毙命。蒙古委员三胜嘎复令众凶将尸身抢去。前据都察院两次具奏，叠经降旨交春佑、麒庆提审定拟。兹据张嘉宗控称，王府旗员不将二莫保得解审，仅有莫敖海到案。惟据一面之词，移称该民人盗父尸骸。复有旗下当差之陈宗维，勾串刑司丁书李太，刑逼干证姚福凝及看尸人林喜翻供。旗员李连等系众凶亲属，延不解案，希图草率拟结等情。案关图财害命，及刑书等串通刑逼，亟应彻底根究。且系两次降旨提讯之件，何得任意耽延？殊属玩泄。著麒庆迅即催提各犯，秉公严审，务得确情，按律定拟具奏。原告民人张嘉宗，该部照例解往备质。（《清穆宗实录》卷83，第716—717页）

【同治二年十月癸卯】谕议政王军机大臣等：麒庆奏，拏获著名巨盗，暨匪犯闻拏投首各折片。热河平泉州回民刘宽逞凶肆掠，积年巨盗。经麒庆派员缉获，解至热河，讯明实系盗首，现交承德府牢固监禁。该犯系著名盗首，且党与众多，亟宜速为诛除，以绝巨患。著即饬令承审各员，即将该匪所犯各案，严讯确供，尽法惩治，迅速了结。为从匪犯，仍著饬令派出委员，带同番役等密速查拏，毋任一名漏网。其纵盗之地方官，有无贿属情弊，并著悉心访查，严行参办。绰金汰聚众滋事一案，业令投首之那木萨赖，专人觅获绰金汰自行赴案矣。绰金汰系案内要犯，务须责令迅速查拏，分别讯办，不得稍涉懈弛。将此谕令知之。寻奏：刘宽现已讯明正法。据供向在平泉、赤峰交界之处藏匿，此拏彼窜，以致久未弋获，尚无贿脱情弊。惟该州县等查拏不力，应请交部议处。从之。（《清穆宗实录》卷83，第730页）

【同治二年十一月庚戌】谕内阁：麒庆奏，查明蒙古驿站牧厂请旨拨给荒地一折。据称热河围边以内，海萨什巴尔台地方，向设蒙古驿站，由昭乌达盟八旗派拨披甲马匹支应当差。自移设喀喇沁旗之梅伦沟，该处站兵即将荒地开种。现在奏请招垦围边地亩，自应将驿站仍移原处。而梅伦沟之当差人等，户口繁多，历有年所，未便另行迁移。又昭乌达之西尔嘎驿站马匹，均在围边牧放，亦应酌留地亩，以资当差。请将围边荒地拨出八十顷，补给喀喇沁旗。其梅伦沟驿站，酌留四十顷。西尔嘎驿站，酌留三十顷，藉资牧放各等语。所奏自系实在情形，即著照麒庆所议，分别拨给，以示体恤。另片奏：围场哨地，额设各兵，均有随缺地亩。惟蒙古兵二百名，仅有甲缺银粮，并无随缺额地，请酌量拨给等语。著准其于左翼四旗闲荒地亩内拨给二百顷，以遂生计而昭平允。（《清穆宗实录》卷84，第753—754页）

【**同治二年十一月庚戌**】谕议政王军机大臣等：麒庆奏，缉拏要犯弥勒僧格、托古勒台二名，由吉林解往热河，行至大石桥店门，弥勒僧格乘间逃跑，请饬讯明严缉等语。弥勒僧格一犯，系盗首白凌阿之甥，倚恃社首，妄拏无辜，并叠被控告结盟扰害各情，当降旨严拏惩办。前经诱获，旋复逃走。其为积惯为匪，怙恶不悛，已可概见。现经哲里木盟长并郭尔罗斯等旗弋获，由郭尔罗斯旗解交伯都讷副都统衙门，转解热河，并由盛京兵部派骑都尉恩瑞带领兵丁接解。何以行至大石桥地方，即被乘间拧坏拷扭，逃跑无踪？其中显有贿纵情弊，抑或另有别情，著玉明即将恩瑞及接解兵丁等，严行审讯，从重办理。仍一面饬该管地方官，上紧缉拏务获，毋任漏网。玉明于盛京地方盗犯肆意横行，不能认真办理。及邻境拏犯，假道行走，仍不能妥为接递。且此等重犯逃脱，并不即时奏闻，希图掩饰了事，懈玩已极。倘日久未能弋获，任令远扬，该将军等自问当得何罪？宝善曾否到任，并著一体严缉，毋稍疏懈。该犯恐遁回吉林，或至热河潜匿，著景纶、麟瑞、麒庆等各饬所属，购线密拏，归案严办。将此各谕令知之。（《清穆宗实录》卷84，第754—755页）

【**同治二年十一月丁巳**】谕议政王军机大臣等：前据理藩院以土默特旗贝勒散巴勒诺尔赞等呈报，绰金汰、那木萨赉等纠众焚烧抢掳，恳请查拏等情具奏。当经降旨令麒庆确查，并谕令玉明等派兵协缉。嗣因麒庆以绰金汰等借差项过重为词，抗差滋事。复于委员查办后，仍行聚众持械，忽聚忽散，究属不法等情覆奏，复批令该都统密饬委员等迅缉务获。兹据麒庆奏称，绰金汰业已自行投案。据该犯供称，实因该旗派差过重，邀人求减差钱，并无抢劫情事等语。该犯既系邀人求减差钱，并未抢劫，何以该贝勒旗屡次与热河都统文内，总以绰金汰等殴官抢人为词，且以纠众焚烧抢掳赴理藩院呈诉？究竟有无其事，及因何启衅根由，必须质讯明确，方可以折服其心。那木萨赍一犯，前因查拏紧急，已据麒庆奏称自行投到。著该都统即将该二犯亲提严讯，并将案内牵涉之旗员提传到案，严切根究，务当持平办理，以成信谳。将此谕令知之。（《清穆宗实录》卷85，第771页）

【同治二年十二月壬午】谕内阁：麒庆奏，审明蒙古人等互相诬控，按例定拟一折。此案土默特贝子旗已革台吉嘎尔玛斯第，因借给阿育尔喇嘛钱文无偿，将地亩指典抵欠，而地亩系业经其兄卖给已革管旗章京乌尔图那素图之业。乌尔图那素图赎罪回家，该台吉疑系私逃，即令其子阿育巴咱及家人等前往围拏，索诈骡头钱文。后因乌尔图那素图翻悔未给，遂开列七款，赴三座塔税务衙门具控。乌尔图那素图并不赴案质讯，邀同叶什桑保，亦将嘎尔玛斯第胪列多款，赴热河都统衙门呈告。现经讯明嘎尔玛斯第等并无私立绰号，及聚会台吉商议别事等情，乌尔图那素图亦无私将军营带回大炮卖给贼匪情事。互控各情，均属诬捏。嘎尔玛斯第以获咎被革之员，复因地亩细故，围拏乌尔图那素图逼索钱物，并捏词具控，实属不安本分，好讼多事。乌尔图那素图既经被控有案，自应遵传赴质，乃抗传不到，复捏造重情，邀人赴热河越诉，希图准状，居心更属险诈。嘎尔玛斯第、乌尔图那素图均著照例发往河南、山东，交驿站充当苦差，由理藩院定地发配。事犯虽在恩诏以前，不准援免。（《清穆宗实录》卷87，第838—839页）

【同治二年十二月壬午】又谕：传谕蒙古王公贝勒贝子等，前因有人控告盗匪白凌阿，在土默特旗地方烧杀奸淫，结盟抢掠，其外甥弥勒僧格相助为恶。叠经降旨查拏，而白凌阿至今未获。其弥勒僧格一犯，由吉林解往热河，行至大石桥店门，又复乘间逃跑。现闻白凌阿、弥勒僧格，均仍逃入土默特敖汉旗籍，该旗王贝勒等并有庇护隐匿情事。近来各旗地方，马贼横行，正当认真协缉，如罪大恶极之白凌阿等，尤当严拏务获，岂容任令脱逃？土默特贝勒散巴勒诺尔赞、敖汉扎萨克郡王达维多克丹，平日不知振作，近复庇护盗匪，情殊可恶。著该王贝勒及各蒙古王公贝勒贝子会同巡缉，迅将白凌阿、弥勒僧格二犯，拏交热河都统审办。傥能迅速缉获，该蒙古王公等捕务勤奋，必当量予恩施。若敢任意容隐，纵盗养奸，将来别经发觉，讯明由何旗隐匿，定将该旗之王公贝勒贝子等治罪，决不宽贷。至盛京、吉林、热河等处，遇有马贼出没，官兵捕拏之际，如窜入蒙古各旗地界，则该蒙古等尤当协同会缉，实力搜捕。其有公文移会该旗之处，即当迅速移覆，彼此声息相通，互为巡缉，以清奸宄。不准颟顸了事，置之不答。该蒙古王公贝勒贝子等迅即遵谕行。(《清穆宗实录》卷 87，第 841—842 页)

【同治二年十二月丁亥】谕土默特贝勒散巴勒诺尔赞：前因盗匪白凌阿、弥勒僧格逃入土默特敖汉旗籍，谕令散巴勒诺尔赞等将该二犯拏交热河都统审办。惟该贝勒现因年班来京，回旗尚需时日，傥机事稍有泄漏，致该匪等闻风远扬，则缉获更行费手。著散巴勒诺尔赞即日起身回旗，责成该贝勒会同敖汉扎萨克郡王达维多克丹等，懔遵前旨，迅将白凌阿、弥勒僧格拏获，解交热河都统讯办。若敢任意容隐，纵盗养奸，或稍有漏泄，致令远扬，必将该贝勒等治罪，决不宽贷。(《清穆宗实录》卷 88，第 854—855 页)

【同治三年四月戊戌】又谕：刘长佑奏，边墙地方辽阔，请饬热河等处严查奸宄等语。据称北界边墙，广延千里。关隘虽有驻兵，日久难免疏懈。长城坍塌处所，易于偷越，巡察尤难。比年山东曹州等府及直隶沧青各属游民，出口谋生，流为盗贼，甚至乘马持械，结伙劫掠。从前马贼之多，盖由于此。至蒙古游牧之区，该匪等强借栖身，此拏彼窜，莫可踪迹。且其中回民尤多，难保不勾结甘肃回匪，由草地窜往边墙，致成巨患。所奏自系实在情形，著麒庆、阿克敦布、德勒克多尔济、桂成、庆春、连成严饬所属官兵，一体认真查拏，务获究办，毋任奸匪涸迹，以杜乱萌。将此各谕令知之。(《清穆宗实录》卷 101，第 229 页)

【同治三年四月己亥】又谕：麒庆奏，请饬土默特旗，迅将应行质讯旗员解案一折。前因土默特贝勒旗老头会绰金汰、那木萨赉等聚众滋事，及该旗塔布囊察固特古尔图等呈控绰金汰等抄抢敛钱等情，先后交麒庆查办。经麒庆饬令该旗贝勒，将案内干涉旗员，按名解案质讯。迄今半年之久，并无一名解到，实属有心延玩。著理藩院迅即行知土默特旗扎萨克贝勒散巴勒诺尔赞，速将老头会案内干涉各旗员，按照麒庆前次单开名数，勒限迅速提齐，解赴热河，交该都统归案质讯。倘再抗不交出，即著理藩院将该贝勒从严奏参。（《清穆宗实录》卷101，第235页）

【同治三年五月乙丑】谕议政王军机大臣等：本日据议政王军机大臣文祥、宝鋆呈递接到德木楚克扎布信函，内称接本旗禀报，去年十月起至今，红胡子贼匪成群抢夺，并绑去台吉披甲人等数十名。当即派令旗员太平社首人等查拏匪徒，与贼交仗，打死贼匪三名，前后生擒十名。本欲解县究办，恐余匪勾串路劫。现将人犯在旗看管，并将案情咨达热河都统。惟无力解送，可否恭折具奏请旨，或如何办理之处示知等语。贼匪滋扰蒙古地方，肆意抢夺，戕害性命，绑去台吉人等数十名之多，实属不成事体。著麒庆即饬地方文武，会同该王旗设法拏办，以靖奸宄。德木楚克扎布所派旗员社首，擒拏匪犯十名，自应径解热河都统究办。惟长途远解，恐被劫夺，亦属实情。著麒庆即派得力兵弁，赴该旗地方，提取各犯，督同府县严讯，按例惩办，并追究党与，一体查拏，毋稍宽纵。如吏胥人等有刁难勒索等弊，并须认真禁止。德木楚克扎布信函一件，著钞给阅看。将此谕令知之。（《清穆宗实录》卷104，第293—294页）

【同治三年六月壬午】又谕：麒庆奏，奈曼旗拏获贼匪，仍请由旗解县一折。前因德木楚克扎布所获贼匪无力解送，当经谕令麒庆即派兵弁提取各犯督同严讯。兹据麒庆奏称，该旗所获之犯，均在朝阳县涉讼有案，自应解归该县审明办理。至热河地方与各蒙古旗相距较远，若该旗地方获盗之案，均由热河派兵往提，不惟势难兼顾，一切口粮亦无所出，请饬该旗仍将所获各犯就近解交朝阳县审办等语。所奏尚系实在情形，著理藩院传知该王旗，迅将所获各犯派员解交朝阳县审办，多派官兵护送，并著麒庆饬令朝阳县知县酌派兵役小心迎护，并饬俟人犯解到时，严禁吏胥人等毋许刁难勒索。务期有犯必惩，审讯明确，按律究治，毋稍枉纵。将此各谕令知之。（《清穆宗实录》卷106，第323—324页）

【同治三年七月丁卯】谕议政王军机大臣等：前因土默特贝勒旗老头会绰金汰、那木萨赉等聚众滋事，及该旗塔布囊察固特古尔图等，呈控绰金汰等抄抢敛钱等情，降旨饬交麒庆会同卓索图盟长，派兵查拏惩办。兹据麒庆奏称，半年以来，应提之人犯未齐，续控之呈词沓至。且人数太众，头绪繁多，刁狡之徒，恃有头衔，往往不服鞫问。请简派大员，会同卓索图盟长，就近查办等语。本日已明降谕旨，派理藩院侍郎额勒和布驰驿前往热河，会同色伯克多尔济、麒庆严行审办矣。此案情节较重，非洞悉蒙古情形之员会同讯办，不足以成信谳。除麒庆有地方之责，毋庸前赴该旗会审外，著额勒和布于行抵热河后，即带同司员驰赴土默特贝勒旗，提集卷宗及应讯各员，会同色伯克多尔济严切根究，务期水落石出，毋稍宽纵，并著理藩院传知喀喇沁王色伯克多尔济钦遵办理。将此各谕令知之。（《清穆宗实录》卷110，第440—441页）

【同治三年七月丁卯】命理藩院右侍郎额勒和布前往热河，会同都统麒庆、喀喇沁郡王色伯克多尔济查办事件。（《清穆宗实录》卷110，第442页）

【同治三年九月壬戌】谕议政王军机大臣等：前因麒庆奏，奈曼旗拏获贼匪，仍请由旗解县。当经谕令理藩院传知该王旗，迅将所获各犯，派员解交朝阳县审办，并谕麒庆饬令该县酌派兵役迎护。兹据理藩院奏称，转据德木楚克扎布呈称，业将所获贼匪，派员解赴朝阳，行至该县迤北之三义站地方，突有贼匪百余，持械放炮，将所解贼匪刘得等十名全行劫去。该县并未派有差役迎护，迨经呈报该县，转将事主及蒙古官兵等绑拏示刑。且被劫贼匪内有孙老三，胆敢在县街行走，该县并不拏究等语。此案贼犯既经解至朝阳县境，该县因何不派兵役小心迎护，致已获贼犯被匪抢去，转将蒙古官兵等绑拏示刑？而抢去贼犯，敢在县街行走，又不捕拏。若如所呈各情，是该县昏愦糊涂，任听盗贼肆行，尚复成何事体？著麒庆确切查明，严参惩办。一面派委妥员协同该地方官将逃犯刘得等十名，严缉务获，毋令一名漏网。此起抢犯，聚众至百余名之多，带有炮械，肆意抢劫，亟应及早捕获，并著麒庆认真查拏，以靖地方。译汉原呈，著钞给阅看。将此谕令知之。（《清穆宗实录》卷116，第574—575页）

【同治三年十月丙戌】谕议政王军机大臣等：前据理藩院奏，奈曼王旗解送贼犯，至朝阳县境脱逃，当经谕令麒庆查明参办。兹据麒庆将案内互异情形查奏，此案该旗呈报朝阳县并未派役迎护解犯，致有贼匪百余将各犯抢去。孙洛三在县街行走，并不查拏，转将蒙古官兵绑拏。而朝阳县所禀，则称选派头役孙均安等迎至兴隆沟，与原解旗员见面，始知解犯业经逃逸。且据该旗原报抢匪百人，原解旗员则称约四五十人，扎兰诺林丕勒等又供止二十余人。孙洛三等业已自行投案，称系原解旗员属令逃跑，与绰洛岱所供相同。至该王呈报各节，亦与该县原详情词互异。种种支离，必须研讯明确，方成信谳。该旗距热河甚远，案证难齐，著额勒和布于审办老头会案完结时，经过朝阳，就近查讯。是否该王受人蒙蔽，以至失实；抑系该县办理乖谬，任贼肆行，均著确实查明，彻底根究。所有全案卷宗，并宋光远控词，即著麒庆并案咨送额勒和布，以凭讯办。麒庆原折，著钞给额勒和布阅看。其该王所给绰洛岱赴县顶案谕帖一纸，著麒庆即行封咨军机处备查。将此谕令知之。寻奏：遵查奈曼王旗派委梅伦特普格等，押解贼犯邢思礼等赴朝阳县。该犯戚属周聪等纠众二十余人，于南河套地方劫放。维时该解员等在后，未及上前拒敌，辄敢以抢匪百人众寡不敌等词，回旗妄禀，应请斥革。朝阳县知县李继昭拨兵迎护，犯已被劫，赶援不及，旋将伙犯周聪等缉获，并无故纵情事。宋光远京控各情，讯系怀疑妄控，应即定拟奏结。下部议。从之。（《清穆宗实录》卷118，第617—618页）

【同治三年十月壬辰】 另片奏：热河土棍赵秀涓等聚众传徒，制造枪械，与都统衙门门丁系属姻亲，势焰愈张等语。匪徒倚势扰害平民，最为闾阎之患，著刘长佑密派委员前往查拏，提省审办，毋令疏脱。原片一件，著钞给刘长佑阅看。将此各谕令知之。（《清穆宗实录》卷119，第632页）

【同治三年十月壬辰】 兼署顺天府府尹万青藜等奏：遵查香河县知县黄曾，居官勤慎，无信任丁役揽权纳贿情事。香河逸犯王金陇，闻在热河地方逃匿，已飞咨热河都统饬属严拏，务获究办。报闻。（《清穆宗实录》卷119，第634页）

【同治三年十一月己未】 谕内阁：前因升任内阁侍读学士于凌辰奏，吉林狱讼繁多，请专设理刑大员，办理刑名。当经谕令皂保查议具奏。兹据皂保奏称，吉林地处边陲，若添设监司大员，则建立廨署及廉俸等项，所费不赀。请查照热河设立刑司之例，酌加变通等语。著照所请，即由刑部拣派正途出身汉郎中或员外郎一员，专司主稿；科甲出身主事一员，帮办主稿；并再派刑部满郎中一员，专司掌印。其原设之协佐领，著仍留一员，帮办掌印，并办理蒙文事件。统归吉林将军管辖，以资治理。其原设理刑主事一缺，即著裁撤。所请该司员等三年期满无过，由该将军出具考语，送部引见。并如何酌加奖励之处，著该部妥议具奏。寻刑部议，派往吉林司员，拟请兵部酌给车马，由驿遄行。三年期满，勒慎办公，始终无过，送部引见，交吏部从优奖叙。如不能称职，仍随时奏撤，另行拣派，以昭慎重。从之。（《清穆宗实录》卷122，第674页）

【同治三年十一月丙寅】又谕：前据给事中博桂奏，热河土棍赵秀湄等聚众传徒，制造枪械，与都统衙门门丁王守斋系属姻亲，图典官地承种，并构衅焚抢庄头范帼鼎家产。王守斋从中夤缘，反将范帼鼎押禁，以致众佃心俱不服。当经降旨交刘长佑密派妥员，前往热河查拏提审。兹据麒庆奏称，查得赵秀湄等聚众置械各款，全无端倪。其抢夺范帼鼎家产一节，核与本案情事，显然相反。至都统衙门向无总办门丁名目，家人中并无王守斋其人。即该都统批呈，亦无饬将范帼鼎锁押，原奏种种舛误等语。御史风闻言事，原不能尽属可凭。若舛错太甚，致令无辜平民，反受拖累，殊非朝廷申理冤抑之意。著麒庆将全案人证卷宗，饬交委员瑞珊，带赴直隶省城，交刘长佑亲提严讯。务将此案是非曲直，彻底根究，以成信谳。范帼鼎抢夺赵幅湄家产，已据赵幅湄在热河都统衙门呈控有案，何以博桂原奏，则称赵秀湄等抢夺范帼鼎家产，情节相反？所称门丁王守斋等亦属子虚，其为有人属托出奏，显而易见。著刘长佑提集案内要证，严切根究。何人从中属托，有无贿赂，务须尽情吐露，据实具奏。倘仍有不实不尽，含混了事，将来别经发觉，惟刘长佑是问。麒庆片著钞给刘长佑阅看。将此各谕令知之。（《清穆宗实录》卷122，第693—694页）

【同治四年三月己酉】赏热河围场总管常山头等侍卫，仍以二品顶带留京当差。（《清穆宗实录》卷133，第137页）

【同治四年四月乙丑】谕内阁：都察院奏，据热河马甲穆腾额呈控禁地被占一折。据称热河围场地面，曾经奏明红桩以外，准开垦升课。上年春间，该都统出示招垦。乃商佃人等，竟在红桩内开大川九道，掘井数十口，盖房百余间。甚至奸商戚大详，擅将御道顶梁古松大树并杂木等全行砍伐，又在东陵背山赛罕坝岭掘井、烧窑，卡伦均被侵占。热河地方，现有马贼出没，经该处翼长贵山禀明该都统，未经查办等语。热河围场，开垦升课，于同治二年六月间，经前任都统瑞麟奏请明定章程，设立界址，修补红桩，以防偷越。而上年麒庆出示晓谕，亦止准于红桩以外砍伐树木，按料输课。何以商佃人等，竟敢肆行占扰，直于红桩内开川掘井，伐树烧窑？且热河地方，胥关紧要，岂容马贼任意出没？如所控各情属实，殊属大干例禁。著麒庆确切查明，从严究办，不准稍涉含混。原告马甲穆腾额，该部照例解往备质。寻奏：查革兵穆腾额于例应押荒升课之银，屡催屡抗。此次放地招佃，不便于私，是以砌词耸听，意图阻挠。传讯所控开川掘井、盖房砍木，及马贼出没各节，均不能指实，应俟秋收后再行派员履勘。得旨：仍著确切根究，不得稍存成见。如果所控全虚，即著按律惩办，以儆刁风。（《清穆宗实录》卷135，第172—173页）

【同治四年闰五月己卯】 又谕：刘长佑奏，交审案内，究出两造供词，与原参不符，并有牵涉言官等情，请交部就近审办一折。所有已革给事中博桂原参案内牵涉之范帼仁等，著热河都统等衙门，迅速分别查拏解部，归案讯办，并著直隶总督将全案人证卷宗解交刑部，研讯确情，定拟具奏。（《清穆宗实录》卷142，第353页）

【同治四年八月甲午】 又谕：本日据文谦奏，探闻马贼出口，及添派兵丁守护隆福寺暂安殿情形。崇厚奏，派兵赴蓟会缉贼匪。万青藜等奏，查明贼踪，请通饬严缉各折片。……万青藜等奏称，据宝坻县获贼询供，则称贼由八沟喇嘛庙五十家子等处窜入喜峰口。文祥现抵隆福寺，于贼匪踪迹及窜扰情形，就近探访，自必知之更悉。贼匪如已出口，现在屯踞何处，应如何追捕，并知照热河都统，就边外附近地方一体截拏会捕之处，谅已妥筹办理。……均著钞给阅看。将此谕令知之。（《清穆宗实录》卷150，第503—504页）

【同治四年八月乙未】 谕军机大臣等：文祥奏，驰抵邦均，探悉贼踪窜逸，拨兵搜剿各情形一折。……长善所奏热河地面八沟一带，尚有马贼六七百人等语。文祥俟抵隆福寺后，一面将防护事宜妥慎布置，一面即将长善所奏贼情详细探明。……至马贼执持火器，由热河边外闯入喜峰等口，有三百余人之多。八沟一带，尚有马贼六七百人不等。麒庆身任热河都统，何以毫无闻见，并不派兵剿捕，殊堪诧异。著即懔遵昨日谕旨，迅拨重兵，将此股巨匪赶紧扑灭，毋得稍留余孽。并将口内马贼力行截击，不得纵令出关，与八沟股匪合并。该都统既已疏防于前，若再不力将此股匪徒扑灭，任令他窜，岂能辞咎？长善片一件，著钞给阅看。昨据万青藜等奏，贼首张玉系平泉州臭水阬人。本日文祥奏，马贼头目系杨五巴等。是否即系平泉州臭水阬一股，并著麒庆查明具奏。将此由四百里各谕令知之。（《清穆宗实录》卷150，第505—506页）

【同治四年八月丙申】 又谕：长善奏，马贼阑入关内，布置未周，自请议处等语。此次马贼扰害遵化、玉田各州县，山海关失于防范，长善固属咎无可辞。因思该匪在热河等处，聚党成群，已非一日。该处都统何以漫无觉察，及扰至直隶所属之遵化、玉田，顺天所属之宝坻等处？该地方官事前既疏于防范，事后又不能迅速掩捕，实属不成事体。若不将该管上司量加惩处，势必至相率因循，酿成巨患。兼管顺天府府尹万青藜、府尹卞宝第、直隶总督刘长佑、热河都统麒庆、山海关副都统长善、署直隶提督徐廷楷，均著交部议处，以示惩儆。寻议：万青藜、卞宝第、刘长佑、徐廷楷均降一级留任，长善、麒庆均降二级调用。得旨：均著准其抵销。（《清穆宗实录》卷150，第509页）

【同治四年八月丙申】 又谕：长善奏，大股马贼窜出铁门关，官兵追击接仗情形一折。据称贼众从滦阳窜至三岔口，由东北奔出铁门关。官兵追出关外，迎头抄击，至桃树岭地方，该匪伤亡十数人，现已远窜。又探闻口外哈达地方，贼目丁起陇、张洪礼邀集马贼数百人，在于八沟各处，结党成群，并有欲来报复之语。著麒庆懔遵叠次谕旨，迅拨重兵，认真扑灭，以期净绝根株。贼目丁起陇、张洪礼在于八沟地方，结党啸聚，若不赶紧剿除，必致酿成巨患。并著该都统即行查明，迅速筹办，若任令远扬，贻害他处，必治该都统以应得之罪。懔之。刘长佑身任封圻，责无旁贷，著即遴选能带马队之战将数员，挑派得力马步队数百名，驰往八沟地方，会同热河兵弁，痛加剿洗，毋稍懈忽。马贼虽窜出铁门关，难保不去而复来，长善务当督率弁兵，严防关隘，并于附近一带地方，多设侦探，遇贼即击。所有边墙倒塌地方各小口，著刘长佑、麒庆、长善派员查勘，设法堵御，为一劳永逸之计。本日又有人奏贼扰遵化，署知州恭钧并不带役堵御，转给与酒食，大张筵席，任其饱扬而去等语。如果属实，实属不成事体，著刘长佑查明据实参奏。片一件，钞给刘长佑阅看。将此由四百里各谕令知之。（《清穆宗实录》卷150，第510—511页）

【同治四年八月庚子】谕军机大臣等：刘长佑奏，马贼任意出没，跟踪会剿，并遵旨饬查万禄等被参各情，设法堵御边口各折片。马贼由铁门关窜出，八沟一带尚有马贼数百人，聚散无定。刘长佑现在添调提标马步兵二百名，交参将赵喜义管带，并由徐廷楷加派勇敢将弁，前赴八沟一带会剿。即著严檄该员等，会同热河派出官兵，协力进剿，悉数歼除，毋得稍涉疏虞，致令马贼得再奔窜入口。刘长佑俟李鹤年回省，拟即酌带南路马步队数百名，先行驰赴永东遵蓟一带，查勘边隘。即照该督所拟，于出省后妥筹堵剿。一俟布置周密，再行折回查勘桥道，毋稍大意。遵化、迁安等处边墙，关口纷歧，刘长佑务当严檄派出弁兵认真防守，昼夜巡逻，力扼该匪窜越之路。毋得有名无实，任令贼踪来往自如，致干咎戾。万禄、章灿、恭钧等所报剿贼被围登时击退各情，与原参情节迥不相符，著刘长佑秉公查明。如所参属实，即行从严惩办，毋稍宽纵。贼由铁门关逃逸，其时何弁驻守，并附近铁门关等口不能堵御之员弁，均著查明从严参办。将此谕令知之。（《清穆宗实录》卷150，第522—523页）

【同治四年八月甲寅】又谕：前据麒庆奏，遵讯热河马甲穆腾额京控围场商佃人等，违例在红桩以内开川掘井、盖房砍木等情，该马甲均不能指实，已赶传人证研讯，当经谕令麒庆确切根究。兹据该马甲穆腾额以奏案延不查办、原告被押等词，遣抱告赴都察院呈诉。是否该马甲捏词妄控，抑系果有别情，仍著麒庆秉公查讯，务得确情，以成信谳。（《清穆宗实录》卷152，第549—550页）

【同治四年九月乙丑】又谕：前据文祥奏，筹办马贼章程，当寄谕直隶热河等处妥议覆奏。兹据麒庆奏称该大臣所筹设探备兵，剿截搜捕及分别赏罚之处，均属周密，即著该都统按照章程实力办理，以期渐绝根株。贼匪聚散无定，该都统所称聚则宜攻，散则宜捕，及听群盗自相纠摘之法，总须认真举办，方能有效，不得有名无实，仅成纸上空谈。另片奏：遵查丁起陇等并无聚匪滋事等情，仍著该都统再行密访详查，毋得因其曾经拏获刘宽等匪，意存回护。如实无劣迹，即著责令丁起陇等随同弁役，将境内著名各犯，一一擒获到案，不准一名漏网。如果著有成效，并准其奏请奖励。倘阳奉阴违，或徇庇匪党，不能将要犯按名弋获，即著立时正法，以免养痈贻患。懔之，慎之。将此谕令知之。（《清穆宗实录》卷153，第579页）

【同治四年九月辛未】谕军机大臣等：麒庆奏，拏获盗犯，请旨遵办等语。热河现获盗犯杨广厚，既讯有持械抢劫得赃情事。且与纪盛汶所供年貌住址，均属相符，其为正盗无疑，即著就地正法，以昭炯戒。嗣后续获各盗，均著于讯明后即行正法，免致久稽显戮。窝贼之辛三、辛四，前经谕令麒庆派役往拏，解京严讯。该犯等充当乡长，不难按名拘拏，何以一月之久，尚未弋获？著懔遵前旨，迅速捕获解京，毋再迟延。将此谕令知之。（《清穆宗实录》卷153，第591—592页）

【同治四年九月己丑】又谕：麒庆奏，续获马贼多名，并请将出力之扎萨克等量予奖叙各折片。此股骑马贼匪由口内窜回关外，四散潜匿。经麒庆饬令热河道征良等督同兵役旗民人等四出搜捕，先后拏获首伙盗犯，就地正法，余犯分别核办，缉捕尚属认真。仍著该都统督饬该道等，务将未获各匪犯，严督兵役，尽力兜拏。并著盛京将军，直隶总督，密云、山海关、锦州各副都统，一体添派弁兵，互相防缉，毋任此拏彼窜。至喀喇沁扎萨克公衔塔布囊乌凌阿旗扎兰阿敏布和图等，会同捕获盗匪，已至十五名之多。且于解犯时，小心护送，并无疏虞，实属奋勉出力。所有该扎萨克乌凌阿应得奖叙之处，著理藩院查明奏请，候旨施恩。其余出力之扎兰等，并由该旗呈报理藩院，分别给予议叙。并著理藩院传知蒙古各旗王公等，遇有马贼入境，及在境伏匿各贼，一体严密查拏，以清盗源。（《清穆宗实录》卷155，第624—625页）

【同治四年九月辛卯】谕军机大臣等：麒庆奏，备兵防剿马贼，添设马队枪操一折。热河马兵经麒庆逐加挑选，练习枪操，必须日臻精熟，方期得力。现拟统设马队兵三百名，以为缉捕马贼之用。惟该处马匹短缺，不敷差操，著理藩院传知卓索图、昭乌达两盟，于各旗王公等所捐马匹内，拣选口轻膘壮骟马一百匹，派员送交热河都统衙门备用，毋稍延缓。并著该盟长等转饬附近各旗，各挑选马队一二百名，遇有马贼蠢动，即由麒庆剀调，与热河马队分投兜击，以期净绝根株。至热河添设马队，向无成案。现在神机营训练马队章程，与各处情形不同，未便拟照办理。山海关添练马队，经长善奏有现办章程，即著长善钞录一分，咨送热河都统衙门。惟事贵因地制宜，如有应行变通之处，著麒庆斟酌办理，以期妥善。所添马队，仍著随时加意操练，俾成劲旅，务期缉捕得力，不得有名无实。将此各谕令知之。(《清穆宗实录》卷 155，第 633—634 页)

【同治四年十月癸巳】谕军机大臣等：本日据长善奏，探访边外马贼啸聚情形一折，及钞录防守尉锡昌禀稿一件。所陈请饬各省派兵合剿，及热河各州县密派兵役掩捕各节，已寄谕盛京、热河、直隶各将军、都统、总督等悉心妥筹，会商办理。长善仍当操练营兵，以备调遣，并严饬各口防守尉认真守御，毋稍疏懈。此次所寄盛京等处谕旨，并未明示以系由该副都统陈奏。长善此折，著毋庸咨行各处，以昭慎密。将此谕令知之。(《清穆宗实录》卷 156，第 637—638 页)

【同治四年十月癸巳】又谕：富平阿等奏，挐获首要贼犯，讯供办理一折。黑旗头目王洛疙疸即王兆详，与池尚云在空杨树一带，意图勾结进边滋扰，不法已极。现据兴京通判刘景醇派弁弋获。此等要犯，岂可久稽囹圄，致生他变？著即于讯明后就地正法，以昭炯戒。未获各犯，仍责令认真缉捕。火石觜子贼匪二百余人，现往何处，著恩合等饬地方文武员弁，实力捕剿，毋任窜扰。本日又有人奏，探访边外马贼啸聚情形，缮单呈览一折。据称探得赤峰县哈达地方马贼聚集，约有千余人。并目睹丁起陇、刘广明等住址，立有标局、宝局，同伙多人，练习刀枪。现经马贼自奉天小黑山等处抢得车辆，俱在张洪礼家窝藏，地方官知而不问。奉天挐获马贼内，竟有执持热河官员印照。是口外马贼，直以番役为藏身之地等语。热河番役丁起陇等叠经有旨令麒庆查挐。嗣据麒庆奏称，丁起陇等并无为匪不法情事。现据有人奏称，探明确凿情形，是丁起陇、张洪礼，实为坐地分赃窝藏匪犯之人。该都统何以形同聋聩，一至于此？著即严密查访，认真办理。如任令该番役等知觉远扬，或他出滋扰，必将麒庆从重治罪，决不宽贷。懔之。恩合、刘长佑均有派出兵弁，著与麒庆会商妥办，为先发制人之计。原折单著摘钞交恩合等阅看。……将此由四百里各谕令知之。（《清穆宗实录》卷156，第638—639页）

【同治四年十月丁酉】谕军机大臣等：前据军机大臣等奏，筹剿马贼章程。当经谕知恩合等，知照伯彦讷谟祜于蒙古官兵，一体照办。兹据该亲王告假回旗，已经允准，即著传谕该亲王于行抵科尔沁，拣选得力蒙古兵丁，扼要驻扎。按照军机大臣等奏定章程，遇有奉天、热河等处马贼窜入蒙古地方，协同剿办，并传知蒙古各旗王公等一体截击，即由伯彦讷谟祜督同各该盟旗商酌办理。蒙古官员有能擒获著名盗首及斩枭盗犯多名者，准该亲王奏请奖叙，从优给以升衔升阶翎支，兵丁等给以六品至九品顶带功牌，即照军功例请奖。傥兵弁藏匿贼犯，并知而不首者，即行奏明，按照窝盗罪名惩办。如或盗犯畏慑兵威，伏而未动，该亲王等所备蒙古兵丁，虽不必轻于攻剿，亦当购觅眼线，严拏著名首犯，尽数惩办。奉天、热河等处，如派有兵役，越境至蒙古地界缉贼，亦即帮同协拏。如有擒获贼犯，协拏之蒙古官兵，亦准一体奖叙。其安分良民，并著通行晓谕，照常安居，严饬兵弁等不得妄拏惊吓。如良民能办理团社，协助兵弁立功，亦准其同列奖叙，以昭奖劝。伯彦讷谟祜当深体除暴安良之意，于奋勇之中，仍寓谨慎之心，以副委任。军机大臣等奏定章程，著钞给阅看。将此谕知伯彦讷谟祜，并著理藩院传谕沿边各盟蒙古王公等知之。（《清穆宗实录》卷156，第645—646页）

【同治四年十月丙午】谕内阁：户部奏请饬直隶等省清厘交代一折。……其顺天府属热河承德府属交代，著一律照办。即由户部将交代未结各州县，开单分别知照该总督、府尹、都统等遵照办理。（《清穆宗实录》卷157，第657—658页）

【同治四年十月庚戌】又谕：麒庆奏，筹办马贼情形，并请将获盗各员奖叙各折片。赤峰县番役等经知县春祥派充团练，辄敢交通丁役，陵侮居民，甚至庇寇销赃，不法已极。该都统有统辖地方之责，早应据实奏闻，严拏惩办。前经降旨查拏，亦未据实覆奏。迨经有人访探奏闻，谕令该都统查明具奏，始将该番役庇盗等情具奏，实属办事颟顸，不知振作。此等番役盘踞县署，倚势护庇盗匪，情殊可恶。既据该同知防御等密禀，系属真确，若不严行拏办，何以清盗薮而安善良？即著麒庆严饬该令春祥，设法将该番役丁起陇、刘广明、张洪礼等严密查拏，尽法惩治，不准徇庇。并拣派明干之员，将首恶各犯，密速查拏，毋任漏网。春祥如何信任暧比，有无款迹，并著麒庆查明参奏。前谕麒庆查拏热河盗匪，原令该都统选派地方文武各员，挑备兵勇，弹压坐镇，督饬兵役人等购线查拏，以期不动声色，消患未萌，非令遽尔兴兵剿办。何至惊扰居民，致相煽惑？该都统此奏，想系误会谕旨。即著严饬各属文武员弁，仍按前次军机大臣议定捕匪章程，实力奉行。将著名要犯设法严密查拏惩办，不得扰及无辜，致生他变。前获张玉等犯，现已讯明正法，并将续获各犯，分别解讯。该委员全亮等缉贼一月以来，获犯五十余名，尚属著有微劳。并著麒庆查明出力各员，核实奏请奖叙，毋许冒滥。将此谕令知之。（《清穆宗实录》卷157，第668—669页）

【同治四年十月丙辰】 又谕：前因都察院奏，已革台吉伯和济雅叔祖母胡氏，以都统麒庆听受情托，该台吉被罪冤抑等词呈控。当派灵桂、刘昆驰驿前往查办。兹据奏讯明该台吉畏罪诬控各情，按律定拟一折。此案已革台吉伯和济雅，将伊属下杨得书等私放护卫，先后共十三人。复勒派伊属下人等捐送马匹，索借银两。其念诵黑经，于图内填写之子，与巴林王那木济勒旺楚克名字相通，迹涉咒诅，均经审实，并无屈抑。该台吉于麒庆奏结后，辄敢起意翻控，向宛立崧、马良行贿作呈，添砌情节，尽属子虚，实属肆意妄为，种种不法。著照所拟，从重发往黑龙江充当苦差。马大即马良，受赃代作呈词，添砌都统受托等情，希图将案提京，增减情罪，实属目无法纪。著革去议叙未入流，从重定拟绞监候秋后处决。喇嘛官车即达尔玛扎布，转属马良作呈，过付银两，著杖一百，流三千里，照例剥黄，不准折枷，由热河都统解送理藩院定地实发。宛立崧代伯和济雅写作呈词，得受谢银。徐均锡、杨得如、郑祥春、徐继功、魏墨林贿属作呈，过付银两，所得杖徒罪名，均著照所拟办理，一并交热河都统定地充徒。喇嘛西拉听从念经，于灵嘎鬼图内字迹可疑，并不阻止，著与掌坛之喇嘛吉克默特，并描写之喇嘛棍楚克扎布必里克图均杖八十，鞭责发落。马玉麒于伊叔马良作呈，讯不知情，惟以由配释回之犯，并不回籍，潜行来京，著照律笞责，递交原籍办理。在逃之陆星阶，并著严缉务获。其伯和济雅私放之护卫等官，均著即行斥革。巴林王那木济勒旺楚克于伯和济雅前犯各节，并不严加管束，以致构衅争讼，亦属不合。热河都统衙门理刑办事司员宛立俊，于伊弟宛立崧受贿作呈，虽不知情，亦属失察。均著交该衙门照例分别议处。热河都统麒庆审讯此案，既无听受情托情事，著无庸议。（《清穆宗实录》卷158，第682—683页）

【同治四年十月庚申】又谕：麒庆奏，热河地方，幅员辽阔，吏治不振，请将调补旧例，量为变通，并拣发州县各员一折。该都统所请将热河道以下正印各官，除承德府知府仍专用满员外，其余俱照内地官员，无论满汉以及何项出身，一体补放之处，著该衙门妥议具奏。其请拣发州县各员，著吏部照例办理。另片奏，请饬热河道每年分巡各属，及都统带兵出巡等语。热河道一员，本有分巡之责。该处辖境辽远，民风犷悍，自当随时周历弹压，以靖地方。嗣后著热河都统剀饬该道，遵照定例，每届春秋二季，分巡各属，以昭严密。不准性耽安逸，视为具文。其热河都统亦著于每年不拘时令，酌带驻防官员兵丁，出巡一二次，以期盗贼敛迹。应如何拟定章程之处，著该都统奏明办理。寻奏：遵筹都统每年通巡所属一次，早则四月，迟则十月，往返以一月为期。随带委员弁兵，不得越五十人之数，以资差委而昭简便。下部知之。（《清穆宗实录》卷158，第688—689页）

【同治四年十一月丙戌】谕军机大臣等：麒庆奏，拣派官兵起程日期，并奉省贼匪，窜扰朝阳街市各折片。长善奏，迤北边口紧要，请饬提督扼要驻扎一折。奉省贼匪，约有二三千名，于本月十九日，闯进朝阳县街，肆行抢掠。麒庆派出之协领德玉等，所带步队五百名、马队二百名，现已分起成行。即著檄令迅速前进，相机剿捕，并著添调河屯协八沟营等处官兵，赶紧续发，以资接应。其卓索图、昭乌达等盟蒙古部落，著理藩院传谕该旗盟长，即日派员带兵会剿，毋稍观望。第贼匪人数不少，该处兵力尚嫌单薄，恐不足以挫其凶焰。文祥、福兴带领神机营官兵出关，为数本不甚多，亦难分兵援应。著刘长佑于防守各兵外，另行多拨马步兵勇，迅赴朝阳一带，会同热河官兵剿贼，俾得速就荡灭。此项官兵未到以前，麒庆仍当督饬现有兵勇，认真堵剿。倘办理失宜，致贼匪愈肆猖獗，必惟该都统是问。文祥、福兴现在行抵何处；麒庆所请相机救应之处，能否兼顾，并著该大臣斟酌情形，妥为筹办。奉省马贼纵横，现虽分股扰及朝阳，难保不复行回窜。恩合务当督饬各军，严密扼堵，探踪兜剿。贼匪前审广宁一带，兹又窜扰朝阳，均距锦州不远，庆春当力筹守御。其大凌河牧厂，尤应加意防护，毋稍疏虞。至热河地方，与密云、遵、蓟、永平等处各边口毗连，山海关及石门寨等隘口，既有长善在彼驻守，即著责成该副都统实力防堵，不得稍有疏虞。冷口、喜峰口、罗文峪等处驻防旗兵，本系长善专辖，并著该副都统严饬堵御，亦不得竟置身事外。其山海关迤西沿边各口，自三屯营起，至古北口止，均系直隶绿营所辖。关隘既多，处处皆可阑入，刘长佑、徐廷楷务当添拨弁兵，严行堵扼，不可稍涉大意。傥不认真办理，致令贼踪窜入边内，扰及近畿一带，惟刘长佑、徐廷楷是问。徐廷楷驻扎迁安，距边较远，呼应不灵，即著该提督于三屯营、喜峰口等处，择要驻扎，以便相机调度。据长善奏称，该提督止带随从弁兵，并未挑备亲兵数百名带赴防所。又各口提标通永镇标防兵，自八月至今，口粮多欠，日以典贷为生，殊形疲困等语。著刘长佑迅拨饷银，源源接济。徐廷楷挑选精壮马步弁兵数百名，亲赴边关，择要驻扎，居中调度，以便策应。如徐廷楷兵不得力，即著刘长佑调拨劲旅数百名，交徐廷楷统带前往，实力防剿。将此由五百里谕知文祥、福兴、恩合、刘长佑、麒庆、庆春、长善，并传谕徐廷楷知之。(《清穆宗实录》卷161，第725—727页)

【同治四年十一月丁亥】谕军机大臣等：昨因奉天大股马贼，由清河边门窜至热河朝阳县街，肆行焚掠。当经谕令文祥、福兴斟酌情形，能否分兵兼顾，相机办理。并谕令刘长佑多拨马步兵勇，赴热河助剿。酌拨劲旅数百名，交徐廷楷统带，严防边口。因思此股马贼，踪迹飘忽，势焰鸱张，沿边隘口甚多，恐徐廷楷一人带兵，尚不足以资堵御。刘长佑节制畿疆，沿边防务，本系该督专责。现在南路捻匪，并归豫省南阳等处，距大名一带较远。畿南防务稍松，北路情形吃紧。著刘长佑即行出省，挑选得力兵勇，酌带若干名，亲赴沿边隘口，择要驻扎，严密侦探，督同徐廷楷实力防堵，毋令贼踪窜入口内。仍一面选派劲旅，会同热河派出官兵，驰赴朝阳，实力剿办。傥堵剿不力，致令贼氛延蔓，必惟刘长佑是问。畿南一带防兵，如有可以抽调之处，著即酌量调赴北路，并须多调马队，以备追击迎剿之用。刘长佑出省以后，所有南路防务，即著交李鹤年督办。寻常日行事件，即由李鹤年代拆代行。遇有紧要事件，仍商同刘长佑办理。李鹤年俟刘长佑回省后，再行交卸。徐廷楷身任直隶提督，沿边防务，傥有疏虞，亦难辞咎。古北口本有旗营驻防，喜峰口、冷口、罗文峪等处，均有山海关旗兵驻守。连成、长善责无旁贷，均应督饬该处防兵实力守御。如被贼踪阑入，则咎无可诿。不得豫存推卸之心，自干罪戾。麒庆前次疏防马贼阑入喜峰口，此次若再纵令贼匪阑入边关，震惊畿辅，自问当得何罪。此股马贼已有二三千名之多，赤峰县街，尚有大股匪党盘踞。该都统务当就现有兵力，设法分投截剿，不可令其勾结合并，致成燎原之势，仍一面知照蒙古昭乌达等盟，派兵会剿。热河避暑山庄，为禁籞重地，尤当备兵严加防护。茅津坝等处，为朝阳赴热河要路，均应派兵扼堵。刘长佑仍遵昨日谕旨，多派劲旅，速赴热河，妥筹剿办。天津尚有洋枪队五百名，仍著崇厚备齐军械，听候续调。文祥、福兴所部各营，为数较单。能否分拨热河助剿之处，著酌量奉天、热河两处缓急情形，相机办理，一面奏闻。前谕阿克敦布、廉至挑备察哈尔官兵一千名，听候调遣。著该都统等勤加操练，以备调用，务须实力奉行，不得有名无实。仍须时加侦探，整顿各营武备，以防贼匪窥伺，毋稍松劲。将此由六百里谕知文祥、福兴、刘长佑、麒庆、阿克敦布、崇厚、李鹤年、连成、长善、廉至，并传谕徐廷楷知之。（《清穆宗实录》卷161，第728—729页）

【同治四年十一月己丑】谕内阁：向来各州县拏获骑马贼匪，须审明在三人以上、持有器械、赃证确凿者，始按律问拟斩决。兹据长善奏称，拏获抢夺人犯，无论人数是否在三人以上，并不论赃之多寡，但系骑马执持刀械乘机抢夺者，经该地方官讯明，及覆讯属实，即行就地正法。似此变通办理，较为简便等语。此等马贼，肆行抢掠，扰害闾阎，岂容于讯明后久稽显戮？嗣后直隶、奉天、热河各省，于拏获马贼人犯，即著照长善所拟新章办理，以昭炯戒而靖地方。（《清穆宗实录》卷161，第732页）

【同治四年十一月己丑】谕军机大臣等：文祥等奏，行抵山海关，探闻贼情，请调直隶马勇随同进剿。马匹倒毙，请将带队官暂革，请调蒙古捐输马匹。麒庆奏，请简大员督办热河军务。长善奏，访获马贼，请就地正法各折片。各股马贼，人数众多。文祥等此次所带官兵，马队本形单薄，而奉省东南北三路之贼并起，诚恐兵分力单，不敷调遣。文祥等请将现扎玉田一带之总兵刘景芳所带马勇二百名，先行剳调。著刘长佑即飞饬该总兵统带所部，随同文祥等进剿。应需月饷，仍由直隶转解，如有不足，由文祥等协济。文祥等所请调棍楚克林沁等所捐马共五百匹，著理藩院转行该王公，务须挑选一律口轻膘壮马匹，克日解赴军营，以备征剿之用。并由文祥等飞速行文调取，以期迅速。麒庆奏请简派大员，督办热河军务，并请续发援兵，以壮声势。该都统平日既不知振作，临事又复思诿卸，殊负朝廷委任之意。现在知兵大员实难其选，热河兵力又不足恃，著麒庆与文祥等妥商办法奏闻。一面就现有之兵，实力防剿，毋任蔓延。刘长佑身任封圻，责无旁贷，著懔遵二十六日谕旨，带兵出省，择要驻扎。并派得力兵弁，驰赴朝阳一带助剿，毋稍迟误。文祥、福兴距朝阳尚远，该处军务应如何妥筹办理之处，著探明速奏。长善奏，拏获抢夺人犯，无论人数赃数，但系骑马执械乘机抢夺者，讯明后即就地正法等语，已明降谕旨照准。此次拏获之陈潮淙等二名，即照新章办理。供单二件，著钞给文祥、福兴、刘长佑、麒庆阅看。文祥等另片奏，贼以边外为窟穴，官兵道路生疏。若得该蒙古兵由北会剿，与官军夹击，方足以制奔窜。请饬伯彦讷谟祜于到京后，面见各旗年班蒙古商议妥协后，迅即回旗等语。伯彦讷谟祜尚未到京，著俟到京后，再行面谕办理。将此由五百里各谕令知之。（《清穆宗实录》卷161，第732—733页）

【同治四年十二月乙未】谕军机大臣等：阿克敦布、廉至奏，热河咨调马队官兵，请旨遵行。阎敬铭奏，拏获奉省马贼头目偷越海口，请饬严查沿海各口各一折。据称马贼窜入朝阳境内，察哈尔左翼四旗边界防务吃重。且张家口为北路要隘，现在挑兵镇压，尚虑单薄，所奏自系实在情形。所有热河咨调马队五百名，即著无庸派往。阿克敦布、廉至务当督饬满蒙官兵，勤加操练，严防要隘，以备不虞。热河兵力本单，现值贼氛逼近，亟应添兵助剿。副将刘景芳所部马勇二百名，前已谕令随同文祥等进剿。刘长佑添调之天津镇兵五百名，应否并归刘景芳统带，抑或另派妥员管带，径赴朝阳助剿之处，仍著刘长佑咨商文祥、福兴，妥筹调派。如恐此军兵力稍单，并著刘长佑再行酌量添拨，以资厚集。山东登州海口盘获奉省马贼头目刘瑕先等三名。据供在金州城外，与总目康七分手，渡入东境，勾结匪徒，余众均在北岸听信，约期抢船赴沿海各处等语。匪党潜谋勾结，偷越海口，亟宜先事防维。所有奉省沿海各处，著恩合、富平阿、恩锡严饬各该地方官，认真稽查，不得任令匪徒偷渡。阎敬铭仍当饬令所属，于登州一带海口，严密巡缉，毋稍大意。正在寄谕间，文祥、福兴奏，酌度军情，据实覆陈，并请调洋枪队兵。热河地方情形，派员办理团练各折片。朝阳之贼，现复窜往东南台吉营子等处，离边已近。法库边门，又有大股贼匪滋扰。贼踪飘忽，难保不复图窜入边内。文祥等拟于行抵锦州后，酌留马步队防守，再行酌量办理，自系稳慎办法，即著察度情形，妥筹布置。现在热河之贼，既已东趋，刘长佑所派之兵，出边后如何探踪截剿之处，仍著咨商文祥等妥筹进止。麒庆亦当饬令派出之兵，蹑踪追剿，不得以贼已东窜，徘徊观望，坐失事机。宁远所属中后所，为山海关门户，著崇厚将备调之洋枪队兵五百名，派护理总兵春霖管带出关，驻扎该处，与锦州防兵互为声援，以杜贼匪窥伺。热河地方，伏莽甚多，但恐操之太蹙，转致匪党固结，办理益形棘手。刘长佑、麒庆派兵剿贼，务当密饬带兵各员，酌度情形，妥为筹办，毋稍轻率。宁远所属团练，文祥等即饬朱光宇等妥速办理，以资保卫。本日据宝珣奏，奉省派出官兵，见贼辄败，虚糜帑项等语。该省官兵，平时既不训练，临阵又无纪律，以致屡次挫折，实堪痛恨。著文祥、福兴、恩合认真整顿，如查有首先溃退者，即于军前正法，以肃戎行。文祥等密片一件，著钞给刘长佑、麒庆阅看。将此由五百里各谕令知之。（《清穆宗实录》卷 162，第 747—749 页）

【同治四年十二月丙申】谕军机大臣等：麒庆奏，筹办朝阳县街踞匪情形，请饬催援兵会剿。刘长佑奏，带兵出省日期各折片。昨据文祥等奏，探得贼众于二十五日，由朝阳县窜往东南台吉营子、洛道营子、庄头营子、三义站等处地方。并据恩合咨称，有贼匪千余名，窜至法库边门滋扰，距省仅百余里。数日之间，贼情忽变。又据文祥等片奏，贼自清河边门逸出后，分为三股，一窜朝阳，一窜赤峰，一窜法库边门。热河各县伏莽，几于无处不有等语。是朝阳街市之贼，早已东窜。文祥等折，与麒庆折，同系十二月初一日发。麒庆较文祥等更为切近，而折内有贼未出窜之语。赤峰贼情，亦未经奏及。何以聋聩若此，殊不可解，著即确切探明具奏。并懔遵昨日谕旨，饬令派出之兵，蹑踪追剿，仍须严防回窜。热河伏莽遍地，若动兵搜捕，必至激而生变。麒庆务须不动声色，密为访拏，以期消患未萌，毋得因循坐误，再酿祸端。刘长佑于初三日出省，拟径赴三屯营，与徐廷楷商定布置，仍察看缓急，亲赴喜峰等口，督饬巡防。令徐廷楷回古北口办防，并以南路防务仍重，防军未可多调。所筹均妥，著即照所请行。俟到日察看情形，朝阳之贼如尚未退，即著刘长佑迅拨马步前往，会同热河官军并力剿洗。如贼已东窜，并著视何路吃重，抽军前往追剿，毋稍迟延。昭乌达等盟俟年班到京时，面谕会剿。将此由五百里各谕令知之。寻麒庆奏，查朝阳街被匪窜入后，虽闻有回窜情形，未据带兵员弁及地方官禀报，不敢遽信。迨本月初三、初五、初六等日，据各处禀报，贼闻兵至，陆续出窜，与文祥所奏无异。朝阳距承德七百余里，较之奉省名为切近，实形纡远，是以奏报稍迟。至赤峰境内，据该县知县李继昭禀称，并无贼踪窜入。报闻。（《清穆宗实录》卷162，第751—752页）

【同治四年十二月癸卯】谕内阁：现在盛京、热河等处马贼滋扰，防剿紧要，著派科尔沁博多勒噶台亲王伯彦讷谟祜，及年班来京之卓哩克图亲王济克登旺库尔、巴林扎萨克郡王那木济勒旺楚克、敖汉郡王布彦德勒格呼固鲁克齐、喀喇沁扎萨克头等塔布囊德勒格尔，均即行回旗，会合各旗盟长，调集蒙古官兵，在盛京、热河等处，协同各路官军剿贼。所有蒙古官兵，一切防剿事宜，均著伯彦讷谟祜相机调度。（《清穆宗实录》卷163，第765页）

【同治四年十二月丙午】谕军机大臣等：刘长佑奏，驰抵三屯营会筹防剿一折。刘长佑于驰抵三屯营后，将各口挑濠立栅等工，办理渐次竣事。并拟俟续调各起兵勇到日，度地分驻，相机策应，筹办尚属周密。此时热河已无贼踪，古北口防务较松。刘长佑现赴永东一带查看防务，徐廷楷即著暂行留驻澍河桥，以资督率，俟刘长佑回至三屯营后，再行商酌去留。热河之平、建、朝、赤及奉天各地方，道路旷远，村户较稀，探报中途无人接递。刘长佑现拟派令书役夫马出口分段安拨，以便速通文报。著恩合、额勒和布、恩锡、麒庆各饬所属地方文武，妥为照料，认真经理，以期无误戎机。正在寄谕间，据清安、桂清奏，贼匪抢劫监犯，并掳掠财物情形各折。金州盗匪伪行投诚，恩合并不详细审察，辄准协领穆锦将该匪五百余人带至省城，深加抚恤。又率将军器给付盗匪，令其剿贼，致令该匪复行窜至铁岭县城，伪行乞降，劫狱放犯，焚抢铺户。省城重地，该将军复漫无防范，以致贼踪潜伏，劫放监犯一百六十余人之多，纵火焚掠，震惊居民。恩合身任将军，不思奋勇剿贼，专以招抚误事，任贼愚弄，殊堪痛恨，著先行传旨申饬，若再不严加防范，力筹剿捕，一味聋聩颟顸，自问当得何罪。文祥、福兴计此时已可带兵抵省，著即督饬将士，将省城防守事宜，严密布置，并将劫狱详细情形，查明具奏。

盛京司狱多三著交部议处。桂清未能先事豫防，亦属疏忽，著一并交部议处。在逃逸犯，著恩合、额勒和布、恩锡严缉务获，毋任漏网。将此由五百里各谕令知之。（《清穆宗实录》卷163，第769—770页）

【同治五年正月庚午】又谕：恩合等奏，剿贼获胜情形，及商派富平阿守护永陵各折片。所称恩科穆锦等于开原等处，叠获胜仗，有无铺张粉饰，著文祥、福兴查明具奏。其扎朗阿在边外三道林子剿贼获胜情形，著一并查核明确，据实具奏。至各股贼匪，均向边北窜去，文祥、福兴当调派兵勇，咨会吉林热河等处官军，会合兜剿，毋令纷窜。徐占一所部，能否剿贼立功；恩科、穆锦等带兵能否得力，并著文祥等随时察看。其反狱逸犯，并零股土匪，仍著严密查拏惩办，务绝根株。富平阿前已有旨以协领降补，所有永陵附近地方，应如何添派大员，督兵分布设防之处，著文祥、福兴、额勒和布、恩锡熟商妥筹，务臻周密。恩合等折片三件，著钞给文祥、福兴等阅看。将此由四百里各谕令知之。（《清穆宗实录》卷165，第11页）

【同治五年二月戊申】谕军机大臣等：伯彦讷谟祜奏，击贼获胜，生擒贼首正法，及请催昭乌达盟官兵各折片。伯彦讷谟祜行抵八面城后，马贼避兵渡江而西。经该亲王进击于郑家屯地方，毙贼八九百名，沿途追捕，擒斩甚多。另股贼首孙九工等盘踞东沙岭，后经该亲王驰剿，毙匪三百余名，并将贼首赵黪牙等陆续弋获，讯明正法。此次官军以少击众，三日之内，连获大胜，办理甚为得手。即著伯彦讷谟祜督饬各军，将附近一带余匪珍除净尽，视贼所向，移师进剿，随时与文祥妥筹办理。所有出力员弁，准该亲王择尤保奏，以示鼓励。据奏，昭乌达盟官兵屡催不到，复接麒庆文称，拟将该盟马队，留于热河防堵，请分别议处等语。巴林郡王那木济勒旺楚克，于奉调官兵任意迟延，著交理藩院议处。麒庆于此项官兵，擅拟截留，实属不知缓急，著交部议处。仍著麟庆迅速咨行昭乌达盟长，将所调官兵星速派赴伯彦讷谟祜军营，听候调遣。傥再迟误，即著伯颜讷谟祜从严参处。将此由五百里各谕令知之。（《清穆宗实录》卷169，第69页）

【同治五年二月己未】又谕：前因热河赤峰县番役丁起云、丁起陇等诸多不法，叠经降旨交麒庆严密查办。兹据奏称，番役丁起云、丁起陇，查有通贼情事。经该都统派令知县李继昭前往密拏，立将该二犯弋获，于审明后即行就地正法，办理尚为妥速。署赤峰县知县李继昭拏办巨匪，慎密周妥，著准其奏请奖励。（《清穆宗实录》卷170，第83页）

【同治五年二月己未】谕军机大臣等：麒庆奏，饬催昭乌达盟官兵赴营。并请饬伯彦讷谟祜，咨行该盟文书，径由蒙古驰送各等语。昭乌达盟官兵前经麒庆遵旨剀催，迨至二月初间，仍未据该盟长呈报起程。现复经该都统专差赍文前往，催令迅速前进，尚未接据回文。即著麒庆仍遵前旨，严行咨催该盟长，将所调官兵，星速派赴伯彦讷谟祜军营，听候该亲王调遣，不准再涉迟延，致干重咎。热河至该盟长驻扎巴林地方，路途纡远，铺递迟滞。嗣后伯彦讷谟祜于应行咨照该盟长文书，即著一面径由蒙古地方驰送，一面知照麒庆妥为办理，以免迟误。将此各谕令知之。（《清穆宗实录》卷170，第83页）

【同治五年三月己卯】谕军机大臣等：刘长佑奏，捻逆叠扑河干，被兵击退。并北路边防，仍须兼顾。麒庆奏，奉省余匪回窜清河门一带滋扰，防剿情形各一折。张总愚股匪，盘踞郓钜，并由寿张县南岸叠扑黄河，均经直隶防兵击退。惟奉省红黄蓝三旗马贼二千余名，窜扰清河门等处。热河官兵，未能得手，贼已扰及朝阳县东界烧锅地等处。刘长佑现拟将直字中军两营仍留北路，并派英良会同黄仁遗，带领马步兵勇数百名驰赴关外。著即觇贼所向，会同热河防军，实力剿捕，一面饬令各关隘将士，严行扼守，毋令贼踪乘隙窜入。刘长佑俟抵大名，布置河防周妥后，察看情形，如果南路捻势稍松，北路边防吃紧，即著折回省城，居中调度，相机策应。现据麒庆奏称，马贼由清河边门窜至热河大板地方，协领德玉、穆济楞与贼接仗，因天黑未能获胜，退至孟古勒津驻扎。现在添派协领瑞兴等带兵数百名，驰往朝阳。著麒庆严檄在事员弁，奋力迎击，并饬蒙古防兵一体会剿，务将该匪就地殄除，不得任贼纵横，漫无布置。贼匪本系败残之余，一入热河边境，官兵即不能制，其平素训练之不得力，已可概见。协领德玉等，有无畏避退缩情事，麒庆当切实查明办理，不可姑容讳饰，致隳军律。近来奉天马贼，俱在省城东南北三面肆扰，叠经官军击败，殄除已十之八九。西路一带，久无贼踪。此次红黄蓝三旗大股贼匪，究由何路突窜清河边门，扰及朝阳，著伯颜讷谟祜、文祥等查明覆奏。热河地广兵单，恐贼势又成燎原。著伯彦讷谟祜迅即分拨所部蒙古兵丁，折回西面，追至热河，会同该处兵勇剿洗。文祥、福兴、都兴阿酌拨奉省官兵，一面驰赴热河剿贼，一面扼守锦郡义州边境，严防回窜，以期肃清边界，殄灭余氛，毋稍延缓。将此由六百里各谕令知之。(《清穆宗实录》卷172，第111—112页)

【同治五年四月戊申】吏部议覆：热河都统麒庆奏请变通热河州县调补旧例，拟请嗣后滦平、丰宁二县，定为一调一补。轮应调缺出，由该都统会同直隶总督，于现任理事抚民各同知、通判及满汉州县，一体拣调。轮应补缺出，即以热河拣发州县按名酌补。其平泉、建昌、赤峰、朝阳四州县缺出，先于滦平、丰宁二县内拣调。如俱不堪调，再于现任抚民同知、通判内曾经署理州县及满汉州县内请调。如再无可调之员，则委拣发州县试署一年。果能胜任，准请实授。从之。(《清穆宗实录》卷175，第153—154页)

【同治五年六月甲辰】谕内阁：麒庆奏，请将阻挠垦荒之围场旗员提讯一折。热河围场边荒闲地，遇有旗民呈请认垦，该总管自应派员会勘。如果无碍围场，即准令该旗民等承垦。乃民人周伸等呈请认垦乌拉岱川等处荒地，经麒庆派员前往围场，会同该处旗员查勘。该旗员等一味迟延，并不同往。总管克蒙额等辄以有碍围场，含混呈覆。防御特克慎则称欲令于押荒外另捐银两，情节自相矛盾。迨麒庆传询，该旗员等又坚不肯至，难保无隐匿官荒希图私垦情事。围场翼长贵山，防御特克慎、富明阿，骁骑校富顺，著一并解任，交麒庆提讯。如有前项情弊，即行分别惩办。总管克蒙额于麒庆委员往勘时，既不催令该旗员等迅速会勘，及麒庆剳调该旗员等，又复代为枝梧，亦属有意徇庇。著交部议处。(《清穆宗实录》卷179，第221—222页)

【同治五年七月甲戌】又谕：麒庆奏，请饬解还热河道库借拨银两一折。咸丰三四年间，因直隶军需紧要，两次借拨热河道库银八万两，迄今尚未拨还。现在热河道库，万分支绌，需款孔亟，著刘长佑速饬藩司，将前两次借拨银八万两，即行筹款，如数解还热河道库，以资接济，不得藉词延宕。(《清穆宗实录》卷181，第249页)

【同治五年七月辛巳】谕军机大臣等：廉至奏，征兵已将到口，拨款无著，豫为筹借一折。调赴科布多进剿官军，由张家口启行，所需台站经费，前经户部指拨张家口赢余银一万五千两，杀虎口正税银一万五千两，热河矿课银一万两，解交察哈尔备用，如有不敷，由直隶及察哈尔先行筹垫。兹据廉至奏称，喀尔喀等四部落及乌兰察布等两盟，并锡林郭勒盟兵，均已启行，将次到口，而户部指拨之项，拨发无期等语。除热河矿课银一万两业经麒庆奏报，已于本月十一日起解，其张家口、杀虎口应拨银两，仍恐催提到日，缓不济急，有误师行。著刘长佑酌量于藩库口北道库及多伦诺尔厅税银项下，先行拨动银四五万两，解交廉至，以应急需，仍由户部指拨归款。至山西丰镇、宁远二厅，历年欠解察哈尔牧地租银至三万五千余两。现在察哈尔垫给征兵经费，筹款维艰，著赵长龄或由藩库，或由归绥道税项下，借拨银二万两，迅即解赴察哈尔，交廉至收存备用。此项银两，即由丰镇、宁远二厅欠解察哈尔租银项下陆续扣还。不准稍存膜视，致有贻误。将此由五百里各谕令知之。（《清穆宗实录》卷 181，第 259 页）

【同治五年七月乙酉】又谕：麒庆奏，查办失守之知县，援案定拟一折。热河朝阳县街，前被马贼阑入，知县庆康未能设法守御，经麒庆奏参撤任。兹据讯明该员于攻复县街后，搜捕余匪多名，并筹办善后事宜，不遗余力。该处绅民，亦深爱戴，请将该员革职暂行留任等语。庆康著照所请革职暂行留任。麒庆另片奏，庆康前在平泉、建昌一带，缉获匪犯多名，请宽免该员革职留任处分等语。著不准行。（《清穆宗实录》卷 181，第 262 页）

【同治五年十二月丁亥】谕军机大臣等：都察院奏，奉天职员解抡元，遣抱以贝勒纵逆殃民等词，赴该衙门呈诉。据解抡元呈称，前在奉天办团挐贼。白凌阿之甥弥勒僧格系著名要犯，业已设计擒挐，经贝勒散巴勒诺尔赞要去。嗣后弥勒僧格被高力束公旗挐获，供称在土默特旗系齐达拉串用东钱二百吊，蒙该贝勒开释，有三座塔税署案卷可提。解抡元欲赴奉省呈诉，该贝勒遣人在塔子营寓所暗伏火药，将解抡元轰伤。又令弥勒僧格、白凌阿、于瀛起等将伊侄解广运害命，练勇唐复升等同时杀害。于瀛起被练勇擒获，经该贝勒派兵挐去，又娶白凌阿之女为妻。请饬该贝勒将弥勒僧格、白凌阿等交出各等语。此案情节甚重，何以事隔数年，至今甫行呈控？且弥勒僧格续经擒获后，又未声叙系何人纵匿。惟弥勒僧格、白凌阿系在逃要犯，既据呈称该贝勒叠次祖庇贼匪，先后共毙练勇多名，又娶逆女为妻。如果属实，不法已极。著都兴阿、额勒和布、恩锡提集全案人证卷宗，悉心严究，以成信谳。其在热河前后案据，并该都统历次所奉严缉白凌阿、弥勒僧格等项谕旨，均著麒庆全数钞录，咨送盛京，以凭查核。案内干涉人犯要证，俟都兴阿等催提时，并著麒庆赶紧解往，不准托故迟延。原呈著钞给阅看。将此各谕令知之。（《清穆宗实录》卷191，第415页）

【同治五年十二月癸卯】谕军机大臣等：麒庆奏，请饬东三盟盟长协拏盗犯等语。盗首白凌阿、弥勒僧格，系叠经降旨通缉要犯。该匪等展转逃匿，日久稽诛。现经麒庆查访，白凌阿业已削发，诈为喇嘛。弥勒僧格等身系蒙古，均不能久匿民间，难保不煽惑蒙古人众，代为隐庇。著理藩院迅即行文哲里木、卓索图、昭乌达各盟长，督率各扎萨克协同热河都统委员一体严拏。不得稍分畛域，自干咎戾。并著各该盟长剀切晓谕居住蒙古人等，毋任庇匪藏奸，以期必获。麒庆原片著钞给理藩院阅看。将此谕令知之。（《清穆宗实录》卷192，第445—446页）

【同治六年六月辛亥】谕内阁：都兴阿等奏，承审贝勒被人京控各案，会同讯明大概情形，请解送热河，就近提审各折片。麒庆奏，散巴勒诺尔赞被控牵涉各案，请仍饬都兴阿等遵旨断结一折。此案前后情节，关系甚重，亟应迅速根究，何得互相推诿？著都兴阿、额勒和布、恩锡仍遵前旨，悉心严究，以成信谳。除热河解交盛京之丹巴等七名口，著都兴阿等收审外，其喇嘛蒙古等十八名，仍由麒庆解还盛京，归案审办。所有应提案卷及干涉人证，并著麒庆一并解送盛京，以备质讯。（《清穆宗实录》卷206，第671页）

【同治六年六月辛亥】又谕：麒庆奏，土默特八支箭箭丁与旗员互控一案，因该贝子久不在旗，两造抗匿不出，案悬未结，请饬回旗会办一折。土默特贝子索特那木色登现在京城，著理藩院饬令迅速回旗，督同该协理旗员等，禀由正副盟长派委妥员，前往会同迅速将该箭丁富汰等拘传到案，并将原案被控之旗员阿昌阿等解交热河都统衙门，以凭讯办。该贝子之父已革贝子德勒克色楞系曾经获咎，闭门思过，仍不准随同回旗。索特那木色登于各案清结后，即著来京。（《清穆宗实录》卷206，第672页）

【同治六年七月乙卯】 又谕：御史佛尔国春奏请严禁断运，以济民食一折。据称热河所属板城地方，有商贩米石，运至该处上船，经委员朱姓勒令留米平粜。其余米石，仍复多方勒索，不准起运。并有米船被劫，该委员不为拏办之事，请饬查办等语。近畿一带，米粮向不敷用。本年直隶各属，亢旱日久，二麦全无，尤须产米之区，源源接济。乃板城商贩米船，该委员一味留难，不准开运，实属不晓事体，且难保无藉端需索情事。著热河都统严饬委员，无论何时，凡遇口内贩米商船，即令装运开行，不准稍有刁难，并将肆抢匪徒，严行惩办，以通商贩而裕民食。（《清穆宗实录》卷 207，第 675—676 页）

【同治六年八月己亥】 又谕：有人奏，热河署丰宁县知县王樊，前在大阁镇巡检任内，即与该处举人李鹤林等朋比营私。及到丰宁署任，复听从李鹤林主使，将该县监生杨全锁押，勒索银八千两，致杨全在押毙命等情。所奏是否属实，著麒庆确切查明，据实具奏，毋稍徇隐。原片著钞给阅看。将此谕令知之。寻奏：遵查杨全实系在押因病身死，并非因刑毙命。惟该署令到任未久，即有此案，当即撤任。至举人李鹤林等，是否与该员朋比营私，容再彻底根究。得旨：著即认真研鞫，毋稍偏纵。（《清穆宗实录》卷 210，第 726 页）

【同治六年八月己酉】 热河都统麒庆奏：围场试办木税，流弊滋多，请将木局即行裁撤。从之。（《清穆宗实录》卷 210，第 735 页）

【同治六年十月己亥】 又谕：麒庆奏，逸匪弥勒僧格复出滋扰，现派弁兵往剿一折。匪首弥勒僧格、白凌阿，系纠众叠经抢劫久逸未获之犯。现在弥勒僧格复与匪徒任义溃聚集多贼，在清河门一带抢掳。经朝阳县兵勇往拏，该匪等向东北逃逸，审至建昌县属之包格图地方，聚至数百人，抢劫铺户，并有纠约白凌阿复出为首之说。该匪等出没之区，在建昌、朝阳两县交界地方，与敖汉及土默特旗均相毗连。麒庆现已拣派弁兵驰往查拏，著即严督派出兵弁与地方文武实力剿捕，并著都兴阿选派得力弁兵，驰往交界处所协力堵剿。其卓索图、昭乌达两盟，亦著理藩院星速饬令该盟长等，转饬蒙古各旗，认真拣派各旗员带兵一体兜拏，不得稍分畛域，互相推诿，自干咎戾。此系著名要犯，都兴阿、麒庆务当重悬赏格，设法擒获，不准再任漏网。在事弁兵有能擒斩首犯者，即著奏请破格奖励。蒙古旗员兵丁，一体办理，以资鼓舞。奉省宾图旗匪民程广学，有纠众与该旗蒙古接仗滋扰并窜扑朝阳情事。都兴阿、麒庆当速饬弁兵会同剿灭，毋得玩愒，致滋蔓延。将此由四百里各谕令知之。(《清穆宗实录》卷214，第788页)

【同治六年十月戊申】谕内阁：麒庆奏，各州县现办交代，请分限清厘一折。热河各州县交代，前经谕令遵照新章一律办理。兹据麒庆奏称，热河未完交代，查照直隶章程，分别新旧案，量为变通，勒限清厘等语，著照所请。自同治六年七月以前，作为旧案，历任迟延处分，姑予宽免。其同治六年八月以后，作为新案，即照现办章程，严饬各属依限交收结报。经此次立限清厘之后，无论新案、旧案，均饬遵限清结。倘该州县任意延宕，逾违限期，著即查明参办，毋稍宽纵。(《清穆宗实录》卷214，第800—801页)

【同治六年十一月戊寅】又谕：麒庆奏剿贼获胜，现仍搜捕情形一折。热河盗匪，纠众滋事，经麒庆派出之佐领参将并建昌、朝阳等县地方文武叠次接仗获胜，烧毁贼巢，擒获逆首任义溃等，斩戮亦多。惟盗首弥勒僧格、白凌阿现尚在敖汉旗哈巴气地方藏匿。该二匪系著名要犯，久经漏网，总以蒙古地方为逃匿渊薮，叠经严谕缉拏，迄今仍未弋获。著理藩院行文卓索图、昭乌达两盟长，转饬所属各旗，会合麒庆所派兵勇，认真搜捕，迅速擒获，以净根株，不得仍前玩忽，致干重咎。麒庆剿捕此股盗匪，总以弋获弥勒僧格、白凌阿为得要领。若仅擒拏任意溃一犯，岂能就此塞责？该都统当振奋精神，严督现派员弁兵勇，尽力穷搜，克期弋获，并将逃散余匪，一体搜拏净尽，以靖乱萌。奉天、吉林毗连热河边境，都兴阿、富明阿当遵奉前谕，派兵巡缉，以防败匪窜入程广学股匪。仍著麒庆设法搜捕，并檄饬宾图王旗蒙古会同严缉，毋稍玩忽。将此谕知理藩院，并由五百里谕令都兴阿、富明阿、麒庆知之。(《清穆宗实录》卷217，第851页)

【同治七年二月丁未】又谕：麟庆奏，缉拏逆犯，请饬兵丁归伍等语。弥勒僧格率从三五十人，潜匿蒙古各旗荒僻处所。自当确实侦探，严密搜捕。该都统所称热河获盗，素由掩捕而得，不事多兵，仍请将参将闪甫踔等带来兵丁归伍，酌留马队，会同蒙汉兵勇搜捕，以节糜费。即著照所拟办理。弥勒僧格系多年漏网要犯，必须赶紧弋获，岂容任令窜逸，久稽显戮？麒庆身膺重寄，务当认真躧缉，严拏务获。倘再仍前玩泄，致令要犯日久在逃，必惟该都统是问。该犯藏匿阿噜科尔沁旗地方，经建昌县知县前往查拏，该处蒙古胆敢相率抗拒，致令窜逸，情殊可恶。著理藩院行知该旗，务将弥勒僧格交出，倘敢再行庇匿，必将治以连坐之罪，并责令将庇匿蒙古查拏究办，以儆愚顽。昭乌达盟长已饬所属各旗派兵捕拏，即著理藩院行知该盟长饬属实力兜缉。并著麒庆咨照协同剿捕，俾该犯于旗汉界内，无处容身，自必易于就擒。将此各谕令知之。（《清穆宗实录》卷225，第90页）

【**同治七年四月甲辰**】谕军机大臣等：都兴阿奏，遵旨严审要犯，供认强抢得贿纵盗大概情形一折。前因练目陈安屡经被控，谕令麒庆解交都兴阿严讯。兹据该将军奏称，审明该犯伙众强抢得财放盗等情，均已属实。惟假团练扰民一节，该衙门并无案据。其在热河有无扰害被控实迹，请饬热河都统详查再办等语。匪犯陈安始则纠众行劫，拒捕伤官。迨充番役后，复于抚民厅、宁远州等处，得贿纵盗，肆行抢劫，实属怙恶不悛。若不按律严惩，何以安闾阎而靖奸宄？陈安一犯，即著照响马例定拟。所请饬热河都统详查之处，著毋庸议。将此谕令知之。（《清穆宗实录》卷230，第174页）

【**同治七年六月丁未**】谕内阁：刑部、理藩院奏，讯明蒙古贝勒被控各款定拟一折。此案土默特旗贝勒散巴勒诺尔赞被解抢元等呈控各情，虽无纵放弥勒僧格及主使白音将解抢元烧伤确据，亦无侵用恩赏老人银两情事。惟赏给图克苏二品顶带及其幼侄三等护卫花翎，并擅用头等护卫，有违定例。该贝勒管理旗务，于分派差钱等事，诸多乖谬，以致上控之案，层见叠出，实属不协舆情。散巴勒诺尔赞著革去扎萨克，不准管理旗务。仍著热河都统会同该盟长，查明该贝勒如有苛敛克扣情弊，再行从重定拟。弥勒僧格即郭汶得，系奉旨交拏要犯，竟任脱逃，非寻常疏忽可比。著照所拟，给限四个月，勒令该贝勒将弥勒僧格访拏到案，限满无获，即行照例参处。并著各该旗盟长及盛京、吉林、黑龙江、热河各将军、都统一体严拏。弥勒僧格务获，由该将军都统就近讯明，是否该贝勒故纵，抑系解抢元诬告，据实具奏。候选知府解抢元，控告散巴勒诺尔赞各款，虽未尽实，均尚事出有因。惟该员不候盛京将军等讯结，辄敢潜逃来京呈控，殊属不合，解抢元著交部照例议处。

该员尚有被控冒籍报捐等情,即著解赴义州讯办。塔布囊呢吗因散巴勒诺尔赞不准回赎绝卖地亩,欲办诬告,即脱逃赴京砌词上控,虽所控得实,究属刁健,呢吗著照蒙古例议处。协理布彦巴达尔呼、拉西彭桑格、杨桑阿办理旗务,未能妥协,各有被控案件,均著先行撤任,听候审办。所有未结各案之原告呢吗等,并联名续控之业什鄂萨拉等共三十四名口,即著解交热河都统,会同该盟长查讯明确,迅速核办。(《清穆宗实录》卷235,第238—239页)

【同治七年十月乙巳】又谕:前因热河总管奏,承德府州县等欠交兵米,当经谕令直隶总督勒限严催。兹据文锦奏称,该处欠交同治五年分兵米,业经全数交仓。惟前任代理平泉州知州金龄,所欠咸丰十年分兵米一千七百余石,仅交过五百石,所欠尚有一千二百余石之多,兵食攸关,岂容任意延宕?著官文再行严催,饬令该员将欠交米石埽数完交,毋许玩误。此后应交该处米石,仍著年清年款,以裕兵食而重仓储。(《清穆宗实录》卷244,第390页)

【同治七年十二月丁未】以热河擒获逆匪弥勒僧格,赏同知庆康、台吉巴有扎布花翎。余加衔升叙有差。(《清穆宗实录》卷248,第452页)

【同治八年四月甲寅】署热河都统魁龄奏:围场移建卡伦,现饬总管等一律查明核办。得旨:该署都统即严饬该总管等,将应行修立红桩卡伦,逐细勘明地界,一律修齐。(《清穆宗实录》卷256,第568页)

【同治八年十一月丁酉】谕内阁:庆春奏,查明热河开荒,渐侵正围,酌拟章程,请将查办迟延之总管等交部议处一折。前因热河围场地多闲旷,经前任都统瑞麟、麒庆先后分别科则,招佃展垦。乃日久展放,漫无限制,以致侵占正围,自应查明禁止所有镶白旗伊逊川开垦荒地。即著照旧有大卡伦为界,其河东、河西佃垦私垦地亩,均著饬令一律封禁,并著严檄该总管等督修卡伦建立红桩,毋令任意展垦。庆春拟于明岁春融后派原勘各员前往查勘界址,按照科则,酌予年限,以次裁撤,并将私垦各户一律驱逐。旗民佃户领地后,陆续侵入山坡沟岔,以及领地以多报少各弊出示禁止,定以惩罚章程。著库克吉泰到任后详细参酌,妥为办理。委员员启泰、王清,经庆春派令前赴围场，会同总管寿长督催修卡建桩，乃任意迟延，迄未修整，实属咎无可辞。围场总管寿长、候补知州员启章、准补喀拉河屯巡检王清，均著交部议处，以示薄惩。（《清穆宗实录》卷271，第765—766页）

【同治八年十二月庚申】又谕：永存、舒恒奏，请饬直隶藩库迅解应领米价一折。承德府应放兵米，向由直隶藩司按季支给银两，交各州县采买，以供支放。现在存仓兵米无多，应领同治七年秋冬二季及八年分应领米价，均未拨解。兵食攸关，岂容延宕？著直隶总督即饬该藩司，将同治七年秋冬二季米价及同治八年应发米价银两迅即筹放，交该府州县买运交仓，以裕兵食。其前任代理平泉州知州金龄欠交咸丰十年分兵米一千二百十三石零，仍著严催交齐，毋许再涉延玩。（《清穆宗实录》卷273，第787—788页）

【同治九年三月甲戌】谕内阁：志和、库克吉泰奏，审明滋事箭丁及办理不善旗员，分别惩办。并妥议章程，开单呈览一折。此案土默特旗八枝箭箭丁瘸子常明等因该旗科派太重，辄以该箭丁不应归土默特旗管辖，聚众呈控。又复立会敛钱，抗不比丁，并有殴伤旗员霸抢地租情事，实属罪无可逭。瘸子常明、德尔沁扎布、丹珠尔均著发往南五省驿站充当苦差。哈哈笑、老希、幅呢膺、幅受听从霸地殴差，亦有应得之罪，著发交山东、河南驿站充当苦差。均由理藩院定地发配，到配严加管束。该箭丁等事犯虽在咸丰十一年十月恩赦以前，惟始终怙恶不悛，且系积年滋事之犯，均著不准援减。嗣后遇有恩赦，亦毋庸查办，以示惩儆。未获之那木萨赖扎布、色斋、奈丹扎布、阿噶齐、玛哈萨都瓦等著该地方该旗并知照邻境一体严拏务获。一俟拏获，即照瘸子常明等罪名，分别定地发遣。管旗章京阿昌阿、花尚阿等因公科派钱文，虽非侵吞入己，究属不能体恤。署印协理松威、丹忠疲玩糊涂，办理旗务，难期振作，均著即行斥革。土默特扎萨克贝子索特那木色登袭职在后，著宽免失察处分。一俟该旗诸事妥协，即由该都统给咨回京，毋得在旗逗遛。嗣后该旗事务，著卓索图盟长、热河都统随时认真整顿，有犯必惩，以靖地方。志和等所拟章程八条，甚为明晰。所有八枝箭箭丁仍著归土默特旗管束，并著理藩院将乾隆四十六年奏定章程，详细纂入则例。其管旗章京、副章京，著即仍遵旧例，由理藩院补放。所称变通比丁章程，申明交纳丁钱旧章及箭丁子女，不准妄行役使。随侍陪嫁，核减差派，加重越诉罪名，严拏讼棍各条，均著照所议办理。即著库克吉泰将所奉谕旨，并新定条款，刊刻晓谕，俾有遵循。另片奏，此次比丁，系一时权宜，未能尽归旧制等语。嗣后如尚有应行变通之处，著热河都统酌量情形，相机妥办。(《清穆宗实录》卷278，第856—857页)

【同治九年四月丙午】又谕：景霖奏，汛弁畏罪潜逃，请饬缉拏归案严审一折。已革把总李春林，前因搜拏窝窃红椿木植一案，办理不善，致派出兵丁被匪捆殴，业经革职勒限严拏。乃不将首犯弋获，复敢纵容兵丁得钱，将已获之犯卖放，以致要犯远扬。该革弁旋即畏罪潜逃，显有通同情弊，亟应彻底根究。著景霖饬属严拏，并著直隶总督、热河都统通饬所属，一体严缉务获，归案审讯。(《清穆宗实录》卷280，第883页)

【同治九年五月庚辰】直隶总督曾国藩等奏：请拨河屯协八沟营兵各一百名驻扎朝阳县，以清盗薮。得旨：新拨河屯八沟营兵，即著库克吉泰派员管带，认真训练，择要驻扎，以资巡缉，不得有名无实。(《清穆宗实录》卷282，第906页)

【同治九年七月甲戌】又谕：库克吉泰奏，遵调蒙兵需用经费请饬部筹拨一折。此次调拨东三盟马队三千名赴古北口驻扎听候调遣，需用行装盐菜等项银两，热河各库既无款可拨，自应豫为筹备，著户部即行拨银十万两解往热河交库克吉泰收存。俟该蒙兵到口后，一切需用款项，即著撙节支放，以昭核实。吉林、黑龙江马队到口后，著仍遵前旨一体兼顾，并著派令寿长帮同操练，俾成劲旅。该官兵月饷需用甚巨，著曾国藩、库克吉泰会商奏办。其驻口听调应行支发口粮，著户部核议章程具奏。此次所调官兵原为备豫不虞，库克吉泰仍当慎密办理，不可稍涉张惶。所需火药铅丸等项，已谕知工部照数拨解矣。将此各谕令知之。(《清穆宗实录》卷286，第950页)

【同治九年八月辛丑】谕内阁：库克吉泰奏，郡街两次被水，现筹办理情形一折。本年六七月间，热河郡街连次大雨。被冲民房六百余间，淹毙大小男妇四十六名口，其狮子沟等处兵民房屋，亦多被冲。该民人等叠被水灾，荡析离居，情殊可悯。即著直隶总督、热河都统，一面督饬地方官设法堵御，一

299

面查明被灾各户口加意抚恤，毋令一夫失所。其堤坝应修各工，并著直隶总督迅派妥员前往，会同库克吉泰派出各员，认真查勘，妥为筹办，不得草率从事。（《清穆宗实录》卷 288，第 987 页）

【同治九年八月辛亥】又谕：库克吉泰奏，马队过境，供应车价盘费甚繁。热河道库款支绌，无可垫办。仅于矿课升课及公用各项下动拨银四千五百两，以资供应，此外实无别款可筹。且公用一项，系满营按季应放之款，亟应赶紧补还。请将直隶藩库欠解热河道库不敷经费银六万九千余两如数拨发等语。著李鸿章督饬藩司如数筹拨，如一时未能措齐，务先筹拨银二三万两，由该道委员赴省领取，以济兵需。将此谕令知之。（《清穆宗实录》卷 289，第 998 页）

【同治九年十月辛亥】谕内阁：景丰奏，擎获抢劫凶犯，请交部审办一折。据称本月二十日，直班弁兵在古北口地方擎获形迹可疑人犯贾会秋一名，讯系伙劫客商破毙事主凶犯。该犯恃无刑讯，现复任意翻供，请解部严审等语。贾会秋著即解交刑部严行审办，按律定拟具奏。其逸犯李迎山、胡永田、陈老三著热河都统饬属严擎，务获究办，以靖地方。（《清穆宗实录》卷 293，第 1049—1050 页）

【同治九年闰十月庚午】谕内阁：内务府奏，查勘热河园庭各工，请分别择要修理，开单呈览一折。热河园庭内外各工，著热河总管永存等设法保护，暂缓兴修。（《清穆宗实录》卷 294，第 1068 页）

【同治九年十一月乙未】谕军机大臣等：李鸿章等奏，遣撤各路官兵全数起程，请将放余银两暂存备用一折。前调驻防古北口之东三盟蒙古官兵及吉林、黑龙江马队，现已全数遣撤起程。库克吉泰请将部拨饷项放余银两暂存备用，著照所请，将此项放余银两留存热河道库，以备缓急，仍将支放数目及剩存银两若干，分晰报部，以备查核。东三盟官兵远道跋涉，情形困苦，著加恩赏银一万两，由库克吉泰于此项放余银两内如数提拨，迅速解交各该盟按名散放，以示体恤。将此谕令知之。（《清穆宗实录》卷 296，第 1103 页）

【同治九年十一月丁未】又谕：库克吉泰奏，筹办围场开垦地亩情形一折。热河招垦围荒地亩，现经库克吉泰查明，除旗佃侵放围内地六百余顷应行禁止抛荒外，其民佃侵放围内地有八百余顷之多。该都统拟将贵山等举出旗佃围外隐匿余地六百余顷，拨补围内民佃，令其迁徙安业。尚有不敷，即将贵山等报捐所领围外地亩及现任官员弁目所领围外之地，陆续添补。即著库克吉泰遴派妥员，前赴围场，逐细履勘，认真筹办。务将正围以内民户尽数迁出，以清围地，并将安插各民，妥为布置，毋令一夫失所。尤当随时稽察弊窦，不可疏略。其应如何立界设卡清丈升科之处，并著斟酌情形，妥为办理。将此谕令知之。（《清穆宗实录》卷 297，第 1116—1117 页）

【同治九年十二月丁亥】谕军机大臣等：库克吉泰奏，剿捕盗匪，分别惩办，并擒获续起匪徒各折片。匪犯庞小秃勾结贼党，在朝阳县属之杨家店一带抢掠。张中险等匪复在黑水转山子等处勾结矿匪，结会抢劫，先后经官军擒获要犯多名正法。其庞小秃之侄庞三拐子复招聚马贼在混登营子地方滋事，意图报复，亦经兵团剿捕，将庞三拐子等匪拏获，余匪败窜。即著库克吉泰饬令带兵各员，会同地方文武，赶紧将逃逸各匪悉数弋获，不准一名漏网。此次剿匪出力员弁，俟事竣后，准其择尤保奏，毋许冒滥。至设立练军，缉捕操防，均属分内之事，不得遽行奏请奖励，以示限制。将此谕令知之。（《清穆宗实录》卷 301，第 1165—1166 页）

【同治十年六月癸亥】谕军机大臣等：库克吉泰奏，遵旨清厘围场，现筹办理情形一折。热河围场佃户，侵占围地。经库克吉泰查明情形，将围外附近旗地令该民佃按照原领系何旗围内之地，即以何旗围外之地如数补给。至各旗之人，从前认领边荒，曾交过押荒银两，即以贵山等举出余地及所捐之地就近补还。现在围场八处及跸路经过之所，均已一律腾清封禁。其应补民佃之地，亦陆续补足，并于各要路总口立界设卡，以免侵越，办理尚为妥速。即著库克吉泰饬令司员孙恩庆等，迅将一切未尽事宜悉心筹画，次第兴办。该都统务当随时稽察，毋令日久生弊，方为妥善。将此谕令知之。（《清穆宗实录》卷 313，第 137 页）

【同治十年七月壬辰】又谕：库克吉泰奏，据咨甘回东窜豫筹防范一折。多伦诺尔为热河西北门户，地方富庶，素为贼所垂涎。库克吉泰因直隶咨文声称，探闻贼匪有分犯库伦、多伦诺尔之说，即拣派员弁驰往多伦厅常川坐探，并饬丰宁县大阁司会同营汛，调集兵团，严为防备。复由热河八旗派定官兵一千名，俟有警信，驰赴交界驻扎，所筹尚属周密。即著该都统督饬在事员弁，认真侦探，严密防范，不得以贼踪尚远，稍涉懈弛。……多伦东北克什克腾地方，兵力单薄。库克吉泰现咨昭乌达、卓索图两盟长，将上年古北口撤回防兵二千，操练整齐，以备协剿。即著理藩院转饬昭乌达、卓索图两盟长，一体遵照豫备，听候征调，庶免临时延误。(《清穆宗实录》卷315，第164页)

【同治十年十二月庚申】谕内阁：库克吉泰奏，丰宁土匪滋扰，捕获正法，仍饬严拏余匪一折。匪首胡良珠等审扰热河丰宁县属大阁儿地方，聚众抢劫拒捕。经知县陈本植会同把总徐振邦等，带领兵勇，驰往剿捕，将胡良珠等擒获正法，办理尚为迅速。在事出力员弁，著库克吉泰择尤请奖，毋许冒滥。其在逃未获各犯，仍著饬属认真巡缉务获，毋任一名漏网，以除奸宄而靖地方。(《清穆宗实录》卷325，第298页)

【同治十年十二月庚申】谕军机大臣等：库克吉泰奏，规复木兰围场，并绅佃捐修工程各折片。木兰围场地面，经该都统派员清查，于东围民佃地内，丈查余地，补还旗佃。现已一律迁徙净尽，围场仍复旧观。所有一切章程，均著照该都统所议办理。此后招垦边荒，并围场外设局收课各节，仍著库克吉泰妥为措置。其余未尽事宜，并著随时认真筹画，次第举行。围场新界已定，所有修卡挖濠等事，业经该都统劝谕该处官绅佃户等捐修完竣。现在添设分局、修盖局署等工，即著准其捐办。此次两项工程，著免其造册报销，俟工竣后汇案报部备查。该绅佃等捐修要工，即由库克吉泰核明酌量给奖。围场现经规复，嗣后务当随时严查，毋任再有越垦等事。将此谕令知之。(《清穆宗实录》卷325，第298页)

【同治十年十二月戊寅】又谕：永存、舒恒奏，请饬严催欠交米石一折。直隶承德府属各州县，应交热河喀喇河屯二仓兵米。据称该府州县仅将同治九年春夏二季兵米交齐，其秋冬二季尚未交仓。现在存仓米石，不敷来年春季支放等语。即著该总管等咨催热河道，严饬各属迅将欠交米石赶紧买运交仓，以裕兵食。其前任代理平泉州知州金龄欠交咸丰十年分兵米一千十二石零，并著

直隶总督严催该员迅速完交，毋再延玩。（《清穆宗实录》卷 326，第 315 页）

【同治十一年正月丙申】钦差刑部右侍郎常恩等奏：遵查热河盗垦围场，已多腾出，办理具有成效，请仍饬都统库克吉泰经理。至承办委员，颇滋物议，现已撤查。得旨：著将经理不善各员秉公查办。俟此案奏结，再降谕旨。（《清穆宗实录》卷 327，第 332 页）

【同治十一年正月壬子】谕内阁：前因御史李德源奏，热河围场开垦地亩，委员任意予夺等情。当经降旨派令侍郎常恩、童华前往查办。兹据常恩等将办理围场情形，查明具奏。此案围场地亩，越垦已久，经库克吉泰派委主事孙恩庆等经理，该委员等承办清查围场，虽无串通围员捏禀腾围转售熟地，及私卖正围地亩重交银两等事，惟因该处屡经聚众抗违，辄请调队弹压，以致不洽舆情。且于乌拉岱等处应腾围地，未将缓腾情形明白晓示，实属办理不善。围员富顺随同办理腾围，不能劝导旗民，致滋物议，亦有应得之咎。热河理刑司司员刑部主事孙恩庆、补用知府高登衢、署围场正蓝旗防御富顺，著一并交部议处，并不准再令办理腾围事宜，以示惩儆。另片奏，请将从前蒙混出结勘放各员弁惩处等语，著库克吉泰查取职名，分别交部议处。并查明包揽领地之吏商马庶等，咨行顺天府及各原籍严缉务获，提交该都统讯办。（《清穆宗实录》卷 327，第 338—339 页）

【同治十一年五月甲申】谕内阁：库克吉泰奏，腾清正围，复有民众擅入耕种，请将看守不力之该管官弁摘顶示惩一折。热河围场，经上年查办腾清后，并暂撤旗地拨补腾围民佃以示体恤。乃为日未久，竟有不知姓名民佃，聚集多人，突至湃布嘎围外，毁栅入内，任意耕种。该总管等不能禁止，任令民众擅入正围，实属办理不善。署围场总管伊克坦布及该管之翼长防御骁骑校等，著一并暂行摘去顶带，责令该官兵将擅入围场民众，迅速驱捕净尽，严密看守，毋任奸民再行阑入。并将从中架唆之人，访察确实，按名缉拏严办，以儆效尤。傥仍前不能振作，即著从严参处。另片奏，请豁免腾围各佃租课等语。所有腾围撤地旗民各佃应完课银，加恩著照所请，自同治十年起豁免三年，以纾民力。该都统即刊刻誊黄，遍行晓谕。务使实惠均沾，毋任吏胥舞弊，用副轸念民艰至意。（《清穆宗实录》卷 333，第 400—401 页）

【同治十一年十二月癸酉】谕军机大臣等：松瑞奏请饬严催欠交米石一折。直隶承德府属各州县应交热河喀喇河屯二仓兵米，仅将同治十年春夏二季兵米交齐。其秋冬二季米石，除承德府报交米二千六十九石零外，各州县尚欠米六千六百八十九石零。此项短交米石，兵食攸关，岂容任意延宕？即著李鸿章知照热河总管等，咨催热河道严饬各州县勒限买运交仓，毋许稍有蒂欠。至前任代理平泉州知州金龄欠交咸丰十年兵米一千十二石零，叠经明降谕旨，饬令直隶总督严催。至今尚未补交，实属不成事体，仍著李鸿章严催勒限如数补交。倘再不完缴，即著严参惩办，以儆玩泄。将此谕令知之。（《清穆宗实录》卷347，第572页）

【同治十二年五月丙申】谕军机大臣等：都兴阿奏，奉天挐获盗伙，据供有在热河朝阳县贿买大小签，假冒办公挐贼为名，到处讹抢，并竖立赵家沟太平社会黄旗，进边抢掠，抗拒官兵，请饬查办等语。奉省盗贼滋扰，屡经挐办，未能净绝根株，乃热河属朝阳县社会复屡有进边骚扰情事。该匪等胆敢贿买地方签票，竖立旗纛，假冒办公，藉图讹抢，实属不成事体，亟应严行惩办，以儆凶顽。著崇实立即查明认真挐办，务将首要各犯全行弋获，尽法处治，并严饬各属，嗣后不准擅给签票任意越边，以安地方而杜弊混。都兴阿亦应严饬带队各员并地方官，合力搜捕，毋任此挐彼窜，俾靖盗踪。原片著钞给崇实阅看。将此各谕令知之。（《清穆宗实录》卷352，第658页）

【同治十二年六月乙卯】谕内阁：锡祉等奏，请饬严催欠交米石一折。据称直隶承德府属各州县欠交同治十一年分热河兵米，现尚未据报交，请饬直隶总督严催等语。即著李鸿章催该府州县，迅速买运交仓，以裕兵食。其前任代理平泉州知州金龄欠交米石，叠经饬令直隶总督严催，何以至今尚未补交？实属不成事体。仍著李鸿章查明严催，勒限如数补交。倘再不完缴，即著严参惩办。（《清穆宗实录》卷353，第664页）

【同治十二年七月辛未】谕军机大臣等：崇实奏，东荒沿边一带，匪徒滋扰，调队会剿，并酌拨饷需一。匪首庄洛三即庄洪汰，在奉省东鲁荒等处，纠邀著名马贼王江、王海及蒙贼铁干一只蜡等，沿途裹胁，赴朝阳县东荒一带，挟嫌报复。崇实因该处兵力单薄，已咨商李鸿章等在古北口练军内，调拨马队官兵一百名，前往剿办。即著严饬带队各员，会同该处地方文武，将此股匪徒，迅速扑灭。匪首庄洛三等，务须悉数弋获，不准一名漏网。该县现募勇丁筹备防剿，所需经费，崇实拟于热河道库内暂行动支，造册报销。著照所议办理，将此谕令知之。（《清穆宗实录》卷355，第698页）

【同治十二年八月壬午】谕军机大臣等：都兴阿奏，边外复起股匪，派队剿除一折。奉天边外匪徒，滋扰热河朝阳辖境。经都兴阿派队前往会同剿办，该官兵等于朝阳县剿贼获胜后，在束鲁克高山台地方毙匪多名，并将贼首孙洛疙疸擒获正法。其南路窜匪，亦经官军随时剿除。著都兴阿饬令派出各员，会同热河官兵，迅将窜逸余匪，悉数歼除，毋留余孽。崇实亦当饬令该地方官一体严密搜捕，务绝根株。将此各谕令知之。（《清穆宗实录》卷356，第706—707页）

【同治十二年八月癸未】谕军机大臣等：崇实奏，详陈围场积弊，并课银不能依限起征，恳请展缓一折。热河围场，自同治二年奏明招垦，委员办理谬误，奸佃从中渔利，以致弊窦丛生。崇实现拟将已腾正围永远封禁，并将边界卡伦修齐。所有新旧放出之地，逐次重修丈量，另换新照。其旧领红照，一概缴销。查明地亩，造册发交州县承领，按亩征粮，均著照所议办理。查丈之举，须俟秋禾登场，方能举办。著瑞联、崇实体察情形，妥为经理，以清围地而垂永久，毋任再滋弊端。库克吉泰前请自同治十二年为始，围场新旧课银，改由各府州县征解，此时尚难照办。著准其暂行展缓，仍照旧章办理。一俟围地丈量清楚，粮籍可考，即将一切善后事宜，酌筹具奏。将此由四百里各谕令知之。（《清穆宗实录》卷356，第709页）

【同治十二年九月己酉】谕军机大臣等：崇实奏，剿办贼匪获胜情形一折。匪首庄洛三等在哈立套力改地方聚众焚掠，分股图犯朝阳县境。经崇实派令署知县陈本植等带队进剿，立将股匪击散，庄洛三率党退回巢穴。官军跟追围剿歼毙贼党多名，贼始逃窜。该匪窜回靠边屯，将其家属送往宾图王旗藏匿，复被奉省官兵中途截击。热河马队焚毁贼巢，沿途追杀，擒获悍党屈幅溃等正法，剿办尚为得手。惟东荒地方辽阔，匪首庄洛三等现尚逃逸，著崇实督饬派出兵勇及古北口练军探踪搜捕。都兴阿亦当檄令奉省官兵会同兜击，务

将首要各犯悉数歼除，以靖地方，毋令死灰复燃，致成滋蔓。将此各谕令知之。（《清穆宗实录》卷357，第719页）

【同治十二年十月丙子】谕军机大臣等：崇实奏，热河防剿，需饷甚急。请饬直隶将欠解不敷经费先行筹拨等语。直隶向来按年筹拨热河不敷经费，现计积欠至十万数千两之多。刻下该处调拨兵勇，防剿沿边贼匪，需饷甚殷，著李鸿章饬令藩司，迅于欠发此项银两内先行筹拨银二三万两，以应急需。其余积欠款项，并著陆续拨发，毋再拖延。将此谕令知之。（《清穆宗实录》卷358，第733页）

【同治十二年十一月丁未】谕军机大臣等：崇实奏，详陈兵米积弊并筹办情形一折。热河兵米，向由地方官采买交仓。近来奸商把持，吏胥需索，弊窦丛生。现经崇实认真整顿，惟积弊已深，厘剔非易，若不随时严办，难免旧习复萌。瑞联到任后，即著会同热河总管等妥筹办理，督饬该地方官，严禁奸商设立私局等弊，并将勾串勒索之员胥人等随时严拏惩办，毋稍宽纵。将此各谕令知之。（《清穆宗实录》卷359，第749页）

【同治十三年八月甲戌】谕军机大臣等：瑞联奏，拏获贼犯正法各折片。本年二月间，朝阳县属土门沟等处，突有贼匪多人窜扰。经署朝阳县知县陈本植，会同练军营哨官张英等带队往捕，在大王山地方毙贼甚多，拏获邢万发等多名。其纠抢罗圈沟矿厂贼匪杨得山，亦经蒙员拏获，先后正法。平泉州并获匪犯数名，惟刘瀛鸣及傅城等在逃未获，亟应查拏惩办。著瑞联严饬文武员弁，务将在逃各犯悉数弋获，不准一名漏网，并著饬令地方各官，将缉捕事宜实力筹办，以靖地方。将此谕令知之。（《清穆宗实录》卷370，第893—894页）

光绪朝

【**光绪元年三月癸丑**】以整理围场，赏还热河总管伊克坦布等原官原衔。（《清德宗实录》卷6，第149页）

【**光绪元年六月壬辰**】热河地方亦与奉天等处毗连，并著李鸿章、瑞联一体设法兜剿，务将该匪一鼓而除，毋使漏网。（《清德宗实录》卷12，第226页）

【**光绪元年九月己未**】谕军机大臣等：瑞联奏，溃匪窜入围境，派兵剿捕一折。白凌阿余匪由多伦厅属围境窜出，沿途抢掠，现经瑞联派兵前往剿捕。该处地邻围场，此股匪徒，出没无定，亟宜赶紧搜剿，以靖地方。著瑞联即饬派出官兵，认真探击，并严檄热河道府，迅饬所属营县，派兵一体兜擎。如该匪肆行纷窜，兵力较单，即著瑞联酌度情形，咨行崇实等，调兵协剿。总期合力搜捕，务将匪党悉数歼除，毋任一名漏网，致滋蔓延。将此谕令知之。（《清德宗实录》卷18，第294页）

【**光绪二年二月甲子**】谕内阁：瑞联奏，酌保剿除围场窜匪出务员弁一折，刑部员外郎高士龙等，均著照所请奖叙。赏热河道英谦按察使衔，承德府知府国钧以道员在任候升。予记名副都统全亮优叙。从热河都统瑞联请也。（《清德宗实录》卷26，第387页）

【**光绪二年五月丙辰**】谕内阁：御史李桂林奏请整顿热河兵米一折。据称热河兵米，向系地方官筹拨，或由本地采买。现有蠹吏把持包揽，将各商民从前例应免交者滥行征收，并于厘卡诈索，实为地方之害等语。事关兵食，若如所奏情形，亟应认真整顿，著瑞联确切查明，从严惩办。该处厘卡，应如何裁并之处，并著奏明办理。（《清德宗实录》卷32，第465页）

【光绪二年五月己未】又谕：瑞联奏，特参阻挠重案之盟长，请旨严议一折。阿鲁科尔沁旗协理等，捏欠抢印一案，经瑞联委员，将协理绰伊札布等传讯。敖汉贝子旗梅伦富凌阿辄敢拦阻，并途遇该旗护卫赛上阿带领多人，竟将绰伊札布等六名抢去。据称伊奉盟长差派，不许绰伊札布赴案，显系该盟长主使，肆意阻挠。敖汉贝子达克沁，著先行交理藩院严加议处，并勒限严饬将绰伊札布等，并富凌阿、赛上阿，一并押解前赴热河，交瑞联讯办。另片奏：东札鲁特旗布彦巴雅尔等，控告协理苏克都尔札布一案，请饬提人证等语。所有此案应传人证，并著该盟长按名交出，毋任迟延。（《清德宗实录》卷32，第467页）

【光绪二年七月壬午】热河都统瑞联奏：派兵驱逐矿匪，试采银砂。报闻。（《清德宗实录》卷37，第532页）

【光绪二年七月戊子】又谕：定昌等奏请饬严催欠交米石一折。据称直隶承德府暨各州县，欠交光绪元年分热河兵米，均未报交，请饬直隶总督严催等语。著李鸿章严催该府州县，迅速买运交仓，以裕兵食。（《清德宗实录》卷37，第536页）

【光绪二年十二月壬寅】又谕：都察院奏，热河已革生员张振元、佃民郭殿元，遣抱以官吏科敛民财、移祸于人等词赴该衙门呈控。此案前据瑞联奏称，张振元、郭殿元系围场巨蠹，有勾串委员、巧据肥地、苛敛民财等情，拟请发遣。兹据张振元等遣抱控诉，有无冤抑，著延煦亲提人证卷宗，秉公研讯，务得确情，以成信谳。该革生等傥系砌词妄控，刁风断不可长，即著从严惩办。抱告民人张怡云、郭殿扬，照例解往备质。（《清德宗实录》卷45，第628页）

【光绪三年正月壬戌】又谕：有人奏热河办理腾围，请饬新任都统详加查核一折。所陈现办腾围无益国计、有害民生等情，是否属实，著延煦悉心详查，妥为筹画，奏明办理。另片奏：协领全吉及伊侄根深，与书吏马宏远、苏腾龙等通同舞弊，侵吞课银公项，勒派佃户钱文。民人宋均兄弟，因与张姓涉讼，俱禁毙狱中。奉有蠲免民欠钱粮恩旨，承德府所属各州县，并不张贴誊黄。旗民陈欠，仍复追比等语。并著该都统确切查明，据实参奏。原折片著钞给阅看。将此谕令知之。(《清德宗实录》卷46，第642页)

【光绪三年正月庚辰】谕内阁：延煦奏，承审要案，请饬解人证一折。热河已革生员张振元等呈控官吏苛敛民财案内之已革刑部主事孙恩庆，著李元华派员解送热河，交延煦归案质讯。(《清德宗实录》卷46，第650页)

【光绪三年三月甲申】热河都统延煦奏带印公出查勘围场情形。报闻。(《清德宗实录》卷49，第688页)

【光绪三年四月辛亥】热河都统延煦奏：查勘围场事竣。先将围地腾留，衙署择地兴建，奏明请旨。如所请行。(《清德宗实录》卷50，第705—706页)

【光绪三年五月乙丑】热河都统延煦奏：热河候补州县，人数无多，请分发甲班人员，以资治理。从之。(《清德宗实录》卷51，第714页)

【光绪三年六月癸丑】热河都统延煦奏：围场新设同知、司狱、巡检各一员，酌拟应办事宜三条。下部议。(《清德宗实录》卷52，第735页)

【光绪三年七月戊午】又谕：延煦奏，请将记名税差之热河理刑司员、理藩院员外郎春龄补授乌兰哈达理事司员一折。向例热河所属八沟等处理事司员期满，应由理藩院将记名人员请旨简派。延煦以乌兰哈达理事司员常桐差期将满，率以春龄指名请补，有违定例，所请著不准行。(《清德宗实录》卷53，第741页)

【光绪三年七月辛巳】热河都统延煦奏：采买古北口兵米，以供支放。报闻。(《清德宗实录》卷54，第755页)

【光绪三年八月己酉】勾到山西、直隶、热河等省情实罪犯，停决斩犯六人、

绞犯二人，余六十三人予勾。（《清德宗实录》卷 56，第 775 页）

【光绪三年八月辛亥】谕军机大臣等：延煦奏，马贼突扰县街，派兵剿捕一折。本年八月十八日，突有马贼百余名闯入建昌县街，施放枪炮，抢劫钱铺。经弁兵前往捕拏，该匪胆敢拒捕，砍毙营兵，旋往东北窜逸，亟应迅速搜捕。延煦现派佐领福禄堪等带队驰赴该处会剿，即著饬令该佐领等，协力兜拏，务将此股贼匪，悉数歼除，毋任滋蔓。奉天锦县、义州等处，与朝、建二邑毗连。该匪被剿穷蹙，难保不窜往彼界。著崇厚等饬令该州县一体严密设防，遇有贼踪窜近，即行实力截击，以靖地方。将此由四百里各谕令知之。（《清德宗实录》卷 56，第 777 页）

【光绪三年十月己亥】热河都统延煦奏：沥陈热河地方情形，筹办操防事务。从之。（《清德宗实录》卷 60，第 822 页）

【光绪三年十一月庚申】又谕：崇厚等奏，建昌边匪越境滋扰，现经剿办获犯一折。本年十月间，建昌县匪徒王元善等胆敢纠集二百余人，越入宁远边界，抢掠盐局，虏去委员人役。经崇厚等派出提督左宝贵带队驰剿，该匪等复敢聚众至七八百人之多，放枪拒捕。官军相机迎剿，于水口地方将该匪击败，擒获匪首王元善、李广和、耿淀甲三名正法，其余分别惩治释放，办理尚为妥速。崇厚现派总兵马魁带队前赴宁远一带，驻扎巡防。即著饬令认真巡缉，并著延煦饬属于交界处所，一体防范，遇有匪徒，即行拏办，以靖地方。此次出力各员弁，著崇厚、恩福择尤保奖，毋许冒滥。将此由四百里各谕令知之。（《清德宗实录》卷 61，第 848 页）

【光绪三年十二月丁未】热河都统延煦等奏：热河旱河停修数年，现应挑挖，请嗣后照旧岁修，以防水患。从之。（《清德宗实录》卷 64，第 893 页）

【光绪四年正月癸丑】谕军机大臣等：热河避暑山庄内绥成殿供奉列圣圣容。现在穆宗毅皇帝圣容，恭绘成轴，应照例诹吉，由京赍赴热河供奉。著延煦敬谨相度殿内，应如何照依旧式，添安隔断，装修壁衣夹幔供案铺陈等项。应用物件，豫为备办，俟办理完竣，即行奏明。恭俟穆宗毅皇帝圣容诹吉由

京送至热河，敬谨供奉。将此谕令知之。(《清德宗实录》卷65，第2页)

【**光绪四年正月壬戌**】热河都统延煦奏：热河驻防官兵，仿照直隶练军，扎营训练，已将马队二百名训练成营。下部知之。(《清德宗实录》卷65，第8页)

【**光绪四年二月癸未**】热河都统延煦奏：围场设立同知等衙署，请饬部拨款兴修。从之。(《清德宗实录》卷67，第25页)

【**光绪四年二月庚戌**】热河都统瑞联奏：剿办乌拉山内外贼匪情形。得旨：仍著该将军督饬总兵马升，统率各队，巡防搜捕，以靖地方。在城官兵，并著勤加训练，毋稍疏懈。(《清德宗实录》卷68，第64页)

【**光绪四年三月己未**】谕军机大臣等：热河避暑山庄绥成殿，应行恭请列圣圣容还御，并恭悬穆宗毅皇帝圣容吉期，著钦天监于三月二十日以后，敬谨选择。(《清德宗实录》卷69，第75页)

【**光绪四年三月庚申**】志刚因病乞休。赏热河副都统英奎副都统衔，为库伦办事大臣。(《清德宗实录》卷69，第77页)

【**光绪四年五月壬子**】热河都统延煦奏：前因缉匪官兵斗伤人命，曾请将营官防御全龄，解任备质。兹查明该防御委无故纵情弊，应请旨将全龄开复原官，仍摘顶戴，以观后效。从之。(《清德宗实录》卷73，第125页)

【**光绪四年五月戊寅**】热河都统延煦奏：围场应征课银，拟照地丁钱粮章程办理。报闻。(《清德宗实录》卷74，第144页)

【**光绪四年七月壬申**】热河都统延煦奏：挑挖旱河一千七百六十五丈五尺。添砌石坝十一段，长二百四十尺。新砌石坝六段，长四百零六丈五尺。又新砌强垫四段，长四十七丈。拘挺石坝十一段，凑长三百三十七丈。拆修展宽石坝一段，长十六丈。挖河工价银二千九百八十余两，修补新砌拘挺拆修石坝各工，共需工料银九千五百余两。报闻。(《清德宗实录》卷76，第175页)

【**光绪四年八月丙申**】直隶总督李鸿章等奏请添设热河围场学额。下部议。（《清德宗实录》卷77，第189页）

【**光绪四年十月癸巳**】又谕：延煦奏神灵显应，恳请崇祀一折。热河承德府郡街龙神庙，祷雨辄应，实属有功于民。著照所请列入祀典，由地方官春秋致祭，以答神庥。（《清德宗实录》卷80，第220—221页）

【**光绪四年十一月甲寅**】又谕：延煦奏帮办司员未能出力，请旨更换一折。据称刑部派往热河之候补主事萧育东，浮躁性成，无知妄作，办事未能得力等语。著刑部于正途汉主事内，另拣熟悉刑名之员，前往接办。萧育东即撤回原衙门行走，并著该堂官随时察看。如仍前躁妄，办事不能得力，即行据实参奏。（《清德宗实录》卷81，第241页）

【**光绪五年五月癸巳**】热河都统延煦因病乞休，以吏部左侍郎崇绮为热河都统。（《清德宗实录》卷95，第415页）

【**光绪五年五月庚子**】谕内阁：御史孔宪毂奏硕辅不宜远离，请收回崇绮外补成命一折。国家用人，内外并重，热河素称繁剧，治理需人。兹特简崇绮为都统，具有权衡。该御史谓使之效用边隅，甚为可惜，殊未悉朝廷用人之意。至所称请置左右，俾资启沃，是欲使崇绮在毓庆宫行走也。毓庆宫行走重任，出自朝廷特简，岂臣下所宜妄预？且前此崇绮任京职时，该御史何以不言？而乃于简放外任之后，亟思位置，所奏殊属冒昧，著不准行。（《清德宗实录》卷95，第418页）

【**光绪五年六月己未**】又谕：廷煦奏道员留任期满，历著劳绩，恳请奖励一折。热河道英谦前因边俸期满，经延煦等奏请留任一年。兹复据奏称，该员在任四载，办事均臻妥协，勤劳倍著，请赏加二品顶戴以示鼓励等语。英谦在热河道任内所办督捕马贼等事，均属分所当为。所请赏加二品顶戴之处，著毋庸议。（《清德宗实录》卷97，第442页）

【**光绪五年六月己未**】热河都统延煦奏：窑沟银矿矿线隐闭，请行封禁。从

之。(《清德宗实录》卷97，第442页）

【光绪五年六月己未】以缉捕得力，予管带热河练军副将庆祥，加总兵衔。
(《清德宗实录》卷97，第442页）

【光绪五年十月乙巳】谕军机大臣等：新授热河道贵成，前于召见时，奏对不
甚明晰，耳似重听。该员到任后，著崇绮留心察看。如果不能胜任，即行据
实具奏，毋稍迁就。将此谕令知之。(《清德宗实录》卷101，第510页）

【光绪五年十一月壬申】热河都统崇绮等奏：剔除交米积弊，严定章程五条。
一、查禁私局，严定罪名。一、各商交米，严定限期。一、兑收米石，严定
数目。一、开仓收米，严查积弊。一、交米浮费，严行禁革。下部知之。又
奏：嗣后采买米石，商人刁难，按律惩办。报闻。(《清德宗实录》卷103，第
530—531页）

【光绪五年十一月辛巳】热河都统崇绮奏：遇冬令严寒之时，驻防练军，剿
捕出力兵丁，每名给银一两，以为冒寒获匪者劝。从之。(《清德宗实录》卷
103，第536页）

【光绪六年六月辛丑】热河都统崇绮等奏：热河修挖旱河，工程完竣。下部知
之。(《清德宗实录》卷114，第670页）

【光绪六年十一月丙戌】先是热河围场，勘放三十一围。前都统瑞麟以威逊
格尔等三围与巴彦喀拉等围毗连，奏请封禁。接任都统延煦，奉谕详查具奏，
并请封禁湃布嘎川之画儿山。至是都统崇绮奏，威逊格尔等三围及画儿山一
带地方，该佃民承种升科，并非私占。请免令腾移，俾佃民安业完粮，以广
皇仁而靖边方。得旨：所有威逊格尔等处围场，著照所请免其腾移。一切应
办事宜，即著妥定章程，奏明办理。(《清德宗实录》卷124，第783页）

【光绪七年二月乙巳】热河都统崇绮奏：遵议围场应办事宜，酌拟章程十八
条，缮单呈览。下部知之。(《清德宗实录》卷127，第829—830页）

【光绪七年闰七月壬辰】热河都统崇绮奏：剿办内围马贼，并特参围场翼长等官。得旨：仍著崇绮督饬弁兵，将逃逸马贼缉拏务获，毋任漏网。其失察之翼长德顺、防御丰伸泰、骁骑校常安著一并革职。翼长富顺著革职留任，以观后效。（《清德宗实录》卷133，第915页）

【光绪七年闰七月丙申】热河都统崇绮为盛京将军，镶白旗汉军都统额勒和布为热河都统。（《清德宗实录》卷133，第917页）

【光绪七年九月辛丑】热河都统崇绮奏：口外马贼土匪伙众持械强劫，请仍照奏定章程，讯明后即行正法。下部知之。（《清德宗实录》卷136，第958页）

【光绪八年二月癸亥】以拏获热河股匪首要，予补用副将潘万才等奖叙。（《清德宗实录》卷143，第20页）

【光绪八年十一月己西】署直隶总督张树声奏：热河围场克勒沟等处素称寒苦。前移拨绿营弁兵，差事繁重，俸饷较少，请援照古北口等处驻防加饷成案，分别加增实银一成，以示体恤。下部知之。（《清德宗实录》卷155，第188页）

【光绪九年二月甲寅】调工部尚书瑞联为兵部尚书，理藩院尚书麟书为工部尚书，以热河都统额勒和布为理藩院尚书，未到任前，仍以麟书暂行兼署。（《清德宗实录》卷159，第235页）

【光绪九年二月甲寅】以户部右侍郎恩福为热河都统。（《清德宗实录》卷159，第235—236页）

【光绪九年四月甲寅】热河都统额勒和布奏，朝阳县民李发荣京控案，要证未获，吁请展限。得旨：此案情节较重，凶犯及应讯人证，何至一无获解，殊属疲玩。著该都统严饬所属，迅速缉拏务获，秉公讯办，毋任延宕。（《清德宗实录》卷162，第271页）

【**光绪九年四月壬申**】谕军机大臣等：大理寺少卿刘绪奏，边荒亟宜招佃开垦升科一折。据称热河之沙里虎沟门、沙子沟门、白布嘎、骆驼头等地方，近来已有耕种，大抵未经升科，请旨饬查办理等语。该处地亩，是否业经垦种，应行招佃升科，著恩福查明具奏。将此谕令知之。(《清德宗实录》卷162，第281页)

【**光绪九年五月癸卯**】热河都统恩福奏：查明沙里虎沟门等处，系围场重地，并无私垦升科情事。报闻。(《清德宗实录》卷163，第299页)

【**光绪九年六月己未**】理藩院代奏：喀喇沁札萨克镇国公乌凌阿，呈称该旗连年遭灾，未能收获，蒙古益形艰窘。请将每年塔子沟关税项下，赏给二成五分银两，借支二三十年，以备赈济。得旨：该旗蒙古连年遭灾，以致饥寒，实堪悯恻。加恩准将每年应给乌凌阿塔子沟二成五分税银，借支十年，以资赈济，即著恩福由热河道库支给。此项借款，于每年应给乌凌阿塔子沟税银内，按年扣还，以归原款。(《清德宗实录》卷164，第310页)

【**光绪九年六月庚午**】调理藩院尚书额勒和布为户部尚书，以都察院左都御史乌拉喜崇阿为理藩院尚书，前热河都统延煦为都察院左都御史。(《清德宗实录》卷165，第319—320页)

【**光绪九年六月壬申**】热河都统恩福奏：遵查丰宁县经征旗租银两，未完一分以上，实欠在民情形。下部知之。(《清德宗实录》卷165，第321页)

【**光绪九年七月丁亥**】谕内阁：恩福奏，热河地方被水，拯救灾黎情形一折。据称六月下旬，连日大雨，山水暴注。迎水坝等处，冲塌房屋甚多，灾黎无所栖止，现经设法拯救等语。小民猝遭水患，荡析离居，殊堪悯恻，著恩福会商李鸿章赶紧筹款抚恤，并将漫溢积水，设法疏浚，务使贫民复业，毋任一夫失所。(《清德宗实录》卷166，第329页)

【**光绪九年八月己酉**】谕内阁：恩福等奏，热河山水涨发。武列(烈)河石坝冲决，园庭墙垣泊岸及各处堆拨，多有倾圮。请饬直隶总督派员一并勘估等

语。著李鸿章即行遴派妥员，前往热河详细勘估，奏明办理。(《清德宗实录》卷168，第345页)

【光绪九年九月乙巳】热河都统恩福奏：围场田禾被灾，收成歉薄，恳请缓征。允之。(《清德宗实录》卷170，第382页)

【光绪九年九月丁未】以仓场侍郎继格为热河都统，未到任前，以热河总管富华暂行护理。(《清德宗实录》卷170，第385页)

【光绪九年九月丁未】予已故热河都统恩福祭葬如例。(《清德宗实录》卷170，第385页)

【光绪九年十月乙亥】署直隶总督李鸿章奏：勘估热河工程，拟择要承挑武烈河正身，加筑拦水坝。其石坝等处，请饬另筹办理。下该部速议。(《清德宗实录》卷172，第408页)

【光绪九年十一月己卯】以神灵显应，颁热河狮子沟龙王庙扁额，曰"安澜普佑"。(《清德宗实录》卷173，第412页)

【光绪九年十二月己巳】谕军机大臣等：继格奏，热河宫墙等工亟须修理，及请拨仓场衙门轻赍银两，以资工用各折片。所称热河避暑山庄宫墙及泊岸堆拨三项工程势难延缓，请于明春修理之处，著李鸿章筹款办理。至轻赍银两一项，系仓场衙门办漕专款，岂能拨济工需？继格所请，著毋庸议。将此各谕令知之。(《清德宗实录》卷176，第455—456页)

【光绪九年十二月甲戌】以神灵显应，颁热河朝阳县关帝庙扁额，曰"功被滦河"。(《清德宗实录》卷176，第461页)

【光绪十年四月己酉】又谕：理藩院奏喀喇沁札萨克头等塔布囊阿育尔札那属旗，连年荒旱，田苗歉收，蒙古益形艰窘。请将每年八沟关税项下赏给一成银两支借，以资赈济一折。喀喇沁札萨克头等塔布囊阿育尔札那所属蒙古人等，连年遭灾，以致艰窘，殊堪悯恻，加恩准将每年赏给阿育尔札那八沟一成税银，借支十年，以资赈济，即著继格由热河道库支给。此项借款，于每年应给阿育尔札那八沟税银内按年扣还，以归原款。（《清德宗实录》卷181，第523页）

【光绪十年四月己未】命广州将军长善来京，以热河都统继格为广州将军，黑龙江副都统文绪为黑龙江将军，署青州副都统谦禧为热河都统。（《清德宗实录》卷181，第535页）

【光绪十年闰五月壬子】谕军机大臣等：继格奏，匪徒滋事，现筹剿捕，暨咨调古北口练军各折片。本年二月间，匪首杨步沄等在热河建昌县札兰营子等处滋扰，经地方文武督饬兵役，前往捕拏，胆敢率党抗拒，当经毙匪多名。杨步沄等现窜至围场边境沙里河等处盘踞，聚众至八九百名之多，亟应迅速扑灭，以绝乱萌。即著李鸿章、李长乐刻即调拨古北口练军迅速前往，会同剿办，并著李鸿章、继格、李长乐严饬所属员弁，务将该匪等克日歼除，毋留余孽，不准稍涉玩延。所有阵亡之六品军功什长林喜、壮夫王焕均著交部议恤。出力员弁著俟拏获杨步沄等地方肃清后，再行奏请奖励。该匪等于二月间滋事，继格陈奏迟延，著传旨申饬。将此由五百里谕知李鸿章、继格，并传谕李长乐知之。（《清德宗实录》卷185，第585—586页）

【光绪十年闰五月丙辰】谕军机大臣等：李鸿章奏，多伦厅附近蒙古地面，游民聚众滋事，现饬剿办一折。本年四五月间，蒙古克什克腾旗鱼泡子地面，游民聚集四五百人，赴刘家营子白岔等处焚掠，拒敌官兵。经李鸿章饬令王可升调派练军，前往剿捕，并由绍祺、继格派兵会剿，该犯宋敬思等现窜至赛罕坝一带。即著李鸿章檄饬王可升，迅速出边，亲往督办，并著绍祺、继格，分饬派出官兵，实力会剿。其热河建昌县股匪，著李鸿章、继格，督饬所属，一体赶紧剿办，务将匪首宋敬思、杨步沄等迅即按名弋获，匪党克日殄除，不准稍涉玩延。被胁饥民，并当设法解散，妥为办理，以靖地方。将此由五百里各谕令知之。（《清德宗实录》卷185，第589—590页）

【光绪十年六月丙子】又谕：前据李鸿章、继格、绍祺先后奏称，热河建昌县及多伦厅附近地方，匪徒聚众滋事，叠经谕令督军会剿。嗣据该署督等奏报，屡次剿匪获胜。兹据继格奏，击散全股逆匪，生擒首要各犯一折。此股匪徒由白岔窜入赤峰县属，并分窜赛汉坝底旧巢。官军整队迎击，胆敢列阵抗拒，施放枪炮。官军分路夹攻，匪势不支，纷纷逃窜，歼毙多名，生擒逆首杨长清等，讯明正法。惟匪目王端仁率党二百余人，逃入围内，及匪目周元得等未获。仍著严饬各员弁，跟踪追捕，迅将在逃余匪，悉数歼除，毋留余孽，以靖地方。该署督等前奏此股匪徒，系宋敬思、杨步沄为首。此次讯据匪供，并无其人，是否属实，著确切查明，认真躜缉，毋任漏网。(《清德宗实录》卷187，第615页）

【**光绪十年六月丁酉**】署直隶总督李鸿章奏：遵查口外贼数无多，无须添拨兵队。得旨：即著督饬王可升将王端仁股匪迅速剿除。此外如有余匪，亦即会同各军搜捕务尽。所有王端仁、周沅德等各匪首，必须按名弋获，勿任漏网。王可升出示解散胁从，办理尚妥，著分别良莠，酌量安插，勿令失所，并著会商热河都统，责成围场官员，于围场地面，认真巡缉，以靖匪踪。(《清德宗实录》卷188，第635页）

【**光绪十年七月丙午**】展缓热河围场被灾余地旧欠课银。(《清德宗实录》卷189，第647页）

【**光绪十年七月丙午**】拨热河仓余米四百石，赈济热河被水饥民。(《清德宗实录》卷189，第647页）

【**光绪十一年四月戊子**】谕内阁：谦禧奏，遵旨保荐人才一折。直隶承德府知府嵩林、刑部主事陈庆萱、热河右翼协领穆哈廉，均著交军机处存记。(《清德宗实录》卷206，第925页）

【**光绪十一年八月甲申**】又谕：都察院奏，热河朝阳县文生倪作霖等，以亢旱成灾，吁恳抚恤等词，赴该衙门呈报。据称朝阳县本年自春徂夏，未经得雨。六月得雨一次，仍复亢旱，秋收无望。该县五方杂处，良莠不齐，饥民麕集，深恐别滋事端，请饬查明抚恤等语。著谦禧确切查明，据实具奏。如果被灾

较重，即一面妥筹赈抚，毋任失所。原呈著钞给阅看。将此谕令知之。(《清德宗实录》卷214，第1008页)

【**光绪十一年十月戊辰**】热河都统谦禧奏：查明朝阳县被灾处所，筹款抚恤。得旨：即著督饬官绅，将粥赈事宜，认真办理，务期实惠均沾，毋任一夫失所。(《清德宗实录》卷217，第1048页)

【**光绪十一年十月戊辰**】又奏：朝阳县民租种蒙古地亩被灾，劝谕地主展缓租粮。下该衙门知之。(《清德宗实录》卷217，第1048页)

【**光绪十一年十一月戊戌**】热河都统谦禧奏：请将蒙古玛希巴吐尔旗空闲牧场开垦，以期得租济赈。允之。(《清德宗实录》卷219，第1069页)

【**光绪十一年十二月丁卯**】以神灵显著，颁热河丰宁县关帝庙扁额，曰"神威普佑"。赫山龙王庙扁额，曰"景贶频彰"。元宝山龙王庙扁额，曰"道协神祇"。(《清德宗实录》卷221，第1089页)

【**光绪十一年十二月戊寅**】热河都统谦禧奏：查明热河暨喀喇河屯仓存米石数目。下所司知之。(《清德宗实录》卷221，第1099页)

【**光绪十二年四月戊寅**】热河都统谦禧奏：热河驻防练军，巡缉地方，叠获匪党。拟将出力各员，择尤保奖。得旨：准其择尤酌保数员，毋许冒滥。(《清德宗实录》卷226，第56页)

【**光绪十二年五月乙卯**】热河都统谦禧等奏：朝阳县办赈停止，请将出力官绅奖叙。得旨：筹办赈恤，系地方官绅分所当为，所请择尤保奖之处，著毋庸议。(《清德宗实录》卷228，第82页)

【**光绪十二年七月己亥**】热河都统谦禧等奏：郡街猝遭水患，查明赈恤，并陈宫墙坍塌情形。得旨：该处被水情形，殊深悯恻，即著饬属妥为赈恤，俾免失所。其宫墙坍塌处所，并著先行设法保护。(《清德宗实录》卷230，第

102 页）

【光绪十二年七月己亥】又奏：滦平县被水，由县给赈。得旨：著即饬该县，将被灾居民妥为抚恤，毋任失所。（《清德宗实录》卷230，第102页）

【光绪十二年七月庚申】谕军机大臣等：有人奏，本年热河水患甚巨，亟宜认真挑挖旱河，修筑石坝一折。据称热河西有旱河一道，每岁由道库发款挑挖。近岁积淤日甚，水不能容，必须严定章程，仿照十年成案，运沙出岸，加深挑挖。至南北岸石坝，渐就倾圮，亦应一律加培。狮子沟岁修工程及武烈河堤，均宜随时保护等语。该处近年频有水患，河堤岁修各工，自应认真修理，以资捍御。著李鸿章、谦禧会同拣派妥员，切实勘验。原折著钞给阅看。将此谕令知之。（《清德宗实录》卷230，第110—111页）

【光绪十二年七月庚申】又谕：有人奏，承德府知府嵩林，人甚卑污，性极贪墨。本年挑浚旱河，领款三千金，到工不过五百余两，并因案索贿，嗜好甚深，劣迹多端，请饬查办等语。著李鸿章按照所参各节，确切查明，据实具奏，毋稍徇隐。（《清德宗实录》卷230，第111页）

【光绪十二年八月壬戌】谕军机大臣等：谦禧等奏，查明热河先后被水情形，请派员估修要工，暨仓廒堆拨坍塌朽坏，请一并估修各折片。据称本年六月间，热河叠被水灾，致将郡街旱河南北两岸石砌堤坝冲决多处，狮子沟旱河东西两岸石坝冲失无存，房屋坍塌甚多，并有淹毙人口情事。若不修筑石坝，将来墙垣倾圮，修费更重，请饬派员估修等语。前因热河水患甚巨，谕令李鸿章、谦禧将应修各工，拣员勘办。兹据谦禧等所奏，各工紧要，自应赶筹修理，以资捍卫。仍著李鸿章、谦禧会同拣派妥员，确切查估择要兴修。其坍塌园墙及宫仓廒座守门堆拨，著一并查估，酌度奏办。谦禧等折片，著钞给李鸿章阅看。将此各谕令知之。（《清德宗实录》卷231，第112—113页）

【光绪十二年八月壬戌】热河都统谦禧奏：旱河武烈河漫溢，灾民失所情形。得旨：著即饬属查明被冲各处，妥筹安插，分别抚恤。其坍塌房间，应筹修之处，并著迅速详查，奏明办理。（《清德宗实录》卷231，第113页）

【光绪十二年八月甲戌】热河都统谦禧等奏：热河被水，应修各工，请归前案办理。得旨：所有续被水冲坍塌宫墙泊岸，即著汇入前次请修各工，择要估修，以资保卫。（《清德宗实录》卷231，第118页）

【光绪十二年十一月丙申】谕内阁：前据御史谢祖源奏，承德府知府嵩林卑污贪墨，劣迹多端，请饬查办。并热河水患甚巨，亟宜认真挑河筑坝各折片。当经谕令李鸿章确切查办。兹据查明分晰具奏，此项旱河岁修工程，著照该督所拟，嗣后每年仍以三千两为度，务当严定章程，涓滴归工，以期经久。其应修石坝，即由热河都统筹款奏办。承德府知府嵩林承修旱河，未能核实，并纵容家丁因案索贿，声名平常，著即行革职，以示惩儆。热河都统谦禧因嵩林前办灾赈，尚有微劳，辄以人才登诸荐牍，殊属保举不实，著交部议处。寻兵部议上，应降二级调用。得旨：加恩改为革职留任。（《清德宗实录》卷234，第157页）

【光绪十二年十一月癸卯】勾到山东、直隶、热河本年情实罪犯，停决山东斩犯七人、绞犯二人，直隶斩犯一人、绞犯二人，热河绞犯三人。余百六十二人予勾。（《清德宗实录》卷234，第162页）

【光绪十二年十一月丁未】以神灵显应，颁热河郡街关帝庙扁额，曰"福佑濡源"。火神庙扁额，曰"炎辉佑顺"。武烈河河神庙扁额，曰"润下昭仁"。（《清德宗实录》卷235，第164页）

【光绪十二年十二月壬戌】热河都统谦禧奏：查明围境安谧，将驻防练军马队一百三十五员名，全数撤回，归营训练。报闻。（《清德宗实录》卷236，第178页）

【光绪十三年二月丁丑】江西巡抚德馨奏：筹解部拨热河工费，先期汇银二万两。下部知之。（《清德宗实录》卷239，第225页）

【光绪十三年三月壬辰】直隶总督李鸿章等奏：热河宫墙泊岸堆拨仓廒，并武列（烈）河大石坝各项兴工情形，吁恳立案，工竣予奖。得旨：此项工程告

竣，果能节省经费，工坚料实，准其择尤酌保数员，毋许冒滥。(《清德宗实录》卷 240，第 231 页)

【光绪十三年三月戊申】热河正总管毓秀等奏：拏获偷窃云润楼尊藏高宗纯皇帝、仁宗睿皇帝御笔字，暨他字画人犯，请饬讯办，并将疏防各员议处。得旨：所获贼犯张帼详、张得发，著热河都统严讯究办，不准稍涉宽纵。五岱、庆昌，均著交内务府议处。毓秀、兆庆、五福、庆如，均著交内务府察议。寻刑部奏，张帼详等行窃园庭字画，可否改斩监候。得旨：张帼详、张得发，均著改斩监候，入于本年秋审情实办理。(《清德宗实录》卷 240，第 239 页)

【光绪十三年闰四月辛丑】热河都统谦禧奏：逆匪杨步沄，复在平泉州一带聚众滋事，派兵剿捕大概情形。得旨：即著饬令派出员弁，会同地方文武，将首犯杨步沄及该匪党悉数捕获，毋任漏网，以靖地方。(《清德宗实录》卷 242，第 262 页)

【光绪十三年五月甲戌】谕内阁：谦禧奏，拏获积年巨匪，请将出力员弁奖励各折片。匪首杨步沄，前在热河建昌县等处纠众滋事。当饬热河都统等派兵缉捕，久未弋获。兹据奏称，本年四月间，杨步沄复纠合党与，在撒拉巴营子地方建筑炮台，竖旗滋事。当派佐领全龄，参将张锡禄、春福督带官兵练军前往搜捕。该匪党等胆敢列阵抗拒，势甚猖獗。全龄等督兵分路进攻，击毙逆匪数十名，余党纷纷逃匿。五月初二日，在平泉州属老虎沟，将杨步沄擒获，并将匪党李才等一并拏获，当于讯明后即行正法等语。杨步沄以积年漏网巨匪，久稽显戮。此次经谦禧严饬将弁合力兜擎，立除巨憝，办理尚属认真。在事出力各员弁，著准其择尤保奖，毋稍冒滥。其余在逃匪党，仍著该都统会同盛京将军饬属一律严擎，务期尽绝根株，毋留余孽。(《清德宗实录》卷 243，第 273—274 页)

【光绪十三年九月甲戌】勾到直隶、热河、山东、山西情实罪犯，停决直隶斩绞犯五人，热河绞犯一人，山东斩绞犯四人，山西斩绞犯二人。余五十八人予勾。(《清德宗实录》卷 247，第 325 页)

【光绪十四年正月辛巳】以查拏贼匪出力，赏卓索图盟长喀拉沁札萨克多罗都楞郡王旺都特那木济勒亲王衔，昭乌达盟长敖汉固山贝子达克沁贝勒衔，副盟长翁牛特札萨克贝勒德木楚克素隆、协办盟长哈拉哈多罗贝勒堆胡尔素隆郡王衔。热河围场总管色楞额，以副都统记名。(《清德宗实录》卷251，第391页）

【光绪十四年四月庚寅】热河都统谦禧奏：知县各官验讯命案不实，请分别革职撤任撤委以便查办。得旨：孙原植著即行革职。英顺、章荣邦著分别撤任撤委，一并听候查办。(《清德宗实录》卷254，第425页）

【光绪十四年十一月庚戌】以灵应夙著，颁热河滦平县鞍匠屯街龙神庙扁额，曰"泽周燕乐"。(《清德宗实录》卷261，第501页）

【光绪十四年十一月庚戌】热河都统谦禧奏：派拨驻防练军，巡查蒙古交界地方，以资控制。报闻。(《清德宗实录》卷261，第501页）

【光绪十四年十一月癸丑】勾到直隶、热河、山东情实罪犯，停决直隶斩犯一人，山东斩犯六人。余六十八人予勾。(《清德宗实录》卷261，第503页）

【光绪十五年正月丙子】谕军机大臣等：色楞额等奏，伊塔远居边要，巡抚碍难遥制，拟将地方文武，仍归将军、副都统就近专辖一折。新疆改设行省，分置郡县，左宗棠创议于前，刘锦棠等详议于后。一切官制营制，甫经议定，自未便遽行更张。惟据色楞额等所陈，伊塔距新疆省会太远，文移往返数千里，动辄兼旬。文武各官，若不就近专辖，深恐呼应不灵，致误事机。拟援照直隶承德府归热河都统管辖之例，仍归伊犁将军、副都统专辖等情，事关边防紧要，不厌求详。(《清德宗实录》卷265，第560页）

【光绪十五年二月壬寅】谕军机大臣等：有人奏劣幕专权舞弊，请饬严究一折。据称热河道幕友陈维藩盘踞道署多年，勾通都统幕友陶钦言，树党营私，擅收节寿陋规，挟嫌怂恿该都统将知县陈功亮参劾，并私赏冒功种种舞弊等语。所奏是否属实，著李鸿章查明具奏。原折著钞给阅看。将此谕令知之。

寻奏：遵查陈维藩等并无专权舞弊劣迹。丰宁县知县陈功亮，本有应得之咎，谦禧据禀甄劾，事属因公，且系部议休致，均毋庸议。至谦禧记奖翎枝，先给功牌，查与定章不符，应咨令一律撤销。报闻。(《清德宗实录》卷267，第578页)

【光绪十五年四月甲辰】又谕：有人奏，税局书差借端勒索，请饬查办一折。据称多伦厅地方向设税局，该同知将磴口局移至赤峰县属经棚街，征收落地税课，仅派书差代管，任意勒索等语。所奏如果属实，大为商民之害，著谦禧按照所奏各节，确切查明，据实具奏，毋稍徇隐。寻奏：查无书差勒索情弊。惟事属开创，请饬直隶总督专派贤员，认真整顿。得旨：即著咨行直隶总督酌核办理。(《清德宗实录》卷269，第610页)

【光绪十五年十二月癸未】热河都统谦禧奏：承德府知府廷杰与知州盖永贞互相口角，请解任查办。得旨：廷杰与属员互相口角，有无别项情弊，著查明具奏请旨，所请暂行解任之处，著毋庸议。(《清德宗实录》卷278，第714页)

【光绪十六年八月丙午】谕军机大臣等：有人奏，热河土默特旗已革护卫巴拉楚克，招聚矿匪，扰害地方，并欺该贝子年幼，盗用印信，移会朝阳县，派役协助。该县不允，乃径率矿匪恣意抄掠无辜，请饬拏交该盟长究办等语。著德福按照所奏各节，确切查明，严拏究办，据实覆奏。原片著钞给阅看。将此谕令知之。寻德福奏：遵旨查拏矿匪，派员前往密访情形，先行奏闻。得旨：即著严拏巴拉楚克到案，讯明究办。寻又奏：遵查巴拉楚克参款，据实覆陈。得旨：巴拉楚克参款，既据查无其事，著交该旗严加管束，毋庸再送理藩院覆讯。(《清德宗实录》卷288，第834页)

【光绪十六年九月乙酉】内务府奏：请将热河正副总管照织造监督报满年限，改为一年期满。得旨：仍照旧章办理，毋庸更改。(《清德宗实录》卷289，第852页)

【光绪十六年九月庚寅】热河都统德福奏：请免禁口外烧锅，令其捐资助赈。

从之。(《清德宗实录》卷289，第853页）

【光绪十六年十月壬寅】谕内阁：征麟奏，热河库内遗失银两，请饬讯究一折。库存银两，该官兵等宜如何小心看守，乃竟失银一千两之多，是否外贼行窃，抑系监守自盗，亟应认真究办。著德福一面饬属一体严挐窃贼，一面饬令承德府知府，将看库官兵严行审讯，务期水落石出，毋稍含混。苑丞、毓纯、吉祥未能先事豫防，均著交内务府议处。征麟失于觉察，亦难辞咎，著一并察议。(《清德宗实录》卷290，第861页）

【光绪十七年二月庚子】热河都统德福奏：筹款抚恤饥民情形。报闻。(《清德宗实录》卷294，第908页）

【光绪十七年三月壬午】谕军机大臣等：前据御史讷清阿奏，敖罕札萨克王达木林达尔克，在承德府建昌县哈喇都哈地方，私立烧锅，盗卖仓谷，指借俸银，作为成本各节，当令理藩院查明具奏。兹据奏称，该王恳借俸银，并未照准。至私立烧锅，是否属实，请饬热河都统就近查奏等语，即著德福按照原参各节，确切查明，据实具奏，毋稍徇隐。讷清阿折、理藩院折各一件，均著钞给阅看。将此谕令知之。寻德福奏：该敖罕王被参各节，均查无实据。惟该王之弟喇嘛官宝札布台吉格什喜吉莫，开设宝和永烧锅，虽与哈喇都哈地方不符，该御史所奏不为无因，自应遵照理藩院奏请，将该烧锅即时关闭，以符体制。下所司知之。(《清德宗实录》卷295，第922页）

【光绪十七年五月己巳】热河都统德福奏：伙匪突扰地方，拒敌官兵，现在派队攻剿。得旨：著饬令派出员弁实力搜挐，毋留余孽。(《清德宗实录》卷297，第935页）

【光绪十七年九月壬戌】热河都统德福奏：蒙员嘎卜带兵越界缉贼，致毙多命。案情讯有端倪，应解回奉省集讯，以期速结。得旨：著即将嘎卜解归奉天质讯。(《清德宗实录》卷301，第980页）

【光绪十七年十月丙申】热河都统德福奏：烧锅捐输银两，拟解交直隶督臣办

赈。得旨：此项银两，即著解交户部。（《清德宗实录》卷 302，第 994 页）

【**光绪十七年十月辛亥**】谕军机大臣等：德福奏，伙匪突扰地方，派兵往剿起程日期，并请调援兵各折片。据称热河朝阳县赵胡子沟等处，突有外来匪徒聚众抢劫，复在三道梁汛西官营子等处肆行焚掠，并有焚烧敖罕贝子府，围扰四家子县丞衙署情事。现派官兵往剿，请饬调练军援剿，迅催蒙兵截击防范等语。热河地方关系紧要，此股匪徒亟应迅速扑灭。即著德福严饬派出官兵，认真拏办，并著裕禄、李鸿章各派得力将弁，统带练军，速往援剿，以期一鼓歼除。仍著理藩院严催卓索图、昭乌达两盟迅派蒙兵，在各交界处所会同截击，实力防范，毋任蔓延。至所请简派大员统带神机营官兵助剿一节，京兵不宜轻动，致涉张惶，著毋庸议。原折片著钞给理藩院、裕禄、李鸿章阅看。将此谕知理藩院，并由四百里各谕令知之。（《清德宗实录》卷 302，第 999 页）

【**光绪十七年十月壬子**】谕军机大臣等：昨据德福奏，伙匪窜扰热河朝阳等县地方，请调援兵会剿。当谕令裕禄、李鸿章迅派得力将弁，统带练军驰往援剿。密云沿边各口，诚恐该匪乘隙阑入，著国俊迅派得力弁兵，勤加侦探，严密防守。遇有窜匪阑入，即行实力剿捕，毋得稍有疏虞。将此谕令知之。（《清德宗实录》卷 302，第 999 页）

【**光绪十七年十月癸丑**】谕军机大臣等：德福奏，伙匪焚毁教堂，请催各路兵勇援剿一折。此股贼匪，仓猝起事，陡聚多人，行踪飘忽。热河园庭所在，关系紧要，口外地方辽阔，山岔纷歧，必须迅集重兵，合力兜剿，方能一鼓歼除。本日李鸿章电奏，已派马步六营前往剿办，兵力尚嫌未厚。著李鸿章即日添派勇营径赴热河，一面保卫园庭，一面迎头截击，总期迅速扑灭，毋任蔓延为患。迁安一带，并著派兵分扎，以杜纷窜而卫地方。援兵未到以前，德福责无旁贷，著就现有兵力，妥筹防剿，勿稍疏虞。另片奏：请饬拨军火等语，著神机营迅拨火药二千斤，随带铅丸等项，派员解送热河，交德福存储备用。德福折片著分别钞给神机营、李鸿章阅看。将此谕知神机营，并由五百里谕令李鸿章、德福知之。（《清德宗实录》卷 302，第 1000 页）

【光绪十七年十月乙卯】以匪徒窜扰、疏于防范，热河都统德福、热河道廷雍、承德府知府启绍，下部议处。寻议德福降一级留任，现已开缺，照例注册。廷雍降二级留任，启绍降二级调用。均不许抵销。从之。(《清德宗实录》卷302，第1002页)

【光绪十七年十月丙辰】谕军机大臣等：德福奏，请饬拨饷银，并派队援救喀喇沁王旗暨匪徒焚烧教堂情形各折片。热河贼匪滋扰，防剿吃紧，需饷孔殷。即著户部拨银五万两，迅速解往。所奏喀喇沁王旗亦有贼众滋扰，即著德福饬令派出各队实力剿捕，并著叶志超迅速拨兵，会合堵击，以杜纷窜。此股贼匪究有若干，是否尚据朝阳，抑或分股肆扰；叶志超现在行抵何处，续拨兵队已到若干，剿办情形若何，著叶志超随时驰奏，以慰廑系。至德福片奏，本月十七日匪徒窜入平泉州街焚烧教堂各等语，既称匪众约有数千，何以监狱衙署居民铺户全无扰害？既称兵寡匪众，未敢穷追，何以数千之贼，不战自散？情节种种支离，显有饰词规避情事，著李鸿章、德福确切查明，据实覆奏。原折片著分别钞给阅看。将此谕知户部，并由五百里谕知李鸿章、德福，暨传谕叶志超知之。(《清德宗实录》卷302，第1002页)

【光绪十七年十月戊午】谕军机大臣等：热河贼匪窜扰，势甚猖獗。直隶沿边各口，径路纷歧，亟须加意防守，以杜内窜。应如何调派各军，分路驻扎，著李鸿章统筹全局，妥速布置，不得稍涉大意。至叶志超统带各军，进剿能否得力，并著该督悉心体察，妥筹具奏。将此由六百里密谕知之。寻奏：叶志超骁果精明，堪资倚任。现值严冬冰雪，师行匪易，仍饬相机进剿。报闻。(《清德宗实录》卷302，第1003页)

【光绪十七年十月戊午】又谕：德福奏，会剿各股匪徒，及教堂被扰情形，请添派援兵各折片。热河匪众愈聚愈多，现在朝阳修墙挖濠，搜房军器，情殊叵测，若非厚集兵力，聚而歼旃，恐纷纷四出窜扰，势将滋蔓难图。前经李鸿章派出之提督聂士成步勇，无论行抵何处，著该督迅饬该提督兼程前往平泉，归叶志超调遣，实力堵剿。叶志超所带多系步队，并著李鸿章添派得力将弁，统带马队数营，克日驰赴平泉助剿。聂士成既赴平泉，热河防守较单，著李鸿章再拨马步兵队数营，由古北口径赴热河，一面保守地方，一面相机接应。前拨山海关、芦台、开平各军，现在行抵何处，并著催令迅速进剿，毋稍延误。德福原折片，著钞给李鸿章阅看。将此由六百里谕知李鸿章、德福，并传谕叶志超知之。（《清德宗实录》卷302，第1003—1004页）

【光绪十七年十月戊午】密云副都统国俊奏：派往热河及古北口等处防剿官兵，应需军火口粮，可否由神机营请领。得旨：此项军火口粮，均著就近由热河支领。（《清德宗实录》卷302，第1004页）

【光绪十七年十一月辛酉】直隶总督李鸿章奏：分拨热河迁安防军剿捕教匪。得旨：仍著督饬叶志超，会合诸军，迅图扑灭，毋任滋蔓为患。（《清德宗实录》卷303，第1006页）

【光绪十七年十一月丙寅】谕内阁：前据德福奏报，热河朝阳匪徒滋事。当经饬令李鸿章、定安、裕禄各派兵勇，分投剿捕。旋据直隶提督叶志超奏，在建昌县三十家子等处剿贼获胜。兹据定安、裕禄、李鸿章同日奏报，迎剿教匪屡获大捷情形，览奏均悉。十月二十至二十七等日，奉天所派总兵聂桂林、耿凤鸣等在朝阳县界连获胜仗，生擒匪首郭万渭等，续获匪首杨明，歼毙教首杜把什，阵毙贼匪千余名，余贼败溃。现复添派总兵张永清等前往彰武台门一带会剿。叶志超所派各队，于二十七日在建昌所属五官营迎剿教匪，格杀大头目傅连信、彭太和，并毙异服诵咒道匪多名，贼尸枕藉，夺获器械马匹无算，平建一带，贼焰顿息。现由建昌至朝阳节节攻打，并派马队由喀喇沁王旗西北一路兜剿，办理甚为得手。此次直隶奉天派出各军，奋勇争先，每战皆捷，深堪嘉尚。仍著李鸿章、定安、裕禄分饬诸军将领，乘此声威，合力进剿，迅将朝阳踞匪一鼓歼除，毋留余孽，以靖地方。（《清德宗实录》卷303，第1009页）

【光绪十七年十一月丙寅】谕军机大臣等：有人奏，热河承德府知府启绍诞妄浮夸，贪婪夙著，横索所属州县赃款盈千累万。七八月间，霪雨为灾，颗粒无收，小民环求赈抚，该员怂恿德福讳匪不报。此次教匪煽乱，首以杀贪官为名，请饬查办等语。著李鸿章按照所参各款，确切查明。如果属实，即著严行参奏，毋稍徇隐。原片著钞给阅看。将此谕令知之。寻奏：教匪煽乱，并非启绍讳灾激变，惟不能消患未形，致被聚谋倡乱，扰害地方，已由吏部议以降二级调用，例免重科。婪赃一款，查无确据。惟失察家人联升、府役周宽藉端诈赃，例有应得处分，应请交部照例议处。从之。（《清德宗实录》卷303，第1009—1010页）

【**光绪十七年十一月丁卯**】又谕：御史陈懋侯奏，热河匪首就擒，请饬解散余党，禁止入会，以安反侧一折。据称直隶民间入在理会教者十室而九，地方官从未禁止。热河匪首郭万淐即系在理教首，平日妖言惑众，此次竟敢竖旗谋乱，旬日之间，胁胁万人。惟其中良莠不齐，请出示解散，并严禁民间不得私立在理会教名目等语。刻下热河著名匪首多就歼擒，余皆愚民无知，始则被诱入会，继则被胁为匪，相率就歼，良深悯恻。著裕禄、李鸿章、奎斌颁发告示，遍行晓谕，无论入会与否，一律准予自新，但能自拔来归，即可宽其既往，庶贼势益孤，不难迅速藏事。至民间私立在理会教名目，据称禁烟戒酒，意在保身。惟极其流弊，竟至于聚众起事。嗣后应如何妥筹禁止，以绝乱萌，著李鸿等察酌情形覆奏。原折均著钞给阅看，将此各谕令知之。（《清德宗实录》卷303，第1011页）

【**光绪十七年十一月己巳**】谕军机大臣等：德福奏，收复朝阳，并击窜股匪一折。朝阳县于十月十三日失事，该县廖伦明，并无禀报。直至二十九日，始行具禀收复，所称接仗受伤各节，殊难凭信。难保非当时逃匿，事后捏词避罪，著李鸿章确切查明。廖伦明如有潜逃捏饰情事，即著严参治罪。德福原折，著钞给阅看。将此谕令知之。（《清德宗实录》卷303，第1012页）

【**光绪十七年十一月己巳**】热河都统奎斌奏：因病乞假。得旨：赏假二十日。热河地方紧要，一俟病痊，迅即赴任。（《清德宗实录》卷303，第1012页）

【**光绪十七年十一月丙子**】又谕：定安等奏，官军击散朝阳窜匪，续获胜仗一折。热河股匪前在朝阳县界滋扰，经定安等派出各军会剿，叠次获胜。该匪窜至朝北营子一带占踞，经总兵张永清等于本月初三、初七等日，督饬马步队进剿，擒斩千余名，复乘胜探剿照树沟贼巢，生擒匪首李洛道即李教明正法。北路边界，人心安定。总统丰升阿，由大庙贝子府一带进剿，擒获贼目陈洛溟、道士盛信沧等二十名正法，沿途歼毙贼匪百余名，并获匪首潘岳淋一名。仍分督各队，四路巡缉。总兵聂桂林追贼至兴隆洼等处，斩贼一百四十名，复分队攻击，又毙贼六百余名，生擒贼目侯可均，讯明正法。各路剿办情形，均属得手。仍著定安、裕禄督饬诸军会合直隶官军，迅速进剿，务将各股窜匪，悉数歼除，毋留余孽。所有打仗出力各员弁，著该大臣等分别存记汇案，奏请奖叙。（《清德宗实录》卷304，第1019页）

【光绪十七年十一月丙子】又谕：叶志超奏，官军进剿毛家窝铺贼匪获胜暨剿除高尔磴一带贼匪各折片。本月初二三等日，西桥头之贼退并毛家窝铺一带，纠合道匪共有二千余人，负固死守。初四日，经副将潘万才饬营官蒋广栋等率队分路攻击，杀贼甚多，并击毙贼目多名。贼始退至庄内，凭墙死拒。官军复三面攻击，当将贼巢击破，阵毙伪大王赵金贵、徐小枝及伪领兵侯陈忠等十余名，并马贼三百余名、道匪一千余名，夺获枪炮马匹旗帜无数，并生擒伪大王刘献堂，正法枭示。复于初六日在二十家子地方，将起事贼首王廷照、宋学智、宋洛大三名一并擒获，均经讯明正法。又建昌县属高尔磴等处，匪徒盘踞，经总兵曾腾芳等率队在澜泥沟、苇子沟及三官庙各地方，叠次获胜，毙贼多名，并起获金丹道盟簿符咒等件，生擒匪首于刚及著名贼匪八名，均已正法，并将道士吴广生一股，悉数歼除。又据总兵蔺福喜禀报，在建昌附近将伪平西王佟杰拏获交县讯办。高尔磴一带现已平静，剿办甚为顺手。仍著叶志超督饬各营将弁，乘胜进攻，合力兜剿，毋留余孽，以靖地方。（《清德宗实录》卷304，第1019—1020页）

【光绪十七年十一月庚辰】以热河道廷雍暂护都统。（《清德宗实录》卷304，第1022页）

【光绪十七年十一月乙酉】谕军机大臣等：理藩院奏，蒙众被扰，恳恩赈济一折。据称喀喇沁郡王旺都特那木济勒来京呈报，该旗所属地方，匪徒业经官军剿退。惟本盟暨邻盟被难蒙众一万数千余人，投依该旗，嗷嗷待哺，吁恳恩施赈济，并请免年班，仍回游牧安抚等语。喀喇沁旗突被匪徒窜扰，蒙民颠沛流离，殊堪轸念。著户部拨银三万两，解往热河，交奎斌遴派妥员，会同该郡王旺都特那木济勒妥为赈抚，毋令失所，并著理藩院传知该郡王，即回游牧，免其年班，以示体恤。另片奏：准叶志超咨称，喀喇沁一带蒙民，于贼匪剿平之处，声言搜拏余匪，残杀老幼客民甚多，请饬禁止等语。此次匪徒起事，即藉口与蒙古有仇。经直隶各军剿办得手，地方甫就平静，自应各安生业，岂可再酿争端？著奎斌出示晓谕查禁，并知照旺都特那木济勒严加约束，务使蒙民相安，勿任寻衅滋事，是为至要。理藩院折片，著分别钞给阅看。将此各谕令知之。（《清德宗实录》卷304，第1024—1025页）

【光绪十七年十一月己丑】谕军机大臣等：热河围场地面辽阔，毗连喀喇沁旗，素为马贼出没之区，最易藏奸。现在剿办朝阳等处匪徒，正在得手，恐有败残余匪，乘间窜入，希图藏匿窃发。著奎斌派拨练军，前往认真搜捕，以杜分窜，勿得稍涉疏忽。将此谕令知之。寻奎斌奏：遵派马步兵队，驻扎围场，认真搜捕余匪，以杜分窜。报闻。（《清德宗实录》卷304，第1026页）

【光绪十七年十二月壬寅】谕内阁：叶志超奏，官军剿办贼匪，热河及各王旗地方一律肃清，酌留兵队弹压抚绥，并起程日期一折。筹办尚属周妥，著依议行。热河教匪倡乱以来，妄立伪号，纠集党众，残害生灵。旬月之间，延及四县并各王旗地方，势甚猖獗。经官军分路进攻，叠获大胜，首从各犯次第歼擒，各股逆匪，斩馘殆尽。甫逾匝月，捣穴擒渠，全功告藏，剿办甚为妥速。除叶志超及聂士成、潘万才、傅廷臣等已特加恩奖外，李鸿章于该逆起事之初，一闻警报，立即调兵拨饷，遴派将领迅赴戎机，尽歼丑类，实属调度有方。定安、裕禄各派劲旅，分道驰剿，同奏肤功，办理悉合机宜。李鸿章、定安、裕禄均著交部从优议叙。热河被贼蹂躏，各处民情困苦，著李鸿章筹拨赈款，拣派明干大员，前往会同热河地方各官，妥为散放，并将一切善后事宜，会同奎斌认真经理，以拯凋敝而惠闾阎。此次匪徒滋事焚烧教堂，仇杀蒙古，蓄谋已非一日。该地方文武，先事毫无觉察，临事复疏于防守，以致变起仓猝，贻害生民，重烦兵力，实堪痛恨。著李鸿章、奎斌查明失事各员，据实严参，毋稍宽贷。（《清德宗实录》卷305，第1035—1036页）

【光绪十七年十二月癸卯】热河都统奎斌奏：热河匪乱之后，教民有意寻衅报复良民。请饬总理各国事务衙门照会法国各使约束教民，以弭祸变而靖地方。又奏：赈济喀喇沁旗被扰蒙众银两已经解到，拟即派员采买米石散放。并下

所司知之。(《清德宗实录》卷305,第1036—1037页)

【光绪十七年十二月己酉】直隶总督李鸿章奏:热河贼匪甫平,保卫蒙部,暂留副将吕本元马队五营,分别驻扎赤峰、建昌、平泉等处,以资镇慑。报闻。(《清德宗实录》卷306,第1040页)

【光绪十七年十二月壬子】直隶总督李鸿章奏:遵旨派员携银二万两,赴热河赈抚被贼灾区。报闻。(《清德宗实录》卷306,第1041页)

【光绪十七年十二月甲寅】以奉天官军援剿热河,攻克贼巢,地方肃清,赏副都统丰升阿巴图鲁名号,提督左宝贵头品顶戴,均赏穿黄马褂。予总兵聂桂林以提督简放,与总兵耿凤鸣,参将程楠森,游击金得凤、杨建德、尤得胜,均赏巴图鲁名号。赏副参领成斌等花翎,云骑尉科兴额蓝翎。余升叙加衔有差。(《清德宗实录》卷306,第1043页)

【光绪十七年十二月戊午】谕内阁:李鸿章、奎斌奏,遵查朝阳县等处失事各州县,据实参处一折。此次热河匪徒倡乱,朝阳滋事最先,平泉、建昌被贼较重,蒙古受祸尤酷,且并有焚杀教堂教民之案。该州县等平日因循玩愒,漫不经心,致各匪党乘机煽惑,酿成巨变。律以官守之责,均属法无可贷。兹据查明朝阳县知县廖伦明虽无闻警先逃情事,惟平日在官赋诗饮酒,不理民事,并屡向富民借贷,债累甚多,由赤峰调任朝阳,至为商民遮留,实属卑鄙不职,有玷官箴。建昌县知县章奏凯于匪徒起衅之初,毫无防范,事后又不将三十家子焚杀情形据实禀报,意存诿卸,居心巧诈。署平泉州知州文卜年著名巧滑,遇事工于文饰,教堂近在县街,不能实力保护。且报贼众数目,又复张大其词,于焚杀教堂情形,轻信讹言,捏报出示,摇惑人心。该三员贪诈庸劣,贻害地方,深堪痛恨。该督等请将廖伦明革职永不叙用,章奏凯、文卜年分别革职勒休之处,尚觉轻纵。廖伦明、章奏凯、文卜年,均著革职发往军台效力赎罪,以示惩儆。(《清德宗实录》卷306,第1044—1045页)

【光绪十八年正月壬午】谕军机大臣等:御史徐树钧奏,条陈热河善后事宜一折。前因热河朝阳等处剿匪事竣，特谕李鸿章等将地方善后事宜，认真经理。兹据该御史陈奏，吏治武备，宜分途专任。府县分任而治，并量减税务，整顿州县，慎选牧令，联络蒙民，训练旗营各条。所奏有无可采，著李鸿章体察情形，妥议具奏。原折著钞给阅看。将此谕令知之。寻奏：第一、第二两条轻改旧章，窒碍难行，应毋庸议。以下五条，颇有可采。谨博访参稽，复与奎斌往返商榷，拟定办法六条。一、增定都统公费。一、道府改为边要调缺。一、州县补缺俸满章程，量为变通。一、税课改归州县征收，并将税额量为酌定。一、蒙古客民结怨已深，设法解释。一、要隘酌驻防营。所拟各条，皆目前要务，应请饬各该衙门，迅速议覆，俾得及早见诸设施。下所司议。(《清德宗实录》卷307，第8页)

【**光绪十八年二月乙未**】理藩院奏：喀喇沁札萨克多罗郡王旺都特那木济勒，因突遇逆匪作乱，坟茔被毁，请支借税银。得旨：该旗蒙古等突遇逆匪作乱，实堪悯恻。加恩旺都特那木济勒在本旗每年应得八沟原赏二分税银内借支十年，著奎斌由热河道库动用支给。此项银两，仍由该旗每年赏给八沟税银内按年扣还。(《清德宗实录》卷308，第13页)

【**光绪十八年二月乙未**】又奏：喀喇沁札萨克头等塔布囊阿育尔札那之妻，因连年匪乱，请借支税银。得旨：该旗蒙古等连年遭灾，实堪悯恻，加恩由该塔布囊旗每年赏给八沟一分税银内，借支十年，以资拯济，著奎斌由热河道库动用支给。此项银两，著于该旗每年赏给八沟税银内按年扣还，以抵原款。(《清德宗实录》卷308，第13页)

【**光绪十八年二月辛丑**】直隶总督李鸿章奏：热河边防重要，请将口外旗缺建昌营赤峰营二都司、朝阳营守备改为满汉兼用，以资控制。下部议行。(《清德宗实录》卷308，第14页)

【**光绪十八年三月己卯**】热河都统奎斌奏：遵旨借给喀喇沁王旗暨塔布囊旗应得八沟税银，拟由热河道库扣清前欠核实支给。下所司知之。(《清德宗实录》卷309，第28页)

【光绪十八年五月戊午】直隶总督李鸿章奏：天津至热河创办电线，经由之处，请饬地方文武一体保护，如所请行。(《清德宗实录》卷311，第45页)

【光绪十八年五月乙酉】谕军机大臣等：有人奏，热河平泉等四州县，去岁被匪蹂躏，商民凋敝。该处向派差费及发商生息银两，请分别裁撤宽免等语。著奎斌体察情形，酌量办理。原片著钞给阅看。将此谕令知之。寻奎斌奏：请宽免发商生息银两及差费。从之。(《清德宗实录》卷311，第53页)

【光绪十八年闰六月己未】热河都统奎斌等奏：敖汉郡王等请发款修理祠庙等工，业已分别驳斥。得旨：蒙古各旗，被匪蹂躏，朝廷体恤藩服，量予加恩，自有权衡，该王等岂能妄生希冀？奎斌片内牵引教堂赔款，殊属拟不于伦，著饬行。(《清德宗实录》卷313，第64页)

【光绪十八年闰六月丁丑】热河正总管祥煜等奏：热河园庭各工，请择要估修。从之。(《清德宗实录》卷313，第69页)

【光绪十八年十月戊午】热河都统奎斌奏：上年防剿承德府教匪，军饷不敷，请饬部续拨银两，并请将挑募闲散旗丁口粮，免其追缴。均从之。(《清德宗实录》卷317，第104页)

【光绪十八年十月丙子】热河都统奎斌奏：上年蒙古台站被匪窜扰，筹款安抚，酌拟办法。下所司知之。(《清德宗实录》卷317，第109页)

【光绪十八年十一月壬寅】热河都统奎斌奏：查明剿匪出力各旗蒙员，协理二等塔布囊那逊吉拉嘎尔等，及团绅乡社候选通判李龙彰等，请量予奖叙。又奏：查明剿匪阵亡卓索图、昭乌达两盟各蒙员，札兰衔佐领章京锁住尔等，请分别议恤。均下部议。(《清德宗实录》卷318，第120页)

【光绪十八年十二月辛酉】谕内阁：本日理藩院奏，据敖汉郡王呈报，公主园寝暨该郡王坟墓祠宇府第等处，被贼焚毁。该郡王无力修葺，呈请据情代奏，吁恳恩施等语。上年热河匪徒滋扰，敖汉王旗被害情形，殊堪悯恻。著赏银一万两，由户部给发，交该郡王达木林达尔达克祗领，将公主园寝各处，赶紧修理，用示体恤。(《清德宗实录》卷319，第129页)

【光绪十九年二月丁巳】热河都统奎斌奏：围场秋收歉薄，兵丁生计艰难，援案请赏借饷银以资接济。从之。(《清德宗实录》卷321，第154页)

【光绪十九年二月丁丑】热河总管祥煜等奏：采买改为折色，余米不敷支放。苏拉孀妇养赡，恳由庄头额米项下开销。从之。(《清德宗实录》卷321，第164页)

【光绪十九年三月癸卯】谕军机大臣等：热河围场地面辽阔，向为马贼出没之区。前岁剿平股匪后，恐有余党窜匿其间，勾结为患，曾经谕令奎斌认真搜捕。近闻该处伏莽仍未净尽，深虞乘间窃发，并分窜奉天、吉林等处，以致滋蔓难图，亟应严拏防范，消患未萌。奎斌身任地方，责无旁贷，著将围场一带捕务，切实整顿。如有盗匪潜藏，立时拏办，毋得日久生懈，致酿隐患。并著裕禄、长顺督饬营汛地方各官，实力巡防，认真搜剿。务当合力兜拏，有犯必惩，以期边围敉平，旗民安堵，是为至要。将此各谕令知之。(《清德宗实录》卷322，第170页)

【光绪十九年十月戊辰】谕内阁：庆裕奏，热河兵米，拟请采买，仍放本色一折。热河旗营兵米，著照所请，准其循照成案，饬商采买，仍放本色。该都统当严除弊端，毋使商民稍有苦累。(《清德宗实录》卷329，第224页)

【光绪十九年十月戊辰】热河都统庆裕奏：喀拉沁多罗郡王旺都特那木济勒呈称，蒙古地方近年水旱频仍，连遭荒歉。所垫兵饷勇粮，恳请代奏偿还。得旨：所有喀拉沁旗垫过兵饷，准由户部拨还。(《清德宗实录》卷329，第225页)

【光绪二十年五月辛巳】直隶总督李鸿章奏：请加给热河正副总管每年津贴银各一千两。下部议。(《清德宗实录》卷340，第353页)

【光绪二十年九月乙酉】热河都统庆裕奏：热河各属，地旷兵单。巡查缉捕，尤关紧要。朝阳界连奉省，盗贼出没无常，更宜严行搜捕，以杜窜扰。现由热河驻防旗营练军内，派拨练兵八十名；围场驻防内，派拨练兵四十名，前往朝阳等处，分拨驻扎，以安地方。报闻。(《清德宗实录》卷349，第486页)

【光绪二十年九月丁亥】热河都统庆裕奏：热河各属蠹役，鱼肉乡民，为害地方，请饬部严定罪名，以安闾阎。得旨：热河地方，自平定后元气未复，何可复容此辈肆行荼毒？著严密查拿，一经审实，即予杖毙，毋庸刑部再议。(《清德宗实录》卷349，第489页)

【光绪二十年十月庚戌】谕军机大臣等：志锐奏，京北空虚，宜令热河各府以及张、独、多三厅速办乡团，并稔知八沟一带猎户极多，火枪无不熟习，拟召募十营，愿效驰驱等语。志锐著准其前往热河召募十营，迅练成军，以备缓急。至所称各府厅举行乡团之处，著志锐驰抵热河后，商同热河都统查酌情形，奏明办理。将此谕令知之。(《清德宗实录》卷351，第527页)

【光绪二十年十月乙卯】又谕：志锐奏，热河迤北一带，蒙古各旗地势绵长，防守不易，拟请将内蒙古各旗举办团练，以资捍卫等语。著志锐于到热河后，察看情形，妥慎筹商，再行奏明办理。另片奏：请调直隶候补道谭文焕差委，著照所请行。将此谕令知之。(《清德宗实录》卷351，第534页)

【光绪二十年十月辛酉】又谕：前据侍郎志锐奏，热河各府厅举办乡团。当谕令该侍郎驰往热河，商同该都统查酌情形，奏明办理。著崇礼于到任后，将团练事宜与庆裕、志锐悉心筹办，妥定章程。俟一切商有头绪，庆裕再行来京陛见。(《清德宗实录》卷352，第545页)

【光绪二十年十一月丁丑】热河都统庆裕奏：热河团练事宜，办理已有头绪。报闻。(《清德宗实录》卷353，第575页)

【光绪二十年十一月乙酉】谕军机大臣等：庆裕奏，统筹热河全局一折。据称热河地方，自教匪剿灭后，防营不敷分布，道府州县并无自然之利，不敷办公，拟添募马勇四五百名，并筹给地方官津贴，每年需款五六万两。该将军前在福建藩司任内，稔知闽海关洋税，每年协拨各省饷项一百余万两。请于协饷内，每年抽拨五六万两，协济热河，作为召募津贴两项之用等语。该将军所筹，系为整顿吏治，保卫地方起见，即著庆裕于到任后，体察情形。所有闽海关洋税，每年协饷项下，是否可以抽拨之处，再行奏明请旨办理。将此谕令知之。寻奏：遵拨热河练兵饷需，并道府州县各官津贴，每年共拨银六万两。下部知之。(《清德宗实录》卷353，第584页)

【**光绪二十年十一月辛丑**】热河都统崇礼奏：热河团练先后办齐，并筹捐经费，以恤民力。报闻。(《清德宗实录》卷354，第611—612页)

【**光绪二十一年二月戊申**】热河都统崇礼奏：热河筹练防兵，闽关协饷，解到需时，请暂由户部借拨银五万两，以济急用。从之。(《清德宗实录》卷361，第705页)

【**光绪二十一年二月壬戌**】热河都统崇礼奏：报效军需银二万两。得旨：著赏收，仍交户部核给奖叙。(《清德宗实录》卷362，第725页)

【**光绪二十一年二月庚午**】又谕：司业瑞洵奏，请饬热河都统认真筹办团练等语。热河团练事宜，前据崇礼奏陈，办理已有端绪。兹据该司业奏称，恐倭寇与金丹教匪勾结为患，即著该都统督饬各属随时操演，认真梭巡，尤须联络声势，互相策应，以资守御，总期缓急足恃，不得有名无实。原片著钞给阅看。将此由四百里谕令知之。(《清德宗实录》卷362，第735页)

【**光绪二十一年四月甲辰**】热河都统崇礼奏：塔子沟商货稀少，课难足额。请援照八沟成案，核减税数。下所司议。(《清德宗实录》卷365，第767页)

【**光绪二十一年四月乙丑**】谕军机大臣等：翰林院侍读学士准良奏，闻热河连岁丰收，杂粮甚贱。惟入关各口不通水路，转运维艰，请饬热河都统按照市价，请款采办转运等语。著崇礼体察该处情形，能否设法采运之处，会商直隶总督酌量办理。原片著钞给阅看。将此谕令知之。(《清德宗实录》卷366，

第 788 页）

【光绪二十一年五月庚寅】热河都统崇礼奏：热河产粮无多，碍难接济邻境。报闻。（《清德宗实录》卷 368，第 812 页）

【光绪二十一年六月丁丑】热河都统崇礼等奏：热河饥民日众，兵丁困苦，恳赏拨仓存余米煮粥赈济。允之。（《清德宗实录》卷 370，第 849 页）

【光绪二十一年九月庚申】勾到山东、直隶、热河情实罪犯，停决山东斩犯三人、直隶斩犯二人，余一百一人予勾。（《清德宗实录》卷 376，第 924 页）

【光绪二十一年十一月丁巳】谕内阁：寿荫奏，查明塔布囊珠隆阿自戕情形，请将税员等议处一折。热河八沟税员荣光奉派查办喀拉沁袭爵一案，虽无需索酿命情事，惟失察家丁书吏诈赃，且收受陋规车价。理刑司员承惠为珠隆阿函托承袭，实属荒谬异常。荣光、承惠均著交部严加议处。寻议：荣光、承惠均革职，荣光并永不叙用。从之。（《清德宗实录》卷 380，第 972 页）

【光绪二十一年十二月辛巳】免热河育婴堂地亩升课。（《清德宗实录》卷 381，第 993 页）

【光绪二十三年二月丁卯】御史孙赋谦奏：热河等处试办矿务，请及时升科，以裕财源。下部议。（《清德宗实录》卷 401，第 238 页）

【光绪二十三年二月丁丑】热河都统寿荫奏：派热河道湍多布查勘双山子金矿，认真开采，以收实效而利饷源。报闻。（《清德宗实录》卷 401，第 243 页）

【光绪二十三年八月庚午】谕军机大臣等：寿荫奏，查明双山子金矿情形并酌拟章程一折。双山子等处金矿，现据热河道湍多布查明，金苗可期丰旺，并拟定章程条款。经该都统考核诸臻妥善，即著拣委妥员，认真采办，定期升科，务当确切查核，以裕饷项。至沟梁土槽子遍山线宽沟等处金厂，据奏办有端倪，各属煤矿亦著成效，即著赶紧查明，具奏办理。将此谕令知之。

（《清德宗实录》卷 408，第 333 页 ）

【光绪二十三年八月庚辰】谕军机大臣等：理藩院奏昭乌达盟长呈报贼匪肆扰，请饬热河都统查明办理一折。据称昭乌达盟长敖汉郡王达木林达尔达克呈报，自今春以来，贼匪持械成群，抢虏该盟长所属各旗地方。大伙马贼聚至二百余人，各持炮械，纵横肆扰，虏掠伤人之案，层见叠出，台吉箭丁等众寡不敌。业经该盟长挑选调练巡兵，亲身督带，前往剿击，请派兵援救等语。热河幅员辽阔，马贼出没靡常。朝阳之变，殷鉴不远。亟应认真剿击，迅速歼除，著王文韶即行知照直隶提督聂士成，派拨精兵两三营，飞速前往，迅将此股贼匪合力兜擎，毋令蔓延为患。该盟兵力不足，并著寿荫体察情形，就近饬派热河练兵会同协剿。原折均著钞给阅看。将此各谕令知之。(《清德宗实录》卷 409，第 341 页)

【光绪二十三年八月丙戌】谕军机大臣等：前据理藩院奏，昭乌达盟长呈报蒙古地方贼匪肆扰，当谕令王文韶知照聂士成，派拨精兵两三营前往兜剿，并著寿荫饬派热河练兵会同协剿。兹据该盟长复在该衙门呈报，统带练兵剿捕，该匪等竟敢聚众抗拒，并有戕害弁兵情事，实非寻常马贼可比等语。蒙古地方辽阔，若不将此股贼匪迅速扑灭，势必蔓延为患，复蹈朝阳故辙，重烦兵力。朝廷轸念藩部，廑系实深，著即派聂士成酌带精兵数营，克日启程，亲往督剿，乘此贼势未张，剿除尚易为力。该提督务当督饬队伍，视贼所向，一鼓歼除，迅速蒇事。剿办情形，准聂士成专折奏报，并著寿荫督饬练兵认真防范。原折均著钞给阅看。将此各谕令知之。(《清德宗实录》卷 409，第 344—345 页)

【光绪二十三年九月戊子】谕军机大臣等：上月二十三日据理藩院奏，昭乌达盟长所属地方贼匪肆扰。当经谕令王文韶知照聂士成，派拨精兵三营前往兜擎，并著寿荫饬派热河练兵，会同协剿。二十八日，复据理藩院奏称，该盟长呈报贼匪聚众抗拒，戕害弁兵。复谕令聂士成酌派精兵，克日启程，前往督剿，并准其专折奏报。所有历次办理情形，著理藩院传知昭乌达盟长敖汉郡王达木林达尔达克，转饬该盟长所属蒙古人等一体知悉。将此谕令知之。（《清德宗实录》卷 410，第 346 页 ）

【光绪二十三年九月辛卯】热河都统寿荫奏：朝阳等处贼匪滋扰，飞饬各军合力歼除，毋使贻害地方。得旨：著遵叠次谕旨实力会剿，毋致纷窜。（《清德宗实录》卷410，第348—349页）

【光绪二十三年九月壬子】热河正总管延曾等奏：热河行宫园内戏衣被窃，自请议处，并将苑副双魁等分别察议。得旨：双魁著交该衙门议处，毓纯、蕃昌、裕恭均著交该衙门察议，至延曾、恒启所请察议之处，著加恩宽免。（《清德宗实录》卷410，第356—357页）

【光绪二十三年十一月壬辰】热河都统寿荫奏：马贼窜扰蒙古昭乌达盟等旗，遵谕飞饬各路练军，会同提标各营，认真搜捕，擒斩多名，并饬查明被扰情形。得旨：马贼出没无常，且匪首未获，著饬属严防毋懈。（《清德宗实录》卷412，第377—378页）

【光绪二十三年十一月己亥】勾到直隶、热河、山东情实罪犯。停决直隶绞犯二人、斩犯一人，山东斩犯二人。余五十五人予勾。（《清德宗实录》卷412，第381页）

【光绪二十四年三月辛亥】谕内阁：荣禄、刚毅奏，遵旨查明敖汉郡王达木林达尔达克被参各款，及另案被控派取银两情事，据实覆陈一折。此案已革昭乌达盟长敖汉郡王达木林达尔达克，原参于所属贝勒巴咱尔济哩第补放副盟长，并无嘱令贿托、越次请补之事。其擅伐围场树木，私造令旗等项，或得自传闻，或查无实据，均著毋庸置议。至修葺园寝，购买快枪，所用银数，虽属未能核实，尚非任意浮冒，盖造府第亦未勒索贺仪。惟因练兵苛派蒙众，既有十旗印文可凭。又另案折罚翁牛特旗银两，显系故违定例，藉端骚扰，实属咎无可逭。敖汉郡王达木林达尔达克业经革去盟长，著再革去札萨克，开去御前行走，撤销三眼花翎、黄缰，以示惩儆。翁牛特郡王赞巴勒诺尔布滥用印纸，不知慎重，亦有不合，著交该衙门议处。另片奏：达木林达尔达克纵令蒙弁杀害佃民一案，著寿荫就近提集人证，秉公讯结具奏，再行降旨。达木林达尔达克著即赴热河，听候传质。（《清德宗实录》卷416，第455—456页）

【光绪二十四年闰三月庚申】又谕：理藩院奏，敖汉郡王达木林达尔达克呈称遵赴热河，听候传质。惟恐冤抑莫伸，据情代奏，可否请旨派员讯办一折。著仍派荣禄、刚毅提集人证卷宗，确切研讯，据实具奏。(《清德宗实录》卷417，第461—462页)

【光绪二十四年闰三月己巳】热河都统寿荫奏：防御记名佐领降补领催麟章才堪造就，请开复原官原衔。得旨：麟章著不准开复。(《清德宗实录》卷417，第465页)

【光绪二十四年闰三月己巳】以办理营务始终奋勉，予热河兵备道湍多布、协领全龄军机处存记。(《清德宗实录》卷417，第465页)

【光绪二十四年五月丁巳】热河都统寿荫奏：验收挑挖热河旱河工程并完竣日期。下部知之。又奏：闽海关应解热河欠饷，请饬赶紧筹拨，以济饷需。得旨：即著咨行增祺赶紧筹解。(《清德宗实录》卷419，第491页)

【光绪二十四年六月戊戌】热河都统寿荫奏：查明敖汉郡王达木林达尔达克练兵归各旗训练，并已分拨未拨枪枝数目。报闻。又奏：查明委员全龄等，所带兵丁并无惊扰敖汉王府各情，下所知之。(《清德宗实录》卷422，第527页)

【光绪二十四年七月庚申】谕内阁：刚毅奏，提讯敖汉郡王达木林达尔达克被参案件，谨就现办情形，先行拟结一折。前据理藩院奏，敖汉郡王达木林达尔达克呈称，遵赴热河听候传质，惟恐冤抑莫伸，请派员讯办。当谕令荣禄、刚毅确切研讯，据实具奏。兹据刚毅奏称，讯据案犯各供，与该郡王所递供词，其中疑窦甚多。自非传集证佐，四面环质，不足以成信谳。惟乌拉白依一犯，叠经饬催，尚未到案。李长安等犯，该管各官纷纷禀报病故脱逃，无从质讯，请先行拟结等语。敖汉郡王达木林达尔达克于傅思文一案，虽系奉文派弁往缉，并无纵令杀害情事。惟所派弁兵，枪毙多命。该郡王不能约束，致酿重案，实属咎有应得，著交理藩院议处。其看守要证不力各官，并著该都统查明，指名参办。李长安、乌拉白依、赵秀仍著寿荫、理藩院转饬迅速

解送讯办。(《清德宗实录》卷 423，第 546—547 页）

【光绪二十四年七月丁卯】又谕：给事中托佛欢奏请广开利源一折。据称热河都统所辖之张三营地方有孟魁布格等五川，绵长二百余里，周围相连，俱系未垦荒地。若照吉林、奉天等处，一律开垦升科，可得熟地数万亩，于年例钱粮，不无小补等语。所奏是否属实，著色楞额到任后，派员确切查勘，体察情形，妥议具奏。原折著钞给阅看。将此谕令知之。(《清德宗实录》卷 424，第 562 页）

【光绪二十四年七月壬申】又谕：色楞额现已简放热河都统，所管督练八旗骁骑营操演事宜，著派载卓管理。载卓所管之两翼前锋护军营督练操演事宜，著添派载澜管理。均著随时督察，勤加考验，以期缓急可恃，无负委任。(《清德宗实录》卷 424，第 570 页）

【光绪二十四年九月乙卯】热河都统寿荫奏：开办双山子金矿，照章纳课，并酌加煤窑抽分。下所司知之。(《清德宗实录》卷 429，第 632 页）

【光绪二十四年九月己巳】又谕：刚毅奏，敖汉郡王达木林达尔达克呈诉冤抑，牵涉言官，请饬催要证一折。著理藩院转饬翁牛特郡王赞巴勒诺尔布迅速来京，听候传质，并咨明翁牛特王旗梅楞珠尔杭阿、喇嘛巴雅尔及咨传之一干人证，一并送案审讯。另片奏：傅思汶等命案，请饬新任热河都统色楞额提集案犯人证，就近审结等语，并著理藩院转饬色楞额遵照办理。(《清德宗实录》卷 430，第 642 页）

【光绪二十四年九月辛未】以剿除热河蒙旗贼匪出力，予副将沈大鳌以总兵记名简放。蓝翎记名副将协领双禄，俟补副将后以总兵记名简放，并换花翎。已革提督程允和，送部引见。(《清德宗实录》卷 430，第 644 页）

【光绪二十四年十月癸未】又谕：本日引见之江苏试用道张翼，办理唐山开平矿务尚有成效，所有直隶迁安及热河承德府一带矿务，即著责成该员妥速筹办，并准其设立公司，仍将筹办情形，随时禀由办理铁路矿务大臣察核具奏。

（《清德宗实录》卷 431，第 661 页）

【**光绪二十四年十月乙酉**】谕军机大臣等：前因蒙古土默特旗达尔罕贝勒衙门都嘎尔札布等以练兵为名，有冤杀平民诈索赃款等项情事，当经谕令寿荫查明具奏。兹据奏称，委员会同朝阳县知县逐一访查，该旗社首等实有倚势诈索抚害酿命情事。惟屡经该都统提传人犯，该旗竟敢抗不交案，实属貌玩已极。著寿荫严饬该旗将社首都嘎尔札布等，按名解交该都统衙门，以凭质讯，毋任稍延。将此谕令知之。（《清德宗实录》卷 431，第 662—663 页）

【**光绪二十四年十月乙酉**】热河都统筹荫奏：热河矿务地险工艰，课额过重，请将原定升课章程，变通酌减。得旨：著督办矿务大臣查核办理。（《清德宗实录》卷 431，第 663 页）

【**光绪二十四年十月丙戌**】谕内阁：江苏试用道张翼著督办直隶全省暨热河矿务，并准其设立公司，仍将筹办情形，随时禀由办理铁路矿务大臣察核具奏。（《清德宗实录》卷 431，第 663 页）

【**光绪二十四年十一月丙寅**】又谕：都察院奏，编修王廷相等呈称口外州县旱冻成灾，恳恩抚恤，据情代奏一折。据称直隶承德府赤峰等县，春雨过晚，田苗枯槁。七月间，又遭霜冻，民间颗粒未收，嗷嗷待哺。兼之该处地方，马贼盘踞，金丹教匪余孽未净，饥民恐被煽诱等语。该处被灾情形究竟如何，是否应行赈抚之处，著裕禄迅速查明具奏。原呈著钞给阅看。将此谕令知之。（《清德宗实录》卷 434，第 697 页）

【**光绪二十四年十一月丁卯**】又谕：前据给事中托佛欢奏，热河之张三营等处，绵长二百余里，若一律开垦，可得熟地数万亩。所奏是否属实，于本年七月间，谕令色楞额派员查勘，妥议具奏。所有查勘情形如何，著该都统于一个月内迅速覆奏。将此谕令知之。（《清德宗实录》卷 434，第 699 页）

【**光绪二十四年十一月戊辰**】直隶总督裕禄奏：北洋官电拟就局存报费，接通热河至奉天线路，以臻美备。下部知之。（《清德宗实录》卷 434，第 702 页）

【**光绪二十四年十一月丙子**】热河都统色楞额奏：遵旨训练热河兵丁，酌拟变通办法。下部知之。（《清德宗实录》卷434，第708页）

【**光绪二十四年十二月壬辰**】谕军机大臣等：热河副总管恒启奏，热河园庭内外各处弁兵，当差困苦，无力赡养身家，吁恳恩赏一折。著加恩赏银二千两，由热河道库发给，以示体恤。嗣后各处均不得援以为例。将此各谕令知之。（《清德宗实录》卷435，第725—726页）

【**光绪二十四年十二月戊戌**】又谕：有人奏，热河朝阳土默特旗，前因地方多事，召练蒙兵。所派蒙员阿林保等以募勇为名，招致积年马贼。所至恃强索赃，诬良为盗，械击多人，勒令备银收赎，请饬查拏等语。著色楞额按照所参，严行查拏惩办，以安闾里而遏乱萌。原片著钞给阅看。将此谕令知之。寻奏：查明东土默特旗并无委派蒙员阿林保召募马贼，诬良诈赃情事。得旨：即著严饬该贝勒认真约束练兵蒙员，毋许在外滋事。（《清德宗实录》卷436，第734页）

【**光绪二十四年十二月乙巳**】热河都统色楞额奏：委员查明围场荒地，实在五川地面，仅一千二百顷有奇。惟创办伊始，易滋弊窦，且正围所在，典礼攸关，可否即行开放，应请旨酌夺施行。下部议。（《清德宗实录》卷436，第742页）

【**光绪二十五年正月戊辰**】谕军机大臣等：热河一带地方辽阔，弹压抚绥，均关紧要，亟应择要设防，以资镇守。著色楞额遴派妥员，周历查勘，应如何添设文武官员各专防守之处，迅即体察情形，详细奏闻。将此谕令知之。（《清德宗实录》卷438，第761页）

【**光绪二十五年二月辛巳**】热河都统色楞额奏：蒙民被灾，请再拨款赈抚。得旨：著照所请，仍著督饬印委各员，分途赈抚，务令蒙民实惠均沾，毋任失所。（《清德宗实录》卷439，第771页）

【**光绪二十五年二月甲辰**】热河都统色楞额奏：遵派妥员，查勘热河所属地

方，择要设防，以资镇守。得旨：所有设防事宜，俟查勘明确，即行妥筹具奏。（《清德宗实录》卷439，第788页）

【光绪二十五年三月己未】 又谕：电寄文兴，饬查宁远州马贼一案，单内所开贼目周老疙疸一名。查据热河都统覆称，周老疙疸即周进礼。前经朝锦宁远各属绅商公保投诚，批准收抚，屡次奋勉缉贼，曾随恩统领剿贼一次等语。周老疙疸既经缉匪自效，应将单内匪名开除，毋庸查挐惩办。（《清德宗实录》卷440，第800页）

【光绪二十五年四月己卯】 谕军机大臣等：良弼奏，围场地将放竣，拟即接放城镇基址一折。据称勘丈各围，因年久界限不清，势不能无所溢用等语，所奏殊属含混。奉天围场各围，均有一定界限，何以不考核明确，遽行开放？若俟放竣，再查溢用若干，已属挽回不及。即著先行查明各围界限，按照奏定围数开放，毋许侵占他围，以杜弊混。并著增祺会同详查，即将各围划清界址，绘图贴说，先行具奏呈览。良弼折著钞给增祺阅看。将此各谕令知之。寻增祺奏：查勘围荒界址情形，先行陈报。得旨：著即派出各员，会同确切履勘，奏明办理。（《清德宗实录》卷442，第816页）

【光绪二十五年四月癸巳】 谕军机大臣等：色楞额奏，查明热河各属扼要处所，酌拟添拨练军、专设统将一折。热河地方辽阔，防营不敷分布，亟应添派队伍驻扎，以固边防。著荣禄、裕禄，转饬提督聂士成，酌量奏派统领一员，拨带马步四营，迅速前往热河。应如何扼要布置之处，会同色楞额妥商办理。热河所属，大半系蒙古藩封，该盟长等皆有捍卫地方之责，但能自卫其藩，亦未始非边防之一助。著理藩院剳行昭乌达、卓索图两盟长，转饬所属各旗，将每旗各有练兵若干，随时呈报该都统查核。另片奏：请仿照驻防旗营练军协饷成案，仍由直隶练饷局每年协济银一万二千两等语，著照所请行。原折著钞给荣禄、裕禄、理藩院阅看。将此各谕令知之。（《清德宗实录》卷443，第828—829页）

【光绪二十五年六月己亥】 热河正总管延曾等奏：绥成殿、文津阁两处要工，自奉暂缓修葺之谕又阅五年，情形增重，恳饬查勘估修。得旨：前项工程能

否缓修，即著色楞额就近敬谨查勘，奏明办理。(《清德宗实录》卷 447，第 896 页）

【光绪二十五年七月庚午】又奏：派直隶正定镇总兵杨玉书赴热河剿匪。得旨：著即严饬杨玉书会商各军，实力剿防，毋稍松劲。(《清德宗实录》卷 448，第 915 页）

【光绪二十五年十一月丁未】又奏：总兵杨玉书请暂缓赴贵州镇远镇新任，仍令统领热河防军，驻朝阳一带，办理边防，剿捕马贼余党，以靖地方。从之。(《清德宗实录》卷 454，第 986 页）

【光绪二十五年十一月己酉】热河都统色楞额奏：添练驻防兵丁成军，名曰强盛。应需饷干，请一律按照湘平支放。如所请行。(《清德宗实录》卷 454，第 988 页）

【光绪二十五年十二月己丑】谕军机大臣等：有人奏，蒙员故杀多命，知州徇庇娄赃，请饬查办一折。据称热河署平泉州知州张继良，审理地方案件，娄索多赃，代理承德府时，将劫杀吴姓之正凶陈国义等得贿纵释。蒙员穆克登布与之订交，臭味相投，遇事招摇，揽权索贿。于仇杀喇嘛豆儿一家四命一案，该州祖护不究，并有妄拏民蒙，诬良为盗情事。案关地方官娄赃纵盗，虚实亟应彻究，著色楞额按照所参各节，确切查明，据实具奏，毋得稍有徇隐。原折著钞给阅看。将此谕令知之。(《清德宗实录》卷 457，第 1018 页）

【光绪二十五年十二月壬寅】热河都统色楞额奏：整饬热河各属煤矿，征收课款，岁得库平银一万二千四百余两，较往前几增百倍。下所司知之。(《清德宗实录》卷 457，第 1030 页）

【光绪二十六年正月癸亥】又谕：裕禄奏，内阁侍读学士张翼在天津差次丁忧，请留办铁路矿务各折片。张翼著开缺，俟百日孝满后，仍责成该员办理直隶热河矿务及关内外铁路各事宜，以资熟手。(《清德宗实录》卷 458，第 11 页）

【**光绪二十六年四月戊子**】热河都统色楞额奏：口外烧锅与内地情形不同，援案请免饬禁，于地方商情，均有裨益。得旨：著即酌量地方情形，妥为办理。（《清德宗实录》卷462，第58页）

【**光绪二十六年五月壬子**】谕军机大臣等：有人奏，热河吏治久坏，州县营弁纵盗殃民，请旨饬查一折。据称驻扎朝阳一带营官郝祥麟，与该县知县蓝步青诬良为盗，互相回护。平泉州知州张继良，拏获盗犯，全行释放。新任朝阳县知县董姓，亦非良吏等语。事关吏治民生，虚实亟应彻究，著色楞额按照所参各节，确切查明，据实具奏，毋稍徇隐。原折著钞给阅看。将此谕令知之。（《清德宗实录》卷463，第68页）

【**光绪二十六年六月壬申**】热河都统色楞额奏：遵探俄队举动，并筹防御情形。得旨：仍著确探严防，随时驰奏。（《清德宗实录》卷465，第84页）

【**光绪二十六年六月戊子**】热河副总管恒启奏：朝阳、滦平教匪窜扰，请增园庭驻防官兵。得旨：著色楞额加拨官兵，妥为防守。（《清德宗实录》卷465，第93页）

【**光绪二十六年七月戊申**】热河都统色楞额奏：口外防兵单薄，拳教寻仇匪徒窃发。拟暂就各属筹募练勇，以固边防。得旨：所筹尚为妥协，即著饬属认真办理，毋致有名无实。（《清德宗实录》卷466，第110页）

【**光绪二十六年七月戊申**】又奏：热河原练及续添各营，待饷孔亟。闽省欠解协饷，迄未筹拨，请饬部暂借拨三万五千两，以资接济，俟闽饷解到归还。下部速议。寻户部奏、热河练军饷款，应就近于道库借拨。依议行。（《清德宗实录》卷466，第110—111页）

【**光绪二十六年七月乙卯**】热河都统色楞额奏：委员探明俄国军情。得旨：仍著加意严防，并随时确探敌情具报。（《清德宗实录》卷467，第119页）

【**光绪二十六年十月甲辰**】热河都统色楞额奏：逃兵窜扰赤峰县街，砸毁监狱，抢劫衙署，焚烧铺户，现派兵剿捕情形。得旨：著即严饬派出各军，实力兜剿，仍分别解散，毋任纷窜滋扰。(《清德宗实录》卷474，第235页)

【光绪二十六年十一月乙未】热河都统色楞额奏：请开垦围场荒地以济饷需。得旨：著照所请，仍应宽留围座。(《清德宗实录》卷475，第265页)

【光绪二十七年正月庚午】谕军机大臣等：前因晋昌将所统育字军带往热河库噜地方，当谕令色楞额妥筹遣散，并将军械收储。现在东三省俄允交还，已派杨儒为全权大臣，切商议约。闻晋昌仍在库噜，意欲联络蒙古，以图恢复，必致另生枝节，大局不可收拾。著色楞额迅速严饬该革员，懔遵十二月二十九日谕旨，迅速回京，不准逗遛生事。晋昌所统各军，均著该都统派委妥员，即行遣散，毋任藉词宕延，并通饬各蒙古，勿为晋昌所煽惑，致滋事端。将此由六百里谕令知之。(《清德宗实录》卷478，第302页)

【光绪二十七年正月庚午】热河都统色楞额奏：请留黑龙江都司张玉春兵队驻扎丰宁。得旨：张玉春准其留营。(《清德宗实录》卷478，第303页)

【光绪二十七年八月壬寅】热河都统色楞额奏：查明上年俄兵袭攻朝阳，贼匪乘机焚抢具街，砸毁监狱，纵放狱囚，旋即收复情形。得旨：董文诰著交部议处，仍督饬该管道府，将善后事宜，妥筹办理。(《清德宗实录》卷486，第426页)

【光绪二十七年九月己巳】热河都统色楞额奏：滦平县属被水成灾。现经筹款，并酌提仓谷赈抚。得旨：著即妥筹赈抚，以恤灾黎。(《清德宗实录》卷487，第438页)

【光绪二十七年十一月戊寅】热河都统色楞额奏：建南败贼，句股回窜。经官军奋击获胜，分路追捕，并咨调关内兵队出口会剿。在事出力员弁，存记候奖，其打仗阵亡之都司毛殿扬等三员，恳予优恤。得旨：著即督饬搜捕余匪，迅速歼除，毋留遗孽，以靖地方。余依议。(《清德宗实录》卷490，第472页)

【光绪二十七年十二月辛亥】热河副总管恒启奏：拟请恭制绥成殿列圣圣容龛内，应需壁衣幔毯等项。得旨：著即分别敬谨成做整理。(《清德宗实录》卷492，第500—501页)

【光绪二十七年十二月辛亥】热河都统色楞额奏：现办热河矿务大概情形。征收课银抵拨饷需，仍督饬委员认真督办。得旨：著即督饬委员认真经理，以重国课而广利源。(《清德宗实录》卷492，第501页)

【光绪二十七年十二月壬子】帮办北洋军务四川提督宋庆等奏：武卫前左两军暨毅军往返随扈，防戍晋边，并剿办顺直热河奉天各匪。出力文武员弁，恳准照异常劳绩并案给奖。得旨：准其择尤保奖，毋许冒滥。(《清德宗实录》卷492，第501页)

【光绪二十八年正月戊辰】谕军机大臣等：色楞额奏，朝阳县属民教不和，聚众相抗，请派兵分别解散剿办一折。直隶朝阳县属革生邓莱峰借口教堂欺陵平人，辄敢聚兵负固，虏禁教民，逞忿滋事。屡次派委营县前往解散，该革生不服开导，势焰愈张，若不慑以兵威，势恐酿成巨衅。总兵杨玉书所统数营，诚恐不敷剿办等语。著袁世凯察酌情形，迅速添派数营，前往解散胁从，严拏首犯，务令民教相安，以弭后患，仍不得卤莽从事。原折著钞给阅看。将此谕令知之。(《清德宗实录》卷493，第516页)

【光绪二十八年正月辛巳】署直隶总督袁世凯奏：热河朝阳县革生邓莱峰聚众仇教抗官，现由马玉崑派队往剿。得旨：著严饬所带兵队，相机妥办，毋许孟浪，仍将查探情形，据实具奏。(《清德宗实录》卷494，第527—528页)

【光绪二十八年正月辛卯】又谕：前据色楞额奏，朝阳县属民教不和，革生邓莱峰聚众相持，请派兵分别解散剿办等语。当经谕令袁世凯察酌情形，速派兵队前往解散。嗣据袁世凯奏称，已咨商马玉崑酌拨数营，驰往会办。现在该处匪徒尚未平静，著马玉崑酌带兵队，驰赴热河，相机妥为办理，总期及早解散，免致别滋事端，是为至要。(《清德宗实录》卷494，第532页)

【**光绪二十八年四月乙巳**】热河都统色楞额奏：热河抚营练军，前练马步五营，除驻围后营马队断难议减外，其驻防练军四营内，左右两营拟裁减二成，酌留八成。前营步队、中营步队，拟各裁减四成，酌留六成，以节饷需。允之。（《清德宗实录》卷498，第583页）

【**光绪二十八年四月庚戌**】另片奏：朝阳广钜疏防酿变各员，请饬查办，并奖叙平匪之员，不得滥保等语。著袁世凯一并确查，分别据实具奏。原折片著钞给阅看。将此谕令知之。（《清德宗实录》卷498，第585页）

【**光绪二十八年四月庚戌**】又谕：有人奏，热河吏治久坏。州县营官，纵盗殃民。朝阳等处，叠出巨案，并未惩办。剧盗潘成等乘乱焚劫，号召甚众，请饬严密查办等语。热河地方，近接畿辅。花子沟聚众一案，已烦兵力。若盗源不清，后患何堪设想？著袁世凯、色楞额将著名各匪严拏惩办，并将吏治营规实力整顿，以靖地方。原片著钞给阅看。将此各谕令知之。寻奏：查前管带练军郝祥麟并无冤杀良民及诱奸民女情事。惟兵丁约束不严，未免骚扰，现已撤换。喇嘛潘成亦无捏控喇嘛刘喜、贿差毒毙及被贼供扳之案。其余各节，或事出有因，或查无实据，均毋庸议。至吏治营规，亟应力求整顿，并饬各防营州县，严治盗贼，以靖边塞。报闻。（《清德宗实录》卷498，第585—586页）

【**光绪二十八年五月壬午**】直隶总督袁世凯奏：热河协饷无著，请饬热河都统察看情形。如果款难自筹，即将马队遣撤，以节饷需。得旨：著咨商色楞额办理。（《清德宗实录》卷499，第605页）

【**光绪二十八年七月己巳**】又谕：前据寿全等奏，迁安县属等处，游勇土匪，抢劫官弁，当经谕令袁世凯拨兵堵剿。兹据覆奏剿办情形，并称此股游匪，均系口外马贼，大股多在热河一带，散卒溃勇党类甚繁，仅恃口内堵剿，不足清其渊薮等语。著色楞额会同马玉崑选派得力兵队，赶将口外大股贼匪，合力剿除，及早扑灭，毋任蔓延为患。原折均著钞给阅看。将此各谕令知之。（《清德宗实录》卷502，第637页）

【光绪二十八年八月己丑】热河都统色楞额奏：承德府设立中学堂，仿照山东章程，设正斋备斋，限以四年卒业，咨送大学堂肄业，以资精进。得旨：著即督饬认真办理，随时考核，务收教学相长之效。(《清德宗实录》卷504，第649页）

【光绪二十八年八月壬辰】热河都统色楞额奏：欠领热河八旗及额鲁特古北口旗绿各营兵米价银，请饬直隶总督照数拨发采买，以济兵食。得旨：著袁世凯饬司筹拨。(《清德宗实录》卷504，第651页）

【光绪二十八年十二月丙午】以贪声素著，革直隶朝阳县知县王文翰职。(《清德宗实录》卷510，第728页）

【光绪二十九年四月丁亥】谕军机大臣等：有人奏，热河现断运粮入口，请饬查禁一折。著热河都统确查情形，妥为办理。原折著钞给阅看。将此谕令知之。(《清德宗实录》卷514，第789页）

【光绪二十九年四月甲午】热河都统锡良奏：剿办建昌股匪员弁请奖。得旨：准其择尤酌保，毋许冒滥。(《清德宗实录》卷514，第792页）

【光绪二十九年四月甲午】又奏：热河平泉州密云乡金矿筹发官本银三千两，每月可出金一百数十两。又承德府属头沟等处金矿，亦已发款试办。得旨：著松寿认真经理。(《清德宗实录》卷514，第792页）

【光绪二十九年四月甲午】又奏：热河公费摊捐，贻累属员。拟请分别裁抵，并另给津贴，及严禁饭送需索等弊。从之。(《清德宗实录》卷514，第792页）

【光绪二十九年四月甲午】改热河朝阳县为朝阳府，并添设阜新、建平、隆化三县，从热河都统锡良请也。(《清德宗实录》卷514，第792页）

【光绪二十九年四月甲辰】热河都统锡良奏：热河人文日盛，请加广学额以培

士气。下部议。(《清德宗实录》卷 514，第 795 页)

【光绪二十九年四月己酉】热河都统锡良奏：热河府厅州县各缺，请暂于奏留人员中量补。如所请行。(《清德宗实录》卷 514，第 796 页)

【光绪二十九年四月己酉】以巧黠贪鄙，革热河代理平泉州知州试用知县张兆栋职。(《清德宗实录》卷 514，第 796 页)

【光绪二十九年五月庚午】热河都统锡良奏：拨给各旗官兵荒地百六十顷，作为巡守公费，并酌留新设之隆化县县官等随缺地五十顷。又学田育婴经费等百五十余顷，均恳免缴荒价，并免升科，以示体恤。下户部知之。(《清德宗实录》卷 516，第 806 页)

【光绪二十九年五月庚午】以热河垦荒，异常出力，予文职河南知府章世恩等十三员、武职防御寿福等八员奖叙。其查勘之协领根龄、会办之热河道锡恒等二员，并予优奖。(《清德宗实录》卷 516，第 806 页)

【光绪二十九年七月戊子】又谕：有人奏，热河赤峰县知县现署朝阳县知县缪桂荣祖护拳匪头目喇嘛潘成抢劫商民，伤毙教民，并在赤峰县任内，得贿释放马贼等语。著松寿按照所参各节，确切查明，据实覆奏，毋稍徇隐。原折著钞给阅看。将此谕令知之。寻奏：该县被参各节，或查无其事，或并无确据，应请毋庸置议。惟佑顺寺喇嘛潘成另有被控之案，应俟审讯明确，另行核办。下所司知之。(《清德宗实录》卷 519，第 851 页)

【光绪二十九年七月壬寅】蠲缓热河围场被灾地亩应征钱粮。(《清德宗实录》卷 519，第 858 页)

【光绪二十九年八月辛酉】热河都统松寿奏：承德府属之骆驼梁、赤峰县属之红花沟两处金矿，请归官试办。下部知之。(《清德宗实录》卷 520，第 867 页)

【光绪二十九年八月丁丑】热河都统松寿奏：喀拉沁王旗歉收，援案借支旗赏银两十年，暂由求治局存款垫放，以资赈济。允之。（《清德宗实录》卷520，第876页）

【光绪二十九年九月丙申】热河都统松寿奏：挑选旗民百名，咨送北洋，配隶练军习操。报闻。（《清德宗实录》卷521，第885页）

【光绪二十九年十一月乙巳】热河都统松寿奏：喀拉沁王旗请借旗赏银两，修理公署。下部议。（《清德宗实录》卷523，第927页）

【光绪三十年三月丁酉】又谕：有人奏参东土默特旗蒙古贝勒色凌那木济勒旺宝贪残嗜杀等语。著增祺、松寿按照所指各节，确切查明具奏，毋稍徇隐。原片著钞给阅看。将此谕令知之。寻奏：查该贝勒尚无贪残嗜杀各情。该旗副协理德勒格尔，亦无劣迹，惟该旗梅楞色丹敖立布有枪毙人命情事。喇嘛潘成与僧人佟祥缠讼未结，应请饬热河都统确查，分别办理，以重民命而清案牍。如所请行。（《清德宗实录》卷528，第36页）

【光绪三十年四月丁卯】热河都统松寿奏：口外地方紧要，请变通旧制。遇有佐杂缺出，准以试用人员熟习边情者酌量试署。下吏部议。（《清德宗实录》卷529，第50页）

【光绪三十年六月甲寅】又谕：有人奏，热河朝阳县一带，有匪徒结党抢劫，枪毙人命，知县何厚吾并不严拏惩办等语。著松寿确切查明，据实具奏，毋稍徇隐。原片著钞给阅看。将此谕令知之。寻奏：何厚吾于练长杨俊德被马贼王海川枪毙一案，早经勘详，尚非讳盗。现经因病出缺，请毋庸议。王海川饬拏获日另结。下所司知之。（《清德宗实录》卷532，第79页）

【光绪三十年七月乙酉】热河都统松寿奏：喀拉沁札萨克多罗都楞郡王贡桑诺尔布呈请将本旗巴达尔胡川金矿，与荷兰商人白克耳集资开采，以裕蒙藩生计。下部议。寻奏：以该郡王原将右翼全旗指给逸信公司开办金矿，经部饬划清界限，不得包括全旗。嗣虽豫指鸡冠山一处，仅出自该郡王一面之意。

逸信公司是否允愿，尚难豫定。若遽允荷兰商人白克耳在该旗巴达尔胡川开办金矿，将来难保不滋缪辖。拟请暂缓置议。从之。（《清德宗实录》卷533，第97页）

【光绪三十年七月乙酉】又奏：热河所属昭乌达三旗碱地，拟请一律封禁，不准奸民再往熬碱，亦不准各该旗罔利私熬。下部议。（《清德宗实录》卷533，第97页）

【光绪三十年十月辛未】热河都统松寿奏：遵查围场放垦荒地，分别办结情形。下所司知之。（《清德宗实录》卷536，第141—142页）

【光绪三十一年六月丁巳】又谕：有人奏，热河围厂生荒地亩亟宜开垦一折。著松寿体察情形，妥筹办理。原折著钞给阅看。将此谕令知之。（《清德宗实录》卷546，第252页）

【光绪三十一年八月己未】谕军机大臣等：练兵处奏，请开办围场屯垦事宜，以拓利源而裕兵食一折。开垦围场各地，借筹军食，实为寓兵于农之善策，著派袁世凯认真督办。所有该处地方事务，并归该督专辖，以一事权。原折著钞给阅看。（《清德宗实录》卷548，第281页）

【光绪三十一年十二月丁巳】改铸直隶朝阳府印信，从热河都统松寿请也。（《清德宗实录》卷553，第334页）

【光绪三十二年正月丙申】热河都统廷杰奏：筹办粮捐，作为警务专款，并整顿税捐，酌拟比较功过章程。下部知之。（《清德宗实录》卷554，第356页）

【光绪三十二年三月戊子】热河都统廷杰奏：热河行宫墙外河道，拟请开禁行船，以利商便民，兼筹船捐而裨新政。允之。（《清德宗实录》卷557，第384页）

【光绪三十二年三月戊子】又奏：查明敖汉旗九道湾蒙荒及喀喇沁东旗报效熟

地情形。下所司知之。(《清德宗实录》卷 557，第 384 页)

【光绪三十二年四月辛丑】热河都统廷杰奏：前新设建平阜新二县，均请作为繁难题调要缺，并添典史二员，均以巡检兼之。下部议。(《清德宗实录》卷 558，第 391 页)

【光绪三十二年四月辛丑】添铸热河建平、阜新两县及巡检兼典史印信，从热河都统廷杰请也。(《清德宗实录》卷 558，第 391 页)

【光绪三十二年四月癸亥】以捐廉助学，赏热河前署滦平县知县俞良臣三品衔。(《清德宗实录》卷 558，第 399 页)

【光绪三十二年四月甲子】谕内阁：廷杰奏，特参贪劣不职各员一折。热河试办阜新县知县王维墉纵任家丁，贿卖差缺，著先行革职，听候查办。候补知县何厚庠貌似有才，心实叵测。试用知县朱官浚玩误因循，操守难信。补用知县王廷桂经手矿税，专事侵欺。候补县丞宋世昌钻营婪索。大庙县丞陶宗侃擅受词讼。承德府司狱谢顺保懒惰性成。均著即行革职。候补知县臧垣臣办事竭蹶，难膺民社，惟文理尚优，著以教职归部铨选。驻防镶蓝旗佐领国瑞，年老有疾，著勒令休致，以示惩儆。(《清德宗实录》卷 558，第 399—400 页)

【光绪三十二年四月甲子】热河都统廷杰奏：热河整顿各税，拟定画一办法。又奏：新设建平县，未及设税，拟于该县扼要之朱录科，设立税局，次第办理。均下部知之。(《清德宗实录》卷 558，第 400 页)

【光绪三十二年五月壬寅】热河都统廷杰奏：核明华洋合办霍家地等处金矿，原订合同，已饬另议附约三条，以发明原订合同所未备，谨缮呈进。下部议。寻奏：附约第三条与原案不符，应仍照原案准办。原合同应改照商部奏定矿务章程办理。依议行。(《清德宗实录》卷 560，第 417 页)

【光绪三十二年六月辛未】热河都统廷杰奏：开放热河牧厂，设局招垦，以裕

课款。下户部知之。(《清德宗实录》卷561，第425页)

【光绪三十二年七月壬寅】热河都统廷杰奏：开放敖汉旗九道湾上台蒙荒二百顷。下所司知之。(《清德宗实录》卷562，第435页)

【光绪三十二年九月己亥】热河都统廷杰奏：筹办热河防务，拟添防营，以资调遣。一俟巴林各旗荒务开办，饷项有著，再行续募三四营。下所司知之。(《清德宗实录》卷564，第460页)

【光绪三十二年九月丁巳】勾到直隶、山东、山西、热河情实罪犯。停决直隶绞犯六人，山东绞犯二人，山西绞犯一人，余四十六人予勾。(《清德宗实录》卷564，第474页)

【光绪三十二年九月癸亥】热河都统廷杰奏：边陲重地，新政需才，请援案变通府州县补署各缺，以收指臂之助。又奏：热河候补州县人员，不敷差委，恳请拣发。均下部知之。(《清德宗实录》卷564，第476页)

【光绪三十二年十月丁卯】蠲免热河承德府滦平县被灾粮租差徭。(《清德宗实录》卷565，第480页)

【光绪三十二年十一月庚戌】御史王步瀛奏：东三省热河一带，土地膏腴，最多闲旷，宜乘时迁民实边，请简大员督办，以固边防。下度支部议，并行令两江总督端方等筹办。寻端方奏：会商各省将军督抚，并委员驰往查勘。金以兹事体大，筹款既难，民情又多不顺，应请毋庸置议。从之。(《清德宗实录》卷567，第501—502页)

【光绪三十二年十一月甲寅】热河都统廷杰奏：热河九道湾、海留图两处荒地，距县较远，拟添设巡检二缺，以资控治。又奏：敖汉旗及热河马场，垦务尚未放竣，现届天寒，暂行撤局停放。均下部知之。(《清德宗实录》卷567，第504页)

【**光绪三十二年十二月戊寅**】热河都统廷杰奏：热河向食蒙盐，近因行商抑勒，民蒙均受其害，拟改官运，以便民蒙。下所司知之。(《清德宗实录》卷568，第517页)

【**光绪三十三年三月丁酉**】热河都统廷杰奏：巴林等处窜匪，业经督饬剿捕。其沙坨匪巢，拟调兵会剿。至所称绰克图等家踞匪，现已严饬弁兵，四出缉拏。得旨：著即认真缉捕，务获惩办。又奏：敖汉郡王拟请选择亲贤承袭，下理藩部查明办理。(《清德宗实录》卷571，第552页)

【**光绪三十三年四月丁卯**】热河都统廷杰奏：派员勘丈巴林蒙荒，谨陈办理情形。下部知之。(《清德宗实录》卷572，第567页)

【**光绪三十三年四月丁卯**】以主使贿和人命，革署热河建昌营都司董殿元职，并讯办。(《清德宗实录》卷572，第567页)

【**光绪三十三年四月戊辰**】热河都统廷杰奏：试垦水田，筹办林业，并郡街巡警，一律办齐各情形。下部知之。(《清德宗实录》卷572，第568页)

【**光绪三十三年四月戊辰**】添铸热河朝阳府经历兼司狱事，建平县敖汉旗四家子县丞各印信，从热河都统廷杰请也。(《清德宗实录》卷572，第568页)

【**光绪三十三年五月丁酉**】热河都统廷杰奏：遵旨会剿敖汉各旗股匪，谨陈获犯惩办情形，并请奖出力员弁。得旨：准其酌保数员，毋许冒滥。(《清德宗实录》卷573，第587页)

【**光绪三十三年五月丁酉**】又奏：巴林蒙荒钱粮，拟给全数，窒碍甚多，请仍照原议赏还五成。从之。(《清德宗实录》卷573，第587页)

【**光绪三十三年五月丁酉**】又奏：昭乌达盟效尤巴林，中道梗议。拟仍给五成，免碍全局。下部知之。(《清德宗实录》卷573，第587页)

【光绪三十三年六月庚申】热河都统廷杰奏：遵议西北全局，以改设行省为要。改设行省，以人民财赋足敷分布为要。今若划分三省，恐形逼窄，宜依左绍佐原奏，以承德、朝阳二府两盟之地，再隶以张、多、独三厅，围场一厅及察哈尔迤东各旗地为热河省，以为畿辅左臂。以丰镇右翼四旗，并归绥道属之归化、萨拉齐、托克托城、和林格尔、清水河五厅，武川、五原、东胜三厅，而隶以乌、伊二盟，阿归善一旗为绥远省，以为畿辅右臂。俟整理就绪，再将乌科各城，一律改设。下考察政治馆知之。（《清德宗实录》卷575，第602页）

【光绪三十三年六月庚申】又奏：大放巴林蒙荒，酌拟章程八条。下部知之。（《清德宗实录》卷575，第602页）

【光绪三十三年六月庚申】又奏：昭乌达盟三旗碱地前因改归蒙旗，致成旷废，拟请仍归官办，免令交纳课银，并照旗赏定章，给回二成，作为山分。下部议。（《清德宗实录》卷575，第602页）

【光绪三十三年六月乙丑】热河都统廷杰奏：保护御园宫墙，拟用松树编坝，以防水患。如所请行。（《清德宗实录》卷575，第604页）

【光绪三十三年七月癸卯】热河都统廷杰奏：巴林旗报效地段，克什克腾旗聚众与巴林构衅，拟派员查办。得旨：著即秉公详查，妥慎办理。（《清德宗实录》卷576，第628页）

【光绪三十三年八月壬戌】又奏：罂粟亩捐，仅止围场厅一处。该厅初归直隶，百端待理，所收罂粟亩捐，请仍留作经费。下部知之。（《清德宗实录》卷577，第640页）

【光绪三十三年八月辛酉】察哈尔都统诚勋奏：遵议西北边防，拟将察哈尔及绥远城热河三处，改为行省。别以直隶之宣化，山西之大同二府，择要拨归察哈尔管辖，分设总督、巡抚各员，其张家口并先行自开商埠。下会议政务处议。（《清德宗实录》卷577，第639页）

【光绪三十三年九月丁未】热河都统廷杰奏：热河武烈河石坝被水冲激酥圮，及狮子园宫墙外亦被冲刷，请拨款兴修。允之。(《清德宗实录》卷 580，第 673 页)

【光绪三十三年九月丁未】以西土默特所属三座塔、哈达两处税收倍征，加给旗赏银两。(《清德宗实录》卷 580，第 673 页)

【光绪三十三年九月丁未】拨款赈抚热河滦平县灾民。(《清德宗实录》卷 580，第 673 页)

【光绪三十三年十月丁卯】热河都统廷杰奏：设立速成法政学堂，招集官绅，定期开学。下所司知之。(《清德宗实录》卷 581，第 687 页)

【光绪三十三年十月甲申】热河都统廷杰奏：科尔沁中旗抵借洋款开矿，有违定章，意存蒙混，据实奏陈。下部查核办理。(《清德宗实录》卷 581，第 693 页)

【光绪三十三年十一月丁酉】热河都统廷杰奏：勘丈昭乌达盟阿鲁科尔沁，东、西札鲁特三旗蒙荒，计可耕之地八千余顷，刻期招领。请颁发空白照五千张，以凭转发填用。下部知之。(《清德宗实录》卷 582，第 701 页)

【光绪三十三年十二月癸亥】验看州县事实，列入最优等，留省补用知府前热河建昌县知县洪子祁。得旨：著以知府仍留原省，尽先补用。(《清德宗实录》卷 584，第 721 页)

【光绪三十三年十二月甲戌】署直隶总督杨士骧奏：热河围场开办屯垦，裁撤驻防员弁，另筹安置，并酌留翼长等员分管旗籍。下部知之。(《清德宗实录》卷 585，第 728 页)

【光绪三十三年十二月戊寅】升热河赤峰县为直隶州，添设开鲁、巴西、绥东三县，从热河都院廷杰请也。(《清德宗实录》卷 585，第 730—731 页)

【**光绪三十四年正月己酉**】又奏：议覆热河都统奏，裁撤驻防筹拟变通办法。（《清德宗实录》卷586，第750页）

【**光绪三十四年二月壬戌**】热河都统廷杰奏：筹加园庭直班弁兵饭银，并派员总查，以资整顿而固边防。下所司知之。（《清德宗实录》卷587，第756页）

【**光绪三十四年二月癸亥**】热河都统廷杰奏：热河设立总商会，渐著成效。现已通饬各属，一律设立分会，以资联络。下部知之。（《清德宗实录》卷587，第758页）

【**光绪三十四年四月庚申**】谕内阁：徐世昌等奏，查明知府收税增多，只交例额，酌拟办法一折。吉林候补道王昌炽前在长春府知府任内，征收牛马税只交例额。虽系照章办理，惟当战事甫平之后，地方凋敝，田土荒芜，农民购买牛马，自应减收税课，以兴农业。且直隶热河以邻省地方，且尚蠲免出境赴奉牛马税，乃该员仍复按价估征，至逾正额数十倍之多，又并不报明充饷，实属贪苛胆妄。王昌炽著即行革职，并勒缴银十万两，解交吉林巡抚，留为办公之用。（《清德宗实录》卷589，第794—795页）

【**光绪三十四年四月壬戌**】热河都统廷杰奏：毅军驻热各营，撤防入关，酌留步队二营，暂扎平泉建昌两属，以资镇慑。报闻。（《清德宗实录》卷589，第797页）

【**光绪三十四年五月丁酉**】谕内阁：廷杰奏，举劾属员一折。热河建昌县知县陶藻华、准补阜新县知县姚致远、准补滦平县知县李文升，既据该都统胪陈政绩，均著传旨嘉奖。建平县知县锁麟贪酷钻营，虐下媚上。候补知县段光烈猥琐无能，沾染嗜好。试用通判文瑞才具平庸，操守难信。均著即行革职。请补丰宁县知县候补同知李锬性耽安逸，遇事偏执，著开缺另补。（《清德宗实录》卷591，第819页）

【**光绪三十四年五月甲寅**】谕军机大臣等：有人奏，热河吏治败坏，刁蠹横行，请饬查惩一折。著徐世昌会同杨士骧、廷杰按照所参各节，秉公查明，

确实具奏，毋稍徇隐。原折著钞给阅看。(《清德宗实录》卷 592，第 830 页)

【光绪三十四年七月壬辰】热河都统廷杰奏：遵章设立戒烟查验所。下所司知之。(《清德宗实录》卷 594，第 850 页)

【光绪三十四年七月己酉】热河都统廷杰奏：热河四税，整顿有效，拟将承德府税照四税新章试办，以济要需。下部知之。(《清德宗实录》卷 594，第 859 页)

【光绪三十四年七月己酉】以溢征巨款，予热河州同衔王永清奖叙。(《清德宗实录》卷 594，第 859 页)

宣统朝

【**光绪三十四年十一月丁末**】热河都统廷杰奏：请部拨练军新饷的款，按年二十万两。又奏：西北札鲁特旗贝勒呈恳续拨该旗荒地。均下部议。(《清宣统政纪》卷 3，第 56 页)

【**光绪三十四年十一月丁末**】又奏：渔业为生利大宗。热河地处边鄙，渔泡多隶蒙旗。现据札鲁特等旗以界内实有渔泡，请由内地招商兴办。当饬开鲁县知县钟元就近招商，暂行试办一年，以开风气。又奏：蒙旗各碱地，近受洋碱抵制，销路愈滞，以致商情不甚踊跃。叠经设法招来，始有认领碱锅三处，先试办半年。如果畅销，再行按年接办。均下部知之。(《清宣统政纪》卷 3，第 56—57 页)

【**光绪三十四年十一月戊申**】热河都统廷杰奏：滦平县旗租地亩被冲四十余亩，恳恩豁免。如所请行。(《清宣统政纪》卷 3，第 59 页)

【**光绪三十四年十二月己未**】热河都统廷杰奏：升改赤峰直隶州所属之乌丹城东连开鲁，西接林西，亟应扼要设官，以资佐理。查赤峰县原有分防大庙县丞一缺，拟将该县丞改升为赤峰直隶州判，移驻乌丹，于大庙地方改设巡检一员，分防驻扎。下部议。(《清宣统政纪》卷 4，第 71 页)

【**光绪三十四年十二月辛未**】第三十二条，热河、察哈尔、绥远城、归化城各处都统、将军、副都统所管收支各款，应编光绪三十四年详细报告册，并赢亏比较表，及自宣统元年起各季报告册，又自宣统二年起应编次年之豫算报

告册，自四年起应编上年之决算报告册，均由该处自行办理，按照各省定限咨送到部。(《清宣统政纪》卷 5，第 88 页）

【宣统元年正月丁未】热河都统廷杰奏：热河蒙旗因欠日华洋行枪价，被日商盘剥，擅出印约认还，而实无款。现又拖延累月，增索数千。经传到旗员日商面议，由公款先行垫还，再由旗员变产归垫，以恤蒙藩而杜外患。下部知之。(《清宣统政纪》卷 7，第 128 页）

【宣统元年闰二月戊子】库伦办事大臣延祉等奏：库伦刑案日多，拟照热河都统衙门办法，添设理刑司员一员。由法部拣选熟悉例案数员，咨由理藩部带领引见。奉旨圈出后，发赴库伦专理刑名。其差限资俸以及差满甄别奖留，均仿照理藩部司员笔帖式等，差满办理。如所请行，并下部知之。(《清宣统政纪》卷 9，第 173—174 页）

【宣统元年闰二月庚寅】谕军机大臣等：有人奏，请豁免州县摊款等语。各省摊款一项，实足为地方之累。著各督抚查明司道府各衙门摊捐款项，分别是否重要政务必须之款，应否裁除，详晰妥酌，奏明办理。武营摊款，并著各将军都统督抚一并酌办。原折著钞给阅看。寻热河都统廷杰奏：遵查各衙门摊捐各款，早经禁革，新旧武营，亦无摊扣缺额情事。广州将军增祺等奏，查明广州驻防官兵，并无摊款。均报闻。(《清宣统政纪》卷 9，第 174—175 页）

【宣统元年四月甲申】热河都统廷杰奏：巴林旗报效各项蒙荒，现已一律丈清。拟酌减荒价，展限升科，并续拟垦务未尽事宜，以广招来。下部知之。(《清宣统政纪》卷 12，第 240 页）

【宣统元年四月甲申】以不守官箴，革热河驻防正红旗满洲佐领成和职。(《清宣统政纪》卷 12，第 240—241 页）

【宣统元年五月癸丑】改铸热河赤峰直隶州知州、赤峰州吏目、大庙巡检印信，从都统廷杰请也。(《清宣统政纪》卷 13，第 258 页）

【**宣统元年五月癸丑**】予击贼捐躯热河千总梁朝栋照阵亡例优恤。(《清宣统政纪》卷 13，第 259 页）

【**宣统元年五月乙丑**】热河都统廷杰奏：现届己酉科考拔之年，热河全属只有一额。即照新章加倍，亦仅拔二名。恳恩俯念口外地方先止承德一府，现又添设朝阳府、赤峰直隶州。除承德府原有拔额一名，遵章加倍考取二名，再添设朝阳府拔额一名，赤峰直隶州拔额一名。至热河驻防生员，向无专额，拟请给公额一名。下部议。(《清宣统政纪》卷 14，第 276—277 页）

【**宣统元年六月戊寅**】热河都统廷杰奏：蒙匪窜扰边境，沥陈积年剿办情形。并电商东三省总督锡良、察哈尔都统诚勋，派兵防边，互为声援，更饬哲里木、锡林郭勒各盟，一体派兵合剿，以靖边患。报闻。(《清宣统政纪》卷 15，第 290 页）

【**宣统元年六月乙酉**】添设己酉科拔贡额。奉天海龙、新民、兴京、凤凰、镇安、通化、怀仁、安东、宽甸、怀德、康平、奉化、绥中各府厅州县合取二名，倍取二名。热河朝阳、平泉、赤峰、建昌各府州县各一名，倍取一名。滦平、丰宁两县围场粮捕厅三属合取一名，倍取一名。驻防围场园庭庄头合取一名，倍取一名。直隶永平、保定、遵化、沧州各驻防合取一名。四川大宁县一名，陕西驻防及留坝厅各一名，甘肃宁灵、平远、海城各厅县各一名。(《清宣统政纪》卷 15，第 296—297 页）

【**宣统元年六月辛丑**】热河都统廷杰奏：编练新军，建造营房，占用民地，所有额征租粮，恳请豁免。从之。(《清宣统政纪》卷 16，第 312 页）

【**宣统元年七月丁巳**】热河都统廷杰奏：北路巡防马步五营，分防丰宁、赤峰及围场粮捕厅各要害，地阔兵单，缓急不无可虑。拟再添募巡防步队一营，拨填北路。所需官弁勇丁薪饷，查照现行防营章程核定，仍于税捐项下动支。下部知之。(《清宣统政纪》卷 17，第 332 页）

【**宣统元年七月己巳**】热河都统廷杰奏：园庭陈设被窃，两次失察，谢准抵销

处分恩。得旨：嗣后务当督饬各项官兵等，小心看守。倘再如前疏忽，定难屡次从宽也。(《清宣统政纪》卷18，第342页)

【宣统元年七月壬申】学部奏：筹建京师图书馆，请赏给热河文津阁《四库全书》，暨避暑山庄各殿座陈设书籍。并饬拨净业湖、汇通祠各地址，以便克期兴筑。(《清宣统政纪》卷18，第345页)

【宣统元年八月乙酉】热河都统廷杰奏：查明开鲁、平泉两州县猝被水灾，冲殁田庐，淹毙人口，业经拨款六百六十两，以资抚恤。开鲁垦地，尚未升科，毋庸蠲缓。平泉已酌减蒙地租粮。下所司知之。(《清宣统政纪》卷19，第357页)

【宣统元年八月甲午】以办理不善致酿重案，革热河八沟税员候补知县祝万年职。(《清宣统政纪》卷20，第365页)

【宣统元年八月己亥】以热河都统廷杰为法部尚书。未到任以前，以法部左侍郎绍昌暂行署理。(《清宣统政纪》卷20，第369页)

【宣统元年八月庚子】调察哈尔都统诚勋为热河都统，以礼部尚书溥良为察哈尔都统。(《清宣统政纪》卷20，第369页)

【宣统元年九月甲子】又谕：有人奏，热河候补知县祝万年纵容丁役违例浮收等情一折。著廷杰按照所奏各节，确切查明，据实覆奏，毋稍徇隐。原折著钞给阅看。寻奏：此案已覆加审讯。原奏纵容丁役，违例浮收，自系传闻失实之词。报闻。(《清宣统政纪》卷22，第400页)

【宣统元年十月丙戌】热河都统廷杰奏：遵章校阅常备军第一标，程度均有可观。现奏添练一标，拟就内务府庄头亲丁挑选。将来推广，更可编练围场驻防，俾边外八旗子弟之兵壁垒一新。该标统带刘玉琦等训练有方，可否分别奖叙，以策后效。下所司议。(《清宣统政纪》卷23，第429页)

【宣统元年十月甲辰】以兼办垦务，被控有因，热河候补知县张文灏下部议

处。(《清宣统政纪》卷24，第458页)

【宣统二年二月癸巳】热河都统诚勋奏：新设阜新县治，原定于鄂尔土板地方东北之库伦、正北之奈曼两旗均归管辖，设治尚称适中。嗣因增设绥东一县，将库伦奈曼两旗拨隶绥东，则阜新县治，未免过偏，难资控制。现勘得水泉地方，原壤沃衍，且系往来通衢，移设县治，与地方政治民情，均有裨益。其原设之鄂尔土板巡检兼阜新典史，现在县治既迁，自应随同前往，以重典狱。下部知之。(《清宣统政纪》卷32，第563页)

【宣统二年二月甲午】热河都统诚勋奏：新设隆化县缺，毗连围场，民蒙杂处，事务殷繁，应作为繁难题调要缺。现先委员试办。其张三营巡检拟改为隆化县典史，仍兼巡检事，专司监狱，并将丰宁县所属之郭家屯、黄姑屯两巡检，改隶该县管辖。所有该县衙署监狱，应如何核实兴修，均责成试办之员，妥慎勘办。又奏：新设开鲁、林西、绥东三县，佐治需员，拟请各派典史一缺，照口外章程，作为巡检兼典史事，以资治理。均下部议。(《清宣统政纪》卷32，第564—565页)

【宣统二年七月壬戌】又奏：请旨饬下各省督抚，察哈尔、热河都统饬属清查商办各矿。凡领有探矿执照者，如已勘挖，即换领开矿执照。傥不遵限勘办，应缴照注销。其领有开矿执照者，如已开采，应查明矿产衰旺、运销畅滞、出入盈亏，先行报部。仍饬矿商将矿质、矿税按月呈报劝业道或矿政局，汇核详部。如领有执照，并不兴工，须查勘情形。果系认真筹办，或资本不敷，或办法未善，或矿地争执，或特别事故，应由官代为清理维持，并即限令开工，仍先将现在情形报部。傥于领照后并不切实筹办，延不开工，更有招摇撞骗情事，除将矿照缴销外，仍究办，并将矿地另招商。至从前商办旧矿，暨各处小矿，本应一律补领矿照。现各省多以商力薄弱或作辍无常请予通融，惟各商所占矿地、所采矿质各数目，亦应清查汇报。既可杜绝私挖，且藉以周知全国矿山区域，暨各省每年矿产总数，以备编订统计之需。均从之。(《清宣统政纪》卷39，第696—697页)

【宣统二年八月己丑】热河都统诚勋奏：热河提倡矿务，沥陈开办官矿大略情形，暨商矿未能遽臻畅发实在情形，并现办商矿实在情形。其未能畅发之原因，实由部章过于严密。禀办一矿，动多窒碍。窃以为办法大纲，试采宜宽，则招来自广。调查宜严，则隐匿无虞。方今强邻逼处，众目咸视，亟应设法提倡。遇有矿商禀办五金矿业，随时变通章程，妥拟条款，咨商各部执中办理。下部知之。（《清宣统政纪》卷41，第730—731页）

【宣统二年九月丁卯】热河都统诚勋奏：巴林等旗报效蒙荒，偏居大漠，地瘠土寒。原定荒价，钱粮既属过重，升课期限亦觉过迫，以致领户畏葸，裹足不前。谨拟变通旧章，将荒价钱粮，分别酌减，设法招来，并体察情形，将巴林三旗两垦局，归并一局。另派专员总办其事，勒限二年一律竣事，以免糜费。下部知之。（《清宣统政纪》卷42，第766页）

【宣统二年九月丁卯】以庸劣阘冗，革热河署平泉州大名城州判葛祥璐等职。（《清宣统政纪》卷42，第766页）

【宣统二年十月辛巳】热河都统诚勋奏：围场官员，不敷差遣。请将裁缺原案，量予变通。下部议。（《清宣统政纪》卷43，第782页）

【宣统二年十二月癸酉】直隶总督陈夔龙奏：热河兵米发商采购，赔累不堪。拟酌增价银，改归官办，以苏商困而裕兵食。下部知之。（《清宣统政纪》卷46，第818页）

【宣统二年十二月辛巳】资政院奏：议决修筑蒙古铁路，计路线三条。一曰张恰铁路，为东方贯通内外蒙古，由南至北第一要道，当经邮传部声明筹办，自应从速兴工。一曰张锦铁路，为内蒙古交通要道，亦经邮传部规画，自张家口至热河。惟查路线专达热河，似觉未当，当不如避越热河，由多伦厅、赤峰州、朝阳府以达锦州为善。一曰库伊铁路，此路由东至西，以贯外蒙古，为国防计，亦不可少。惟路线太远，未经实测一则经费多少，工程难易，毫无把握。且将来或由库伦经乌里雅苏台以通伊犁，或取道宁夏以通伊犁，非实地测量，不能确定，似应稍从缓办。应请饬邮传部先将张恰、张锦二路从速筹办，一面测量库伊路线应由何处以达伊犁，规画详明，俟明年开院，再

交会议。下部知之。(《清宣统政纪》卷 46，第 827 页)

【宣统二年十二月甲午】热河都统诚勋奏：拟请恭修绥成殿后畅达楼等工，供
奉圣容。得旨：敬悉。朕钦维列圣圣容，供奉绥成殿，钜典昭垂。年岁已久，
不宜轻于移奉。德宗景皇帝圣容恭送到时，应供奉于畅远楼上正中，永为令
典。列圣圣容，仍敬奉于绥成殿，永远遵行，以仰慰我兼祧皇考、敬祖尊亲
之圣意。(《清宣统政纪》卷 47，第 846—847 页)

【宣统三年二月辛卯】命广州将军增祺留京当差，以热河都统诚勋为广州将
军，农工商部尚书溥颐为热河都统。(《清宣统政纪》卷 49，第 886 页)

【宣统三年三月壬子】热河都统诚勋奏：热河各路防营暂难裁撤，惟添练陆
军，定有年限，为目前切要之举。应请饬令另筹的款，按年指拨。俾得专心
添练，早日成镇。下部议。(《清宣统政纪》卷 50，第 906 页)

【宣统三年三月己未】热河都统诚勋奏：热河孤悬口外，山径险巇，与保定
交通不便。若谨设高等分厅，恐位卑权轻，办理诸多窒碍。查热河管辖两府、
一直隶州并两盟十七旗，幅员辽阔，以蒙民交涉案件为最多，素称难治，与
各省情形迥别。当此司法改良之际，但使有裨治理，似不妨因地制宜，期于
变通尽利。拟请仍照历次奏案，准其特设高等审判厅，暨加热河道提法使衔，
以便司法而裨治理。下所司议。(《清宣统政纪》卷 51，第 915 页)

【宣统三年三月庚申】又谕：法部奏，热河改设高等审判检察厅，并请将热河
道暂加提法使衔一折。热河道著准其暂加提法使衔。(《清宣统政纪》卷 51，
第 915 页)

【宣统三年四月己卯】热河都统诚勋奏：考察口外矿务，敬陈管见。一、特
派专员，分投设局，切实举办。一、豫筹的款，将热属著名大矿，先用土法
开采。一面招集蒙汉股本，以期扩充。一、另定专章，由专派大员通盘筹画，
期无阻碍。以上三端，为目前切要之图，拟请饬廷臣迅速核议施行。下部知
之。(《清宣统政纪》卷 52，第 938 页)

【宣统三年四月己丑】热河都统诚勋奏：建筑热河模范监狱，督工勘估兴修。下部知之。(《清宣统政纪》卷53，第946页）

【宣统三年四月丁酉】又奏：敖汉多罗郡王色凌敦噜布以分旗治理，以便举办新政，呈请代奏。窃维蒙古分设札萨克管理地方旗务，关系匪轻。恭查钦定外藩王公表传，敖汉多罗郡王索诺木杜棱系札萨克郡王班第伯父，屡从大兵出征，颇著勋绩，历次叙功优赍，于顺治五年追封今爵。今郡王色凌敦噜布是其后裔，系属长支，昭然可考。惟索诺木杜棱当日从征，编所部为二十佐领。塞臣卓理克图子班第编所部为三十五佐领，并长支二十佐领，为五十五佐领等语。查理藩部比丁册档，今郡王色凌敦噜布名下所属佐领五人，现任札萨克郡王棍布札布名下所属佐领一人。其余佐领皆分属于各族众台吉名下，共计佐领五十五人，与原呈所开额数无异。至该郡王援引喀喇沁增一中旗成案，臣等谨按会典喀喇沁一等塔布囊，实于康熙四十四年授为札萨克。此外尚有内盟鄂尔多斯右翼前末旗于乾隆元年以族属繁而增设者。其外蒙古三音诺彦旗，于康熙四十六年令善巴子车棱达什析其兄亲王达什惇多布属别为一旗，授札萨克为右翼中左旗。其中右旗札萨克，于乾隆十七年超勇襄亲王策棱次子车布登札布之兄成衮札布请析所属，令车布登札布辖之，别为一旗。其左翼中旗札萨克，于乾隆二十四年亲王德沁札布以本旗丁户滋众，请编佐领，授次子齐旺多尔济辖之，别为一旗。均经奏准有案。此次该郡王因族属繁衍，多有逃荒；又因与现任札萨克界隔老河，办事诸多不便，请以所管四参二十佐领，另编为右翼一旗。并恳恩请给札萨克之职，以便专任旗务。事关增设官职，臣等未敢擅便。谨将历次分设札萨克成案具实上陈，恭候钦定。如蒙俞允，其应如何分管旗界，并区分佐领之处，拟请饬下热河都统会同该札萨克棍布札布妥慎办理。从之。(《清宣统政纪》卷53，第962—963页）

【宣统三年六月乙亥】热河都统溥颐奏：巴林三旗垦务，拟仍责成林西、开鲁两县就近兼办，撤回前派局员，以免纷歧而资撙节。下部知之。(《清宣统政纪》卷55，第992页）

【宣统三年闰六月辛丑】热河都统溥颐奏：围场地方关系全热治理，请仍归热河管辖，以便行政。下阁议。(《清宣统政纪》卷57，第1017页）

【宣统三年八月乙未】谕内阁：陆军部奏，陆军第一镇兵丁亟待退伍，请饬查明热河围场放垦情形，以资安插一折。著内阁归入溥颐，请以围场仍归热河管辖前奏，一并会议具奏。（《清宣统政纪》卷60，第1065页）

【宣统三年九月癸未】又谕：电寄溥颐。据奏，接民政部电传谕旨，颁布资政院奏重大信条第八条，规定皇族不得为各省行政长官。热河都统以军府之规兼有行政责任，请旨裁夺等语。溥颐著暂仍照旧任事。现在军务紧急，热河地方，颇关重要，亟应悉心筹画，毋得稍存诿卸。（《清宣统政纪》卷63，第1181页）

【宣统三年九月己丑】命热河都统溥颐来京当差，以开缺东三省总督锡良为热河都统。以攻复汉口出力，赏协统王占元、陈光远，步队标统王金镜、李厚基、马继增、何丰林，炮队标统刘启垣、蒋廷梓巴图鲁名号。以报效内府经费予二品衔候补三院卿，盛桂以副都统记名。（《清宣统政纪》卷64，第1190页）

【宣统三年十一月甲戌】谕内阁：总理大臣署度支大臣片奏，库空如洗，军饷无著。请将盛京大内、热河行宫旧存瓷器，发出变价充饷，以救目前之急等语。著照所请。（《清宣统政纪》卷67，第1242页）

【宣统三年十一月辛巳】热河都统锡良奏：请将划归直隶管辖之围场地方，仍归热河管辖。至屯垦事宜，则仍归直隶派员专办。允之。（《清宣统政纪》卷68，第1249页）

【宣统三年十二月己亥】热河都统锡良奏：添募练勇二营，请部协济银七八万两。得旨：准其添募营勇。所需饷项，著度支部设法筹拨。（《清宣统政纪》卷69，第1264—1265页）

【宣统三年十二月乙卯】热河都统锡良因病解职，以三姓副都统昆源署热河都统。（《清宣统政纪》卷70，第1291页）